欧洲民俗学史

〔意〕朱泽佩·科基雅拉 著
魏庆征 译

Giuseppe Cocchiara

STORIA DEL FOLKLORE IN EUROPA

Editore Boringhieri, S. p. A.

1952, 1971 Turin, Italy

Джузеппе Коккьяра

ИСТОРИЯ ФОЛЬКЛОРИСТИКИ В ЕВРОПЕ

Издательство иностранной литературы

Москва   1960

Giuseppe Cocchiara

THE HISTORY OF FOLKLORE IN EUROPE

A Publication of the

Institute for the Study of Human Issues

Philadelphia   1980

本书根据以上版本译出

目　　录

绪　论 ………………………………………………………………… 1

第 一 编
新人文主义的渊源：对一些民族的探考

第1章　"未开化者的发现" …………………………………… 11

　　1. 一个崭新的学术领域(11)　2. 作为"历史渊源"的未开化者(12)
　　3. 蒙田《随笔集》中的未开化者(14)　4. 民族学家和民俗学家马·莱斯卡博(16)　5. 一个休伦人与一个欧洲人的对话,亦即男爵拉翁唐的社会-政治观点(17)　6. 一个未开化者所给的教益(19)　7. 从《奥鲁诺克》到《鲁滨逊漂流记》(21)　8. 关于有道德的未开化者的神话在欧洲意识中的折射(23)

第2章　东方的使命 ……………………………………………… 24

　　1. 欧洲著作家笔下的异域者(24)　2. 作为新的力量、观念和宗教之源的东方(25)　3. "日出之域为上帝所有,日落之域亦为上帝所有"(26)
　　4. 土耳其人和波斯人对欧洲的教导(27)　5. 埃及——青春之源(29)
　　6. 魔幻故事与东方(31)　7.《一千零一夜》(33)　8. 我们与东方人：异与同(34)

第3章　宗教与迷信之间的欧洲 ………………………………… 36

　　1. 反对谬误的斗争(36)　2. 宗教改革运动。基督教的奇迹与多神教的奇迹(37)　3.《降巫铁锤》与魔怪学文献(38)　4. 让·博丹与巫婆(40)　5. 启蒙运动的先驱。托·布朗和托·斯普拉特(41)　6. 巴·贝克和克·托马齐乌斯(43)　7. 自然神论与自然宗教(45)　8. 民俗学的神学说(46)

第4章　从理性看谬误 …………………………………………… 49

　　1. 皮·贝勒——欧洲民俗学的先驱(49)　2. 作为统摄之工具的迷信

(50) 3. 贝·德·丰特奈尔及其《预言者轶事》(52) 4. 预言者的情状(53) 5.《虚构之由来》——对古老民族成见之研究的贡献(54) 6.《虚构之由来》——民族志学的初期典籍(56) 7. 除幻想外,传说还包含什么?(57) 8. 贝勒和丰特奈尔的历史主义与反历史主义(59)

第5章 不同民族和文明的冲突 ………………………………… 62
1. 新世界的诞生:孟德斯鸠与伏尔泰,他们的历史观(62) 2.《波斯人信札》及其所引起的论战(63) 3. 论孟德斯鸠的比较方法(65) 4.《论法的精神》(66) 5. 伏尔泰与宗教狂热(68) 6. 伏尔泰与未开化者(70) 7. 伏尔泰与东方(72) 8. 从民族精神的探寻到资产阶级与人民之区分(73)

第 二 编
"渊源"的探求。启蒙运动与前浪漫主义之间

第6章 人与历史 …………………………………………………… 79
1. 新的科学——"关于风俗的科学"(79) 2. 拉菲托及其《美洲未开化者的风习》(81) 3. 民族志与历史(83) 4. "新科学"(85) 5. 詹·维柯与原始世界(87) 6. 诗歌的历史渊源(90) 7. 维柯:野蛮的民族与文明的民族(92) 8. 路·安·穆拉托里的《中世纪古风物》(94)

第7章 自然、文明与进步 ………………………………………… 96
1. 卢梭与对未开化者的赞誉(96) 2. 我们与原始人(99) 3. 作为人文因素和民族因素的民间传统(101) 4. 安·戈盖与人类的起源(104) 5. 宗教的新现象——拜物教(106) 6. 尼·安·布朗热与被揭示的古代(108) 7. 庆典的形式与精神(109) 8. 哲学范畴的进步观念(111)

第8章 诗歌的崛起 …………………………………………………… 113
1. 我相——通向人民性的道路(113) 2. 一件赝品之意义和价值(114) 3. 我相与新的叙事诗世界之发现(115) 4. 沿着民间诗歌的轨迹(117) 5. 托·珀西的《英诗辑古》(120) 6. "巴拉达"盛极一时(120) 7.《英诗辑古》在诗歌情致发展历史中的意义(122) 8. 英国在前浪漫主义历史中的地位(124)

第 9 章　诗歌与传统 …………………………………… 126
　1."未开化者"在自己家中(126)　2.穆拉尔特与哈勒(127)　3.雅·博德默与瑞士民俗学(129)　4.诗歌与民族情感(131)　5.雅·博德默的发现(132)　6.尤·默泽的史料研究著作(132)　7.约·米勒与地方风情(135)　8.瑞士历史学家对欧洲民俗学的贡献(137)

第 10 章　约·戈·赫尔德,亦即论人性 ………………… 140
　1.关于民族精神的神话(140)　2.约·戈·赫尔德论"原始者"(141)　3.语言与民族(143)　4.作为人民诗歌的诗歌(145)　5.各族人民的声音(146)　6.神的声音(149)　7.《思想》及其意义(150)　8.崛起的人类(152)

第 三 编
浪漫主义时期的民间文化——
维护民族尊严的政治工具和手段

第 11 章　德国的人文主义 ……………………………… 157
　1."人类的宝库"(157)　2.诺瓦利斯:德国中世纪、童话(158)　3.约·路·蒂克与德国古代文学(160)　4."爱情歌"体的诗歌(161)　5.浪漫主义与古典古代(162)　6.弗·施莱格尔。东方与西方之间(164)　7.奥·威·施莱格尔与人民诗歌(166)　8.浪漫主义与日耳曼主义(167)

第 12 章　从世界主义到民族主义 ……………………… 169
　1.政治"民族"(169)　2.阿尔尼姆、布伦坦诺与《男童的神奇号角》(170)　3.劝谕性民间文学的基础(172)　4.约·约·格勒斯。《德国民间故事书》(174)　5."老人家"扬介于卢梭与费希特之间(176)　6.萨维尼与"法律的制造"(179)　7.萨维尼学派与习惯法(181)　8.作为有活力的机体和人文概念之人民(183)

第 13 章　格林兄弟 ……………………………………… 185
　1.堪称奇迹的民间诗歌(185)　2.诗歌、叙事诗与历史(187)　3.《儿童与家庭童话集》与民间文学风格(189)　4.被视为方法论谬误之结果的文人之作(191)　5.作为民族叙事文学的民间故事(193)　6.诗歌、法与

神话(194) 7.语法(196) 8.格林兄弟的爱国主义(197)

第14章 复返渊源 ………………………………………… 200
　　1.英国浪漫主义:华兹华斯与柯尔律治(200) 2.沃·司各特——民间文艺学家和小说家(202) 3.法国浪漫主义:复返自然以及复返"自然人"(203) 4.从斯塔尔夫人到福里埃尔(205) 5.法国与其"罗曼采罗"(208) 6.意大利的浪漫主义:从《格里佐斯托姆之亦庄亦谐的信札》到《古老的西班牙歌谣集》(210) 7.尼·托马泽奥与意大利民间文化(213) 8.民族主义、一些民族的优先地位和使命(214)

第15章 民间文艺学的发展 ……………………………… 216
　　1.俄国的浪漫主义(216) 2.基尔沙·达尼洛夫(217) 3.从普希金到格林卡(220) 4.捷克和波兰的民间文艺学家(222) 5.卡拉季奇与塞尔维亚人和克罗地亚人的诗歌(224) 6.《卡勒瓦拉》的诞生(225) 7.斯堪的纳维亚国家的民间文学(227) 8.浪漫主义的民间文艺学教人们"以欧洲的方式思考"(229)

第 四 编

实证论时期的民间文化学。
介于语文学与历史学之间

第16章 在马克斯·米勒的"实验室" ……………………… 233
　　1.雅利安世界的意义(233) 2.马克斯·米勒的实证论(235) 3.对神话进行语言学阐释的方法(236) 4.语言产生神话(238) 5.宗教的渊源之探考(239) 6.民间创作中的故事世界(241) 7.对米勒的评析以及围绕米勒的论争(243) 8.米勒的活动之意义(245)

第17章 追随本法伊的足迹 ……………………………… 248
　　1.印度——语文学探考的起点(248) 2.《五卷书》与神幻故事之印度渊源(249) 3.本法伊的历史学-东方学理论(251) 4.民间故事的流传与产生(252) 5.克勒、兰道和科斯坎(254) 6.俄国"历史学派"的诞生。弗·费·米列尔与亚·尼·维谢洛夫斯基(255) 7.芬兰学派

与历史－地理方法(258)　8.科学探考的手段(260)

第18章　在罗曼语民族的世界 …………………………… 263
　　1.罗曼语语文学的诞生。从迪茨到帕里斯(263)　2.法国的民族性与法国文学(264)　3.法国叙事诗的由来以及"康蒂莱纳"理论(266)　4.皮·莱纳——初源的探考者(269)　5.约·贝迪耶与11世纪的法国(272)　6."故事诗"与"叙事体传说"(273)　7."人民的记忆"是否存在？(274)　8.摇摆于浪漫主义与反浪漫主义之间的贝迪耶(275)

第19章　民间文化的生命力 ……………………………… 278
　　1.从弗·詹·柴尔德到康·尼格拉(278)　2.《皮埃蒙特民间歌谣》(279)　3.传布的地域和中心(282)　4.埃·鲁比耶里与《意大利民间诗歌史》(284)　5.埃·鲁比耶里关于民间的和传统的诗歌之理论(285)　6.亚历山德罗·丹孔纳(287)　7.多梅尼科·孔帕雷蒂(289)　8.民间诗歌和故事(291)

第20章　皮特雷的课业 …………………………………… 294
　　1.对人民的信仰(294)　2.皮特雷的主要著作：《文库》《文献》《精粹》(297)　3.皮特雷将民间文化视为历史的构想(298)　4.被视为问题的民间诗歌(300)　5.民间文化的负载者和创造者(302)　6.故事和谜语的起源(303)　7.民间文化统一体(305)　8.皮特雷与历史比较法(308)

第　五　编
英国人类学派及其在民间传统之研究中的影响

第21章　泰勒与原始文化 ………………………………… 313
　　1.人类学——"关于人的科学"(313)　2.英国人类学派赖以形成的前提(314)　3.作为自然界现象之"智人"(315)　4.作为遗存的信仰(317)　5.遗存与复兴(319)　6.神话与宗教(320)　7.万物有灵信仰是宗教的童年吗？(323)　8.泰勒的自然主义与历史主义(325)

第22章　在万物有灵论的旗帜下 ………………………… 327
　　1.古典语文学、人种学与民俗学(327)　2.曼哈特与《日耳曼神话典籍》

(328) 3.农事崇拜和仪礼(331) 4.曼哈特的自然主义和历史主义(333) 5.从《古代城邦》到《普叙赫》(334) 6.赫尔曼·乌森纳(336) 7.阿尔布雷希特·迪特里希(338) 8.习俗——日常生活中的宗教性崇拜(339)

第23章 弗雷泽,魔怪的辩护者 ………………………… 342

1.詹·乔·弗雷泽的论集(342) 2.追寻"林中之王"的足迹(344) 3.弗雷泽表述中的法术原理(346) 4.被视为法术的图腾崇拜(349) 5.弗雷泽构想中的民俗(351) 6.法术与宗教(353) 7."借助于他人,先行者"(355) 8.弗雷泽著作的意义以及他的影响(356)

第24章 我们中间的未开化者 …………………………… 359

1.安·兰格与民俗学方法(359) 2.故事、神话和习俗(361) 3.原始信仰的探寻(363) 4.神学范畴的人种学(364) 5.哈特兰及其对故事性民间之作的研究(365) 6.民间故事的传统性(366) 7.艾丽斯·戈姆与儿童游戏(368) 8.劳伦斯·戈姆——民俗学理论家(371)

第25章 民间文化永存 ……………………………………… 373

1.英国及其来自古典语文学家的人种学家(373) 2.萨·雷纳克与宗教(374) 3.萨·雷纳克与英国人类学派(377) 4.该学派最后一位经典著作家——马雷特(379) 5.前万物有灵论构想(381) 6.面临历史裁决的遗存(382) 7.人种学中个体的意义(384) 8.马雷特对雷纳克之异议(386)

第 六 编
近半个世纪以来的民俗学(民间文化学)

第26章 历史学领域的争衡 ………………………………… 391

1.文化-历史学派(391) 2.弗·拉策尔——这一学派的先驱(392) 3.弗·格雷布纳的方法(393) 4.人种学范畴的语文学(395) 5.人种学的阐释(396) 6.神甫施米特——人种学家和民俗史家(397) 7.对至高存在的信仰(399) 8.英国人类学派与文化-历史学派(401)

第27章 历史学与社会学之间 ……………………………… 403

1.范热内普的活动(403) 2.民俗学与生物学(404) 3.没有历史的民俗学(406) 4.范热内普理论中的个体和集体(408) 5.仪礼及其更迭(408) 6.范热内普及其绘图学方法(410) 7.范热内普——法国民俗史家(412) 8.范热内普理论体系的成就和缺陷(413)

第28章 对民俗学的赞颂 ……………………………………… 415

1.皮埃尔·圣伊夫:现代主义(415) 2.介于自然主义与历史主义之间的民俗学(417) 3.民俗学事例与比较法(418) 4.多神教(419) 5.被视为法术的宗教(420) 6.《圣经》中的民间文化(422) 7.《佩罗的故事》——圣伊夫最引人入胜之书(424) 8.民间文化与友爱之教义(425)

第29章 诗学的危机 …………………………………………… 427

1.贝内德托·克罗齐的初步尝试(427) 2.作为民间文艺学家的克罗齐(429) 3.民间诗歌和文人诗歌(431) 4.再论民间的加工(432) 5.民间文艺学家巴尔比(433) 6.没有美学的语文学(435) 7.梅嫩德斯·皮达尔(437) 8.梅嫩德斯·皮达尔:民间诗歌与传统诗歌(439)

第30章 神话的诗学 …………………………………………… 442

1.约·迈耶及其袭用说(442) 2.民间诗歌的实质(443) 3.瑙曼与"遭贬抑的文化珍品"(445) 4."体系"的渊源(446) 5.谬误之匡正(447) 6.马克西姆·高尔基的呼吁(449) 7.尤·索科洛夫构想中的诗歌体民间之作(452) 8.人民与有文化素养者(453)

附录一 有关学者的简要介绍 …………………………………… 456
附录二 神话传说人物、名词术语的简要介绍 ………………… 528
附录三 朱泽佩·科基雅拉和他的《欧洲民俗学史》…… 魏庆征 537

绪　　论

关于民俗（民间文化）的科学及其对象。民俗学者所理解的"民"。民俗（民间文化）的历史——被压迫者的历史。作为文化和文明的历史之不可或缺的范畴之民俗（民间文化）。民俗（民间文化）的历史——整个史料研究不可分割的成分。自我意识倾向中的欧洲。

黑格尔在《哲学史讲演录》中指出：不弄清"哲学"概念本身，便无法写哲学史的绪论；况且，"哲学这一学科具有这样的特点，或者说，它较之其他学科具有这样的缺陷，即：有关其概念，有关它应当和可以提供什么，可说是众说纷纭"。同样，不预先弄清民俗学这一学科的实质（关于该学科的表述，往往相互抵牾），也无法对民俗（民间文化）的历史加以阐述。

所谓民俗学（民间文化学），旨在搜集和研究人民生活的种种现象；而人民生活，则是历史上形成的诸文明的成分。据众多学者看来，它是一个独立的学科，并具有自己本身的规律和方法。另有一些学者，则将它视为辅助性的学科，认为它承袭民族志学的、心理学的，而且一向承袭社会学的规律和方法。这往往导致民俗学（民间文化学）的对象与上述学科的对象之某种混淆；况且，这些学科与其确有许多共同的课题。最后，许多学者认为：民俗学（民间文化学），就其搜集和阐释民间歌谣、童话、故事、传说等的职能而言，可归结于语文学；作为研究农村建筑、民间陶器、手工艺品等的学科,可归结于艺术史;就对民间意象和仪礼的探考而言,可归结于宗教史;就对服饰、习俗等的研究而言,可归结于民族志学。如此等等。

这样一来,民俗(民间文化)便成为上述学科所探考的种种成分之总和。然而,归根结底,每一学科的领域正是由它所探考的对象确定的。如果我们将民俗学(民间文化学)视为一个形成于语文学、民族志学、社会学和心理学的学科,则只须叙述作为其组成部分的每一学科的历史,而无须论述统一的民俗学史。要成为一个独立的学科,民俗学(民间文化学)应有自己的课题。于是,不禁要问,这一课题是什么呢?

在回答这一问题之前,应当指出:迄今,民俗(民间文化)在其历史沿革中通常被想象为某种怪物——完全隔绝,自在自为,犹如北方神幻故事中的一些人物形象。然而,如果持这种态度,则无法认识民俗(民间文化),更不要说关于民俗的学科。回顾往昔,一些十分肤浅的关于民俗的理论时有产生;颇有可能,正是为了同这些理论争辩,出现这样一种见解,即:民俗学(民间文化学)一般来说没有任何探考对象。然而,毋庸置疑,它确实有之;可以说,这就是人民。后一种态度,较前者更加有害;它不仅将学者们引入迷途,而且使一代探考者为之奠基的学科之声誉遭到败坏。

还可以补充说,民俗学(民间文化学)是在徘徊和动摇于两派别间的情况下发展和形成的。这两个派别相并而存,却往往相互鄙夷,这便是:其一,从语文学和美学的观点对口头传统进行探考;其二,从历史和历史学-人种学的角度对物质文化的传统进行探考。通观民间文学,确有别具一格之作,可视之为美学现象(而且十分恰切)。然而,如果持这样的态度,这些无非是文献领域的片断、残余,而对其渊源——人民来说,它们则是一种遗产之不可分割的一部分,这种遗产,不失为人类精神众多瑰宝之本能的,却是完整的体现。民间文学与伦理传统的一致性,便由此而来。下列状况,即可资佐证:民间口头创作

（歌谣、传说、谚语等），如果脱离特殊的服饰、习俗和信仰所创造的背景，则往往完全失去生命力——凡此种种，可赋予民间口头创作以和谐、灵魂，并通常赋之以意义。

由此可见（再次提及黑格尔），既然对哲学存在迥然不同的见解，而且有多少见解，便有多少哲学以及不同的哲学史乃至相互抵牾的哲学史，也就无法撰写哲学史，那么，如果关于这一学科尚无可以遵循的统一概念，势必无法阐明民间传统研究的历史。（在这样的情况下，只能撰写对民间传统进行语文学的、民族志学的和社会学的探考之历史。）要建立民间传统研究的历史的真正构想，则应立足于解决囊括一切问题的课题；而课题的解决，又应同该课题的对象——民间传统相关联；其先决条件，不仅是传统的存在，而且正是民间传统的存在。

毋庸置疑，民俗学（民间文化学）的统一性，势必建立在这一学科的对象的"统一性"，即建立在文明民族平民百姓的遗产的统一性之上（所谓"平民百姓"，即劳动阶级）。但是，据我们看来，将民俗（民间文化）的范围仅囿于平民百姓是错误的——所谓"平民百姓"，民俗学者正确或不正确地称之为"人民"。"人民"这一概念，如果主要意指"平民百姓"（vulgus），则并非只是属社会学范畴。"人民"（popolo）这一术语，其意义异常繁多。社会学家、历史学家和政治家提及"人民"，一向意指某种与其特殊的伦理需要和精神需要相适应者——凡此种种需要，为他们的思想和行为的方式所决定。由此可见，一个学者对民间传统进行探考，则须面对一定的阶级；而人民，对他说来，并不简单是这些阶级的总和。"人民"一语，意指一定的生活观，意指呈现于特殊形态的精神、思想、文化、习俗和文明的一定状态。这便是民俗（民间文化）的实质所在。正如安·葛兰西所正确地指出的（他的见解仍未失去其价值，特别是对意大利来说），不应将它想象为某种奇特的和美妙的现象或者某种异国风情，而应想象为某种实实在在，而且须认真对待的事物；不仅如此，它还是完整的"世界和生活之构想"。

人民是历史所创造的。历史不仅是政治的历史，而一般来说，它具有种种支系,并呈现于种种形态——从语言到经济,从法到植根于民众的习俗。

不可靠的前提,给民俗学(民间文化学)带来巨大的损失(实则,导致对历史本身和美学的否定);诸如一些荒诞的论点——将历史分为重要的和不那么重要的,将艺术和文学分为有价值的和不那么有价值的,即属之。然而,这样一种观点终究是正确的,即:任何人民传统,都在一定程度上是历史的产物,犹如语言、经济和法。甚至不可想象:这些精神的现象,生活、思想和艺术的佐证,可留存于历史之外、与历史的关联之外——历史不仅是压迫者创造的,而且与其说是压迫者创造的,毋宁说是被压迫者创造的。历史,是他们的生活以及他们的灵魂。

但是,既然民间传统被视为历史的产物,所提出的课题则属历史学范畴。由此可见,民间传统研究者的任务在于考察:它们是如何形成的,它们得以留存的原因何在,其条件和需求如何〔这种需求,不仅导致这些传统的留存,而且导致这些传统之不断的以及(可以说)自然的加工〕,而且最终在于考察其存在的奥秘何在——为何持续不断的消亡与永恒的复现不可分割地联结在一起。

这种经常不断的重塑,乃是作为特殊的艺术现象的民间文化之基本特征。实际上,民间文艺学家花费了很多精力,譬如说,试图揭示民间文学的神秘起源;而这一起源,不可脱离这一特殊的历史的和文学的现象的实质和特征加以探考。这一现象,犹如其他任何现象,产生于自由的创作活动,其始因不可寻之于这种创作活动之外;但是,与此同时,下列事实并未失去其意义,即:它植根于不断变易的文化层之传统。

正因为如此,民俗学(民间文艺学)的课题呈现为具有人民性的表征者,而且对之可作如下表述,即:何者是人民的,何者不是人民的(无论我们赋予这一概念什么意义)。从创作的观点来看凡是质朴的、健全的思想和明显地并即刻激发我们的情绪与感情的一切,毋庸置疑,应视为人民的。同时,不将传统所固有的瑰宝(即可视为具有永恒的生命力者和往昔之存在者）纳入这一概念，则不可能谈什么人民性。同时，必须将个体的意向和需求纳入"人民性"这一概念；所谓个体，与其他个体相伴而居，并以全部心灵领悟那不大的、却颇为广袤的周围世界——其一切生活和历史俱在其中（而个体的心灵，同时又似乎也是其他人的心灵）。

对人民和人民性的这种理解，可使人们较为清楚地了解我们称之为"民间文化"者；而这又使人们有可能更确切地理解民俗学（民间文化学）与广义的哲学的相互关系、与宗教史和神话学等的相互关系。与"人民性"这一概念相近者，另有一概念，即以"原始性"（primitivo）这一术语所示者。诚然，"原始性"通常只是被理解为某种就其年代而言属原初者，因而只是寻之于原始民族以及东方一些民族。然而，即使作如此狭义的理解，原始性依然是从事民俗（民间文化）历史研究的极有益手段。既然如此，如果不是指我们之精神的、我们之存在的理想状态，不是指这种我们所从出或刚刚脱离的、尚留存于我们中间和在我们中间复现的状态，原始性又意指什么呢（18 世纪的历史学家们，特别是维柯，对此便有精辟的见解）。

同时，人种学，即对原始民族的研究，犹如民俗学（民间文化学），不能不有自己的范围。这种范围是由具体材料决定的；在其限度内，这些学科之一定的对比是理所当然的。同时，显而易见，人种学以及民俗学（民间文化学），皆不成其为，而且不可能是什么别的，只能是历史探考的特殊范畴之一；这些探考，相互丰富，而且日益明晰，势必有助于对我们文明之实质的探考。反之，正如一些人所完全正确地指出的，人种学则是绝对无谓的。而民俗学（民间文化学），同样如此。即使民俗学并非始终须借助于人种学，我们能脱离人种学的历史而对民俗学的历史加以表述吗？

在这样的情况下，据我们看来，民俗学（民间文化学）的主要课题，属语文学范畴，而非属社会学、民族志学、心理学的范畴；就其实质而言，属历史学范畴，它理所当然地将属其他范畴者容纳并消融于自身之中。这并不是说,种种人之文学和精密科学对民俗学的重要性遭到否弃;如果有必要,民俗学者则借助于上述科学,从自身的目的出发,采取可达到预期目的之手段,而不予以混淆。民俗学者(民间文化学者)名副其实的任务在于:不将探考的各个范畴孤立起来,而使之富有成效并相互丰富;况且,在民俗学(民间文化学)领域,各个知识范畴之相互深入渗透,为民俗(民间文化)的本性所决定,被称为"人民的"一切,我们均可视为民俗所囊括者。

在完成这一任务的过程中,据我们看来,民俗学者必然是,而且不应当不是民俗史家;于是,在其阐述中不能不涉及一定的年限,因为这些年限实则无非是我们思想的"示度"——况且,如果我们欲对某一学术领域的发展倾向有所认识,则必须了解:该领域在什么时刻形成为一个独立的探考范畴。

大家知道,至于对作为一个独立学科的民俗学之渊源进行探考,学者们几乎一致认为:就有关民族传统(习俗、风尚、信仰等)的范畴而言,民俗学源于17和18世纪的哲学运动;就同民间文学(歌谣、传说、谚语等)的研究相关联的范畴而言,民俗学(民间文艺学)则源于浪漫主义时期。不久前,托马斯·曼也指出:浪漫主义不仅"从往昔的深处发掘了歌谣和故事的宝库",而且"是关于民俗(民间文化)的科学的伟大的维护者;这一科学光辉四射,作为对异国风情之关注的成果而萌生"。

然而,据我们看来,民俗学(民间文化学)之批判的和历史的自我意识赖以形成之始原,不能不是17和18世纪的哲学运动,更不能不是本身也在一定程度上从这一哲学运动获得动力的浪漫主义。法国民俗学家保·圣伊夫对此有十分清晰的认识。他认为:正是16世纪的地理发现,特别是新大陆的发现,激励学者们关注与社会体制的历史相关的问题,并赋予他们新的探考方法——比较法;现代意义的民族志学以及与之相伴的民俗学,便由此而生。

此外,继美洲大陆发现之后,人与旧文化相联系的一切之斗争,在欧洲的意识中日益激化;所谓旧文化,开始被视为对任何自然的精神自由之社会的和政治的否定。于是,民族志文献应运而生,并开始发展;这种文献,尽管囿于奇风异俗之国度,却仍然植根于欧洲文化,并作为有助于认识的因素之一。启蒙运动、前浪漫主义、浪漫主义、实证论、进化论等,无非是这一认识之发展的诸阶段;其中每一阶段均在史料学的发展上留下自己的印记——史料学的发展,则与欧洲意识的整个演化过程相关联。在所谓这一认识的总的发展过程中,民俗(民间文化)的研究,有其特殊的性质;而民俗(民间文化)的研究,则与欧洲的政治-社会经验、哲学经验和艺术经验体现于其中的一切神话、新的记述和意象紧密相关。

欧洲之统一体的形成,即某种理想的统一体的形成,便是这些神话和意象之酿成所带来的结果——尽管它们的基原是显而易见的迷误。这些迷误,又是而且依然是我们的学科赖以发展的不可或缺的因素。至于神话和创作,每一民族都将其固有的最美好者体现于其中,或意欲体现于其中;而它们的出现,则与理性的解放,与社会契约说的创立,与对民族的崇高使命之信念的产生,与工人阶级的出现,恰在同一时期。它们的出现,又恰逢诗歌、文学和音乐再生之时;民间传统给予上述种种以新的动力。至于民间文化的探考,将其与赋之以生命力的一切经验隔离开来是幼稚的;不应视之为一根根线,也不应视之为纺织中的一缕缕纱,而应视为织成之布帛。一个历史学家,如果意欲探考欧洲民俗学的起源以及研究工作的发展,则应关注欧洲民俗学史各个时期所特有的方法,这些方法并非法术的罗列(诸如"如此这般,便可应有尽有"),而是学者个人经验之总和。不仅如此,民俗学的历史,显然是,而且不能不是欧洲的经验所唤起的人类思想演化的历史以及这样一种运动的历史——其具体情况异常纷繁,系于学者个人的个性和文化眼界;评价这些学者的著作,不仅应依据它们在昔日的作用,而且更应依据它们对当代的价值。

这就是我在探考对民俗(民间文化)的认识在欧洲之形成时所遵

循的准则;后来,所谓民俗学便产生于这一认识。在探考中,我想提供,并力图提供深层的,或者,更确切地说,理想的(据维柯所赋予的意义)、欧洲整个理性运动的历史;欧洲正致力于自我意识,并在这一过程中关注其最内在者。这一历史具有其完整性,它建立在欧洲文化的生动的基础之上。有鉴于此,只须探讨那些学者的学术活动——他们在这一文化的历史氛围中生活和思考,并研究产生于其中的问题。

最后,应当说明,尽管亦对民俗学发展的晚近阶段加以探讨,我仍将那些现代学者的活动作为我的阐述之界限(ad quem)——他们的著作,可以而且应当视为某种定型的和自成一体的。这并不是因为无法撰写近期往昔的历史。这一陈词滥调,早已被整个历史(古代的以及近代的)所推翻。这是因为:我注意到,我们每一在世的现代学者的著作,无不宛如我们在其中并未臻于最后的、结论性的一章之书——特别是在涉及理论和学说(它们通常,而且不可避免地相互抵牾)、涉及假说(尽管是精辟的和天才的,仍然有待于科学阐释和论证)、涉及尚不明晰的尝试(尚须观察其进一步发展)、涉及论战和争辩(使学者有可能为读者或者为自己辨明其思想)时。出于对现今代表民俗学的人们那种锲而不舍的工作之尊重,我看本书以不写最后一章为宜。

第 一 编

新人文主义的渊源：
对一些民族的探考

第1章 "未开化者的发现"

1. 一个崭新的学术领域

美洲的发现,导致新的人文主义在欧洲的产生。伴随对古希腊的探考,人们开始对尤为古老、尤为邈远的民族和文明进行探考。所谓原始的初人,开始为人们所关注;人们已不再寻之于关于亚当和原罪的圣经神话(犹如在中世纪和文艺复兴时期),而是寻之于远方美洲的林莽。在这里,欧洲的统治虽则残酷无情,但并未使人们现今视之为"自然之子"并称之为"初人、野蛮人、未开化者"的人们的基本特点消失殆尽。

在其所著《金枝》第2版"前言"中,詹·弗雷泽写道:"古希腊罗马文献的发现,对业已成熟的人文主义者们来说是一种启示;展现在他们面前的古代世界的壮观景象,甚至中世纪的苦修者都难以想象,他们在修道院中潜心修行,唯有庄严的钟声打破一片寂静。"弗雷泽又指出:"原始人的生活成为一种学科的基原;这一学科,不仅展示了两个得天独厚的种族的,而且展示了整个人类的信仰和习俗、生活经验和准则。这使我们有可能探索人类发展的漫长途程、人类那缓慢而果敢的攀登。文艺复兴时期冥思苦索的探考者,在布满灰尘的古老手抄本中不仅寻得供思考之用的质料,而且找到从未被探考的活动领域;来自世界各地的丰富资料,展示了一个崭新的知识领域——欲加以探考,则需要许多代学者的辛劳。"

就此而言,应当指出:美洲的发现,有助于对欧洲文化史来说具有极为重大意义的、有道德的未开化者的神话之产生和形成；美洲编年史家和历史学家，在古希腊罗马学者那里没有发现任何有关美洲印第安人的记述。

对美洲印第安人的生活和习俗探考较深的彼得罗·马尔蒂雷、让·德·莱里和巴托洛梅·德·拉斯·卡萨斯，不仅力图保护美洲的原始居民免遭征服者的侵害，而且讴歌其德行，似乎诸如此类德行只是为他们所具有，而且似（应特别予以强调）产生于原始状态。这一倾向，不仅可见于为数众多的旅行札记（以多种文字问世，包括关于美洲土著居民之信仰、传说和习俗之饶有意味的记述），而且可见于来自新法兰西的种种报道以及传教士们颇有教益的信函（其中有关原始民族的论述屡见不鲜）。于是，形成这样一种有关原始人的观念，即将其视为理想的、生活于较之欧洲尤为完善的世界的人。

同时，一个崭新的知识领域随之形成；对一些民族的探考，已不再只是猎奇。

2. 作为"历史渊源"的未开化者

原始人成为"渊源"，更确切地说，成为"历史渊源"，并从而成为论战的对象。为古典著作所培育和熏陶的旅行家、传道士和历史学家，叙述美洲印第安人的生活，不仅将他们理想化（效法古代著作家，将僻远国度的民族描述为未经文明败坏者），而且将未开化者高尚化，将他们时而与希腊人，时而与罗马人相比拟。有人说，旅行家和传道士颇似"奥古斯都时期的诗人，歌颂田园生活，憧憬黄金时期之到来"。然而，对那些记述未开化者的学者来说，"黄金时期"不是梦想，而是现实的存在。因此，我们对戈纳尔德将关于黄金时期的神话与关于有道德的未开化者的神话相提并论之说不敢苟同。后者伴随美洲的发现以及民族学的出现而产生；或者，更恰切地说，伴随对这一学科之形成具有极大影响的新的地理学思潮和政治思潮之萌现而产生。

所有这一切,反映于蒙田的著述中。蒙田是16世纪末期最睿智、最深湛的学者之一。米歇尔·德·蒙田不仅对欧洲民族的,而且对原始民族的生活有着浓厚的兴趣。他异常关注民间诗歌问题,在其典范之作中发现丰富的艺术瑰宝。

"民间诗歌以及纯自然的诗歌,以质朴清新和优美动人著称,因而可与臻于艺术完美的诗歌之美相比拟——加斯科涅的'维拉维勒'歌谣以及不知任何学术,甚至不知文字的民族之诗歌,即可资佐证。"(《随笔集》,第1卷第54章)

在不知学术和文字的民族那里,蒙田首先发现高尚的品德。

他写道:"一个在已发现的新大陆度过10年或12年的人,在我这里工作了很久;他居住在维莱加格农岛,并称之为南极的法兰西。"蒙田指出,每一位作者"都只写他所知道的,知道多少便写多少",并致力于反对文明民族的"傲慢自大"。

这样,我发现——为了最终言归正传——在这些民族中〔巴西〕,据我所述,没有任何未开化和野蛮可言,如果不将我们所不习惯者视为野蛮的话。须知,老实说,除了对我们来说堪称典范和圭臬的、我国的见解和习俗,似乎再没有其他衡量真与善的尺度。其中通常包括最完备的宗教,包括最完备的国家制度,包括最完备和文明的习俗。他们〔巴西人〕,从下列意义上来说是未开化的,即犹如无所制约的、天然生成的果实;而实际上,更应当称之为'未开化者'的是那种果实:人们使之脱离其自然生长状态,并人为地加以变易。在野生者中,其真正的和有益的属性和品格得以存在和充分保留;而在我们人工培育的果实中,我们为了适应自己已败坏的不佳的口味,而将上述种种加以败坏。(《随笔集》,第1卷第31章)

米·德·蒙田对未开化者的描绘,构成一幅鲜明的、富有诗意的图画。他写道:"每天早晨,一位老者最早用餐,向房舍的所有居者宣教,从这端走向另一端,喃喃不休唠叨着同样的话语,直到在所有人身旁走一遍……他只是告诫两件事:对敌人作战要勇敢,对妻子要和善。"这同《圣经》中的描述简直毫无二致!蒙田谈到未开化者之歌,就形象性而言将其与赞颂醇酒和爱情的诗歌相比拟,并认为未开化者的语言"非常柔和、悦耳,其尾音颇似希腊人的语言"。这便是蒙田关于原始人世界的描述。最后,蒙田似乎是在作结论,写道:

> 伊壁鸠鲁断言,我们周围所见的事物,以同样状态亦存在于众多其他世界……何等的雷同,何等的巧合,可见于不久前发现的西印度的世界与我们往昔与现今的世界之间。鉴于我们的科学若干世纪以来所取得的成就,看到众多民族相距如此遥远,所处时代相隔如此久长,却有着众多相雷同的、广为传布的奇异观念、蛮野习俗和信仰,令人往往感到惊异;凡此种种,绝不会产生于我们的自然理性。真正的人的智慧,是创造奇迹的大师。(《随笔集》,第2卷第12章)

由此可见,蒙田实则已提出比较法,并将援用自旅行者札记和原始民族史籍的资料纳入欧洲文化的范畴。如上所述,蒙田以某种倨傲的揶揄对待未开化者的世界。然而,这种揶揄与其说是针对未开化者,毋宁说是施之于当代人。这另一(用他的话来说)世界,为他提供了新的和缜密的体验之可能。

3. 蒙田《随笔集》中的未开化者

米·德·蒙田着手对未开化者(这些 *homines dei recentes*,意即"新近发现的人")的生活和习俗进行探考,是在一部著作的激励之下;这部著作对民族志学来说不失为一巨大贡献,即《巴西大地(即美洲)旅行记》(1578年问世)。这本书的作者让·德·莱里,并不限于表述:

对未开化者来说，为了生存，大自然的惠赐已绰绰有余。他较之彼·马尔蒂雷前进了一步；后者的《新大陆的时日》（1511年至1530年间问世），当时在关于美洲大陆发现之著述中居于显著地位。莱里使未开化者摆脱加之于他们的指责；尽管他的观察仅限于一个巴西，他仍断言：未开化者之野蛮要比欧洲文明传播者们的差许多倍。他曾对后者进行猛烈抨击："你们是大傻瓜。你们和你们的子女以及你们的后继者，是否需要这样的财富？哺育你们的大地不是也充分地哺育他们？"

修士巴托洛梅·德·拉斯·卡萨斯的言论同样尖锐；他极力使其同时代人醒悟，向他们揭示：他们带给那些民族的、而那些民族并不需要的文明究竟是什么。其《印第安人通史》（1552~1561年版），出于这一反征服者之手；他极力赞颂美洲未开化的生活方式；犹如莱里，他同样认为他们是坚韧的、机敏的、温顺的、勤劳的、公正的，如此等等。西班牙征服者奴役美洲印第安人，对传道士十分厌恶。

在1555年一著名信函（系指《印第安人之衰落概述》）中，拉斯·卡萨斯写道："外来的教育者为他们的横暴辩护，说什么他们使印第安人——他们的学生学会了祈祷。"他又补充道："如何教会他们祈祷，如果他们不知道：什么是祈祷，它是树木还是石头，它能不能吃或者喝。"

米·德·蒙田援用莱里的著作，但他更接近于马尔蒂雷；后者不仅维护未开化者，而且甚至极力向他们学到一些东西。第一批介绍印第安人的著作家们致力于对剥削美洲未开化者的征服者们进行猛烈抨击；而蒙田则心平气和地叙述其观察所得：

> 未开化者仍然为几乎未被我们的规律所扭曲的自然规律所制约。他们仍然处于纯朴之中，我有时简直感到遗憾，关于他们的材料为什么不能早一些为我们所知，即当那些较之我们能更好地加以评说的人们在世之时。我感到遗憾的是：无论是吕库尔戈斯，还是柏拉图，均对他们一无所知；其原因在于：我们在这些民族中所目睹的一切，据我看来，不仅优于诗歌中用以装点'黄金时

期'的那些图景,不仅优于诗歌关于人类幸福情景的臆断和幻想,而且甚至优于哲学的意象和原理本身。哲学家们无法想象我们亲眼看见的质朴和纯真;他们无法相信:没有任何加之于人的人为约束,我们的社会可以存在。我可以告诉柏拉图,请看这样的民族,他们没有任何贸易,没有任何文字,没有任何算术,没有任何制驭和凌驾于他人的威权,没有任何奴役的痕迹,没有任何富有和任何贫困,没有任何遗产,没有任何财产分配,没有任何营生和活动(除节庆外),没有任何对亲缘关系的特殊崇尚,没有任何衣物,没有任何农事,没有任何金属器物、酒或谷物。他们甚至没有表示欺骗、叛逆、虚伪、吝啬、妒忌、诽谤、宽恕等的词语。(《随笔集》,第1卷第31章)

蒙田对未开化者的评说,同曾对其生活有所考察的旅行者和传教士毫无二致。然而,应当指出:他对人之本性的看法,譬如说,不同于马尔西利奥·费奇诺。蒙田的朋友和学生皮埃尔·夏隆对此给予关注;他在《论智慧》(出版于1601年,即16和17世纪之交)中,断然声称:人性本善。

4. 民族学家和民俗学家马·莱斯卡博

米·德·蒙田的著述,恰逢16世纪的终结。在他的评述中,尚可清晰地听到古典古代种种思想的反响——尽管时光已经流逝。无论他所援用的资料来源如何,蒙田毕竟对居留于美洲印第安人中的旅行者和传教士的观察所得加以总结。而他所进行的论战,或者更恰切地说,他对学术所作的贡献,为继之而来的世纪所掌握;这时,所谓文明的人们,越来越频繁地同未开化者相提并论;而这又逐渐具有政治和文化之抗争的性质。譬如,马克·莱斯卡博所著《新法兰西史》(1609年在巴黎出版)。他是巴黎的一位律师和相当不错的诗人。莱斯卡博试图"与古老民族的习俗相比较而谈论新法兰西的习俗"。然而,是否可以说,这种比较是他的唯一目的？莱斯卡博描述美洲未开化者的习俗、生活方式、衣着、家庭生活、仪典、仪式等,通常援用希罗多德、普林尼和德尔图良的著述。而他的评述却别具一格。譬如,他叙述某一部落有焚烧死者财物之俗,却又指出：如果欧洲商人予以承袭倒不错。莱斯卡博不仅将未开化者的习俗与希腊人或罗马人的习俗相比较,而且援引加斯科尼亚的民间传统；然而,上述比较则不尽恰切,并且基于朦胧的反响。其著作中最为可贵之处在于：他最先(诚然并非如此果断)对原始民族与文明国家的民族进行了某种对比。

在这些对比中,马·莱斯卡博步耶稣会士们之后尘；后者将未开化者同希腊人和罗马人相比较,以便使其高尚化。神学问题并未引起他的关注,他力主原始民族与希腊人同出一源——这一问题受到耶稣会士的极大重视。莱斯卡博将未开化者理想化,并不意欲描绘某一幸福的阿卡迪亚,他无非是对两个世界——我们的和未开化者的——加以对比,而且显然不利于前者。他问道："想知道吗,为什么未开化者是幸福的,似乎生活在黄金时期？这是因为：我的和你的对他们说来都不存在。在我们欧洲人这里,分歧无所不在。而在未开化者那里,则恰恰相反,和谐是生活的主要因素。欧洲人备受虚荣和自尊的折磨；而未开化者从不感到良心谴责,因而是幸福的。"莱斯卡博对未开化者的习俗和我们的风尚加以对比,乃是立足于社会。男爵拉翁唐同样在这一基础上阐述自己的观点。他如此热情洋溢,犹如拉斯·卡萨斯；他如此才识过人,犹如莱斯卡博。在其著作中,他似乎对两个世纪来施之于美洲印第安人的探考进行总结。

5. 一个休伦人与一个欧洲人的对话,亦即男爵拉翁唐的社会-政治观点

男爵拉翁唐长期居留于美洲印第安人中；他性喜冒险,曾参加反

对易洛魁人的军事行动。他回到巴黎时,已陶醉于在远方国度所见所闻之中;在那里,他的新文化观得以形成。他所著《旅行记》和《回忆录》(均于1708年问世),对此有所反映。他对未开化者的描述,犹如传教士让·德·莱里,特别是马·莱斯卡博。譬如,在《北美洲新的旅程,以及关于居于该地的各民族的若干报道》中,拉翁唐对未开化者作了如下描述:"他们生活得十分幸福……";"……可以作为我们的典范……";"……我的和你的,在他们那里是不存在的……";"……一种平等在他们的生活中居于主导地位,这同他们对自然的要求的理解相应"。拉翁唐的著作,文笔艰涩,但见闻和事实十分丰富,为同时代人所欣慕。为了理解他的思想,读一读格德韦尔的《男爵拉翁唐与一个美洲未开化者的对话》(阿姆斯特丹1704年版),是有益的。皮·尼·格德韦尔将一休伦人作为其《对话》的主人公。他来到欧洲,并与拉翁唐谈论其印象。所谓休伦人,为一虚构人物,承袭自拉翁唐的《旅行记》和《回忆录》;他援用这些著作中的形象描述,并进行论争,其炽热和强烈不亚于男爵本人。

未开化者与男爵之间的对话,生动、激奋,并富有戏剧性。谈话涉及当时最尖锐的问题;诚然,问题并未解决,只不过是提出而已——而这已是新世纪希望的先声。这些问题何在呢?欧洲引以自豪的是《圣经》,视之为人类精神的奇异创造。未开化者则以自然宗教与之相对;在所谓自然宗教中,没有尔虞我诈,一切皆光明、清晰。欧洲人引以自豪的是其立法,似乎它是世界上无与伦比的。是的,欧洲人确有法律,但并未付诸实施;未开化者并无法律,而有具备法律效力的自然道德——而这种道德的准则,他们则加以恪守。当然,欧洲人是文明的,而文明又是什么呢?请看这个欧洲人,未开化者说,一个丑八怪,穿着蓝衣服,戴着黑帽子,帽上有白翎和绿结。而这个未开化者则是古希腊的埃费玻斯(Ephebos,青年人),为阳光照耀。这个未开化者没有文化;而这使他摆脱了多少烦恼!由此可以得到这样的启示:只有关注未开化者的生活,才有助于欧洲人重新获得自由、正义和平等。

与男爵拉翁唐谈话的未开化者,乃是大自然之子,他信奉自己的宗教,遵循其道德规范——颇似学府"索邦"的学生,读了蒙田的许多著作。实际上,这根本不是未开化者。而是文质彬彬的教授,叙述并概括当时人们意识中愈益明确的观念。他们如醉如痴地探寻较为美好的世界,即从柏拉图的《国家篇》(蒙田曾加以援用)到托马斯·莫尔的《乌托邦》之空想(乌托邦)中的世界。上述著作同样有助于格德韦尔完成其《对话》。正是他,后来在 1714 年翻译了莫尔的《乌托邦》;此书不仅是幻想的思辨(uno scherzo),而且是宗教文献的范例——书中颂扬了自然宗教的力量和崇高(它同样归属于启示)。

对此,加埃塔诺·萨尔韦米尼指出:柏拉图的《国家篇》,导致托马斯·莫尔的《乌托邦》、托马索·康帕内拉的《太阳城》、弗·培根的《新工具论》之问世,并依然成为诸如此类著作的典范。17 世纪下半期,在瓦雷斯·达莱的《塞韦兰布人的故事》(1677 年版)中,在弗·德·费讷隆的《忒勒马科斯》的一些篇章中,在诸如此类体裁的长篇小说中,我们可以找到一些描述,赞扬那种因经济平等和不存在私有制而兴盛的国度。借助于男爵拉翁唐,格德韦尔将有道德的美洲未开化者所居住的世界归之于这样的国度。

6. 一个未开化者所给的教益

美洲的发现,促使欧洲人开始重新考虑他们对周围世界的看法。文明人的生活与美洲未开化者的生活之对比,导致文化和政治领域一些新的问题的提出;而这些问题,过去从未引起人们的关注。传教士们(最典型者为神甫保罗·勒热纳,著有《旅行札记(1632~1661 年)》)十分钟爱未开化者,待之宛如其子女和兄弟;"对其不完美毫无怨言",他们并力图赋予殖民化以人道性质。正如安·杰尔比所正确地指出,他们推崇未开化者那种"福音书"式的温顺,以期使他们摆脱欧洲商人的贪婪和总督的专横。看来,他们似乎并未想到:这种施之于未开化者的理想化,将被用作反对宗教的有分量的论据;为了传布宗教,他们曾历尽艰难险阻。

传教士对原始民族的宗教的态度,并非始终不偏不倚。其中一些人看到他们之中只是充溢多神教信仰,而产生出于对其教之虔敬的愤懑。一些人则恰恰相反,他们将早期基督教的特点加之于美洲印第安人。譬如,曾居留于加拿大的神甫夏尔·拉勒芒在《耶稣会士的报告》(1648年版)中,谈及男爵拉翁唐所熟悉的加拿大未开化者,写道:

> 老实说,任何关于神的观念,他们都没有从自己的父辈那里承袭;当我们抵达他们的国度时,他们所具有的无非是最朦胧的世界起源观念。然而,未开化者在其心灵中隐秘地感到神之存在,即一切本原之本原、世界万物的创造者,而且不自觉地对之敬仰。在林中和水上,在危难中和狩猎时,他们向其吁求佑助。

其论述清晰明确、直言不讳。然而,尽管有审慎的马尔蒂雷那小心翼翼的陈述以及拉勒芒那斩钉截铁的论断,无神论为原始民族所固有的假说,仍然越来越广地传布开来。

安·皮加费塔坚持这种假说,他宣称:马里亚纳群岛的居民"谁也不崇拜"。然而,人们不禁要问:皮加费塔,据他自己承认,在该群岛上只待了数小时,怎么能确考呢?后来,在1609年,让·德·莱里声称:晚近时期,发现完全没有宗教情感的民族。同时,他首先以巴西人为例。然而,正如他自己所说,巴西人笃信超自然之力;这说明他们确有宗教情感。

无论北美印第安人是否信奉宗教,应当承认:关于旅行及原始民族的著述,有助于将自然的构想作为防止邪恶的妙方而引进人们的意识。在一篇寓言中,拉封丹讲述了一个人如何追求幸福:

> 大海无力地托起他于浪涛之上,
> 他从长期游荡中得出的唯一的东西是教益。

未开化者告诉他：

"生活于自己的故地，一切听命于自然。"

由此可见，自然崇拜同疑惑相交织。这一认识便是欧洲人从对未开化者的熟悉中所得出的教益；拉封丹亦予以把握，就此而言，米·德·蒙田为其先行者。

7. 从《奥鲁诺克》到《鲁滨逊漂流记》

关于有道德的未开化者的神话，从法国移于英国（而从西班牙移至法国，则主要归之于拉斯·卡萨斯）。在英国，这种神话被赋予，譬如说，浪漫主义色彩。拉斯·卡萨斯、莱里、莱斯卡博的猛烈抨击，在阿芙拉·贝恩那部感人的小说《奥鲁诺克》（1688年首次问世）中不乏相对应者。这部小说描述一个年轻的英国商人，从英国到西印度经商。在其中一个岛上，其同伴被杀害，他自己被钟爱他的女野人约里科所救。年轻的商人最终乘上返回祖国的轮船，意欲携带约里科；约里科温和而顺从地随他而去。厄难终于度过，年轻人已经可以认为：他平安地返回祖国。而他却十分惋惜：徒劳无益地失去如此多的时间，而贫困潦倒。于是，他将钟爱他的女野人卖作奴隶。这样，这个卑鄙无耻的欧洲人与高尚、敦厚的女野人形成对比。

关于欧洲人与女未开化者的爱情，早在《弗吉尼亚的故事》（1624年版）中已有描述。一位船长约翰·史密斯描述了他与一个印第安妇女帕卡霍安托斯的罗曼史。然而，阿芙拉·贝恩的著作，不仅是一部文学作品——围绕这部作品，展开了社会-政治性的激烈论战。此外，它为诸如《鲁滨逊漂流记》这样的英国文学经典之作奠定了牢固的基础。

丹尼尔·笛福在此以前的处境，将其导致极端悲观主义。他原来只写政治评论，当他年届六旬之时，突然陷于使旅行者们和乌托邦创造者们备受折磨的焦灼之中。看到生活漫无目的地度过，他作为一个真正的英国人,顽强地希图弥补已经失去的。当时,苏格兰水手亚历山大·赛尔科克的传说在英国流布颇广;据说,他被船长抛弃在一座荒岛上,他在那里独自度过5年之久。这一传闻,见于伍兹·罗杰斯的《环球航海旅行》。笛福在此书的激励下,完成了《约克的水手鲁滨逊·克鲁索的生活以及奇异的、惊人的经历》于1719年出版。

这部著作(继之有一系列鲁滨逊式作品相继问世,但没有一部可与原作媲美),延续了一种文学传统,即描写遥远的、未经文明败坏的幸福国度。在法国,瓦雷斯·达莱的《塞韦兰布人的故事》以及弗·德·费讷隆的《忒勒玛科斯》,均不失为这种文学的范例。这种体裁尤为典型的范例,为《雅克·马塞的旅行和历险》(1710年问世),作者蒂索·德·帕托。

诸如此类作品的主导思想是什么呢?笛福一书的主导思想又是什么呢?法国作者有一明确的意图,即:进入一个新的,即使无非是想象中的世界,以便从那里回顾已逝去的旧世界。男爵拉翁唐是他们的先驱者和鼓舞者,他向往同自然相融合的生活。

在《鲁滨逊漂流记》中,同样的思想有所反映,而鲁滨逊却选择了另一条道路。法国浪漫主义者和空想主义者描述主人公那充满惊险的生涯,确定了与众所接受者相悖的原理。船只的覆没——他们的乌托邦式空想的主导动机,似乎成为西方文明衰颓的象征。鲁滨逊所乘船只的覆没,这是对社会的摆脱,而同时又是对上帝的接近。鲁滨逊因船沉而陷身荒岛,但并不孤独。同他相伴的为大自然。大自然对他关怀、拯救,并有助于其道德净化和完善;大自然对他来说就是上帝。

将笛福的作品视为关于亚当和夏娃的传说之达尔文式的阐释,显然是牵强附会。要知道,鲁滨逊并没有夏娃相伴。他应当实实在在地把握世界,而老实说,他是从无中创造世界。而且,无论如何评说笛福的小说,鲁滨逊与星期五的相遇仍然堪称其高潮(鲁滨逊把他从食人者那里救出)。星期五是一个野人,颇似古希腊的埃费玻斯,高尚而诚实,在欧洲人中颇为罕见,体现了一种并非外在的,而是实质的文明。

在鲁滨逊所置身的孤岛上,没有王者,没有牧人;而他们可见于在希腊人和罗马人中传布的、关于弃舟登岸少年的神话。那里,没有像莎士比亚的《暴风雨》中的人物那样超自然存在,也没有向来自西方的人进行教诲的智者——正是他们,对治理者和专制者进行了抨击。但是,在此间,人的良心尚未泯灭,而要在文明世界寻求之则属徒劳。

鲁滨逊回归故土,已是 28 年以后。当笛福从鲁滨逊所处的岛屿返回自己的文明世界,除犯罪者和卖淫者外,他别无所见。

8. 关于有道德的未开化者的神话在欧洲意识中的折射

笛福的文明和世界,并不是邈远的伊甸园,而是欧洲。而据查·道森所述,在大西洋彼岸迅速基督教化以后,欧洲不再是基督教大陆,失去了只有它才具有的、典型的特点,——尽管仍然保持对古希腊罗马传统和人文主义者学说的恪守。整个社会,犹如在中世纪,依然处于宗教观念的左右之下。并且道森补充说:"甚至产生了这样的问题:是否曾对宗教表现出较之 1560 年至 1660 年的一百年间(即清教徒和詹森派、圣特雷萨和圣保罗时期)尤为深厚的兴趣。"而在这个欧洲,推翻和革新现存社会的思想正在沸腾,关于有道德的未开化者的神话亦与这些思想相近。这种神话的传布,有助于一些问题之产生于欧洲人的意识;这些问题因历史条件的变化而有所异。一方面,未开化者被视为真正的大自然之子(拥有其社会规制和行为准则,拥有其自然宗教);另一方面,随着对其关注之增强,对一般人的兴趣亦有所增。

所谓未开化者成为一种尺度,可借以衡量古典世界和当代世界——于是,从人种学开始生长民俗学之巨树。欧洲新的精神财富,关于有道德的未开化者的神话,赋予这一崭新的学科以强大的发展动力。一切未经雕琢的、质朴纯真的,与一切矫揉造作的和恣意妄为的相对立,为这一神话所维护和确立。

第 2 章　东方的使命

1. 欧洲著作家笔下的异域者

对美洲的了解，使欧洲人关注他们所居住的世界；据他们看来，这一世界充满矛盾和弊端。关于有道德的未开化者的神话形成后，人们开始以美洲印第安人与欧洲人相对比（正如我们在拉斯·卡萨斯、莱里、蒙田、男爵拉翁唐的作品中所见）。在这种所谓对比中，卓有成效的比较法有所体现（尽管尚属幼稚）。后来，关于有道德的未开化者的神话，伴之以为数众多的其他神话；这些神话似乎对之加以补充和完善。然而，在这些神话中所反映的，已非美洲印第安人的原始文化，而是典雅的文明。譬如东方的文明；当欧洲尚未被共同的文化维系之时，东方的文明已臻于高度发展。

卓越的和深邃的法国思想家保·阿扎尔指出：伴随关于有道德的未开化者的神话，作家们的想象所创造的异域者形象进入欧洲。他写道："他们出现在这里，有着自己的习俗、法律、特殊的见解。正因为如此，他们引起欧洲的关注；欧洲渴望了解他们的历史、他们的起源。他们对提出的问题给予答复，但他们之中每个人都各持己见。"对他们的关注，不仅是对这些异域者的习俗、法律和精神财富之学术探考，而首先意味着 16 至 17 世纪欧洲人之意识的深化——他们绝非将异域者视为低等民族的代表。不同民族之对比，引起西方对同样不了解的原始的和东方的民族的兴趣；这又有助于新的伦理意识的兴起。

据人们所知，描述东方的文学作品出现于欧洲始于中世纪。东方成为喜闻乐见的文学主题;迨至文艺复兴时期,欧洲人因而对东方的(特别是阿拉伯和印度的)文明有了一些了解。美洲被发现以后,东方不仅引起商人的兴趣,而且引起传教士的注意。前者到东方各国经商,并在归国后讲述对他们所目睹者之印象;后者则致力于在东方传布基督教。

任何印象,都不可仅仅视为对异国风情的关注;他们对东方的描述,犹如关于原始民族的著作,给时代的文化生活带来新的、令人惊诧的格调。

正如意大利的阿拉伯学家弗·加布里耶利所指出,在东方被第二次发现之际,"我们已经不是像中世纪那样偶有接触,而是看到西方对就时间和空间而论与之相距遥远之文明的有意识的关注。求知和科学探索的欲望,适应社会和时代之理智的和精神的需求;如果不对被称为注重东方文化研究的现象加以分析,一般说来将无法彻底了解上述需求"——这种现象尽管向我们展示异国情调的世界,却成为(如同未开化者的世界)欧洲文化更新的动力之一。

2. 作为新的力量、观念和宗教之源的东方

美洲被发现以后,东方同样为旅行者刮目相待。回顾中世纪,东方作为其在信仰、风俗习惯方面的对立者而呈现在西方面前。如今,它起有更大的作用,被视为新的力量之源,被视为人类所积累的经验、准则和宗教的保存地。

在东方,旅行者们是深思熟虑的观察者;他们力图觉察那里所蕴涵之力,从宝库中汲取经验,展示其理想。试看《旅行札记》(乔万尼·拉穆齐奥著,1550年至1606年之间出版),以及《最重要的航海、旅行和发现》(理查德·哈克卢特著,1589年出版)。东方已不再是朦胧的乌托邦式国度。那里有不同的民族,它们具有各自的性格。这些民族与外界并未隔绝,它们的气质可以企及,因为这种气质与观察者的心

灵息息相通。

当然,乔·拉穆齐奥和理·哈克卢特的旅行记,还充满冒险精神。可以感到,作者力图了解他们所记述的东方。东方首先向那些怀着各种兴趣,特别是地理的兴趣到东方去的旅行者敞开。在这些旅行者中,彼得罗·德拉·瓦莱的观察尤为敏锐;他的《五十四封信函中的旅行记》,1650年至1658年在罗马问世,译为法文、德文、英文、荷兰文,并博得广泛的声誉。

德拉·瓦莱对经商并不感兴趣;他力图获得一些东方的手抄本(他所获手抄本迄今仍保存于梵蒂冈)。他像一个朝圣者,按其誓愿而安排行程。东方好似一个"神幻世界",展现在他面前;"它在许多方面尚属未开化和原始,但保留有较之欧洲文明尤为古老、尤为光辉的文明之遗迹和反响"。为了发现这些遗迹和反响,他将波斯、土耳其和印度的节庆同欧洲的节庆加以比较;他所比较的不仅是所谓节庆,而且是东方的全部生活与西方的生活。通观他那睿智和精到的考察,我们似乎可以看到一个人文主义学者探求他所处时代的精神,在学术上对民族志领域进行孜孜不倦的求索。

3. "日出之域为上帝所有,日落之域亦为上帝所有"

另一意大利人、耶稣会士达尼耶洛·巴尔托利,对东方给予同样的关注。不同于彼得罗·德拉·瓦莱,他从未到过东方,却依据其耶稣会士同伴的报告和通讯写出鲜明生动的记述。受命撰写《耶稣会史》后,他拟与耶稣会的规制相应,确定其篇章。然而,他是否叙述其耶稣会士同伴"使偶像崇拜者皈依基督教"的业绩,是否描述"尚处于野蛮阶段"的民族(他们将印第安人列入上述民族)呢?他一向对所述民族的风俗习惯异常关注。巴尔托利绝非不偏不倚。他的著作是一部教诲之作;其耶稣会士同伴的使徒使命,他以叙事格调予以描绘,酷似当时画家的绘画。其传道士似乎无非是致力于以血拯救人类灵魂。然而,我们在他们中间经常看到新世界发现者的气质;他们尽管囿于教会狭隘的利益,仍然有助于西方与东方之接近。

在关于中国和日本的书籍(在关于亚洲之书出版后问世,即1653年与1661年之间)中,巴尔托利援用利玛窦不久前公之于世的信件和报告,并援用了许多其他旅行记。而他是否恰如其分地认识这位学者和传道士呢?如同其他一些传布基督教信仰的同事,利玛窦对新入教者的民族习俗采取宽容态度——甚至在他们持有迷信和偶像崇拜之时。

神甫罗贝托·德·诺比利继他之后进入印度;他同样对当地的风俗习惯作某些让步。两位传教士因此受到严责,甚至指责他们宣扬多神教。围绕所谓中国的和马拉巴尔(印度)的仪式,无论是在西方,还是在东方,无不展开一场争论。结果,这些仪式从基督教的观点看来被视为迷信。而同时,论战又有助于这些仪式赖以产生的文明的精神之揭示。巴尔托利的著作,介绍了这一论战的反响。传教士(特别是耶稣会士)对一些宗教的精义给予评价——其中主要是亚洲宗教,尽管均属自然宗教。自然宗教被认定为值得赞赏的宗教,——尽管它并不完备:须知它并无所谓启示。最终的结论在于:东方人为偶像崇拜者,沉沦于迷信,而其灵魂为上帝所造。正如歌德后来所说:"日出之域为上帝所有,日落之域亦为上帝所有。"德行按其本性为东方人所特有,亦为未开化者所特有。

4. 土耳其人和波斯人对欧洲的教导

东方人不仅是有道德的,而且是聪明的,可永葆青春——尽管已度过数千年之久。东方人可以教给欧洲人一些什么呢?最初,欧洲的旅行者和传教士意欲在东方寻求西方,在西方寻求东方。而这样的时刻现在已经来临,即:东方人自己走上舞台,抨击欧洲人的缺点和成见。东方人同欧洲人角斗,并战而胜之。

1684年,热那亚人乔万尼·保罗·马拉纳所写一部饶有意味的著作问世,题名《大王的奸细》;书中谈到土耳其,而且更多地谈到欧洲。

该书中所描述的土耳其人,同让·鲁特鲁在其《姊妹们》(1645年版)中的土耳其人大相径庭。马拉纳笔下的土耳其人,似乎来自里科书中;里科的《奥斯曼帝国现状记》,1671年为布里奥公开出版(1666年曾以英文首次出版);或者似乎产生于让·巴蒂斯特·塔韦尼耶所著《六度游历土耳其、波斯和印度记》(1676年版)的氛围,此书为法国人当时喜读的书籍之一。

乔·保·马拉纳的主旨,不同于保·里科或让·巴·塔韦尼耶。他笔下的土耳其人并非活动于土耳其,而是置身于法国巴黎,并将其秘密报告送往君士坦丁堡的议会。下述情况同样饶有意味,即:《奸细》众多版本之一于1710年问世,并带有附录,题名"基督教诸王之王廷"。马拉纳笔下的土耳其人所关注的主要目标,为巴黎王室。他的信函简短、扼要,重在事实。他富于畅想,谈论基督教不带任何偏见。然而,他对道德的关心,更甚于教义。他意欲调和一切宗教,因为他在每一种宗教中都寻得某种积极的东西。欧洲的习俗同样引起他的关注。而面对矛盾重重的欧洲,归根结底,他对民风质朴的土耳其尤为倾慕。

《奸细》一书出版两年以后,即1686年,《夏尔丹游历波斯和其他东方国家记》问世。在东方,让·夏尔丹如同让·巴·塔韦尼耶之从事商业,对宝石颇感兴趣。他并非天主教徒,而是热诚的基督教新教教徒;然而,犹如其先行者耶稣会士,无法摆脱远方地域的诱惑。他最喜爱的国度为波斯,这里对欧洲人并不羡慕,其习俗迥然不同。夏尔丹的文笔有时过分拖沓,但不乏鲜明生动之处。他自我教导,又教导自己的读者,以期使欧洲人关心"可称之为另一世界的国度——它距离我们如此遥远,它的风俗习惯与我们迥然不同"。这一或那一民族所在国度的气候,据他看来,决定该民族的情趣和习俗。他揭示了欧洲人的习俗与波斯人的习俗之差异,并得出结论:在波斯,没有理由羡慕欧洲。

5. 埃及——青春之源

附丽于中国人、日本人、印度人、土耳其人和波斯人的,尚有其他人物:埃及人、暹罗人和阿拉伯人(穆斯林)。那位马拉纳创造了一个土耳其人,1696年发表《哲学家与一遁世者关于种种道德和学术课题的谈话》。作品中的主要人物为一九百岁的老叟,而他却"比妙龄女郎还要容光焕发,因为他居于埃及",居于这样一个国度,那里的人们知道"与基督教无任何共同之处的真正的哲学"。埃及不仅是体魄的青春之源,而且是精神焕发之源。早在1551年出版的《神话,即轶事记述》中,意大利人文主义者纳塔莱·孔蒂持下列见解:古希腊罗马神话并非自身形成,而是为了传承古老民族的哲学观点而创造。然而,他确信:古希伯来族长的智慧,为埃及所承袭,继而又为希腊所承袭。众多学者,诸如著名的耶稣会士阿塔纳修斯·基歇尔(其所著《埃及的奥狄浦斯》,1652年在罗马出版),均持下列见解:同魔怪之力相关联的偶像崇拜,导源于埃及。1711年,安·巴尼耶又提出这一论点;他在其所著《传说释析》中将偶像崇拜与太阳崇拜相提并论。而在1670年,弗·贝尼耶(亦为宝石商),在其所著《莫卧儿帝国近年来政治变革史》中阐述了一种思想,即:音乐和几何学的起源,应寻之于埃及;另有许多旅行家亦持此见。博叙埃的《世界史论》,于1681年问世;他继奥古斯丁之后探索人类在全能的上帝的指引下经历的途程。他所描述的民族中,埃及人尤为他所关注。雅克·贝尼涅·博叙埃熟悉希罗多德和斯特拉博的著作,他并掌握其他材料——卡普秦修会传教士的见闻。

基于这些资料,他断言:埃及没有任何哲学;然而,那里不乏可成为激情之源的建筑。于是,他预言古底比斯之复兴:

如果我们的旅行者抵达这一城市的旧址,他们在其废墟上尚可发现许多异乎寻常的、无与伦比的东西,因为埃及人的建筑旨在抵抗变化的时间。现在,当我们国王之名为遥远的国度所知,而对大自然和人为的最美好的创造之寻求愈益广泛,为了以埃及的成就丰富我们的建筑,难道揭示隐藏在底比斯荒漠中之美不应博得高度的赞赏吗?

同时,还应当提及:1685年,英国神学家约·斯宾塞出版了鸿篇巨著《论犹太人仪礼的律则和实质》;在这一著作中,他同雅·贝·博叙埃进行论争,并表述了这样一种思想:摩西的宗教并非完全基于启示。而同时,博叙埃认为:它对埃及的律法、教义和仪礼有着重大影响。毋庸置疑,约·斯宾塞对埃及究竟如何有着自己的见解。

乔·保·马拉纳既非学者,又非哲学家;看来,他甚至对往昔关于埃及的著述毫无所知。尽管如此,他仍然创造了一个埃及人的形象,其关于欧洲的见解同马拉纳笔下的土耳其人相类似;而且,他表述这些见解,系借助于"上帝的恩惠",而且"堂而皇之"。这一埃及人,乃是多神教的,然而美好的地域之子。

那个不无法国人的机智的暹罗人,与这个埃及人相类似。1699年,夏·里·迪弗雷尼在《亦庄亦谐》(颇似马拉纳的《谈话集》)中,推出一个异常直率和聪明的暹罗人,以期以让·德·拉布吕耶尔的手法对当时的风习加以抨击。

暹罗当时颇为人们所关注。1684年,巴黎人第一次接待暹罗官员;1685、1686、1687年,法国使团曾出访暹罗。

神学家们的书面报告说明:尽管其宗教信仰悖谬,但是暹罗人聪明,并容忍异信仰,其风俗纯朴和严格。迪弗雷尼巧妙地运用这些材料,以暹罗人的德行与沉湎于娇柔侈靡之法国王室的风尚相抗衡(他对法国王室的内幕颇有所知)。

东方越来越引起人们的关注;为了满足需要,仅仅阿拉伯人已嫌不足。然而，他一旦出现，便为人们所关注。而后来，对阿拉伯人的关注越来越大；而且人们所感兴趣的，首先并不是《古兰经》。给欧洲人留下印象最深的，为《阿拉伯的故事》，译者安托万·加朗。他是巴黎皇家学院的学者和巴·埃贝洛的继承人；正是埃贝洛对介绍东方文化作出极大贡献，他还于1697年创办《东方文库》。

6. 魔幻故事与东方

1704～1717年，《阿拉伯的故事》在巴黎出版。这一时期，法国人对故事颇感兴趣；故事中人物，为各地的人们所喜闻乐见（贫民区亦不例外），他们使儿童感到欢乐和快慰。开其先河者为玛丽·卡特琳·奥努瓦，其后继者为：勒·福尔斯、德·米拉、谢·德·马伊，沙·佩罗为其中的佼佼者。1697年，他以其子皮埃尔·达芒古（刚满10岁）的名义发表童话集《往日的故事》；在此书中，"往昔"通过诗歌和幻想有所反映。

佩罗以其子的名义将此书献给王室一位公主，并题名《鹅妈妈的故事》。在本书"前言"中，他写道："想来，任何人不会感到奇怪：一个儿童想起要编织这本书所辑入的故事"（On ne trouvera pas étrange quun enfant ait pris plaisir à composer les contes de ce Recueil）。其景况犹如拉封丹。

> ……我自己，
> 如果有人给我讲"驴皮"的故事，
> 会得到很大的快慰。

佩罗证实了其故事集的价值，故事中"包含十分醒世的寓意"（renferment toute une moral très sensée）。他以优雅的格调讲述这些故事，或以精美的诗体加以表述——这些诗歌似乎吹拂着和煦的晨风。其中的人物属社会的各个阶层。他们的周围,有时呈现现实生活,却获得奇异的、超自然的属性;他的童话故事的寓意始终是:德行获得胜利、邪恶遭到谴责。

犹如同时代的其他故事家,佩罗从民间汲取素材。他的故事集承袭了 16 世纪为弗·斯特拉帕罗拉呈现于意大利的传统;嗣后一个世纪的詹·巴西莱的传统,亦为人们所承袭——马·卡·奥努瓦自其《故事中的故事》中汲取颇多,并纳入其《魔幻故事集》(1682~1690 年版)。诸如此类意大利的故事和法国的故事,其题材起源之共同,确属无可争议。这一或那一故事家从同一渊源汲取题材。他们并不是,当然也不能是民间文艺学家。他们是作家、诗人。然而,他们的创作引起民间创作史家的兴趣,其原因在于:这些作品标志着同一题材在一定时期和一定范围的传布——因源于民间,它们丰富多彩并具有生命力。

诚然,法国故事家们有时赋予其笔下的精灵以纯法国属性,让它们以凡尔赛宫廷妇女的语言讲话。而一般来说,这些故事究竟如何呢,其起源何在呢?1668 年,拉封丹在《驴皮》的激励下,首次出版了其《寓言诗选》,后以《寓言诗》之名博得广泛声誉。两年后,即 1670 年(我们有意识强调此年份),法国学者、主教皮·达·于埃出版了一部饶有意味的著作《罗马人起源论》;他终生力图证实:腓尼基人、埃及人、波斯人等之神,源于摩西(系根据这样一种观念:在种种不同的神话中,应寻求独一神之形象)。在这部著作中,他表述了一种见解:神幻故事是人类幻想的产物,一切时代的一切民族所共有的特征为模仿精神。他补充写道:"因此,毫无疑问,神幻故事大部分来源于东方。"他继续解释道:"我们讲'东方'一词,系指埃及人、波斯人、印度人、叙利亚人、阿拉伯人。"提出这一问题的时机,尚不成熟。然而,于埃对此已有揣测。若干年后,即 1678 年,拉封丹本人在其《寓言诗》新版"前言"中直言不讳地写道:"我的寓言,大部分应归功于印度仙人毗陀婆提。"

7.《一千零一夜》

在这种对东方异常关注和对神幻故事极度欣羡的气氛下,加朗所译《一千零一夜》之博得盛誉,便是可以理解的了。他所搜集和翻译的神幻故事,其形成经历了漫长的时期,而且从这一国度流传至另一国度。正因为如此,印度、波斯、伊拉克、埃及的古老文化,在其中亦有所反映。

正如弗·加布里耶利所指出,安·加朗"既不是翻译家和学者,对原文进行极其完美、准确的翻译;又非赝造者,对原文加以歪曲;而是作家和学者,曾游历东方,客观和敏锐地观察东方世界(如同彼得罗·德拉·瓦莱)。他领略和再现他所获得的瑰宝的异国情调之美妙,并无浪漫主义者那种情致,而是清醒地意识到必须恪守历史的和精神的要求,以期使其成果为同时代人所接受。"应当补充说,他的同时代人立即对这些神幻故事表示极大的兴趣;在这些故事中,对东方国家习俗的描述,同对极其诡异的奇迹之叙说结合起来。这些故事不仅引人入胜,而且颇有教益。

《一千零一夜》一书,如同诗篇,以对穆罕默德的吁求为开端。其后,则是"前言":

> 至尊的安拉,世界之主!众使者中至尊者、主宰、我们的穆罕默德!安拉赐福与他,向迄至末日审判的永存者祝福、致意!
>
> 嗣后,关于前辈人的故事,确实成为后辈人的借鉴,人们以他人的遭遇为戒,对关于往昔民族及其经历的传说,有所领悟,而不重蹈覆辙。借古人之故事,警诫后人,自然是值得称道的。称作《一千零一夜》的故事以及其中精美的传说和寓言,便属之。

在《一千零一夜》中,任何语词都没有像"神奇的"那样频繁地出现。所有的故事是神奇的,人人都对其中的奇闻轶事不胜惊异。《一千零一夜》,是奇迹之殿堂。在这座殿堂里,国王、王后、王子、大臣、宦官、宰相、魔法师、成衣匠、商人,相继呈现。他们这些人(用《一千零一夜》故事中的话来说),都是"诗歌和教诲性谈话"的爱好者。有时,故事中所描述的似乎并没有什么不寻常的:无非是每天每时都会发生的事。突然,一种超自然者、神奇者闯进故事:国王身旁,有一只鸟在读书;同女奴们在一起的,有可变为狮子的魔怪;"镇尼"和精灵在飞行。黑法术和白法术与宗教结合,左右着人的命运,成为不可抗拒之力。

对很久很久以前的事情所赖以发生的环境(即民众的生活),有完全现实的描述。每一王国,由其(既定的)王治理。事件在现实的背景下,但在迷茫的氛围中展开——这种氛围的形成,乃是"镇尼"和奇迹所致。然而,在这个东方,亦不乏一些来自西方者。正因为如此,《一千零一夜》也就成了魔幻之书。

8. 我们与东方人:异与同

注重东方文化研究,则将不为基督教世界所知的颇有价值者注入欧洲人的意识,并以异国风情的形态在旅行记述中发展了呈现于关于有道德的未开化者的神话中的观念,即自然宗教的观念。同时,它促进了语言的研究以及新的语文学思想的形成。后者又有助于宗教史的研究。已提及的阿·基歇尔和约·斯宾塞的著作,即可资佐证。在完成其百科全书式的著作的过程中,基歇尔将中国和日本的信仰与美洲印第安人的信仰联系起来;而斯宾塞则试图寻求用以探考犹太人的习俗与其他闪米特人的习俗之关联的方法。

有这样一种看法,即:注重东方文化研究,并未给予理论的民族志学,从而给予比较方法以影响。而据我们看来,它既对理论的民族志学,又对比较方法有着巨大的作用(比较方法与民族志学紧密相关,并予以引导),因为它同样宣扬同关于有道德的未开化者的神话相关联的观念。通观有关东方之行的著作，不难发现：许多旅行家，诸如马可·波罗，不过是为新颖和奇异所吸引。然而，倘若认真考察，则可发现：一些旅行家，诸如彼得罗·德拉·瓦莱或让·夏尔丹，并不囿于此，而是力图对东方国家的社会机制给予评价。这势必导致东方诸国居民与欧洲人的类比。至于人性和友爱的准则（关于有道德的未开化者的神话中亦提出），则不乏相同之点。对相异之点的分析，使人们有可能作出下列结论：为了使各民族的信仰和习俗不致令人觉得荒诞可笑，则应联系历史情势予以探考。无论如何，东方学家们关注各个民族，并非出于百无聊赖的好奇，而是带着浓厚的和真正的兴趣。

这样一来，时代的意识中产生了以新的态度对待各民族之动因：着手研究它们的习俗、仪礼、信仰——这一切，当然并未穷尽民间传统，而是民间传统不可分割的成分。

东方民族，犹如未开化者，成为"试刀石"——欧洲各民族的全部生活要经其检验。对这些民族来说，正在来临的是多么激动人心的时刻啊！

第 3 章 宗教与迷信之间的欧洲

1. 反对谬误的斗争

伴随对旅行家札记、不同于欧洲的遥远国度和文明的兴趣之与日俱增，一种崭新的、异常有趣的现象在欧洲出现。欧洲开始自我检验和探考其传统，探寻其传统在中世纪生活之素朴的遗存中的痕迹。就此而论，动因是关于美洲印第安人和东方各国居民的书籍——旅行家、传教士、哲学家、小说家的著述。其实，这最初无非是对往昔的回顾，真正的自我检验，需要建立在迥然而异的基础上。说来也怪，从事这种检验的，不仅有自由思想者，他们将天主教会及其教义视为文明的主要阻力；而且不乏信教者，他们关心教会，并力图使教会摆脱偏见，据他们看来，诸如此类偏见有碍于其事业，并有损于其威望。一些人开始同所谓迷信进行斗争。更确切地说，同一定的迷信进行斗争。他们进行这种斗争，乃是基于截然相反的原则和目的；同时，诸如此类的原则和目的又存在某种关联。激励反对禁锢欧洲人意识的迷信之斗争的主要因素为：美洲的发现、科学的发展过程以及宗教改革运动。理解这一斗争的肇始和发展过程要容易一些，如果考虑到反宗教改革，特别是注意到社会精神生活中种种为新的世界观所特有的倾向，诸如：呼吁进行观察和实验（培根），要求科学独立于信仰（伽利略），主张在探考中持怀疑态度（笛卡尔），试图使信仰与科学相调和、使上帝与自然相提并论（斯宾诺莎），揭示对宗教进行新的阐释之可能（洛克）。

2. 宗教改革运动。基督教的
奇迹与多神教的奇迹

　　意识的批判意向,是宗教改革运动的特征;这种意向为人文主义者所特有,并体现于对资料来源、文献以及信仰真理性的种种佐证重新思考的意图。犹如人文主义者那样,特别是在史料研究领域(就此而论,提及洛伦佐·瓦拉及其著作《论伪造的君士坦丁赠礼》,也就够了),16世纪的宗教改革家路德、加尔文、茨温利等,试图探考古老的传说和传统的全部遗产;诸如此类传说和传统盲目和被动地代代相传。他们对种种典籍加以对比,以期只接受同宗教确实有关的东西。其余的一切,他们则坚决予以摈弃。这并不是宗教的合理化,后世若干代将致力于此。宗教改革运动并不否定教义,而是加以批判对待,只接受其中一部分。宗教改革运动对欧洲文化后来的发展之贡献,也正在于此。然而,必须指出宗教改革运动的另一方面(加尔文宗较之路德宗尤甚),即其个体性:人在上帝面前似乎作为个人。路德认为宗教完全处于国家的管辖范围之内,不允许接受宗教改革的国君之属民信奉他种宗教;加尔文则主张有选择政治的和宗教的社团之自由。这已是后来在政治理论和实践中称为"欧洲自由主义"者之初源。

　　然而,人文主义(至少是就其某些方面而言),应视为在古典多神教激励下登上的人之个性的台座。反之,宗教改革运动则将多神教视为对人之本性的破坏。与此相关联的,是宗教改革运动为反对教皇所属罗马领域内的多神教偶像崇拜成分而进行的斗争;诸如此类成分体现于难以数计的、制约民众整个生活的仪礼。

　　民众同情宗教改革运动(至少是在初期),因为它意味着一种起义——这种起义不仅反对神职人员,而且反对罗马的权威(然而,众所周知,路德本人激烈反对"抢掠成性的农民匪帮")。

　　实际上,宗教改革运动无非是再现拜占庭基督教于6世纪所开始的斗争,即反对僧侣们极力推崇的偶像、神奇圣像、奇异医疗及其他类似现象的斗争;此外,尚有对圣者和圣母玛利亚的崇拜。宗教改革运动为反对天主教和天主教神学的多神教属性进行了严酷的斗争,似乎编制所谓迷信的"清册"。

这一斗争最有代表性的文献,为《马格德堡护卫者》这一颇为著名的报告;基督教信徒蒙难、神迹、传说等的广泛材料在其中得到重新探考。同样应当提及埃拉斯穆斯主义与宗教改革运动的紧密关联。当然,埃拉斯穆斯的人文主义摆脱偏见,同路德那严峻的神学相距甚远,但同样根据时代的趋势指出新的途径。

然而,记述和探究迷信并不是目的本身。新教著作家们的目的,显而易见:在古代哲学家著作和古希腊罗马宗教中探寻迷信;据说,这些迷信后来为天主教所承袭,并扎根于民众。反对罗马偶像崇拜的斗争,不仅激励对《圣经》典籍和闪米特语言的研究,同时揭示对宗教进行比较研究和对古风物进行研究的途径。所谓探索再度兴起;人文主义者(薄伽丘、皮克托里乌斯、萨尔迪和康蒂),对此孜孜以求(尽管并不深入),他们均致力于古典世界的神话、信仰和仪礼等之研究。对基督教奇迹和多神教奇迹加以比较,可得出有助于宗教、神话、仪礼等之比较研究的结论。由此可见,正如爱德华·富埃特所说,我们在此所涉及的正是名副其实的史料研究。

就此而论,天主教的反宗教改革运动具有相当大的意义。众所周知,特兰托公会议对"不应称道的习俗"(consuetudines non laudabiles),特别是对魔鬼信仰、巫术等进行抨击。实际上,进行这一斗争的,既有宗教改革运动,又有反宗教改革运动;后者将巫术视为某种近似异端者。

3.《降巫铁锤》与魔怪学文献

反对巫术的斗争,彰明较著地反映于施普伦格和因斯蒂托里斯的

《降巫铁锤》，又译《除恶利器》；该书于1487年首次面世，并成为名副其实的异端裁判指南。雅·施普伦格的思想方式（正是以他的名义展开叙述），就其基础而论与路德的思想方式相同。而施普林格为多明我会学者，既熟读《圣经》，又深知托马斯·阿奎那的著作。正如朱·米什莱所恰切地表述的那样，他同时体现了"正确的思想及其反面"。无论作者的个人品格如何，另有一些理由使人们记起他的著作。《降巫铁锤》不失为15世纪的偏见以及不仅为德国所特有的偏见之最完全的百科全书。可以设想：施普伦格在薪堆上无所顾忌地焚死如此众多的"精神失常者"，却尚有另一专业，即作为民俗学者，记载当时的种种迷信，加以比较，说明其由来（仿效诠释家之所为），继而将其视为异端加以严惩。《降巫铁锤》迄今仍然引起民间传说研究者的极大兴趣。后来，此书被用来完成所谓文献（Fontes）、其他打击（Marteaux）、抨击（Fustigationes）、阐述（Lanternae）以及种种考查（Disquisitiones）；其中最著者出自马丁·德尔·里奥之手。总的来说，所有这些构成了那种所谓魔怪学文献。在这种文献中，同魔怪和魔鬼相关联的信仰得到翔实探考，而且叙述的结尾或是对诱惑之得手的描述，或是与魔鬼本身的激动人心的对话。

　　诸如此类对话的主要人物，并不只是异端裁判者，魔鬼还暗暗诱惑其他凡者。就此而论，提一下让·博丹于1580年出版的著作《巫师的魔凭术》，颇为有益。博丹是自然宗教的推崇者；据他看来，自然宗教是人类的天赋属性，先于宗教的一切历史形态。他对古犹太宗教推崇备至，在其中揭示基于家族法和自然法的原始素朴。在天主教徒与胡格诺派斗争期间，博丹试图在容忍异信仰的基础上将两派的要求加以调和。然而，对待与之相关联的巫婆和迷信，博丹则不允许任何容忍（他对之同样严肃而认真，犹如对待政治问题和宗教问题）。

　　在其早于《七人谈话录》（作者在此书中主要探讨宗教和法的问题）的《魔凭术》中，博丹如同路德，声称：清除巫婆，是我们的神圣职责（培根亦持此见）。不仅如此，他愤慨地反对笃信巫术者或"在一定程度上"笃信巫术者。他确信:为了在法国确保安宁,必须清除遍布法国的巫者,反对者对此的任何论说均属徒劳。甚至亚里士多德也将他激怒,正如那些援用自然法和理性者一样。

"怀疑所谓巫术存在,即亵渎神圣,如今并不亚于怀疑上帝存在。众多谬误来源于:否定精灵威权和巫婆的作用者,试图根据理性判断超自然的和非现实的事物;而如此对待显然是不当的。"

4. 让·博丹与巫婆

整个欧洲似乎都在巫师的掌控之中。到处燃起薪堆,焚死巫婆。让·博丹确信:一切邪恶来自意大利,尽管意大利人较之他人在此问题上尤持怀疑态度。巫术被视为最低级的法术;文艺复兴时期的活动家们,试图将法术推崇为科学,对巫术很少关注。诚然,他们笃信预言和卜算。然而,它来自希腊-罗马传统。这种传统辅之以迦勒底、古希伯来以及新柏拉图主义等的学说,人文主义则有助于诸如此类学说的传布。譬如,伽利略断然否弃所谓低级法术。而文艺复兴时期则对巫风又有些火上浇油。

让·博丹将意大利人安·阿尔恰蒂视为其主要敌人;后者尽管亦信巫风,却以健全的思想与将巫婆驱上薪堆的非理性的疯狂相对立。既然阿尔恰蒂是意大利人,那么,整个意大利应对施之于巫婆的罪恶辩护负责。须知,修士加拉泰奥(世俗姓名:安托尼奥·德·费拉里斯),在其著作《雅皮吉耶的所在地》(1511年问世)中,以幻觉的效用解释同巫者相关联的一切。后来,"巫婆"得到堪称机巧的维护者,即德国耶稣会士学者弗·施佩;他的《杜绝犯罪》(出版于1631年,以生动、典雅的拉丁文写成),成为抵制《降巫铁锤》和《魔凭术》的"抗毒素"。在法学著作中与之相提并论者,可提及切·贝卡里亚的《论罪与罚》。

弗·施佩也是一位典雅的诗人,他为源于德国和西班牙境内处死"巫婆"的情景之戏剧场面所激怒。在其著作中,他阐明了这些审讯所基于的迷信和偏见。同时,他具有民俗学者的气质。他的叙述,穿插种种笑话,试以关于修士与王子的故事为例。一德国王子向一修士问道:如果有12个巫婆供认某人曾参加妖婆狂欢夜会,此人应不应被拘捕。"当然应当。"——修士答道。王子反唇相讥道:"太好了,阁下。那么,我应当把你关进监牢,揭发你的巫婆已经不是12个,而是15个。"

5. 启蒙运动的先驱。托·布朗和托·斯普拉特

但是,一部书(即使像《杜绝犯罪》这样的著作)可使对不幸的"巫婆"的迫害宣告终结的时代,尚未到来。像托·布朗这样富有启蒙思想的、审慎的学者(英国当时最卓越的智者之一),也信所谓巫婆。英国的信巫婆之风,不仅被莎士比亚用作文学手法,而且为习惯法(Common law)所合法化。伊丽莎白重申了亨利七世谴责行巫的诏令。后来,詹姆斯一世在其《魔鬼研究》中已是直截了当地谴责行巫之罪魁祸首——巫婆,并颁布下列法令:

谁若是拘招或咒请恶灵和魔鬼,与其相交通,使其为己所用或效力,出于某种目的和动机给以褒奖;谁若是从坟墓或其他任何其尸体,其皮肤、其骨殖或其他遗存所在之所拘招死者——男子、妇女或少年,以期达到巫术、妖术、魔法、咒术等目的——诸如此类触犯刑律者,理应受到法律的制裁和法庭的判决,一律处以死刑。

托·布朗属宗教改革派教会,恰逢詹姆斯一世在位期间(1603～1625年),即这种鄙陋的风习在英国方兴未艾之时。他的迷信,并不亚于詹姆斯一世。他在《医者的宗教》中的声明,即可资佐证:

至于我，我始终相信：巫婆确实有之，至今仍然坚信不疑。对此持怀疑态度者，从而否定精灵的存在，即使不成为多神教者，也成为不信神者。如果他们之中的一些人为了否弃其不信，祈求死者之灵魂向他们显现，那么，任何鬼魂都不会应其所求，他们也无法成为巫师或巫婆。然而，魔鬼却加以牢牢控制，因为他们堕入诸如行巫之类骇人听闻的异端。假如亡灵向他们显现，将意味着他们皈依真正的信仰。

在另一部题名《普遍的谬误》(1646年版)的著作中，托·布朗潜心于依据其经验分析他称之为习见的平民偏见者。他经常使用"理性"一词，但认为："尽管大多数人赞赏'民众的声音即是神的声音'之说，而'民众的声音'却不可视为最终的真理。"据他看来，书籍并不能改变人们的看法；他著书立说，是为了那些"知识和学问高于他人"者。他写来饶有意味和扣人心弦，缜密而生动。然而，他评述即使有教养者也难以摆脱的谬误和偏见，却并未对这些谬误和偏见的起源和性质进行实质的阐述，似乎是在隔靴搔痒。他与其说是历史学家，毋宁说是道德问题著作家。他以其道德对待与他并驾齐驱者，即有教养者。然而，至于说对待巫者，他与一般人毫无二致。此后不久，英国神学家托马斯·斯普拉特对所谓迷信进行了同样顽强的斗争；他属所谓高级教会，后成为罗切斯特的主教。其观点较之布朗，更接近于施佩耶。然而，对经验，因而对科学的爱好，使他同布朗形同一体。他所著《王国社会史》(1667年版)，是将宗教与科学相调和的一种尝试。据乔·考·特里维廉所述，他"犹如若干年后的洛克和牛顿，使《圣经》时期的奇异神迹理所当然地被视为一种特殊的现象，被视为上帝对其所造世界中事物的自然过程之超自然干预的结果"。但是，特里维廉补充道："在新教和今日英国的气氛下不应期待奇迹。"斯普拉特声称："事态现在平静地展开，循对其说来既定的自然因果轨道进行。莎士比亚的世界是素朴的女魔法师和巫婆以及妖法和迷魂术之世界，业已成为过去。"

对斯普拉特说来,巫婆和女魔法师,乃是虚幻的基墨里(Cimmerians,精灵)。当然,勋爵沙夫茨伯里在 1707 年致勋爵萨默斯的信中所写,并非针对他而言:"我向阁下介绍一位尊敬的教士、有学识的和真正的基督徒,他可以对您详细说明他为何信巫婆。"

至于巫婆,英国议会在 1736 年才废除了关于对其进行迫害的法律;不过,此法在此很久以前即已成为一纸空文。

6. 巴·贝克和克·托马齐乌斯

两位叛逆者——荷兰人巴·贝克和德国人克·托马齐乌斯,所循道路则不同。他们同样反对迷误,而他们自己又始终陷身其中。神学问题并不能引起他们任何人的关注。贝克背离其教会,但并不赞同斯宾诺莎的见解;后者在其所著《神学政治论》中对传统信仰进行谴责。同时,他又是坚定的笛卡尔主义者,1668 年发表《笛卡尔哲学之真诚的和明晰的阐释》。他们之中的第二位,托马齐乌斯,尽管接受过严格的路德章规的培育,却"一丝不苟",力图原原本本地认识一切。

巴·贝克反对魔鬼之说,并在其巨著《巫风世界》(1691 年版)中予以坚决的、无保留的批驳(此书后译为欧洲数种文字)。这部著作可称之为阐述迷信的历史之破天荒第一次科学尝试;在这部著作中,与魔鬼相关的故事,并非基于《圣经》的叙说,而是依据流传于不同民族中的关于魔鬼的故事。第一部分论证了这样一种见解,即:圣典,"如果对之采取实事求是的态度,而无任何成见,则不会将评注者和翻译者的偏颇之见所赋予魔鬼的力量和行为加之于魔鬼"。第二部分断言:笃信来源于多神教的魔鬼之存在,因而亵渎基督教。在其著作中,有贝克同魔鬼进行的长时间的交谈。他同时认真地、缜密地剖析了所谓迷信,视之为无知者之妄说,——而他们同魔鬼并无任何关联。因此,因这种根本不存在的关联而施之以严刑,是不人道的。

克·托马齐乌斯的见解同样如此:他赞同施佩的论断,坚决反对对巫者的审判，反对施之于巫者的可耻的惩罚和刑讯。托马齐乌斯的鸿篇巨著之一，系在贝克的影响下完成，题名《论借助于法术的罪行》。他的另一部著作《自然的和全民的法之原理》，出版于1705年，享有极大声誉。托马齐乌斯将法视为社会现象。正如人们所正确地指出，《原理》旨在反对一些意大利政治活动家（始于托马斯·阿奎那）——他们从道德中导出法。而托马齐乌斯则从法中导出道德。他确立了自然法的准则；而他本人在其著作《司法规制》中曾加以反对。继让·博丹之后，约·阿尔图齐奥、阿尔贝里科·金蒂利和希霍·格罗秀斯成为自然法的卓越维护者。

第一个占据自然法讲坛者，为萨穆埃尔·普芬多尔夫。1673年，他发表了《论自然的和全民的法》，并在此书中将其先行者们的思想予以深化。他所提出的论点，同下列种种毫无共同之处，诸如：博丹的君主意志即法的基础之说、阿尔图齐奥所发展的宗教偏执之说，乃至这样一种论断，即："自然法为上帝、宇宙创造者的意志所预定"、"应在《圣经》中寻求法的唯一渊源"。保·阿扎尔指出："普芬多尔夫并不否认上帝的威力，只是赋之以另一范畴，即纯理性和启示的范畴，自然法和精神神学的领域。我们所固有的健全的理智，承认它们为维护整个人类社会所必需；此外，它们并在圣典中为上帝所预定"。于是，自然法与上帝法遂明确区分开来。托马齐乌斯读了普芬多尔夫的著作，他似乎为科学失去宗教外貌所动。但是，他另有所循，宣称：

> 我任何时候将不再武断地看待任何仪式；在探讨这一或那一教义时，我不再问自己：它的声誉如何，哪些权威人士予以赞同，而是看其究竟如何。对赞成和否定这两种结论加以斟酌，始作出自己的结论。我不再做思想统摄者的顺民，而仿效古希腊罗马的英雄；他们为了自由的胜利，手持武器反对他们曾效忠的暴君。

颇似临战的古希腊罗马时期的英雄，他佩带甲胄。他的敌人，乃是偏见;据他看来,这是万恶之源。至于理性,则是他为之斗争的信念;这种信念的实质,是对社会和人类之热爱。

7. 自然神论与自然宗教

17世纪的学者竭力使自然宗教成为体系。就此而论,应提及爱德华·赫伯特所著《论真理》(1624年版)。这部著作堪称其派别的宣言书;这一派别在17至18世纪传布颇广,称为"自然神论"。赫伯特断然屏弃"启示"这一概念。他断言:只存在并无任何成见的自然宗教。他否定独一神,即亚伯拉罕、以撒和雅各之神的存在,却仍然相信上帝。据他看来,断言人们为了按道德行事需要启示,是荒诞不经的。人们只要有理性,也就够了。就我们对待上帝而言,有一点十分重要,即:我们的举措符合他注入我们心灵之宗教的和道德的情感。他说道,既然有这些情感,相信启示又有什么意义呢?

在关于启示的问题上,约·托兰德则较为审慎;他所著《基督教并不神秘》,于1696年出版。托兰德断言:任何神秘均不存在。至于启示,它无疑可以成为"知识的来源",但并不是"基原的基原"。只有理性才是"基原的基原"。其原因在于:"从希腊语法高于《新约全书》这个意义上说来",理性高于启示;"语法帮助我们理解语言,凭借理性可以理解此书的内容和意义"。

然而,爱赫伯特,特别是约·托兰德的探考,其对象并非神学论断,而是当时的民间习俗。在《致塞伦娜的信》(实际上为致普鲁士王后索菲娅,写于1704年)中,托兰德对成见的生命力给予关注,并指出:

> 接生婆助我们降生世间,为我们举行充满迷信的仪式;而分娩时在场的妇女,则念诵无数咒语,笃信诸如此类举措可给初生婴儿带来福运,保佑其逢凶化吉。他们郑重其事地念叨着荒诞不

经的言词,却希图洞察未来。有的人之狡诈并不亚于狐狸,他很快把婴儿把持在手中,将其变为奴隶,并将其献与圣事,同时念诵类似咒语的言词;他使用盐、油、水,而在一些国度则诉诸棒和火。他宣称:婴儿从此处于他的掌握中,而且要打上这种掌握的印记。

约·托兰德并不只是列举种种成见和仪式。他感到愤懑的是:甚至在学校里也在讲什么精怪、神灵、奇异的变化——这简直是诗人和老师们的罪过;他试图探索仪式之起源的奥秘。然而,他所提出的论据,并非始终经得起推敲。譬如,在《信》中,托兰德拟说明灵魂不死这一观念的由来。据他看来,这一成见为落后的和不开化的民族所特有,来自东方,更确切地说,来自埃及——在那里,它同种种丧葬仪式相关联。

他的探考有时尚嫌幼稚,自然神论在其中已有迹可寻。所谓自然神论,旨在通过任何途径将宗教从教义以及与之相关联的信仰的束缚下解放出来。实际上,赫伯特和托兰德并未对奇迹采取不相信的态度,但已对其持之以批判。他们深信:崇拜和仪式,乃是神职人员用以进行欺骗的工具。

自然神论不仅遭到乔·斯威夫特的嘲讽,而且为众多学者所批判。(一些人认为:自然神论无非是对真理的背离。)较早期的哲学派别(意大利文艺复兴时期的宗教哲学)以及一些著作(莫尔的《乌托邦》、博丹的《七人谈话录》、洛克的《基督教的合理性》等),已开始对自然神论观念进行探索。但是,对美洲印第安人和东方诸民族的有关材料进行探考所获得的结论,更为恰切,即:自然神论观念,形成于旅行者和传教士之考察。无论是原始的宗教,还是东方的宗教,无不各有其教义,尽管为自然形成。

8. 民俗学的神学说

所致力反对的成见,首先见诸乡村的农舍;在乡村,教区的神甫如同耶稣会士,皆致力于此。而后者认为:种种仪式,尽管不无多神教的色彩,仍是有益的,及是宗教生活之必要的基础。多神教的仪式,通常索性改头换面,一变而为基督教的仪式;同时,其本质,即昔日的祭司所关注者,往往有所变易。詹森主义以及对耶稣会教义的猛烈抨击,即是对此的反映;这种抨击,彰明较著地见诸布莱斯·帕斯卡尔的《致外乡人信函》。

但是,两法国神学家——让·巴·蒂耶尔和皮·勒布伦,并不赞同这些观点。同布朗截然相反,他们致力于教育民众,使他们摆脱有碍于精神生活发展的种种成见。他们与施普伦格、博丹和布朗毫无二致,亦信所谓巫婆。1679年,蒂耶尔的巨著《迷信论》问世;书中宣称:其一,迷信是不容许的,因为它同自然途径所无法说明的情状相关联;其二,迷信有损于对教会和圣礼(弥撒)的信仰;其三,它产生于人与魔鬼的契约。勒布伦亦可与蒂耶尔相匹敌;他完成《将民众导入歧途并使学者陷入困惑的迷信批判史》,于1702年首次出版。

让·巴·蒂耶尔和皮·勒布伦援引教会会议(特别是特兰托会议)反对迷信的斗争。他们(首先是蒂耶尔)在其著作中探讨:教父和教会作家如何对待迷信。然而,他们的著作的内容并不限于此。他们致力于揭示仪式和成见之由来的奥秘。据他们看来,凡此种种,乃是多神教的遗存、异端、对真理之途的背离和堕落;由平民百姓(par les rustres),正如蒂耶尔所说,带至宗教中(如果将这一切称为已消逝的宗教之遗存,则更为确切)。由此可见,蒂耶尔和勒布伦将迷信和成见同谬误相联系。博丹和布朗则视之为魔鬼的产物。

范热内普不久前指出:蒂耶尔和勒布伦的著作,就其内容说来接近于魔鬼学文献。但是,必须加以明确:就其内容说来,他们的著作接近于施普伦格和博丹的著作;后者的功绩在于提出迷信的问题。至于他们系统整理民间传说的方法,则辅之以布朗、施佩、贝克、托兰德所运用的方法——他们不仅是启蒙运动的先驱者和倡始者,而且是欧洲民俗学(民间文艺学)之无可争议的先行者。布朗、贝克和托兰德并不满足于仅仅记录和搜集有关崇拜、仪式等的材料;他们如同后来的蒂耶尔和勒布伦,力求加以理解。正因为如此,可以认为:这两位法国神学家,为这样的著作开拓和铺平了道路,诸如亨·伯恩所著《民间古风物或平民古风物》(1725年初版;1776年再版,约·布兰德并作了大量增补)。在这部著作中,明确地形成了这样的观点:一切民间的,均为古老的(众所周知,培根便将民间传统、词源探考等列入"古风物")。不仅如此,我们在其中看到关于英国民众的节庆和习俗的记述;凡此种种,对民俗探考者来说迄今依然是很好的材料。

第4章 从理性看谬误

1. 皮·贝勒——欧洲民俗学的先驱

同种种成见的斗争,始于美洲发现以后;我们对之探考则针对其最典型的表现。它在18世纪天主教的法国,即在让·巴·蒂耶尔和皮·勒布伦的法国,具有特殊的意义。在当时的法国,这一斗争由以皮埃尔·贝勒为首的启蒙运动者进行。他动摇于斯宾诺莎与笛卡尔之间,同时对旅行者和传教士,更确切地说,对美洲印第安人及东方民族极感兴趣;自然神论亦为他所关注。

所谓贝勒的时期,是自然神论者和自由思想者的时期。在其旨在反对废止南特敕令的著作的起首,贝勒指出:

"……有人对此感到惊异。而使我更感到惊异的是:人们对此不太感到惊异。当我开始对宗教到处带来的危害进行思考时,我得出这样的结论:宗教中根本不存在教义规戒;这无非是其有害活动的必然结果。为了其本身畅行无阻——尽管是暂时的,宗教庇护种种罪行——暗杀、抢劫、放逐及其他一切暴力行动;诸如此类罪行,带来无数其他谬误、伪善、对持异端者的迫害,等等。"

一起并不引人注意的事件,促使贝勒起而反对这种"有害的活动"。1681年1月1日,在《学报》上刊载下列消息:

"大家普遍关注彗星,新年伊始这一最重要的事件。天文学家观察其运行情况,民众则等待数以千计灾难降临。"

几乎在此消息发表一年之后,贝勒的《就彗星一事致"索邦"一学者的信》问世。在此信中,基于哲学和神学的论据加以论证:彗星并不是任何灾厄的预兆……

然而,他对此犹感不足;他于1683年发表《对"索邦"一学者阐述的种种思想》,于1694年发表《对〈思想〉的补充》,于1705年发表《思想》之《续篇》。

但是,问题的实质并不在于彗星。他的这些著作的题旨尤为广泛:一方面,他对人们的轻信进行一般评述;另一方面(正是这一点,值得特别注意),对与彗星有关、来自多神教时期的迷信加以探讨——这使他有幸着手研究成见以及种种遗存。

而这些成见是什么呢?——皮·贝勒自问。他答道:"这是两、三人之说,而为无数轻信者以讹传讹。"他又补充道:"你们想把成见同占星术联系起来吗?而作为此类成见之始因和根源的占星术,如果不是确实可笑的东西,它归根结底又是什么呢?你们想借助于其他文献资料(诸如诗人的诗歌和历史家的记述)吗?好的,我们可以立刻证明:无论是诗人,还是历史家,他们都是职业的说谎者。"他对一切加以嘲笑,而且无法自制。他为之奋斗的科学的利益,则退居次要地位。他不满足于只作出这样的结论,即:与彗星有关的迷信观念,是纳入基督教的众多成见之一(当时,蒂耶尔和勒布伦亦得出这样的结论)。贝勒前进了一步。他又提出一个问题:"是否可以假设:彗星确实是灾厄的预兆呢?……"他的回答是切实的、坚定的、果断的:"假若果真如此,那就是上帝为了在世间确立偶像崇拜而创造的奇迹。"他的行动颇似一个外科医生:他的剖析更加准确;他对偶像崇拜十分严厉,这种偶像崇拜丝毫不比别人指责他所推崇的无神论好。他重新研读了与他同时代的旅行家们的著作,如果他不是推崇无神论,那无论如何是承认无神论理应受到关注。

2. 作为统摄之工具的迷信

皮·贝勒的《思想》,是对其所处时代的民间成见之广泛的和有益的评述。除论战(赋予其书以生动性和尖锐性)外,对成见本质之有益的观察和认识是可宝贵的。但是,不仅就贝勒的这些著作,而且就其为《历史与批判词典》所撰写的条目(更加符合其思维的倾向)而论,作为民俗学者的贝勒清晰可见。在这里,他坚决反对成见,对其直截了当和言之有据地进行抨击。对此,他有充分的权利,因为他对成见进行了研究。他在"塔基丁"一条中指出:

  人的命运是悲惨的,因为使他摆脱此一邪恶的知识,又将其推向另一邪恶。消除愚昧和野蛮,便可从而消除各民族的迷信和愚鲁的轻信;这种轻信十分有利于统治者——他们滥用威权,终日无所事事、骄奢淫逸。然而,向人们揭示这种不义,则使人们渴望对其他一切予以关注;而其贫乏的理智不足以审视和检验一切。

  普鲁塔克即已述及迷信存在的益处;他认为:对国家活动家来说,迷信不失为统御之工具。贝勒并不相信普鲁塔克之神。他对所谓自在之神有所感知,而且他所说的神对成为战争和流血之因的宗教的产生并无罪责。而贝勒之神是不是路易大帝的法国之天主教的上帝呢?宗教不是谬误之源吗?在其所著《对基督"强使众人入教"之说的哲学评论》中,对一些宗教教义进行抨击(其中一些教义,他仍然予以承认),贝勒断言:"必须承认:任何教义——无论是圣典所赋予,还是出于其他渊源,都是虚妄的,如果它为清晰和确凿的、为自然的光辉,主要是道德的光辉所照耀的材料所揭穿。"

  由此可见,关键在于道德。但是,应当说,他还知道:斯宾诺莎援用普鲁塔克的观点,断言:宗教的偏见对统治者们是有益的,主要是借以对民众加以制驭。迷信之中,总是存在某种吸引力。正如贝勒在其所著《对一外乡人问题的答复》中所说,人,这一"任一体系中最硬的坚果",乃是"对真理以及谬误之阐释的障碍"。

3. 贝·德·丰特奈尔及其《预言者轶事》

皮·贝勒的论战,为启蒙运动的最敏锐的思想家之一贝·德·丰特奈尔所继续;他不同于贝勒,曾受过耶稣会士的培育,并生活于天主教徒中间。

《百科全书》的"绪论"中写道:丰特奈尔"并不希图向其同时代人揭示什么,而是悄悄地、不声不响地燃起渐渐照亮世界的明灯"。这种见解,在一定程度上可予以赞同:丰特奈尔较之贝勒,对种种教义和宗教尤为审慎,以文雅的微笑掩盖了其摧毁性行动,但仍然击中要害。绝不能说:他的《预言者轶事》(1686年版),未被觉察;只须回忆一下它曾遭到天主教徒(特别是耶稣会士)的猛烈攻击,也就够了。不仅如此,人们曾打算将他关进巴士底监狱。丰特奈尔本人始终极力韬光养晦,似乎确实为了使人们忘记他的著作。但是,神甫让·弗·巴尔图斯于1707年发表了《对〈预言者轶事〉之答复》,将丰特奈尔的著作斥为有害的、不信神的,称之为18世纪反教权主义的主要来源之一(后来,对丰特奈尔进行无情批判的路易·梅格隆,诡称曾提出此见)。

在《预言者轶事》"前言"中,丰特奈尔对促使他写此书的动因作了如下说明:

> 不久前,我得到一本拉丁文的关于多神教预言者的书,为医学博士安·范·达莱所写,出版于荷兰。我发现:作者断然驳斥同预言者的信仰有关的一切;而众所周知,这种信仰在基督降生之前盛极一时,而且似乎魔怪也通过预言者而作祟。据我看来,这一著作以古风物领域的深厚知识以及作者的博学而著称。于是,我想,应当予以翻译,以免不完全掌握拉丁文的人们无法兴致勃勃地阅读此书,并得到教益。然而,我后来得出结论:此书译本未必可以产生我所预期的效果。范·达莱是为有学识者写此书,

因而认为可以省略种种夸张；后者对他们说来没有重大意义。他援用大量引文，并加以正确的阐释，特别是译自希腊文者；他援用不同考证者和评论家的论据，这些论据并非始终是必要的，却通常饶有意味。所有这些，为学者所必需……此外，范·达莱毫不犹豫地中断其阐述（如果意欲引用新的论据），并将其他等等置于括号中。因此，我改变了翻译此书的初衷，并决定保留其内容和主旨，而不拘泥于其形式。我承认，我对待此书十分随意：改变其结构，删去那些我觉得益处不大者，即文辞欠雅、并无补益者。至于修饰，只是在我觉得最适宜之时，或者有益于该书的主旨之肯定、有助于该书读来更加明晰。

丰特奈尔所援用之范·达莱的著作，于1683年在阿姆斯特丹问世，题名《关于民间预言者两议：其一，他们的危害，其二，何人记起他们》。此书于1699年为阿·本译为英文。呈现其中的主要思想，接近于丰特奈尔的思想。两位学者均致力于论证：多神教的预言者并非仰仗魔怪之力为所欲为，而是当权者借以横行无忌以及神职人员赖以招摇撞骗之工具。宗教改革运动的支持者与自然神论者的论战，就这样展开。然而，范·达莱局限于这一论战，而丰特奈尔则批判地对待整个谬误问题（更确切地说，迷信问题）。

4. 预言者的情状

在《预言者轶事》中，丰特奈尔作为文学家和科学普及者之最卓越的素质很好地结合起来：他颇似范·达莱，对基督教和多神教进行了无所畏惧的抨击。而他关于其立场的声明尤为明确和坚定："就其本质而言，预言者问题，在多神教徒那里具有宗教性；而在基督教徒那里，此说则纯属无稽之谈。无论是在彼还是在此，偏见无不掩盖彰明较著的真理。"

继而,他又补充写道:"这些偏见玷污真正的宗教,极力渗入其中,以使之失去它本身应享有的尊崇。无人胆敢起而反对,予以屏弃,唯恐被指责为渎神。我绝不谴责深邃的宗教信仰;恰恰相反,据我看来,它是值得称道的。但是,不能不同意这样的见解:将谬误同真理区分开来,较之对两者一概予以承认为好。"

据丰特奈尔的声言看来,他力图"维护基督教的真正利益"。然而,他真地维护基督教的利益吗?丰特奈尔犹如贝勒,对习惯之力颇有所知。丰特奈尔指出:"它具有左右人们之力,即全然无须凭借理性。"他又斩钉截铁地声称:"如果理性地加以评说,显而易见,魔鬼之所以需要,既不是作为将神赐降给世人的襄助者,又非作为上帝与世人之间的中介。"

就此而论,《预言者轶事》再度与贝勒的《思想》接近。它不仅力图从轶事中排除奇异者,而且使容许笃信奇迹的任何宗教遭到疑惑。保·阿扎尔指出:"丰特奈尔的思想接近于贝勒对彗星的看法,显然是深刻的——尽管乍看起来似乎肤浅。两种见解的关联,不难发现。两位著作家面向广大公众,而非囿于哲学家和神学家的狭小范围,致力于揭示人性(谬误的始因)之弱点以及遗存之冥顽——所谓遗存,助长偏见,使之强化,致使人们难以反对。"贝勒的彗星与丰特奈尔的预言者——毫无二致。两著作家均信"奇迹";然而,他们所信者,用莱布尼茨的话来说,乃是理性所创造的奇迹。

5.《虚构之由来》——对古老民族成见之研究的贡献

然而,丰特奈尔不仅对预言者进行了探考。《虚构之由来》,为其最卓越的著作之一。他在这一著作中论证:古老民族中的传说,亦应归之于成见。至于传说,尽管它们给诗歌、悲剧家和古代雕塑家以激励,他仍然持断然否定的态度。丰特奈尔在此所提及的传说,实则无非是神话(他在耶稣会士的指导下,依据意大利人孔蒂的名著《神话学》对神话进行了研究)。但是,流传在法国的、名副其实的传说,亦引起他的关注。他曾提及阿拉伯人;据说,"他们的故事充满奇迹和虚构,而且大部分是可笑的和荒诞的"。他所知的尚有一些教诲性的法国故事;这些故事后辑入弗·玛·吕策尔的文集,诸如关于犹大吊死之树的传说。

丰特奈尔也感受到这些传说的魅力。然而,要知道,正是这种魅力将人们导入谬误,从而造成危害。在丰特奈尔的《古代和现代的死者对话》中,荷马对伊索说道:

> 不要因人的头脑通常追求真而迷惑。人的头脑与成见,乃是近邻。所谓真,应赋之以传说的外貌;这样一来,它便更加引人入胜。甚至并无任何真可言,故事仍为人们所喜闻乐见。借助于伪装,真更易于进入人的头脑;偏见则为其顺畅地接受——偏见生于其中,并通常潜在于其中,而真则与头脑相异在。

在《虚构之由来》中,丰特奈尔提出并发展了上述观念,并得出结论说:有利于偏见(因而有利于传说)的产生之因,同我们之崇古不无关联。我们的先辈笃信这一点,而我们并不比先辈聪明。丰特奈尔确信:假如地球上再出现某一民族,那么,无论它栖居何处,其始初的历史必然是奇异的。但是,他同样确信:在人类发展的过程中(众所周知,他那关于进步的观念,较之贝勒要确定得多),真同伪纷然杂陈,奇幻者压倒真实者。据他看来,不仅埃及人、腓尼基人、希腊人的神话,甚至历史学家关于奥古斯都时代的故事,无不如此。

就此而论,他的观点与贝勒的论点相吻合;贝勒在其《词典》(词条"费隆")中,不仅对希腊的英雄传说,而且对关于罗马始初诸王的传说也持怀疑态度。圣埃弗雷芒对此问题亦持同样态度;他是法国自由思想最典型的代表,在其《关于罗马民族在共和国不同时期的不同特征之思考》中宣称:"我对因作为谬误的偏见之结果而产生的寓言所感到的欣悦十分反感。罗马人创造了如此多的瑰宝,确实值得赞叹不已。面对他们的传说而感到欣悦,则意味着对罗马人不公。"丰特奈尔的战友佩罗,则持他论。然而,两人均对属古希腊罗马时期者持反对态度。在其1688年发表的《对古代和近代著作家的自由思考》中,他重复亚·塔索尼自1620年开始在意大利表述的思想。1690年,佩罗的《古代与近代著作家之对比》问世。他在此论著中表达了这样的思想:超越古人的最好手段,是立足于当代的习俗和风尚。而据佩罗看来,古代的也可以成为现实的。丰特奈尔对古代世界则持盲目否定的态度;古代世界的一切,据他看来,无非是欺骗。于是,他背离正确的道路:他在古代世界所看到的一概是愚昧——而我们在那里发现清新、纯真和质朴;他将产生伊始并非迷信者斥之为迷信。他不理解传说的伦理价值;在传说中,尽管存在种种谬误,却不无其真。尤为重要的是:他并不理解那些作品的审美价值;这些作品不仅在学术著作中,而且在民间文学中渐渐具有越来越大的意义。

6.《虚构之由来》——民族志学的初期典籍

但是,丰特奈尔对传说的否定态度,并不是其著作中的最主要者。所谓谬误,有助于他揭示真理。——对贝勒说来亦然(尽管稍有不同)。这样一来,对传说的研究,势必成为民族志学的问题,而且最早正是见诸丰特奈尔此书。据他看来,传说不仅是幻想的产物,而且包容父辈向子女讲述的一切(这些即是精华[in nuce]——传说成为民族志学的问题)——而他们所讲述的无非是他们的所作所为或所见所闻。为了确定探考的始发点,应当关注我们远古祖先的生活,即对地球上的初人进行探考。同时,丰特奈尔对此有所说明:不可只注意卡菲尔人、洛帕里人和易洛魁人。它们无疑均为古老民族,但它们已达到初人并未达到的文明程度。此说是丰特奈尔关于进步的观念之又一体现。

早在丰特奈尔的这部著作问世之前,已有两部有关著作出版(它们几乎未为人们所关注);两书中阐述了同关于未开化者的资料相关的理论。1702年,丰特奈尔的挚友、牧师图尔内芒,在其具有一定篇幅的、大胆的著作《论传说的由来之作纲要》中,断言:如果我们确实意欲对传说进行比较研究,那就应专注于美洲未开化者的习俗以及发现新民族的商人们的旅行记。两年后,一部未署名的著作(出于牧师拉克雷基尼耶尔之手)出版,题名《印第安人的习俗与犹太人及其他古代民族的习俗之亲缘》。此书开宗明义即宣称:没有任何必要研究印第安人的荒诞的宗教;而作者最终竟自相矛盾地得出结论:古代的痕迹,应寻之于未文明化的民族。

众所周知,《虚构之由来》首次出版于1724年。卡雷曾试图证明此书实际上写于1680年,特鲁布莱则力主写于1691年至1699年间。对他们的论据,很多人却难以苟同。然而,无论丰特奈尔是否已知图尔内芒和拉克雷基尼耶尔的著作,应当承认:他已超过两者,并对上述著作中所表述的思想进行了有意识的、批判的再认识。

7. 除幻想外,传说还包含什么?

对最邈远的祖先的文明之既定层次的探考(据他看来,他们是传说的真正创作者),堪称丰特奈尔思想中的新东西。后来,这对民族志学以及民俗学说来异常宝贵。这一层次,只有弄清那种"精神状态"(état d'esprit)方可确考。这种"情状"往昔为各民族所特有,迄今仍可在一定程度上见诸我们周围。由此可见,他科学地揭示了我们与未开化者之间的继承性,而完全屏弃了关于有道德的未开化者的神话。据丰特奈尔看来,我们的祖先为类似美洲印第安人的鄙陋者,他的语汇中甚至没有"正义"和"自由"等。当然,这一切出于臆造。而这种鄙陋的、原始的人,他又依据传说中所述加之以某种哲学、完整的哲学体系。丰特奈尔并不否认：即使在遥远的往昔，亦存在具有理性的人，他们力图探索他们所观察的一切之始因（他们并将这一切向他人讲述）。他写道，让大家都明白：我们进行探考，并非为了让头脑充满腓尼基的或者希腊的奇思异说。其实，大谬不然。应当知道，寓言编的够多了，希腊人和腓尼基人编织的已经足够了。

据丰特奈尔看来，地球上初人的注意力，首先集注于他们以自己的双手无法实施者。他们无法施放闪电、驱使风云、掀起海涛，这为他们力所不及。他们因而得出结论：有一些存在较他们强有力，可导致诸如此类现象。这些存在的所作所为宛如人，因此看起来亦同人毫无二致。诸如此类非比寻常的存在，既然具人之形体，想象力则赋之以人的属性。伴随神祇，种种奇迹相继出现。这些奇迹产生传说；而传说产生伊始，其虚妄的实质则显而易见，作为其基础的成见便有迹可寻。

就此而论，所谓原始哲学同名副其实的轶事，同事实的叙述交织在一起。例如，一青年坠水，无人可寻得其躯体。究竟发生了什么事呢？据当时的哲学（更确切地讲，据当时的成见），有所谓河神（丰特奈尔称之为"女神"）。她们窃走了那个年轻人——这是毫不足奇的。可是，她们把他藏到哪里去了？当然啦，藏到河底的宫中——这样的处所，一般的凡人是无法企及的。

由此可见，情况犹如以下所述（产生又一假设）：与理性始终相悖的想象，将其所涉及的客体极度夸大，增之以它欲成为十足奇异者而匮缺者。譬如，讲述者为其在听众中所博得的赞赏所激励。这样创造的传说，代代相传，保留了其内在的实质。这正好可以说明为什么不同国度的传说具有确实惊人的相似之处，须知，它们产生于一种被封特奈尔称为"精神状态"的东西：

  美洲印第安人将亡者的灵魂遣至某些湖泊之畔，而希腊人则将其送往斯提克斯（冥河）和阿克戎的岸边。据印第安人之说，雨为一姑娘所招致——她在天上与兄弟玩耍，将水罐打破。难道这不类似关于泉源女神的传说吗？据说,她们以双耳瓶注水。据秘鲁人的观念,印加曼科·圭纳·卡帕克(太阳之子),能言善辩,说服该国度原初居民服从于理性的律则,并按这些律则安排生活。希腊的奥尔甫斯之使命同样如此,他亦为太阳之子。这证明:希腊人亦曾是未开化者,即处于美洲印第安人所处的发展阶段,通过美洲印第安人所走的道路摆脱未开化状态。这同样表明:两个相距如此遥远的民族,其创造具有非凡的超自然异能的太阳之子的神话之想象竟如出一辙。当希腊人处于少年时期,尽管具有天赋的思维本领,他们的思维能力并不优于美洲的未开化者(据其种种特征看来,他们在被西班牙人发现时同样处于少年时期)。因此,完全有根据推断:美洲印第安人如果有足够的时间,也可臻于理性思维方式。

由此可见,丰特奈尔赋予原始世界普遍的和永恒的意义;据他看来,任何编年史均肇始于此。他同样将其纳入民间文化。同时,他补充道:"不可忘记,旧的观念潜在于现代生活中,并成为迷信。"丰特奈尔的主要功绩,便在于此。在对神话作比喻式说明的时期,第一次出现联系原始民族及其信仰对神话的阐释。兰格承认丰特奈尔的这一功绩,却不无惋惜之情地写道:他只是探考所谓类人说之偏见,而忽视类兽说之见和法术行为。这无疑是正确的,但不能对一个人要求过多。

8. 贝勒和丰特奈尔的历史主义与反历史主义

对真的探索,便是所谓历史考察——这是贝勒和丰特奈尔的行动纲领。据他们看来,对成见的探考,同样不失为对人类谬误产生和形成的历史之剖析。

两者均坚持其神圣真实说。

两者同样亦有其神圣历史观。在其《词典》(词条"于松")中,贝勒斩钉截铁地宣称:

> 懂得历史规律的人,都会同意我的看法:忠于自己职守的历史编纂者,不应为诽谤和奉承所动。无论如何,他不应为激情所左右。他对一切都要漠然置之,而只应恪守真实,并为了真而不以怨报怨,应不计个人恩德,甚至将对祖国之爱置之不顾。他应当忘记:他生于这个国家,接受一定的信仰的熏陶,应为某事而感谢某人;应当将父母和朋友置于脑后。名副其实的历史学家,要像麦基洗德那样,既无父,又无母,又无亲族。如果问他:你是何人?他应回答:我不是法国人,不是德国人,不是英国人,也不是西班牙人。我是世界的居民。我既不效忠于皇帝,也不为法兰西国王效力。我效忠于真,它是唯一的统御者,我宣誓听命于它。

正如恩·卡西尔所指出,皮·贝勒不仅先于以世界主义为基础的假定通史观念,而且在唯理论时期成为第一位实证论者;他坚定不移、始终不渝,"不对历史事实持怀疑态度,却将其用作揭示真实的手段"。就此而论,获得发展的不仅是新的历史编纂说,而且是一种新的观点;作为迷信和成见之本质的欺骗和臆说,被视为人类精神史之生动的篇章:而真与伪同时呈现于人类精神中。

就此说来,丰特奈尔的学说应同样予以关注。他亦确信:不对迷误进行探考,则无法寻得真。他对历史采取世界主义态度;这首先使他有可能探索原始民族历史的最古远时期——人们对之尚未进行探考,而予以忽视。然而,丰特奈尔是否对其在宗教和神话的起源问题上的确定不移的提法心满意足呢?对此应补充:探求真实,对贝勒和丰特奈尔来说,不仅是学术工作的纲领,而且是政治和社会的纲领。两者致力于以新信仰和新意志促使社会革新。为了精神自由,他们同谬误进行斗争,同时扩展其探考,对晚近民族的生活进行研究,力图作为社会改革者在这些民族中探寻肯定者或否定者。但是,此说赖以立论的前提并不正确:贝勒和丰特奈尔将遗存与传统相混同,将往昔只视为已逝去者。他们对待天主教的态度,同样如此。无论天主教在不同的历史时期所起的作用如何,启蒙运动时期活动家们的矛头都主要指向该教。然而,对他们锐意改革社会的热忱,不能不予以肯定。他们对各民族的习俗和风尚异常关注,其原因便在于此。

第 5 章　不同民族和文明的冲突

1. 新世界的诞生：孟德斯鸠与伏尔泰，他们的历史观

贝勒和丰特奈尔所揣测的、整个历史的世界主义构想，为两位自由思想者——孟德斯鸠和伏尔泰所发展。他们（特别是伏尔泰）赋予历史以极大的意义。但是，如同贝勒和丰特奈尔，他们不知道在历史上给传统什么样的地位，或者更确切地说，给传统信仰什么样的地位；在他们看来，诸如此类传统信仰的产生同天主教不无关联。两位学者犹如贝勒，所关注的为细枝末节、奇闻轶事、未公之于世的资料文献。然而，他们却认为：事实符合法律和习俗的精神。

在其《论法的精神》的"序言"中，孟德斯鸠似乎在阐述其著作的纲要，写道："我首先研究了人；我相信，在这样无限参差驳杂的法律和风俗之中，人不是单纯地跟着幻想走的。我建立了一些原则。我看见了：个别的情况是服从这些原则的，仿佛是由原则引申而出的；所有各国的历史都不过是由这些原则而来的结果；每一个个别的法律都和另一个法律联系着，或是依赖于一个更具有一般性的法律。"①

弗朗索瓦·伏尔泰在《各民族风俗和精神论》（即《风俗论》）中反对那种旧的观念，即将人类的历史看作政治事态、王者、战争以及与之相关的灾难的更迭交替。

---

① 此段译文参见：《论法的精神》，商务印书馆 1987 年版，上册第 37 页。

伏尔泰声称:"'我是人'(homo sum)一语,应当标在每一个历史编纂家的旗帜上;只有这样,他才同这一称号相称。"他同样慷慨激昂地继续说:"不要堆积大量事实(其中一些通常为另一些所否定而不再被视为可信者),应当只是选择经过检验的和最重要的,以期引导读者并使他们有可能对人类理性的扩展、复兴和演进作出判断,并帮助他们认识各民族的性格及其风俗。"

由此可见,犹如贝勒和丰特奈尔,孟德斯鸠和伏尔泰确信:作为研究自然之引导者的理性,同样也应当作为研究历史的引导者。他们完全确信:作为无所不包的法律之基础者始终是理性;他们的乐观主义之渊源便在于此。后来,这种乐观主义同理性主义者对人类的无限进步的信念相协调;然而,他们并不是将这一进步视为辩证的历史过程,而是视为若干世纪中所获得的知识之几近机械形成的结果。

有关这一问题,恩·卡西尔作了如下阐述:孟德斯鸠认为,对历史来说,政治事件有着至关重要的意义,国家是历史探考之唯一真正的客体;在他的论述中,历史的精神同法的精神相契合。而在伏尔泰的论述中,精神的概念则有所扩延,囊括变易的总和——人类在获致真正的自我意识之前则要经历这些变易。这一概念并非同政治发展,而是同宗教、艺术、科学、哲学的发展相关联。这样一来,整个状貌、人类理性臻于现今状况所克服和经历的诸发展阶段,便清晰可见。

恩·卡西尔对此可能表示异议,因为孟德斯鸠将宗教、科学、艺术的发展也纳入政治状况的评析。而且,尽管孟德斯鸠注重这样的国家形态,而伏尔泰注重另一些国家形态,但两者都将历史看作派生于社会者,并将进步看作文明不可或缺的成分。

2.《波斯人信札》及其所引起的论战

为了这一文明,孟德斯鸠如同贝勒和丰特奈尔,摒弃对历史的神学态度。同时,为了同专制制度、教义等进行斗争,他对迄今仍使欧洲人感兴趣的民族给以关注;正如当时所认为,它们按照自然规律,自然而理智地生活。

《波斯人信札》出版于1721年,其主旨似乎在于对乔·保·马拉纳、男爵拉翁唐和夏·里·迪弗雷尼的著作进行修正。孟德斯鸠因其国家而自豪,因他是法国人并生活于艺术、哲学和科学发展的伟大时期而自豪。然而,犹如这些著作家——其先行者,他揭示构成法国君主制度基础之千百年来的社会体制、传统、习俗、风尚之衰败过程——阿尔贝·索雷尔对此有精辟的表述。对其不赞同的一切,他予以猛烈的、坚决的、不调和的抨击。

《信札》中,假托两个波斯人里卡和乌兹贝克,他们在欧洲游历,并从巴黎致函其波斯友人,将其观感告知。继传教士、旅行者和男爵拉翁唐的想象所创造的未开化者之后,继马拉纳的埃及人、迪弗雷尼的暹罗人之后,便是波斯人了;况且,弗·贝尼耶、让·夏尔丹和让·巴·塔韦尼耶已将他推上舞台。

波斯人绝不比其他著作中的外域者逊色;他对答如流,不管对方是谁,一概将心中所想和盘托出。"巴黎的国王,无非是迫使属民遵其意思考者。"罗马教皇可强使人们笃信:"三无非是一","人们所吃的面包,并不是面包。"对他说来,神职人员是"一帮总是索取而从不付出的商人"。时装变换极快,以至如果一个少妇离巴黎去农村数日,仍穿着原来服装返回,大家都会把她看作乡下佬。法国人的生活方式,颇似他们的时装:他们的风尚随着统治者的年龄而变易,统治者可使其民族变得较为严肃——只要他想这样做。对这样的民族还有什么可说呢?

这样,似乎在让·德拉布吕耶尔所描绘的图画和肖像之画廊中,展现社会和民众的生活。内侍和沙龙常客的声音,与坎卡普瓦大街上传来的叫喊交织在一起;而与这一切形成对比的,则是波斯人那理想的世界。书中,不乏政治格言以及关于不同民族、关于共和制的产生、关于哥特人的统治之冗长的议论。在那里,我们可以看到对三种体制

（独裁制、君主制、民主制）的生动而尖锐的评述；这些见解后来成为《论法的精神》之基础。

《波斯人信札》对法国人有深刻的影响。其主旨在于摧毁既定的社会。与之截然不同，《论法的精神》则提出社会的重建和革新。然而，孟德斯鸠是贝勒所赏识的历史学家，他不仅是为法国人而著述，其原因在于：对启蒙思想家们来说，法国就是整个欧洲，法国的一切也就是欧洲的〔这在一定程度上是正确的：当时，法国可以其时装、艺术和causerie（意即：海阔天空的闲谈）征服整个欧洲〕。孟德斯鸠的著作，不失为对全世界善良人们的呼吁。

3. 论孟德斯鸠的比较方法

《论法的精神》一书中，亦对文明人与久远国度民族（其中包括原始民族）进行了对比。法国社会学家乔治·埃尔韦，对孟德斯鸠写《论法的精神》时所援用的民族志资料进行了探考，发现他在着手写此书时，曾潜心阅读关于确曾有之和想象中的旅行的著述。后来，他似乎同样潜心阅读此类书籍；而《波斯人信札》中的民族志资料，正如继埃尔韦之后的范热内普所指出，实则等于零。同时，必须补充指出：孟德斯鸠在1728年至1731年间曾居留于奥地利、匈牙利、意大利、瑞士、荷兰以及英国；他在此期间的考察所得，对其所作一般结论颇有助益。

博览关于其他国家的书籍以及自身的游历，使孟德斯鸠有可能对种种社会进行比较，从而得出结论：基于对文明民族的观察，亦可对原始社会作出论断。诚然，孟德斯鸠将比较法主要是运用于诸伟大文明，诸如他所珍视的波斯、对其历史十分关注的中国（他对中国的论述迄今仍未失去其现实性）、墨西哥和蒙古。然而，埃尔韦写道，尽管孟德斯鸠很少援用来自未开化者生活的事例，但他始终将原始世界描述为智慧和德行之楷模。他对未开化者的看法，颇似传教士和旅行者。譬如，孟德斯鸠宣称：一切民族均有其民族的法；他又补充说："易洛魁人同样如此,尽管他们食俘虏之肉。"他并不掩饰对耶稣会士在巴拉圭创立领地的赞赏;对此他写道:"对人进行治理,使他们幸福,总是好的。"据他看来,这也是立法者们应为自己树立的目标。不难证明,他所依据的文献资料并不总是可信的:一切旅行记述,据他看来,都同样可信。对孟德斯鸠来说,所谓进行对比,无非是对不同民族的司法体制之更深入探讨的前奏和动因。他将它们视为社会形态;这种社会形态同作为统摄和治理之基础的准则相关联——尽管在个别同法律不无关联的具体情况下,这些准则有碍于采取正确的措施。

4.《论法的精神》

在孟德斯鸠看来,法律体现必然源出于事物本性的关系;它们首先同人本身的本性相应,土壤特性和气候的特点对人的本性又有所影响。譬如,关于东方民族,他写道:"器官的纤弱使东方的人民从外界接受最为强烈的印象。身体的懒惰自然地产生精神上的懒惰。身体的懒惰使精神不能有任何行动,任何努力,任何斗争。如果在器官上的纤弱上面再加上精神的懒惰,你便容易知道,这个心灵一旦接受了某种印象,就不再能加以改变了。所以,东方今天的法律、风俗、习惯,甚至那些看来无关紧要的习惯,如衣服的样式,和一千年前的相同。"[①]

他对中国的立法者们赞叹不已;他们"是比较明智的;他们不是从人类将来可能享受的和平状态去考虑人类,而是从适宜于履行生活义务的行动去考虑人类,所以他们使他们的宗教、哲学和法律全都合乎实际。"[②]在其旨在揭示法律的精神的探考中,他时而援用各民族的成见;譬如,他将对灵魂转世(轮回)的笃信同印度人所处的气候条件相联系:

[①] 此段译文参见:《论法的精神》,商务印书馆1987年版,上册第231页。——译者
[②] 此段译文参见同上书,上册第232页。——译者

那里,烈日的火焰燃烧着广漠的田野;人们只能喂养极少的牲口,又在农作上常常缺乏耕畜之虞;牛的繁殖不多,又常常感染到各种各样的疾病。所以,宗教以戒律加以保护,这对国家的大政方针来说,是最适宜不过的了。①

但是,孟德斯鸠显然并不将气候视为绝对的、不可动摇的、绝无仅有的因素:他将其同精神的因素联系起来;而精神因素又左右着法律和习俗。据孟德斯鸠看来,土壤和气候并不是始终与一定的国家准则和一定的国家体制相应。他赞赏英国的宪法,但并未向全世界推荐。因此,立法者不应为这些因素所约束。如果说不同天宇下的理性和激情各不相同,法律则势必要对这些差异给以关注并与之适应。同时,应当补充说:孟德斯鸠将法律与习俗相联系,但并未将两者等量齐观。他有时谈及必须改革所处时代的习俗,有时斩钉截铁地声称:"……仅仅保留战败的民族的法律是不够的;保留他们的风俗也许更为必要,因为一个民族对自己的风俗总是比对自己的法律更熟悉、更喜爱、更拥护。"②

孟德斯鸠一向认为:不可强行或者通过规劝,将法律和习俗加之于人,因为它们似乎是活生生的和发展中的机制。它们亦取决于外部条件,但绝不是为外部条件所创造(一些不求甚解的研究者们,对孟德斯鸠的观点即持这样的看法)。孟德斯鸠乃是立足于理性。据他看来,法产生于理性。然而,除理性外,经验亦是法律的基础。孟德斯鸠致力于概括,并创立特殊的社会学类型说。这一类型说的主要优点在于:考察(孟德斯鸠将考察视为第二位的),即习俗和法律范畴的考察,在此同样受到关注。

---

① 此段译文参见:《论法的精神》,商务印书馆 1987 年版,下册第 155 页。——译者
② 此段译文参见同上书,上册第 145 页。——译者

5. 伏尔泰与宗教狂热

伏尔泰完全赞同孟德斯鸠的态度,对法律和习俗同样给以积极的和深入的关注。在其《写自伦敦关于英国人及其他课题的书简》(发表于1774年)中,他把英国理想化,犹如孟德斯鸠之将波斯理想化。然而,他无疑对实际存在的英国体制和习俗亦有所表述。正是在《英国书简》中,他提出这样的看法:"自由"的概念,与"人权"的概念相等同。在《书简》中,引人注目的,不仅是诸如此类名言。犹如在《波斯人信札》,《书简》每一页都将论战的锋芒指向现代法国之生活方式和习俗。

在他的《路易十四时代》(又译《路易十四朝纪事》,1739年版)中,同样可以看到这样的论战。除商业、金融、宗教崇拜外,此书对艺术、习俗和时尚亦有所探讨。在这部著作中(此书绝不可称为编纂之作,当时此类作品风靡一时),伏尔泰对孟德斯鸠的社会学类型说也表现出极大的兴趣。

除偶尔见诸《哲学词典》、对话、悲剧以及短论中的考察外,他在《风俗论》(1745年至1748年陆续发表)中对风俗、法律和体制进行了认真的探考。这一篇幅相当大的著作,于1758年合为一卷发表,题名《论各民族的风俗和精神以及从查理曼至路易十三时期的主要历史事实》。

据伏尔泰看来,并非所有风尚和习俗必然同其实际传统相关联。他的主要目的在于论战;他将其历史考察的范围拓宽,扩及一切他对其道德和宗教加以阐述之民族。他所作的一切(正如伏尔泰著作的卓越研究家雷蒙多·克拉韦里所正确指出的),其唯一的目的在于:阐明宗教的历史沿革以及自然道德的形成,并以正确的论述与宗教狂热分子的歪曲针锋相对。伏尔泰接受了"社会是个人之总和"这一论点,因而将人类的历史视为人的历史。正因为如此,引起他关注的,不仅有道德,而且有宗教。据他看来,正是因为各民族的道德之基础几乎毫无二致,全世界共同的民俗亦应存在。这里所说的是爱尔维修所论证的精神平等。但是,伏尔泰补充说,如果说源于自然的一切相类似,植根于风俗中的一切并非如此。风俗的相类似,实属偶然。最后,他不无机智地指出:欧洲人与未开化者、欧洲人与日本人及其他民族在新年习俗方面,在关于神、艺术等的见解上相近似,并作出这样的结论:

从这种状况可以看出:一切直接产生于人之本性者,从宇宙的此隅至彼隅均相雷同;而一切系于习俗者,则各有所异,其相雷同纯属偶然。习俗的领域,较之自然的领域要广阔得多:习俗囊括风尚、生活,使世界舞台纷繁万千;而自然之影响世界舞台,则系就单一化而言——它处处确立为数不多的永不更易的成分,以致土壤本身处处皆然,唯有作物结出不同的果实。

孟德斯鸠将习俗与法律加以区分,伏尔泰则将习俗与自然属性加以区分,并将两者的类似视为无非是偶然的现象;然而,他完全忽视下列事实:在这样的情况下,任何人都不可被视为对他所恪守的习俗负责者。同时,正是从习俗中,他导出世间的一切恶。至于自然,尽管它始终是同一的,但是它还具有完善的能力(就此而论,伏尔泰与孟德斯鸠见不谋而合)。道德也应求得完善。这样一来,一切宗教则赋予一切民族同一道德:"……从来没有一个宗教社团,从来没有一种仪式,其确立目的在于诱人为恶。在全世界,宗教被用来导致恶;而它之创立,无处不是为了扬善;如果教义产生宗教狂热和争执,道德则处处吁求和平与和谐。"

由此可导出下列结论:将自然法建立在实证论原则之上,将获得为文明民族可以接受的宗教和道德。那时,人民将不信诸如降示神谕者等祭祀人员的臆造、人祭和种种奇迹(包括法兰西诸王所创的奇迹,似乎他们可祛除病患)[伏尔泰《风俗论》的第17、32、36章,便是对诸如此类遗存进行探讨]。他致力于反对任何谬误,特别是反对"以荒诞

的故事毒害青年"(他在其一部著作的前言中这样写道)。他尽管如此对待故事,却仍然幻想一番:

> 噢,幸福的童话时期,
> 善良的精魔、家灵的时期,
> 助凡人之精灵的时期。
> 多么美妙的故事,
> 我们在城堡里,
> 在硕大的壁炉边倾听着。
> 一家人,甚至邻居们,
> 倾听着,僧侣在讲述
> 魔幻的故事。
> 精魔和精灵被驱赶。
> 美惠女神在理性世界无能为力。
> 我们的心灵陷入孤寂。
> 啊,主要的角色属好说教者。
> 如今,啊,大家都去寻求真。
> 喂,相信我,虚构也有其可贵之处。

可以设想:这是佩罗的诗作;然而,这些诗句亦属伏尔泰。它们令人忆起亚历山德罗·韦里的美好诗句;韦里对贾·莱奥帕尔迪的《古代民间迷误简论》作了评述,指出:"理性——我们的骄傲;而最伟大的,就其起源说来仍然同迷误相关联。热忱、崇高的激情通常产生于迷误,迷误往往导致伟大之举……"

6. 伏尔泰与未开化者

伏尔泰以"迷误"这一术语,表示他所考察的诸民族之风尚和习

第5章 不同民族和文明的冲突

俗。可以说,他在研究所谓迷误的历史,从而将史料研究的领域拓宽。他在《风俗论》中指出:时至今日,历史学家们对地球的四分之三完全不予置理;而他自己则在对法国、英国、西班牙、瑞典及其他著名国度加以表述的同时,描绘了引人入胜的、生动的图景,对美洲印第安人和东方民族亦有所介绍,为此还运用了传教士和旅行家们的资料。

据伏尔泰《风俗论》中所述,美洲印第安人不知"独一神"这一概念。而与此同时,他在此书中对此作了如下描述(犹如在悲剧《阿尔济勒》中所赞颂的那样):

未开化的美洲人生来纯朴,
勇敢与我们相匹敌。

在介绍《风俗论》的"出版者的话"(最先刊载于基尔版)中,他对原始民族,特别是对非洲和亚洲的原始民族,作了精彩的描述,并得出这样的结论:

美洲和非洲诸民族是自由的,我们对自由都没有任何起码的了解。他们的诚实,为这些欧洲的未开化者所不解;他们有故乡,他们热爱并保卫她;他们立有契约,英勇战斗,以勇敢坚毅的语言交谈。难道能比加拿大-印第安人部落的首领回答得更好吗(一欧洲人曾建议他放弃其领地)?他说:"我们生在这块土地上,我们的祖辈并不知道文明。我们有没有勇气向我们祖辈的遗骨说:起来吧,我们到异乡去?"

伏尔泰犹如孟德斯鸠和男爵拉翁唐,特别喜欢援用这样的事例。然而,对未开化者进行探考,以便嘲笑欧洲人——这些"未领受割礼的犹太人"(他有时赋之以此称),他如同地道的资产者,摈斥这样的想法:原始人可能并无"我的"和"你的"这样的概念。伏尔泰犹如洛克,将所有制描述为自然法。两位学者均认为：只有不背离法律的行为，才能称为自由的。譬如，在《未开化者与学士的对话》中，伏尔泰写道：

> 如果某人在业已分配完毕时要求从分给10亿人的500亿尤格尔土地中分给自己的一部分(50尤格尔)，他得到的回答是：我们已经分配完了，并被打发去向霍屯督人要他的那一份。而这些民族同样既有拥有财产者，又有无财产者。一个学士向未开化者问道："是谁制定了你们的法律吗？"未开化者答道："公共利益。"我们在自己国家看到的一切表明：另一种法律精神并不存在。

7. 伏尔泰与东方

伏尔泰对东方诸民族的态度，同样如此。伏尔泰赞扬他们信教自由，赞扬他们的习俗，赞扬他们按自然法则生活。譬如，他对亚洲的仪式作了如下表述：

"亚洲的仪式奇特，信仰怪诞，而习俗则是无可非议的。一些旅行家和传道士将东方的神职人员向我们描述为胡作非为的鼓吹者，是徒劳的。不可能想象：宗教团体为制造罪行而建立。"当他着手《风俗论》前，为了产生激情而研究东方。人们指责他：在其著作中，东方人物身着法国时装。安·加朗翻译《一千零一夜》时，所遭到的同样的责难也落到他身上。然而，伏尔泰将什么样的时装穿在他的人物身上，完全无关紧要：伏尔泰对东方的关注程度如何，取决于东方被用来反对宗教狂热的程度。对伏尔泰说来，东方是乌托邦式的国度，犹如未开化者的世界。但是，东方诸民族可以同我们历史的各个时期诸民族相比拟。

这样，据他看来，中世纪的欧洲人与中国人相似；18世纪的印度的体制，犹如欧洲诸大封建国家。然而，东方亦存在这样的文明，即：封建特权无迹可寻,仁爱和自由居于主导地位。而尤为重要的则是探考:何者为东方所不具有。那里没有基督教。据伏尔泰的政治理论,穆罕默德从东方获得开明君主的特质。但是,正如杰尔比正确地指出,"诸如此类错误,应视为并非迷误所导致的结果,而是期望所致——这种期望的现实性和意义,若干年后方可见分晓。譬如,任何对中国现实的关注,都体现了改变欧洲现实的期望。""东方没有巴士底监狱"——这一声言应视为一种呼吁,即:"摧毁巴士底监狱"。

8. 从民族精神的探寻到资产阶级与人民之区分

由此可见,伏尔泰继续了16和17世纪所进行的关于社会-政治问题的论战。然而,即使此时不涉及这一论战及其诸派别,这一事实,即历史领域为众多新的民族及文明所纳入并业已扩大,亦使人们可以理解:只是坐在自己的"钟楼"里提出某种理论,已不可能。其实,这也就是为什么伏尔泰要探求民族精神;民族精神对他来说,犹如法律精神之于孟德斯鸠,乃是经验主义的概念;而他将其引入并依据具体的历史事实加以运用,不能不认为极富成效。但是,伏尔泰本人并未完全理解:正是民族精神,应成为对各个民族的文明进行阐释的出发点。

前面已述及:早在1665年,曾读过保罗·萨尔皮之著作的圣埃弗雷芒,在其《论法国历史学家》中指出:恺撒在《高卢战记》中曾谈到高卢人的风尚、习俗和宗教。在同一著作中,圣埃弗雷芒赞扬格罗秀斯"揭示了战争之最潜在的起因,发现西班牙政府的精神和佛兰德各民族的性格",赞扬他"探索真正的民族精神,理解社会及其卓越人物的真正品格,并阐明宗教的状况"。就此而论,孟德斯鸠和伏尔泰毫无二致。而对他们来说,民族未必包括人民,即所谓的平民——他们将民族表述为具有其既定的精神特点或道德特点的人之总和。

贝勒和丰特奈尔将人民(正是平民)称为普遍的受难者。孟德斯鸠斩钉截铁地断言:"人民必须经历教化。"伏尔泰并不完全赞同这一见解,并在《路易十四时代》中指出:"每一民族均有人民,健全的思想对他们来说是不可企及的。"他认为理性是共同的财富,但他距离人人平等的思想又相当远。托·布朗便已指出:对人民进行教化,没有什么意义。伏尔泰则走得更远,他声称:教化人民,则获得革命。而对革命来说,他是一个极端平和的资产者。他的教化的思想,只囿于"有教养的人"(honnête homme),即这样的资产者,他对其理想作了如下描述:

> 我爱好奢华乃至娇柔,
> 一切安逸,一切艺术,
> 洁净、美味、服饰——
> 乃是任何有教养者之所好。

这是资产阶级已获得自觉的时期。资产阶级希图同地位低于他们的阶层(或者更确切地说,他们认为低下的阶层)区分开来,同坚信启蒙思想家们所要摧毁之一切的人们区分开来。不久前,远见卓识的历史学家贝·赫鲁特森详尽揭示并表述了平民与资产阶级两者立场的这一差异;据他看来,这一差异继而将导致两个阶级之间的纷争。

赫鲁特森援用农村神职人员的宣教材料;这种材料很少纳入历史探考。诸如此类宣教材料,很好地介绍了人民、农民和边远地区居民的生活;他们视为未被教化的民众,参与教会的游列仪式,举行宗教庆典,并恪守其传统习俗。为了确立其个性,资产者感到有必要宣称自己为非信教者。正如赫鲁特森所正确地指出,其原因在于:"如果说宗教为人民所喜闻乐见,而且几乎为他们所必需,资产者则可无须宗教而依然如故:完善的、有教养的人。资产阶级与民众的纷争,已是既成的事实;正是对宗教的不同态度,使这一事实有可能被察觉和揭示。"赫鲁特森继续写道:"这绝不是说,每一个资产者必须是无神论者。这无非是表明:如果说资产者也从往昔的宗教信仰中保留了什么,那也是作为个人,而非作为资产阶级的代表者。"

各民族之风尚和习俗的研究,对启蒙运动活动家无疑有所助益。同时,他们不能无视那个阶级;对该阶级,他们在论战方酣时或者由于政治范畴的原因而予以蔑视,认为它正是一切谬误之所在。启蒙运动将资产阶级与人民区分开来;所谓"人民",如今已不再被视为民族,而只是被视为民族的一部分。这些所谓的低下阶级,却具有道德的和理性的品格。诸如此类品格虽不被启蒙思想家们所理解,却对他们有所影响;这一影响的作用,他们在内心深处经常有所感触。

第 二 编

"渊源"的探求。
启蒙运动与前浪漫主义之间

第6章 人与历史

1. 新的科学——"关于风俗的科学"

在启蒙运动形成并确立自己的原则之同时,欧洲的思想史上萌生并形成另一些倾向;诸如此类倾向,正是以启蒙思想家们斥之为带来危害者的非理性主义为其特征。对原始民族和东方民族进行研究,将它们的风俗习惯同西方民族的风俗习惯加以比较,同谬误进行斗争(而实则是对之进行批判性探考),对在精神领域被视为迷误的现象进行研究——凡此种种,有助于关于风俗的科学之形成。启蒙运动的功绩仍然在于:将思想、社会、宗教、国家的起源问题纳入历史科学;对诸如此类问题进行探讨时,原始民族同样未被置之不理。然而,许多法国启蒙思想家,从贝勒到丰特奈尔,从孟德斯鸠到伏尔泰,在其著作中对这些民族的生活主要是进行理性主义的表述。

这样的倾向,为当时所有的学者所具有。丰特奈尔甚至从不援用一耶稣会士学者的著作——《美洲未开化者的风习与原始时期风习之比较》;而这一著作,可视为现代人种学破天荒第一个文献。这是可以理解。孟德斯鸠同样不予援用,尽管他好在同时代的民族志学文献资料中寻求论据,借以表述他关于社会-政治问题的思想。伏尔泰则不同,他在后来作为其《风俗论》的"导论"的一篇论著中,不仅表现出与拉菲托似曾相识,而且对之有极为生动的描述:

"拉菲托将美洲人和古希腊人相提并论,其论据如下:希腊人有神话,美洲人也有神话;古希腊人狩猎,美洲人也狩猎;古希腊人有神谕降示者,美洲人也有巫师;希腊每逢节日则跳舞,美洲届时也跳舞。应当承认:这些论据是令人信服的。"

拉菲托真地像伏尔泰所描述的那样吗?绝不是。读他的《美洲未开化者的风习》,我们会发现一个沉思的、勤奋的民族志学家,致力于展示纷繁的原始世界。拉菲托作为一个人对这一世界有所感受,并且作为一个学者深入探考这一世界;毋庸置疑,在其议论中不无神学的影响。而与此同时,他又直截了当地表述了他个人的见解。

约瑟夫·弗朗索瓦·拉菲托长期居留于加拿大,其身份为传教士。他有幸在年迈传教士朱利安·加尼埃的指导下从事未开化者生活和习俗的研究,颇有成效。加尼埃在此间居留达60年之久,从未离开;他从事阿尔衮琴人和休伦人的语言及五种易洛魁方言之研究。拉菲托离开他朝夕相处的未开化者,并不满足于只是对他们描述一番,犹如旅行家们所作的那样。据他本人声称,他试图奠定"关于各民族风俗习惯的科学"的基础;这一科学"如此有益,如此引人注目,荷马也将它作为其叙事诗的题材"。(这里所指为《奥德赛》;据拉菲托看来,它是第一部民族志典籍。)他参阅了在他以前有关原始民族的一切著述。他所援用的有:彼·马尔蒂雷、拉斯·卡萨斯、弗·洛·德·戈玛拉、让·德·莱里、加·德拉·维加的著作,而且颇为得心应手。然而,引起他关注的,并不是那些其学术价值众所公认的著作。他好求助于马·莱斯卡博。他对男爵拉翁唐那些华而不实的议论并不鄙视(诚然,不无论战的目的)。拉菲托清楚地知道在民族志学领域,已有很多关于未开化者生活的著作,他还以自己亲身的考察加以补充。他的未开化者似乎是来自浮雕;在浮雕上,人物居于主要地位,景色无非是背景。他注意观察他们从生到死的一生、他们的劳作和休憩,一件小事也不放过。他经常有一种难以抑制的欲望:更深入地探考这一不同于我们的、却又与我们相似的世界。未开化者的世界,或者更确切地说,他的未开化者的世界,不仅形成于离奇的事物。

这是与我们所处相似的世界;存在于那里的,为有生命者,而非物体;为人,而非博物馆的展品。在拉菲托以前,原始人,高尚的未开化者,不仅是研究的对象,而且是幻想的结果。如果认真地加以研究(须懂得其语言),拉菲托指出,则可发现:其主要习俗、宗教、对精灵和死者的崇拜以及社会结构,与我们西方的相类似。

2. 拉菲托及其《美洲未开化者的风习》

拉菲托的《美洲未开化者的风习》,较之启蒙运动初期关于未开化者宗教的著作尤为深思熟虑。当时,自然神论者和无神论者将一般未开化者,特别是将美洲未开化者视为自然神论者和无神论者。据拉菲托看来,他们对此确有依据:他们所援用的文献资料中,不乏并无宗教的民族;于是,他们得出结论——宗教为立法者所人为地创造,他们之所以构想宗教是为了使人民陷于恐惧中(而恐惧又是一切迷信之源)。"真谛究竟何在呢?"他向自己提出这样一个问题。

他得出这样的结论:真谛应寻之于未开化者,即印第安人;他对他们的生活进行了多年的研究;而自然神论者和无神论者之了解他们,无非是依据肤浅的记述。在此书的前数页,他指出:

> 我遗憾地发现:记述未开化者的人们把未开化者描述为没有任何宗教情感者,没有关于神、法律、纪律、治理方式的概念者——总之,将他们描述为只是表面上与人相似者。很多人都陷入这样的错误……(第1卷,第5页)

继而,他描绘了几乎是理想的情景:

> 他们有善良的心、丰富的想象力、敏锐的思想、良好的记忆。在他们中间,可以发现古老的、世代相承的宗教和治理方式之遗痕……他们有崇高的和自豪的心灵,豪迈、勇敢,百折不挠的英雄

气概……他们尊敬老者,敬重与自己相当者——这一切简直令人惊异。(第 1 卷,第 97 页)

拉菲托将宗教不仅视为精神现象,而且视为伴随未开化者从生到死的社会现象,视为人之一生所有重大时刻与之紧密相关的现象。而某些未开化者已具有至大精灵的观念,或者更确切地说,具有至高灵体的观念(第 1 卷,第 111~117 页)。他们的奥林波斯为众多精灵所居;神话和宗教产生众多崇拜和仪礼,其基础是未开化者有关世界和生活的观念。精灵统辖着自然界;同这种统辖相关联的为这样一种信仰,即笃信存在可脱离人体的灵魂。据拉菲托所表述,美洲印第安人认为灵魂是自由的,而不受制于躯体:

据说,灵魂可离开躯体他往,随意去往任何地方。对灵魂说来,路途遥远算不得什么;它可以飞行天宇,越过海洋,无论何处均可抵达。印第安人笃信:灵魂可趁躯体进入梦乡,游荡于外,然后复返其庐舍。一觉醒来,未开化者确信:他们的灵魂确是他们所梦一切的目击者;他们的所作所为,便是从这一观念出发。(第 1 卷,第 132 页)

在拉菲托的著述中,可以看到后来成为人种学范畴者的胚芽。拉菲托并未从其考察中作出理论概括。据他看来,原始人既不是一神信仰者,也不是万物有灵信仰者。但是,他指出:就同敬奉祖先有关的一切而论,原始人所作所为颇似一神信仰者和万物有灵信仰者。譬如,易洛魁人为敬奉死者,将谷粒撒在自己房舍的门前。

美洲原始民族的社会结构,建立在严峻的纪律之上。统摄者,即是最专制的统摄者,被视为民众之父,从而拥有作出最严厉判决之权。而这一社会结构,亦为宗教的诸范畴之一。拉菲托给予家庭以特殊的关注。

不久前，贝特朗·德·茹韦内尔写道："早在 1724 年，神甫拉菲托在易洛魁人中发现母系继续发展的现象，并指出，一家之长因而为妇女。同时，他与希罗多德关于吕基亚人的记述进行了对比。"但是，就此而言，拉菲托同巴霍芬和摩尔根后来所作的理论结论和概括相距甚远。在其《美洲未开化者的风习》中，我们可以读道：

> 易洛魁人的亲缘关系，与希伯来人和迦勒底人的亲缘关系略有不同；然而，他们同后者在下列方面相近似：他们对意指亲缘关系的术语亦有争议。在易洛魁人和休伦人那里，同一部落的所有儿童，将其母的所有姊妹均称为"母亲"，将其母的所有弟兄均称为"舅父"；因此，他们将其父亲的所有弟兄均称为"父亲"……母亲及其姊妹的所有子女、父亲及其弟兄的所有子女，彼此视为兄弟和姊妹；将其父母的弟兄和其父母的姊妹的子女视为堂兄弟和表兄弟及堂姊妹和表姊妹，而其亲缘辈分相等同。迨至第三代，一切则发生变化：双亲的父母之堂兄弟和表兄弟及堂姊妹和表姊妹，亦同样成为奶奶和爷爷。（第 2 卷，第 243 页）

由此可见，拉菲托摈斥这样的想法，即：婚姻只是被视为自然现象。他将婚姻同宗教联系起来；在未开化者那里，宗教似乎以线缕束缚一切社会机制——这种线缕，其细如蜘蛛之网络，其坚如钢。拉菲托在未开化者那里探寻低级的思维方式——他将法术也归之于这种思维方式。他承认：未开化者，犹如古代的希腊人和罗马人，在信仰对象的选择上犯了错误。然而，这些说法并不妨碍他认识他们的宗教，予以阐述和证实。他借助于比较方法作出这样的结论乃是顺理成章。

3. 民族志与历史

拉菲托的《美洲未开化者的风习》，出于娴熟之手笔，以优雅的文风写成。这部著作颇似彼·马尔蒂雷的《新大陆的时日》。拉菲托犹如马尔蒂雷，也是人文主义者，颇受古希腊罗马文化的熏陶；在对社会体制、习俗和信仰进行探考时，拉菲托往往产生对古希腊罗马的联想。荷马、希罗多德、瓦罗、狄奥多罗斯（西西里的）、斯特拉博、普鲁塔克、老普林尼、塔西佗、恺撒，将他导入这样一个世界——据说，在耶稣会士的培育下和精神熏陶下，熟悉这一世界一向被视为不可或缺。正如我们所知，耶稣会士居于未开化者中，同时并未忘记古典古代，因而如此不厌其烦地致力于未开化者同希腊和罗马各民族之对比。当然，诸如此类对比和比较，并未被全部接受，因为所对比者为两个迥然不同的世界——古典世界与原始人的世界。然而，援引古典世界，一方面，使未开化者高尚化；另一方面，探考未开化者的起源与古希腊人和古罗马人之共同性；用范·德尔·莱乌的话来说，他们之间的壁垒便被摧毁了。如同他的先行者们，拉菲托无非是考察了两者之间纯属外在的相似（伏尔泰对此曾予以指责，似乎可以向他提出某种更高的要求）。在其著作的起始部分，这位耶稣会士学者声称：

> 我对未开化者的品格的阐述以及对其风俗习惯的了解，尚嫌不足。我致力于在这些风俗习惯中寻求远古的遗迹。我极其认真地阅读了古代著作家们叙述一些为人们所知的民族的习俗、法律和风尚的著作。将这些民族的风俗同未开化者的风俗加以对比，可以看出：如果说古代著作家们帮助我更好了解未开化者的生活，那么，未开化者的习俗则有助于理解古代著作家们所记述的一些现象。（第 1 卷，第 3 页）

换言之，他所关注的不仅是未开化者的现今，而且还有未开化者的往昔；他希图从中寻求众多习俗和仪礼的阐释——诸如此类习俗和仪礼不仅属未开化者，而且为古典古代，并因而为现今世界所有。拉菲托并未满足于对希腊人和罗马人生活习惯的观察，他还研究了其他欧洲民族——高卢人、色雷斯人、斯基泰人的习俗。继马·莱斯卡博之后,他亦将文明民族的平民,特别是法国农民,与上述民族相提并论(有鉴于Covata之俗——即"父亲假做娘",一种古老习俗:妻子分娩时,丈夫卧床绝食——以及丧葬哀歌),在他们之间发现许多共同之处,将心理和思维方法与其所处的时代联系起来。他斩钉截铁地断言:

……被称之为野蛮人的民族,不仅有其宗教,而且应当指出,其宗教同古人的宗教,同古代称之为"巴克卡纳利亚"、"母神狂欢仪式"、"伊西丝和奥西里斯神圣仪式"的仪礼惊人地相似。就多神教领域而言,我们所知没有比这些神圣仪式和狂欢仪式更古老者;弗里吉亚人、埃及人、克里特人的宗教体系的全部意义,便在于其中——他们自视为世界最早的民族和最早的崇拜创始者,这种崇拜继而传给其他民族,并广布于全世界。(第1卷,第7页)

由此应得出结论:野蛮人和多神信者的宗教,有着同样的基原,有着同样的要素。丰特奈尔在其《传说的起源》中亦断言:希腊人同样曾是未开化者。然而,希腊人与未开化者的宗教的基原和要素之同一,据他看来,在于人之本性,更确切地说,在于理性。其他启蒙思想家亦持此说;他们屡屡借助于传教士们的材料,对自然宗教与启示宗教进行对比。拉菲托在寻求真谛,然而却在缘木求鱼。他在天主教中寻求基原和要素,而其使命是对这些加以阐释。

4. "新科学"

由此可见,拉菲托认真而翔实地对原始人的世界和古欧洲文明进行探考,却囿于狭隘的神学范畴。然而,他又始终不失为民族志学家,熟知各民族的习俗,熟知"囊括异常纷繁的现象"之"十分广泛的课题"。他的著作中,进行了种种类比和对比,以证实没有一种未开化者的习俗在古代民族中确无相类似者。然而,他并未作出总结,在他的观察的基础上只是得出下列结论:应将源于启示的习俗(未脱离人类本性的)与须视为各民族交往和迁徙之结果的习俗加以区分。

拉菲托的目的在于:通过古希腊罗马世界与未开化者世界之类比,加深我们对古典文化的认识;其目的还在于:基于《圣经》、启示、上帝之神意,向我们说明何谓未开化者。雅克·贝尼涅·博叙埃的思想,如今在民族志学的基础上得以发展。作为忠诚的神学家,拉菲托认为人类的历史肇始于启示;从启示中,他不仅导出共同的习俗(对至高灵体的信仰、献祭、仪典等),而且导出见诸基督徒以及多神信者的一切。据他看来,人的历史并非始于迷误(犹如启蒙思想家所述),而是始于真理——这种真理一开始便体现于宗教以及神话中。拉菲托走得更远:他确信,启示并非摩西,而是始初第一人获自上帝。他声称:"我对多神教神话的研究,为我认识所探考的另一领域开辟了道路,使我有可能进入摩西以前的时期,企及我们的始祖亚当和夏娃以及更高者——上帝。"同时,他排除这样的可能,即:晚于摩西的立法者,利用人们的愚昧,创造新的习俗。他补充说:"当我们企及亚当和夏娃,我们则可洞察就其基原而言纯洁而光明的宗教,来自上帝并由上帝传予我们始祖的宗教。宗教是独一无二的,这一宗教意在为世人,与世人同时产生,而且与人共存。这便是信仰所教诲的以及理性所启迪的。"(第1卷,第13页)

时光在推移,人在变化,宗教也在变易。诸如此类变易,导致众多习俗的出现;如果说其中不无迷误,那么,这些迷误既可见于未开化者,又可见于希腊人和罗马人。拉菲托设定:未开化者中有时可能发生愚陋和罪恶的迷信。继而,他声称:"然而,难道这些迷信比希腊人和罗马人的迷信更愚陋和罪恶吗?而希腊人和罗马人的科学和艺术已臻于高度完善。然而,他们全部哲学的唯一成果在于:以众多可笑而荒诞的寓言玷污宗教。"(第2卷,第157页)

这些寓言无论如何可笑和荒诞，它们却负有自己的历史使命，具有自己的特点，并起到自己的作用。历史学家的任务在于：阐明这些特点以及神话对该时期的意义。毋庸置疑，人类在其发展中的某些时刻偏离了真理的道路；而这种偏离，亦应摆脱理性所加之于的成见予以探究；即使宗教呈现为扭曲、令人生厌的形态，仍然应在其中寻求真理（甚至所谓偏离，据拉菲托看来，亦同启示宗教不无关联）。这样一来，宗教信仰，对拉菲托说来，成为创立理论的契机；这种理论，可称之为历史—民族志学理论。正如范热内普所正确地指出，就此而论，重要的不是拉菲托在宗教教义基础上进行了对比（尽管亦非以简单的方式——启蒙思想家们对这一基础曾进行抨击），而在于：他较其先行者们尤为明晰地提出了研究方法——其中许多应归之于他个人。此外，还应加以补充：借助于他所提出的比较方法，种种关联和过程一目了然；否则，这些则不得而知。诚然，借助于这一方法，并不能彻底揭示：他发现于未开化者的观念之胚芽，如何在古典世界得到发展。

拉菲托的功绩在于：他在多神信仰的宗教中发现启示宗教的胚芽，并揭示了遗存之意义；丰特奈尔在此以前亦揭示之，两者却截然不同。拉菲托直观地猜测到人种学与民俗学之关联。他的主要功绩在于：他毅然决然地将民族志学移至历史范畴，并得出结论：它不仅可以成为工作手段，而且可以成为对历史重新阐释的尺度。这便是他的方法的真正意义所在；这一方法，嗣后将既用于人种学，又用于民俗学。意大利哲学家维柯，也对此进行了思考；拉菲托的《美洲未开化者的风习》问世一年后，维柯在那不勒斯出版了他的一部著作，题名《新科学原理》。

5．詹·维柯与原始世界

詹·维柯的《新科学》，可以比作一种机器；虽然其部件并非尽善尽美，它却可以成为进行抨击的强有力工具。在欧洲思想史上，维柯堪称亘古一人；无怪乎他将其科学称为"新科学"。他的探考无所局限。他为启蒙思想家们所具有的那种精神和热情所激励；很多东西将他与启蒙思想家们联系在一起。然而，他又同他们分道扬镳，承认传统为历史之生动的和富有成效的成分。他断然否定建立在奇迹之上的历史；这又使他同启蒙思想家们接近。而他又与他们（至少是其中许多人）截然不同，将神话、寓言、谚语、笑话纳入历史。凡此种种，他（犹如丰特奈尔）并不视为人类理性的迷误。据他看来，亦存在这样的宗教，它们无非是建立在欺骗之上，其产生乃是人们的轻信所致。对他来说，人是历史的至高无上者；历史是人的历史，因而是关于精神的科学，它研究人的精神创造之成果。

据詹·维柯的思想，新科学（对包括人类起源问题的一切，其提法迥然不同），应致力于既定的任务：将可信的（语文学论证）化为真理的（哲学论证）。在其著作中，维柯指出：

> 遗憾的是，至今尚无一种科学，同时是人类的历史学和哲学。人们对人的本性进行思考；正是由于这一原因，而非其他什么原因，出现了哲学家。哲学家们所思考的并不是：为何人类本性产生了宗教和法律以及哲学本身。语文学家受制于古时便知的劫运（距离我们越遥远，则越朦胧不清），提供给我们的是如此面目全非的、杂乱无章的和支离破碎的民间传统，以致只有按一定序列加以组合，方可对之进行思考。假如予以认真探究，便会昭然若揭：我们现今所知的样态，不可能为它们所具有——种种类比即可资佐证；未开化的、愚昧的民族经历许多世纪带给我们的那些意象，亦然。（《新科学原理》，尼科利尼版，第1编第23节）

从这一观点出发〔维柯在后来认真修订的《新科学》（1730年版、1744年版）中予以订正〕，维柯将整个人类史视为民族和人的历史，视为往昔之历史——他在现时中寻求往昔。他并未给自己特地提出人种学问题以及民俗学问题。然而，它们自己应运而生，岿然屹立。对维柯来说，何谓原始人的世界呢？这一世界，拉菲托毫不犹豫，将其纳入历史领域。

毫无疑问，维柯的历史主义仍然是不可理解的，或者并非完全清晰，如果维柯没有运用手段，使其获得生机；这一手段便是将原始人（bestione）及其丰富的幻想纳入历史探考。对维柯来说，该原始人不仅是年代学的术语（意指一定的时期），而且为一规范术语（意指：原始世界可呈现于我们中间，时而复归于我们）。这便是他的发现。拉菲托的猜测，维柯在另一范畴加以发展。维柯不止一次地指出：他应坚持不渝地致力于深入探考原始世界，其原因在于：对我们来说，如今"简直不可能（而这是理所当然的）进入初人那种想象丰富的世界；他们尚未被理性的光辉所照及，而完全处于肉体所支配的情感的左右之下"。因此，"很难想象，地球上的初人们是如何思维的"。然而，他在此所讲的世界（他致力于了解和企及），具有自己的轮廓，具有自己的面貌——原始人赋予这一世界的面貌。原始人后来成为文明人，因而成为世界精神发展史中一定阶段的体现；无论是文明人，还是未开化者，都同等地体现于其中。关于有道德的未开化者的神话创立后，在有关社会－政治问题的论战中，对我们与原始人进行了对此；时至今日，这种对比成为历史预见的基础。我们的理性揭示了这一世界，深入其中，并予以把握。犹如拉菲托，维柯感到：研究宗教，对认识未开化者的世界具有重要的意义。他同样不相信：存在没有宗教的民族。就这一问题，他与贝勒和其他自由思想者进行争论；其态度的坚决，不亚于拉菲托：

> 让现代的旅行家们不要指责我们第一个原理荒诞不经，说什么似乎巴西各民族以及卡菲尔人和新大陆的其他民族（安托万·阿尔诺对称为'安的列斯'群岛的居民亦有同样见解），似乎过着不知有神的社会生活。贝勒似为他们说服，在《彗星论》中断言：

世人有可能生活在并无神的灵光的公正中。波利比乌斯没有如此直言不讳地表述;用他自己的话来说,他只是宣称(尚有其他一些学者):世界上如果有因理性而非因法律而生活于公正中的哲人,那么,也就不需要宗教。所有这些,乃是旅行家们的妄说;为了推销自己的著作,他们以种种奇闻轶事填充之。(《新科学的原理》,尼科利尼版,第 2 编第 334 节)

就此而论,维柯表现出他熟悉当时一些接近于民族志学的思想;然而,对他来说,原始宗教无非是人类精神的形态,或者索性称之为幻想。正是幻想创造神话,并创造宗教;bestione 即刻成为人,当他举目仰视,恐惧而惊异地望着苍天,并将他周围的世界移于自身,使之成为自身精神生活的成分。

宗教一向实际参与人类历史的事务,因而参与诸如婚姻这样的主要规制。为了揭示同任何宗教不可分割的神话的意义,维柯借助于词源学;须知,语言无非是一种"文献",可证实曾使人们的想象陷于惊异并从而自人们得到其称谓的一切。

詹·维柯将宗教的起源同诗歌语言的起源相联属。正如福斯托·尼科利尼科指出,这"证明:在维柯的体系中,宗教并不具有神性,而只具有人性(同语言毫无二致)"。须知,在维柯的著述中,一切神的皆在人中,它因而也就成为历史探考的对象。

6. 诗歌的历史渊源

詹·维柯将其 bestione 的世界同作为幻想的产物,同诗性智慧的世界联系在一起,认为:诗歌语言——激情和情感的比喻性语言,为原始人的自然语言,为激动、惊异的心灵之唯一可能之表述,意在以己度物,阐明世界种种复杂的问题。最初具有的并非理性(然而,维柯并未加以否认,而往往诉诸理性),而是幻想。变幻莫测的幻想,总是先于理性。难道有理性者在作诗或者唱歌时不是成为缺乏理性者、儿童吗？对他的这些前提可不予同意（人们的理性一向同幻想相结合），但不能不承认：这里所提出的，为对原始的和蛮野的诗歌这一论题的明确阐述；而这一论题正是《新科学》最天才的揣测之一。正如马里奥·富比尼所正确地指出，这一表述中包含这样的观点，即承认诗歌是先于理性的始初形态。由此可以得出结论：诗歌接近于人的始初状态；因此，诗歌之作中理性越少，它就越接近于真正的诗歌，接近于诗歌的概念本身。在此应当加以说明：维柯不仅摈弃古典诗歌的概念本身，而且将，譬如说，荷马视为歌颂鄙陋习俗、最原始的人之本能的野蛮诗人。

据詹·维柯看来，诗歌是幻想的最瑰丽的产物，因而与理智相对立。他认为，诗歌在野蛮时期尤为绚烂多彩。而最重要的是：诗歌为我们阐明历史的渊源；诗人将有关始初时期的历史记述纳入比喻，对这些渊源加以赞颂。犹如拉菲托，维柯同样反对对比喻随心所欲地阐释。但是，维柯揭示了（拉菲托并未揭示）现实与神话之间的确切关联，将神话比作反映人类历史的一面镜子。如果说任何人没有像维柯那样理解神话的巨大作用，这并不是夸张。对维柯来说，神话、语言连同诗歌，是一面镜子，反映原始民族、它们的宗教、习俗和传统。神话成为历史的成分、历史学家探考的对象。

历史学家没有权利无视民间传统，而启蒙思想家往往不予重视。维柯将传统视为"真理的社会论证"。他倾听城市歌手（对他来说，他们颇似古代行吟诗人、荷马式的诗人）的吟唱，不禁心旷神怡；他因听其同胞詹·巴西莱所整理的故事而欢悦；同家屋火塘相关联的信仰，对他来说，颇似薄伽丘时代的民间习俗。他看到，普通人（据他看来，即是 bistioni 本身），每逢日蚀，每逢自然灾害则感到震惊。就此而论，问题不仅在于欺骗，不仅在于比喻。语言、宗教、习俗既不是比喻，又不是欺骗的结果。它们均为幻想所创造。这表明：他将人的创造视为历史的基础；而历史的，作为某种全人类所共有者，必然存在于每个人之中。诚然,维柯将幻想表述为人之活动的永恒因素,正如以上所述,他将诗歌(即幻想的产物)同具有现实性的神话相混淆,并将这样的诗歌同可称之为神话创作的诗歌相混淆。众所周知,与启蒙思想家根本不同,他呼吁诗人培育人民,并向诗歌提出下列目的:"……寻求人们认识可企及的、崇高的神话;使之极度震动,以达到既定目的;教导民众正直豪迈。"(《新科学原理》,尼科利尼版,第2编第376节)

然而,他是否确实将神话与诗歌相混淆呢?抑或无非是利用诗歌说明何谓神话?而神话(犹如宗教),在其发展的始初阶段同诗歌结为一体;神话这一术语,他只不过是用以阐明精神生活的起源。即使将这些问题置之不顾,同样显而易见,维柯对原始人的世界与对民间传统同样重视。我们社会中被鄙视者(一般无文化者、文明国家的平民百姓),在《新科学》中不是被表述为非有灵体,而是被视为历史个体。据维柯看来,历史并非呈直线式向前运动(ad infinitum),而是进步时代与倒退时代相交替。世界不时陷入野蛮之中,但并非自行陷入,而是因为野蛮中的精神以新的强大之力充实世界。

7. 维柯:野蛮的民族与文明的民族

基于这一构想,詹·维柯对文明社会以及野蛮人两者的体制和制度进行了翔实的探考。正是从这一点出发,他将原先纯属记述性民族志范畴的事例置于对思想、原则、先决条件之哲学论证的范畴。这样,野蛮的民族和文明的民族的历史中,则注入新的精神:

> 对一切民族——野蛮的民族和文明的民族进行考察(两者的地域和时间的间隔如此之大,其基础也各有所异),我们看到:他们恪守下列三种人类习俗:皆有某种宗教;均缔结庄重的婚姻;均葬其死者——任何民族(无论他们如何不开化和愚鲁),都没有这

样的人类举措，即：以较之宗教仪式、婚姻和丧葬尤为考究的仪式，尤为神圣而隆重地行之。由于这样的定理，即：产生于彼此毫无所知的民族之同一思想，应具有共同的真理基础，在一切民族中，文化正是从上述三项肇始；它们不得不以最神圣的方式维护之，以使世界不重新野蛮化，不再复归林居野处。因此，我们亦将这三种永恒的和普遍的习俗视为我们科学的三项基础。（《新科学原理》，尼科利尼版，第 2 编第 333 节）

维柯认为：习俗的同一，与人类理性范畴的同一相关联。然而，他在观察事物的这一方面时，并未忘记其另一方面，并提出语言的起源问题；他将语言的起源（犹如诗歌和神话的起源）归之于人类历史的英雄时期，即原始时期。对此，他补充道：

然而，尚有一个极大的难题：为何有多少民族便有多少语言呢？要解决这一难题，必须确信下列伟大的真理：如果说各个民族由于气候的差异势必产生不同的性格，而这又导致众多不同习俗的出现，那么，他们那不同的性格和习俗则导致如此众多不同语言的产生。由此可见，由于其性格的不同，他们从不同的观点看待人类生活的这一和那一有益者或不可或缺者；这样一来，各民族众多习惯大多各不相同，有时甚至截然相反；正是如此，而非其他，有多少民族，便存在多少种语言。其显而易见，人类生活的谚语、格言即可证明；质言之，它们是同一的——尽管已存在和现有多少民族，便从多少角度予以表述——正如公理中所示。（《新科学原理》，尼科利尼版，第 2 编第 445 节）

这样一来，人之起源的问题势必成为历史的问题。犹如拉菲托，詹·维柯敏锐而深刻地感到古风物之魅力，给我们的幻想以如此的激励。然而，有没有那样的事例恰如民族志学家所想象的那样呢？或者说,只存在"行为"、"历史过程",应将它们置于其形成中,即其起源和发展中加以探考。"新科学"为一神奇的殿堂,应加之以庄重而严正的铭文:"规制的本性无非是在于:它们产生于一定的时间和一定的条件;后者如何,规制如何,而非相悖。"(《新科学原理》,尼科利尼版,第2编第147节)

一个游荡于"疑惑的海洋"的思想家,在此并未表现出任何疑惑。他对历史学的任务和本质作了如下表述:认识事物的本性,便是认识其产生以及如何将其导入历史领域。这就是"新科学"的意义所在——它对原先令人费解的成规定制加以阐释和论证。

8. 路·安·穆拉托里的《中世纪古风物》

值得注意的是:几乎与此同时,路·安·穆拉托里正准备其关于文化史的一部著作的出版,即《中世纪古风物》,作为只涉及政治史的《编年史》之补充。

该书于1738年至1742年间问世,不失为一部深刻的、名副真实的学术论著;它对民俗给予特殊的关注。穆拉托里援用古老的手抄本、记述、野蛮时期的法律记载,饶有兴致地描述服饰、婚礼、游艺、竞技,换言之,即意大利人民的生活习俗和传统。

早在穆拉托里之前,同样是意大利人的维柯既已断言:在研究表示这些事物的语汇之时,必须了解这些事物;在历史上发生作用的,不仅是战争和通商,而且尚有野蛮民族以及文明民族的习俗。皮·詹诺内和卡·特罗亚,在一定程度上亦持此见。这些思想(同样见诸古代历史学家——从希罗多德到恺撒和塔西佗的著述),为伏尔泰所发展。然而,在他之前,穆拉托里在其著作中已对意大利中世纪的习俗有所描述。

就《古风物》而论,穆拉托里不仅是罕见的博学家和卓越的语文学家,而且是善于对往昔重新思考的历史学家。在所谓的"往昔"中,他不仅看到成见——犹如启蒙思想家们,穆拉托里亦视之为愚昧现象,并持鄙夷态度;不仅看到古老习俗——用他的话来说,它们已"有名无实"(就此而言,其说先于"遗存"之一概念)。所谓往昔,是我们的遗产,是我们共同的财富;依据古老的文献资料,我们可以构拟该时期所特有的思想方式,并以我们的理智对其作出估价。即使较为狭义地考察《古风物》一书的意义,视之为博学的成果,也应承认:它扩展了历史学的领域,成为他所著《意大利编年史》的补充;在该书中,我们所见到的中世纪已非如此野蛮的时期。述及奥多亚克,他指出:"罗马人和希腊人将所有不属于他们民族的人称为野蛮人";然而,"有的野蛮人,较之罗马人和希腊人更审慎、更纯洁"。在《古风物》中(第29章),"野蛮"与"质朴"相提并论。就此而论,穆拉托里与维柯相近似:他承认民间诗人的重要作用,并将民间演员和流浪艺人也归之于民间诗人。

第7章 自然、文明与进步

1. 卢梭与对未开化者的赞誉

追溯18世纪，拉菲托的《美洲未开化者的风习》和维柯的《新科学》，尚未使对所谓文明人之说的笃信销声匿迹。这一转折，主要完成于卢梭。他对有关原始人、野蛮人、未开化者的神话所作的阐释，同拉菲托和维柯毫无二致；拉菲托和维柯在一定程度上对民族志学往昔若干世纪的得失作了总结。没有任何人像卢梭那样卓有成效地使这种神话获得传布和普及；正是由于卢梭的努力，这种神话成为整个欧洲的财富。

1768年1月1日的《百科全书报》，斩钉截铁地宣称：维柯是第一位敢于断言"人始而像野兽一样生活"的思想家。（在此一年以前，伏尔泰在《百科全书报》上对拉菲托作了同样的评价。）该文继续写道："能言善辩的日内瓦人卢梭，奇论不绝，在其所著《论人类不平等的起源和基础》中发展了这一思想。"

而实际上，正如我们所知，维柯则是反其道而行之，他将历史与自然界对立起来；而历史并非与动物，而是与人，与人之规制和习俗相关联。卢梭与拉菲托和维柯有许多共同之处；但他从未将人与动物等同看待。反之，在其所有的著作中，他力图恢复人之尊严，将人从一切社会的上层建筑中解放出来，并将其作为纯真无瑕者归还社会。

在卢梭看来，原始人（幼稚的野蛮人）是理想者，并且是认识的对象和道德范畴的楷模。启蒙思想家赋予特殊的理性内涵的理智之统治地位,卢梭索之于邈远的世界,并非希腊人和罗马人的世界,而是原始民族的世界;在这样的世界中,理智具有所谓自然性,而这种自然性则使人成为人——嗣后,社会、科学和艺术则将人败坏。

卢梭似乎将其未开化者搬上舞台;在这一舞台上,让·巴·格勒兹为萨·格斯纳的田园诗设置了布景。他的未开化者,堪称人类的楷模。他既没有自上赐予的品格,又没有借助于长期发展所获得的本领。这是"一般的人",正如卢梭本人通常所反复指出的,是这样的人,他来自,或者更恰切地说,他应当来自所谓自然的怀抱。卢梭认为他"在橡树下饱餐,在随便遇到的一条河沟里饮水,在供给他食物的树下找到睡觉的地方"[1]。卢梭关注着他的生活,关注着他如何在严峻的条件下抵御风雨和恶劣天气——正因为如此,他的体魄十分强健。卢梭越来越醉心于对未开化者的赞誉,并不乏具体的事例,诸如:委内瑞拉的加勒比人,他们的生活环境全然未被侵扰;好望角的霍屯督人,据说他们的眼睛可看到公海上远处的船只,而荷兰人借助于望远镜始可企及。他还以美洲的未开化者(已成为当时文学作品中习见的主人公)为例;据说,他们的嗅觉可同最好的猎犬相比,据足迹即可辨识西班牙人。卢梭颇好概括。他的未开化者乃是在未开化者身上可发现的一切美好者之体现——这是与自然相适应、按其本能和情感而生存之人。启蒙思想家曾把未开化者视为某种哲人,卢梭则视之为"漂泊于森林中的野蛮人,没有农工业、没有语言、没有住所、没有战争、彼此间也没有任何联系,他对于同类既无所需求,也无加害意图,甚至也许从来不能辨认他同类中的任何人。这样的野蛮人不会有多少情欲,只过着无求于人的孤独生活,所以他仅有适合于这种状态的感情和知识"[2]。

---

[1] 此段译文参见:《论人类不平等的起源和基础》,商务印书馆 1994 年版,第 75 页。——译者

[2] 此段译文参见同上书,第 106 页。——译者

他继续写道：

>   ……这种状态极不易发生变革，而且也是最适合于人类的一种状态；除非由于某种不幸的偶然事件，人类是不会脱离这种状态的。为了人类的共同利益，这种偶然事件最好是永不发生。我们所发现的野蛮人，几乎都是处在这种状态。从他们的事例中，似乎可以证实：人类生来就是为了永远停留在这样的状态。这种状态是人世的真正青春，后来的一切进步只是个人完美化方向上的表面的进步，而实际上它们引向人类的没落。①

继而，他又写道：人们居茅舍而自得其乐，不从事任何工艺；他们是自由的、健康的、善良的、幸福的。然而，"自从一个人需要另一个人的帮助的时候起；自从人们觉察到一个人据有两个人食粮的好处的时候起；平等就消失了、私有制就出现了、劳动就成为必要的了、广大的森林就变成了须用人的血汗来灌溉的欣欣向荣的田野；不久便看到奴役和贫困伴随着农作物在田野中萌芽和滋长。"②

对卢梭来说，原始人的世界并不是像伏尔泰所想的、你的和我的分明的世界。更恰切地说，这是拉斯·卡萨斯、莱里、拉翁唐所说的世界。在他看来，这个原始的世界究竟如何呢？1755 年，卢梭在《论人类不平等的起源和基础》中十分激动地加以阐释；他在这部著作中对他四年前在《论科学与艺术》一文中所作的论述作了概括，或者更确切地说，作了论证。

---

① 此段译文参见：《论人类不平等的起源和基础》，商务印书馆 1994 年版，第 120 页。——译者

② 此段译文参见同上书，第 121 页。——译者

2. 我们与原始人

在《论科学与艺术》第 2 版"序言"中,卢梭指出:原始人所处的自然状态,"……也许从来没有存在过",它"将来也许永远不会再存在"。但是,他又补充写道:对于它,"仍然必须寻求正确的认识,以便恰切地评述我们现今所处的状态"。由此可见,对卢梭来说,其所处时代的文明乃是出发点;为了另一个更美好的世界,他对这种文明大兴问罪之师。然而,如何得以确切地表述那种从未存在,而且永远不会再存在的状态呢?卢梭在其著作中作了这样的答复:

啊!人啊,不论你是什么地方的人,不论你的意见如何,请听吧!这是你的历史,我自信我曾经读过它;但不是在你的那些喜欢撒谎的同类所写的书籍里读的,而是在永不撒谎的大自然里读的。出于自然的一切都是真的;只有我于无意中掺入的我自己的东西,可能是假的。我所要谈的时代已经很遥远了,你已经改变了原来的状态,而且改变得多么大呀!我所要给你描述的,可以说是你这一种类的生活。这种描写是根据你所禀赋的性质,而这种性质可能已为你所受的教育和所沾染的习惯所败坏,不过尚未完全毁掉而已。我觉得有这样一个时代,个人会愿意停留在那里:你将会追寻你愿意整个人类在那里停留的那个时代。你不满意你的现状,由于种种原因预示着你的不幸的后裔将会感到更大的不满,所以你或许愿意能够倒退。这种感情无异于对你的始祖的颂扬;对你的同时代人的批评;而且也会使不幸生在你以后的人感到震惊。①

---

① 此段译文参见:《论人类不平等的起源和基础》,商务印书馆 1994 年版,第 72~73 页。——译者

他对原始人的生活作了一番描述后,继续写道:"我所以费了很多笔墨来阐述我所设想的原始状态,是因为在这一问题上有许多由来已久的错误观念和根深蒂固的成见应当消除。因此,我认为必须追本溯源从真实自然状态的描绘中证明:即使是自然的不平等,在这种状态中,也不像近代学者所主张的那样真实和那样有影响。"①

卢梭在对原始世界进行描述时,将民族志资料(譬如,他曾援用《旅行通史》)同取自种种乌托邦之作的资料混淆不分。显而易见,原始世界对他来说并非历史事实(对拉菲托来说,亦然),而无非是理智对人们所处条件之构拟(如果说他们仍保留其始初的纯洁性)。对他来说,这一世界乃是理想的境界、全人类的圭臬(对维柯来说,亦然)。

维柯的 Bestione,以情感和想象所造成的原始人,在卢梭著述中成为活生生的存在。这不仅是因为此间存在那种非理性成分(据维柯看来,这种非理性成分是诗歌、神话、宗教的基础),而且是因为它拥有个性的自由(这是其自然状态的基础)。就此而论,《社会契约论》的前提业已奠定。然而,自然状态对卢梭来说乃是对康德称之为人类自由的哲学论证者的觊觎,社会契约则是对公众权力之哲学论证的渴求。正因为如此,所谓自然法(它在神被视为本原之说中得到论证和表述),对卢梭来说,已不是神降给新生者的恩赐,而是"潜在中的个体本身"。关于自然法的旧有观念,据维柯看来尚不失为可取的,卢梭则予以否弃。道德范畴对人之自由的追求,堪称卢梭一切创作的 *deus ex machina*②。这一命题,他始终援用其奇论加以论证;诸如此类奇论,他本人不厌其详地予以阐释和说明。卢梭将自然视为根除一切弊病的灵丹妙药。他并将自然视为自由之典范;据他看来,未开化者生活

---

① 此段译文参见:《论人类不平等的起源和基础》,商务印书馆 1994 年版,第 107 页。——译者

② deus ex machina,拉丁文,源自希腊文 ἀπὸ μηχανῆς θεός,字面意思为"来自机器的神明"。在希腊罗马戏剧中用舞台机关送下来一个神,消除舞台冲突或为主人公解围,制造意料之外的剧情大逆转。——编者

的全部意义似乎或确在于此。同时,未开化者之与文明人相对立,并非由于未开化者从属于自然,而是由于未开化者因其自由生活和劳作的自然意向而驾驭自然。这也正是卢梭较之其先行者们所获致的新的东西。他力图以其《论科学与艺术》和《论人类不平等的起源和基础》使社会观念发生名副其实的变革;以《社会契约论》确定正确的国家与个人的相互关系;以《新爱洛漪丝》讴歌爱情和夫妻忠贞,以解决家庭问题;在《爱弥儿》中力主让人们自由地、自然而然地发展,从而解决教育问题。维柯的思想为这些新思想奠定了基础;维柯曾宣称:原始的世界永远存在于我们之中,或者复归于我们。这一世界,即其中的种种关系为人们自己所确立的世界,维柯无非是从历史角度予以关注。卢梭对历史并不感兴趣,而是另辟蹊径。然而,他承袭了维柯关于进步时代与野蛮时代更替的思想。卢梭创立了自己的典范的原始世界及其人;而这种人,卢梭并非完全言之有据地称为"自然人"。他不甘心于等待这一世界之复归。他渴望力争这一世界复归于我们,促使人们发现它,并完善它,促使人们找到自己的道路,犹如鲁滨逊·克鲁索——卢梭对这一人物赞叹不已。卢梭并不回避"平民"、"出身低贱者"、"社会中的无权者"等用语。卢梭与启蒙运动者们大相径庭;启蒙运动者们同一律平等的思想相距甚远,而卢梭却将这一平等视为各民族道德生活以及社会生活的基石。于是,一个新的概念——有教养的人(honnête homme),便随之出现。

3. 作为人文因素和民族因素的民间传统

据卢梭看来,平民比属高等阶级者高贵。这一日内瓦公民鄙视巴黎及其居民,视之为堕落者和卑劣者,并在后来同欧洲人的对话中对之表示极度憎恶,其态度犹如未开化者。卢梭并非构想出一个虚拟的未开化者,以期他发现巴黎和窳败的欧洲世界所未看到的一切。卢梭本人似乎成为未开化者;这个未开化者帮助卢梭认识了人——该人成为其政治理论和教育理论的契机;该人,他发现于田野里,发现于同灵感和诗歌并未隔绝的平民百姓中。卢梭按捺不住内心的激动、描绘他所憧憬的风光:夕阳西下,山冈沐浴着余晖,映在湖水中;田野和丘陵、郁郁葱葱的树木,使幻想油然而生,人们则超脱现实而获得自我。自然与文明之对立,在卢梭的时代,成为居主导地位的动机,成为其著述的主要意旨。有时,这一意旨反映于诗歌;这种诗歌全然不像当时盛行的自由随意的抒情诗,更不像阿卡迪亚的田园诗,它肯定并赞美深邃的人之情感。

卢梭的著作中不乏这样的描述:自然似乎是有灵性的;他所目睹、几乎可感触的自然,犹如仍在遥远的往昔:"在太古的时候,……星、风、山脉、河流、树木、城镇,甚至房屋,全都是有灵魂、有神、有生命的。拉班的家神、印第安人的'曼尼佗'、黑种人的物神以及所有一切自然和人创造的东西,都曾经做过人类最初的神;他们最早的宗教是多神论的……"[①]

所谓自然,几乎与宗教合为一体,对普通人来说,成为共同的认识标准、道德力量的源泉、激励其行动的信念。未开化者借牧者和农夫之体复活,卢梭有时甚至将这些概念结合起来。他写道:"爱弥儿是在农村儿童和野蛮人所享受的那种自由抚养起来的,因此,当他一天天长大的时候,也就有他们那样的变化和举止。所不同的是,他的活动不只是为了玩或为了生活,他在工作和玩的过程中,还学会了运用思想。"[②]

维柯称之为"民间传统"者,对卢梭来说有着何等价值呢?卢梭居于日内瓦这样一个不大的地方,那里不知巴黎的颓败,其生活尚未失去农村气息,正如卡·福斯勒所正确指出的,他对其同乡们似乎在呼求:"恪守你们故国的习俗、你们国度的精神。记住你们的日内瓦性格,不可仿效法国人。法国人甚至都称道你们那令人赞誉的文化;须

[①] 此段译文参见:《爱弥儿》,商务印书馆1978年版,第362页。——译者
[②] 此段译文参见同上书,第460页。——译者

知,他们是不自由的,他们受制于自己的主人,需我们日内瓦人,在我们这个不大的、并不那样显赫的国度,在我们自己的国度,却是自由的。"日内瓦,在此以前所想象的原始世界,当它被描述为(譬如,在《论戏剧书》中)不折不扣的神幻世界,同样成为某种典范和道德尺度。卢梭所关注的不仅是日内瓦本身,而且是当地的习俗和风尚以及人们对故乡的热爱。民族思想和民族意志,由于卢梭之故,在此被理解为民族的政治财富的一部分;在民族范畴,卢梭的活动与维柯在历史范畴的作为毫无二致。

据卢梭的思想(见其《论人类不平等的起源和基础》),我们的心灵和情感与之息息相关的古老习俗,成为名副其实的宝藏;据说,如果失去,我们便再也无法重新获得。在其亡故后问世的《论波兰之行》中,他向波兰人强调指出:任何民族,为了有权自称为民族,应当首先珍视民族生活中传统的力量。所谓传统,正是人们赖以立足的基础;而忠实于传统,则使其无愧于生活。卢梭向波兰人述及荷马的诗歌以及埃斯库罗斯和索福克勒斯的悲剧对古希腊人的作用(这些篇章又使人们忆起柏拉图的《国家篇》)。希腊人在这些著作中寻得自我、他们的和父辈的信仰以及他们与之紧密相连(犹如树木与土地)的一切。他感到欣慰的是:波兰人保持着民族习俗——祖国真正的象征。

诚然,据卢梭看来,民间的和民族的(卢梭之说)传统,只有当它们被深刻感受之时,始具有价值。倘若它们趋于湮没,那就意味着:它们已不再适应"必然状态"——这种"必然状态"乃是一定的历史时期所特有的社会思维形态。由此可见,卢梭对社会力量给予关注;这是对启蒙运动思想的贡献。卡·福斯勒正确地指出:从这些"听来十分现实的论述中首先可以看出,卢梭并未受制于其抽象,而是为了实际举措而无微不至地激励共同体以及共同的意志(Volonté engérale)之理想,很好地理解独立个体的道德意志与民族之文化的(或者更确切地说,人民的)传统之关联"。

犹如爱弥儿应获取自我教育的力量于自身,人民可以,而且应当获取其自然之"我"于自身;这种自然之"我"反映于其风尚和习俗。维柯指出:诗歌使人民成为能干的创作者。卢梭则犹有过之,将诗歌与人民的宝藏——传统相关联;他并在自然中、森林里和山峦间,在每一株树木和每一座湖泊,寻得诗歌。须知,民众不同于居住于大城市的资产阶级,他们主要是栖身于乡间和小城镇;在这里,人与自然(神圣的自然)的关联尚未遭到破坏。

4. 安·戈盖与人类的起源

卢梭意欲表述人之未来,则回顾往昔,并将传统视为人所固有者。通常认为,卢梭否定进步。较为正确地说,他对进步有着自己的理解。据他看来,所谓进步,是对人类自然的信仰,是对这一自然具有完善之力的笃信。而贝勒、丰特奈尔、伏尔泰对进步的认识则不同。诚然,卢梭与他们不乏共同之处——对生活的乐观主义态度。然而,卢梭确信:进步在我们自身之中;而启蒙思想家们则基本上把进步视为持续不断的、为了未来而保留的积层和成就之结果。那些对风俗习惯进行探考的同时代人如何看待卢梭的思想呢?

在卢梭的"两论"(即《论科学与艺术》和《论人类不平等的起源和基础》)发表数年后问世的一部著作(1758年版),便有助于给予答复。其作者为安托万·戈盖,题名《论法律、艺术、科学的起源及它们在古老民族中的发展》。在这一著作中,他以《百科全书》为依据。《百科全书》犹如贝勒、丰特奈尔、孟德斯鸠和伏尔泰,力图理解进步这一观念的精神(esprit)。戈盖的论述,基于对人类的无限进步之信仰;他将进步视为文明之目的。然而,戈盖同样不乏与众不同之处。他不仅不鄙视往昔,而且激动地回顾过去,并满怀崇敬之情;正是这种崇敬之情,激励拉菲托、维柯和卢梭在往昔中探求我们这一时代的规制之起源。正因为如此,他经常(并非偶然地)援用拉菲托著作中的论述(未注出处)。戈盖对法律、艺术、科学的起源进行探讨,不仅对原始民族予以

关注,而且承认他们的世界是一种基本因素——如果要认识现代的文明,我们应对之进行考察。戈盖对此有不厌其详的叙述:

"既然我几乎完全没有原初资料来源(特别是就如何对待原始人而言),我便遍览古代和近代学者关于未开化民族的一切记述。我想,这些民族的所作所为,可使我们对原始民族在语言浑融和部落迁徙后所处的状态有明晰而确切的了解。关于美洲的记述,对我尤有助益。"

可以认为,这是出于拉菲托的手笔。然而,戈盖对人类历史肇始期的看法,与拉菲托、维柯、卢梭大相径庭。据他们看来,这是质朴关系的世界。据戈盖看来,这种质朴则是粗野和愚昧的同义语。可以说,戈盖即是拉菲托,然而是其观点在启蒙思想家们思想的影响下有所改变的拉菲托;启蒙思想家们的这一思想,为从贝勒到孟德斯鸠的所有一切学者所发展,并成为他们对哲学史的共同贡献。戈盖接受所谓进步的思想,即从低级向高级发展的思想;由此可以得出结论:一切始于低级阶段。而这一低级阶段,据他看来,应引起人们的关注,尽管启蒙思想家们对其持偏颇之见。他认为:古希腊罗马诸民族亦经历了未开化时期——人类生存的初级阶段(就此而论,同样不无丰特奈尔以及拉菲托的影响)。戈盖的著作,可称之为民族志学早期的论著之一。范热内普将这一著作恰切地描述为拉菲托《风习》一书的概括。然而,这是启蒙运动时期的"风习"。书中确有对不同历史时期的习俗、信仰和仪礼之敏锐而深刻的观察。本书的价值首先便在于此。它在法国数度再版,并译为英文和意大利文。然而,作者对民间习俗和信仰进行探考,未能摆脱不断进步的观念。卢梭对他并无任何影响;维柯的观点,他也未顾及。他无非是从进步这一认识出发,更确切地说,从他对进步的观念出发。

然而,应当提出:戈盖犹如拉菲托(在一定程度上,维柯亦然),确信:灭世洪水是历史现实;而且在某种程度上,这同样表现于他对其观察表述。但是,法律、艺术、科学在其文明时代呈现在他眼前的发展,使他有所思考。他不愿因自己对宗教的看法而声名狼藉,于是从《圣经》转向伏尔泰,从拉菲托转向孟德斯鸠。正因为如此(其原因之一),他对艺术、习俗、信仰的起源之探考并不深刻,无非是囿于表面现象。

5. 宗教的新现象——拜物教

拉菲托、维柯和卢梭在宗教领域所进行的探考表明:宗教是精神生活十分重要的成分。他们在这方面的活动,沙尔·德·布罗斯尤为专心致志地进行。他的著作《论物神崇拜,即古老宗教与现代黑人宗教之比较》,于1760年问世(曾提交铭文研究院,于1758年被否决)。作为名副其实的启蒙思想家,布罗斯无疑确信进步。但是,他并不相信(不同于安·戈盖)绝对同一的、不间断的进步。戈盖断言:在科学和艺术的发展过程中,民众的习俗即使并未臻于完善,也绝没有遭到败坏(如同卢梭所设想)。布罗斯否弃这样的提法。他与戈盖(以及拉菲托)均相信灭世洪水之说。布罗斯断言:洪水之后,各族人民又走上从野蛮到文明之路。然而,他补充说道,尽管如此,所谓文明民族中依然保留称之为野蛮的状态。总之,据布罗斯看来,完全不必在蛮人那里寻觅人类的始初状态,或者更确切地说,寻之于我们称之为蛮人者。这种状态,可寻之于在文明时期正置身于或曾置身于文明民族中的人们。这便是他那卓有见识的关于遗存之说(源于丰特奈尔)。但是,布罗斯同样将蛮野与幼稚相联系。这一假说(维柯和卢梭的关于蛮野之说,与丰特奈尔迥然不同),为约·洛克所持。在其所著《人类理解论》中,他将未开化者同儿童相比拟。布罗斯发展了自己的思想,却又提示:"一位外国著作家"(其见解部分承袭于他)指出,人是由低向高,由低级臻于高级,而同时他又可使其思想具有完善的形态,而立足点则是远非完善者。这位著作家便是休谟;他是自然宗教之热诚的捍卫者。在其所著《自然宗教史》中,他对民间习俗和信仰给予极大关注。德·布罗斯是一位自由的思想家,才华横溢;他的这一著作同样以新颖、明晰著称,犹如他的《关于意大利之信札》和《书信集》;后两者中,包括大量有关意大利、法国及其他国家之风俗习惯的种种资料。就其研究方法而论,他与拉菲托有着密切关联;他经常援用其著述,并对之有所评析。然而,这一方法,他无非是用于宗教现象学的极其狭小的领域。德·布罗斯从拉菲托那里接受了这样一条律则:"同一的行动,应有同一的思维与之相应。"他的著作中的另一思想,亦来自拉菲托:"传布于任一野蛮国度的观念,同样可寻之于任一野蛮时代。"但是,如果说拉菲托对这一思想的表述极为谨慎,布罗斯则在这一思想中导出极端的结论。

诚然,德·布罗斯接受了所谓启示,并将历史上曾经存在的一切荒诞不经者归之于这一启示;但是,不同于拉菲托,这只是对欧洲人而言。对不知启示的未开化民族说来,文明则是形成于洪水之后。据他看来,埃及人即属之。就埃及而言,动物崇拜引起他的关注;他将动物崇拜视为拜物教的变异,即宗教性的现象。在与其同时代的非洲葡萄牙领地土著居民中,他也发现同样现象。而德·布罗斯的主要任务,则是寻求宗教的根源。他寻之于这样的现象:它并不是完备有序的崇拜和信仰体系,而无非是一种特殊的精神状态——这种精神状态体现于处处皆然的举措和姿态。据他看来,一切民族均经历这一精神状态(丰特奈尔语);它可见于同一思维的未开化者中——由于恐惧,他们笃信自然界为神祇和精灵所充斥(这一思想,尼·贝日耶数年后在其所著《多神教诸神》中再度述及)。

由此可见,据德·布罗斯之说,拜物教为偶像崇拜的始初形态,亦即一种宗教,这种宗教并非呈现于基于启示的教义,而是形成于构成一切宗教共同基础的宗教性始初成分。此说当然不无争议,其原因在于:德·布罗斯在将埃及诸神与非洲偶像加以比较之后,为了有利于其论说,将拜物教扩及"世界上一切非文明民族、一切时期和一切国度",而拜物教远非见诸一切原始民族。

尽管沙·德·布罗斯的现象学说不无缺陷,必须指出:他所进行的对比,在一定程度上可视为拉菲托的方法之完善,因为这些对比较为系统。沙·德·布罗斯的方法,在"拜物教"的口号下成为一种旗帜;在这一旗帜下,人种学和民俗学开始探考往昔的状况及其嗣后的演化。

6. 尼·安·布朗热与被揭示的古代

德·布罗斯借助于拜物教,不仅旨在探寻人类思维的始初形态,而且旨在说明艺术、科学、规制之起源。尼·安·布朗热是法国最敏锐的思想家之一;他将上述种种的起源同洪水灭世联系起来,或者更确切地说,同整个人类的集体感受联系起来。他的主要著作——三卷集《被揭示的古代》,在他逝世后于1766年问世。布朗热是启蒙思想家(狄德罗曾为他立传);而在这一著作中,他对启蒙运动的一些思想提出异议,对宗教起源问题另持他论。正如弗·温图里所正确地指出(温图里为其最翔实的传记之作者),"在这一著作中,所谓迷信被赋予极为重大的意义;而在他的许多同时代者看来,迷信只不过是启蒙事业的主要障碍"。与安·戈盖截然不同(就此而论,他亦与拉菲托、维柯和德·布罗斯相近似),布朗热认为:人类一切规制和设施的确立,只应归功于宗教。因此,他不仅重视崇拜和仪礼,而且重视神话、寓言等。

在他的一部早期著作《东方专制制度起源考》中,布朗热宣称:对古代的传说,不应等闲视之,因为它们基于光耀人类的成分。而在其《被揭示的古代》一书中(他本人便称之为人类的神话通论),他作了尤为明确的表述:

> 历史中最有益的一部分,并不是对仪礼和事实的枯燥无味的描述,而是向我们展示产生这些习俗和事态起因之精神的那一部分。每一仪礼,均有其较之议论和事实尤为重要的基原。另一方面,事实又是议论之肇始和起因。如果说我们有时觉得习俗并无

基原,这是因为:其基原被遗忘——仪礼已是面目全非,以致其基原无法确考。由此可见,仪礼有其历史,或者有其自身的神话。每一仪礼,无不同它所源出的具体事实相关联。此外,似乎尚存在潜在的和共同的关联;这种关联将一切仪礼的总和与一切事实的总和结合起来。仪礼及其精神之历史,正是人类历史的新的基础所在。

这一思想,亦成为青年学者让·尼·德梅尼耶所著《诸民族习俗之精神》(1776年版)一书的出发点。在这一著作中,德梅尼耶对该时代民间生活的众多现象进行了探考,并作了下列表述:对于种种仪礼加以释析,不仅应根据其现状,而且应首先根据它们往昔的情势。

7. 庆典的形式与精神

尼·安·布朗热的著作,特别是《被揭示的古代》一书,使其同时代一些人产生下列想法:维柯的《新科学》已为他所知。譬如,弗·加利亚尼在写给贝·塔努齐的信中说:"一个法国人剽窃维柯的著述,乃至不注明出处。"费内蒂的看法则较为公允;他对布朗热与维柯之相似作了如下表述:两者均将未开化状态视为出发点,两者均对灭世洪水给予极大关注。此外,尚有温图里的观察;他指出:就对原始精神、神话中的逻辑以及政治体制的宗教起源之探考而言,布朗热与维柯如出一辙。而就他们之探考所产生的问题之提法来说,布朗热与维柯则无任何共同之处。

尼·安·布朗热的著作,其意义虽然不能与维柯的著作相提并论(亦不可与卢梭的成就相比拟),而较之安·戈盖的著作仍不失为一个进步。对民族志学来说,布朗热的著作之意义并不亚于德·布罗斯的著述。犹如其先行者们,布朗热同样确信:古老民族的习俗,如果我们以之同未开化者的习俗加以比较,则可获得其阐释。正因为如此,他经常对墨西哥人与希腊人、秘鲁人与基督教徒进行比较。他是如何评述原始人呢？据他看来，原始人"是人类团群的后裔；这些团群幸免于洪水浩劫，却不能形成为民族并奠定文明的始基"。然而，这些团群中却蕴涵始初纯朴之素质；这些素质呈现于对无所不能之神的信仰（任一宗教之胚芽）。原始人，乃至经历洪水之难者，据布朗热看来，与"朝天之灶"相伴而居。同样不应忽视：这种生活方式亦为美洲晚期的未开化者所特有。然而，不可断言：进步的观念与他们格格不入。当原始人的信仰开始衰微，他们所保留的是原始社会的习俗，而非其精神。于是，便出现了那种野蛮状态；这种状态，既可见之于未开化者，又可见之于文明人。这种构想之结果，亦即是庆典与神话之区分；布朗热将两者同对洪水的回忆相联系：

> 在第一部著作中，我对地球上不同民族所创造的习俗进行了探考，以期忆起洪水；因此，其精神可称之为"备忘的"。在第二部著作中，我试图说明：一切古老庆典和习俗，无不带有悲凄性，对最欢快和最放纵的庆典有所影响。我称其精神为"哀伤的"。在第三部著作中，我试图对最古老的习俗进行探考，并揭示各民族未解之谜的奥秘；此书的精神，我称之为"隐秘的"，并认为：诸如此类神秘仪式的唯一目的在于：使危及其安宁的教义不为民众察觉。在第四部著作中，我对与岁月以及世纪交替相关之习俗为各民族所迷恋之因进行探考。其精神，我称之为"周期性的"。在第五部著作中，我对同一年四季一定日期相关联的庆典和仪礼的本质进行探考；此书的精神，我称之为"历史性的"。（Ⅰ，第39～40页）

在"补述"中，布朗热力图对周期性庆典的本质作尤为确切的说明：

我在自己的著作中,将一切与既定季节、年岁、世纪或任一时期之始末相关联的庆典称为"周期性的"。"周期性的"将成为一切定期庆典,特别是与既定时期之始末相关联的庆典之通称。如果古人未使其庆典面目全非,致使庆典的精神和始因无法辨识,进行分类则轻而易举。同某一时期之终结相关联的庆典,悲凄和忧郁;所谓更新的庆典,为欢乐和喜庆所充溢。至于每一周期的终结与肇始相衔接,与时期的终结和肇始相关联的诸节日则相继而至——这一状况成为紊乱之因。紊乱的事例,不胜枚举。如潜心于探考习俗的精神,我们则可揭示这些庆典的实质,我们将同终结时期相关者称为"无限循环的",将同肇始时期相关者称为"新循环的"。

就这一区分而言,布朗热无疑颇受拉菲托的影响,并且与孟德斯鸠相近似。孟德斯鸠将德行(la vertu)、荣誉(l'honneur)和恐惧(la crainte)视为纷繁万千的政治体制所赖以奠定的基础。然而,温图里指出,"原先在孟德斯鸠著作中(布朗热对孟德斯鸠一向尊敬和钦佩),继而在布朗热的著作中,社会学观点因对所描述之现象的高度关心、同情而有所改变;这使整个原初分类情况发生变化。"布朗热的最后结论,显然不无卢梭的影响,可归结为:为名副其实的进步奠定始基者并非神,并非神从天宇将其降下,而是人以其意志、按其所思而为。

8. 哲学范畴的进步观念

尼·安·布朗热以及安·戈盖和德·布罗斯,对进步作了纯哲学的理解(而不同于维柯和卢梭;他们对这一原理进行论证:其一,诉诸人类理智的属性;其二,借助于个体——人之"自我"之情感的自然表现)。其著作的主要意义仍然在于:它们清晰地阐明各民族的习俗,特别是清晰地阐明这些习俗之遗存(尽管他的结论并非始终恰切)。

譬如,布朗热在其所著《被揭示的古代》一书中断言:甚至完全被否弃的占星术,亦使人与宇宙有所关联(尽管是借助于同迷信相关联的方法);他还补充道:对他来说,更倾向于从理智基原出发,说明信仰(笃信)之起源,而非将其视为人类愚昧无知的结果。这一观点与启蒙运动的思想相对立,而为他以及戈盖和布罗斯所接受——这是新的要求,即民族志学范畴的要求所致;诸如此类的要求,并非视为理智的职能,而被视为独立于理智者。这意味着:据信,民族志学从此不仅同理智相关联,而且同人类幻想相关联;人类幻想如今不仅被视为某种意指退步者,而且被视为亘古有之的精神因素。拉菲托、维柯和卢梭所启示的,正是如此。

第8章 诗歌的崛起

1. 莪相——通向人民性的道路

　　1760年,即卢梭的《新爱洛漪丝》和沙·德·布罗斯的《物神》在巴黎问世的那一年,《古诗片断,搜集于苏格兰高地,译自盖尔语或埃尔斯语》在英国出版,假托为古老说唱诗人莪相之作。抒情叙事诗的这些典范之作,似为发现于12至16世纪的手抄本,并由无名氏加以翻译。此书出版的成功,激励詹姆斯·麦克菲森(其匿名译者)于1762年将六卷古诗集《芬歌儿》公之于世,并署其名。与此同时,另一诗篇《帖莫拉》的前部分,亦问世;一年后,全文发表,并署译者之名。1765年,两部古诗的合集《莪相作品集》出版。其"序言",部分为麦克菲森所作(曾刊载《芬歌儿》),以证实所发表歌谣之真实性;部分出自休·布莱尔之手,他对这些诗歌盛赞不已。

　　于是,一位新诗人莪相应运而生。恰值此时,欧洲正在苦苦求索同诗歌、社会、宗教、习俗相关联的一切思想之渊源。这些问题的提出,颇受启蒙运动时代之激励。关于原始人的神话,与关于人类起源的神话相交织。求索之中心为人;所谓骚动的时期,并反映于其中。英国资产阶级因通商而大发横财;它并未断绝与古希腊罗马世界的联系,同时却觊觎某种新的东西——这种新的东西同时亦会成为陈旧者。在这一国度,传颂着莪相的诗歌;莪相为一古老的、实则从未有之的说唱诗人——犹如赞美原始人的合唱队中的独唱者。与此同时,莪相确在昭示某种新的东西:他成为仰慕往昔民族遗产之预言家。

2. 一件赝品之意义和价值

在《莪相作品集》的序言中，休·布莱尔毅然决然将呈现在整个欧洲面前的苏格兰说唱诗人与荷马相比拟。老实说，这并非完全没有意义。须知，麦克菲森发表其作品集，其目的有二：使苏格兰跻身于自古拥有自己的诗歌的民族之列；向同胞们奉献清新、纯朴、按自然意志创造的诗歌（正如维柯所说）——在这种诗歌中，自然本身具有叙事诗人物的职能。

麦克菲森十分明白，他所处的时代需要像荷马那样的诗人。因此，必须构想一位新的荷马与亚·蒲柏的诗歌相抗衡；蒲柏的诗歌符合统治阶级的口味，精心雕琢、技巧娴熟、清新流畅，颇似古典诗歌——古典诗歌依托于典范，典范既给以激励，又予以约制。诚然，在詹·麦克菲森崭露头角之前，尽管蒲柏在诗坛居于绝对主导地位，仍然可以听到一种声音，其中焕发着清新的气息——这便是詹·汤姆逊的声音。在其诗集《四季》中，汤姆逊感人肺腑地讴歌苏格兰和英格兰村民那种简朴而淳厚的生活。毫无疑问，他渴望摆脱蒲柏及其追随者们惯用的模仿故技。但是，汤姆逊尽管先于卢梭对大自然的种种美妙诱人予以赞颂，却仍然为旧有的叙事诗格调（poetic diction）所约束。在同一时期，另一位诗人——托·格雷也起而反对古典主义。他将克尔特世界（野蛮而质朴、无陈规旧习的世界）之情节导入英国诗歌。他所译的古代北方诗歌（为威廉·坦普尔所喜爱）以及他于1755年所写的《歌手》，其意义便在于此。于是，一位歌手出现在大家面前；他是古代的诗人、古老的行吟诗人、民间歌手。此时此刻，英国诗人爱德华·扬这位极度哀怨的歌者，正遁入暗夜的王国，陷于忧郁之中。

如今，歌手有了公开而响亮的名字。人们称之为"莪相"。众所周知，莪相的见之于世，乃是一件赝品所导致的结果；而它是高贵的，麦克菲森从而引起英国，继而引起整个欧洲对盖尔诗歌的关注——正是这些诗歌促使他完成此书。他证实：北方民族既有其个性，又有其独立的文化。广义来说，这不失为民族叙事诗歌之意义的佐证。

长期以来，人们争论麦克菲森这个译者是否称职，而忽略了根本问题：《莪相作品集》之优劣并不取决于其作者为麦克菲森抑或一古代说唱诗人。对待《莪相作品集》，犹如对待《伊利亚特》，人们忽略尤为重要之点：《伊利亚特》为人们所发现，而不可重新创作。莪相的意义在于：他追怀叙事诗歌以及往昔之歌手的作用，而且首先是民族往昔之歌手的作用。他力图以其诗歌使苏格兰人和英格兰人关注其自身的历史，关注其自身的传统。启蒙思想家们视之为暗无天日的时代之中世纪在莪相的影响下再次恢复了生机，同时产生了对哥特式艺术和哥特式教堂的崇尚。维柯视之为英雄时代的中世纪，如今成为英国人心目中的英雄时代。

这样一来，诗歌再度转向荷马，然而是维柯所想象的荷马，即原始的、未开化的荷马。托·布莱克韦尔在其1735年问世的关于荷马的著作中所描述的质朴而敦厚的英雄人物，犹如出自荷马史诗中者。布莱克韦尔的这部著作，约·温克尔曼称之为"世界上最优秀的著作之一"。简言之，正如斯塔尔夫人所恰切指出的，北方的荷马复活于世。尤为重要的是，这一诗歌使克尔特的诗歌和仪礼再现；它并援用其他民族的质料，诉诸渊源。

3. 莪相与新的叙事诗世界之发现

在莪相身上，我们发现那种体察入微的敏感，即：深入原始人的和未开化的世界，力图企及尚未被认识的人类精神瑰宝。他的诗歌使我们接近于诗歌的理性根源；据维柯看来，应在此探寻诗歌之源。当关于人的自然状态的争论方酣之际，正是莪相（在自然神论的故乡）揭示了始初的人类情感领域，有助于认识自然界现象之壮伟，并有助于深刻体验宗教精神。

当时欧洲最博学的学者之一——梅·切萨罗蒂,为莪相所倾倒,并将其诗歌译为意大利文。他写道:"莪相是荒野之自然的天才。他的诗歌传布于古代克尔特人的神圣丛林;这些诗歌使虔敬的畏惧油然而生,似乎在此间每一步都会感到居于其中的神灵降临。"(《莪相的诗歌》,Ⅰ,比萨1801年版)

卢梭和布罗斯也同样看待自然。但是,在莪相的诗歌中,我们似乎看到了同样被埃·伯克所影响的卢梭和布罗斯,埃·伯克曾在1757年发表了其并非鸿篇巨制却堪称杰作的《关于我们崇高与美观念之根源的哲学探讨》。

崇高在莪相的诗歌中居于主导地位,犹如奇幻之在《一千零一夜》的故事中。詹·汤姆逊似乎重新复活,而这是更有天赋的汤姆逊。尚武的苏格兰人那忧郁和纯真的梦想及其爱和期望,在此活生生地再现。在其对莪相诗歌评述中,切萨罗蒂时常援用荷马的事例,而且通常并不恰如其分。但是,在写给麦克菲森的信中(1763年),他不仅叙述了莪相诗歌中崇高赖以表达的种种特点,而且正确地指出他在新的情趣以及关于情感的新概念之形成中的作用。

> 请允许我以意大利的名义,祝贺您完成新的叙事诗世界的幸运发现,并感谢您以不可估量的宝藏丰富了文学。摩尔温成为我的帕尔纳索斯,劳拉成为我的希波克瑞涅;这一壮伟、幽暗的景观,在我的心目中,较之卡吕普索的海岛和阿尔基诺奥斯的园林尤具魅力。关于古代诗歌和现代诗歌之优劣的争论,持续已久。《莪相作品集》将有助于古代诗歌居优胜地位;然而,据我看来,这不会对古希腊罗马诗歌的支持者们有很大助益。它表明:为自然和情感所激励的诗歌,大大高于所谓反思的和理智的现代诗歌。但是,他指出古代诗歌之长,又较之其他评论者更好地揭示古代诗人之不足。苏格兰奉献给我们的,并非睡意蒙眬的、口齿不清的、庸俗而乏味的荷马,而是伟大的、质朴的、敏捷而认真的、绝无

仅有的荷马。(《通信集》,译自法文,佛罗伦萨 1811 年版,I,第 7~8 页)

沃尔特·比尼考察了《莪相作品集》通过切萨罗蒂对意大利诗歌的影响,写道:"切萨罗蒂是正确的,他断言《莪相作品集》有助于古代诗人的支持者居优胜地位,并揭示了这些诗人的不足——他指出古代诗歌中存在崇高,又论证这种崇高与呈现在古典作家著作中者大相径庭。"莪相使新时代的意向得以体现,并借助于新《伊利亚特》的语言,即克尔特人的语言加以表述。诸如此类语言,我们尚可在《圣经》中看到。1753 年,牛津大学教授罗·洛斯在题名《论犹太人的神圣诗歌》的著作中,从历史的观点对《圣经》进行了探讨,并论证:这一民族的一些人——"农民和牧者"中,诗歌已臻于繁盛。时至今日,同样自农民、武士和牧者中,莪相脱颖而出;在其壮观的诗歌中,荷马和《圣经》的语言似乎再度复活。

实际上,詹·麦克菲森在《莪相作品集》中所使用的语言,生动活泼并动人心弦。诚然,其中一些篇章因过尚辞藻并不如此谐美;而当时的一些评论者亦将其视为真正的创作激情。总之,《莪相作品集》之所以得到赞誉,不仅因为其诗歌上的成就还由于其对当时诗歌的贡献。应当特别提及:它有助于增进对一般近代诗歌以及民间诗歌的兴致。

4. 沿着民间诗歌的轨迹

然而,早在《莪相作品集》问世以前,已不乏颂扬民间诗歌之声。这样的声音来自西班牙。始于 1511 年,埃尔南多·德尔·卡斯蒂略出版其《歌谣总集》,辑入口头流传至今的古老的民族民间歌谣(romances)。他的活动,为下列学者所继续:埃斯特班·德·纳赫拉于 1550 年出版《谣曲丛集》;一年后,洛·塞普尔韦达出版《古代历史歌谣集》;1655年,一匿名学者发表《谣曲集》。诸如此类歌谣集,在1700年以前愈益频繁问世;在此期间,佩德罗·弗洛雷斯出版其第一部《谣曲总汇》。正如切·德·洛利斯所正确地指出,这是忧郁和严峻的民族之诗歌;这个民族在七个世纪中从未离甲胄。他补充道:致力于重振这一叙事诗风格者,为有学识的诗人。但是,他们的诗歌绝不可称为移植者;即使贡戈拉·伊·阿尔戈特的诗歌亦是如此——他所著诗集《孤独》,如无注释则不知所云。毫无疑问,这些西班牙的谣曲就是叙事歌。这种叙事诗并没有其荷马,却有其祖国,堪称人民的财富及其精神遗产。

同样的情景,亦可见于英国。此间,民间诗歌主要被视为不同内容的短歌,其中一些短歌似产生于11世纪。贵族陶醉于阳春白雪式的诗歌之时,农民和中等阶级则喜爱"巴拉达"(叙事歌),诸如:《法国妇女雅纳和英国妇女摩尔》《美丽的罗莎蒙达》《罗宾汉及其绿林弟兄》。

迨至17世纪,约·塞尔登、罗克斯伯格、伍德曾从事"巴拉达"叙事歌的搜集。第一个对"巴拉达"叙事歌进行释析者,为约·艾迪生。在其所主编《旁观者》的第70、第71期(1711年5月21日、25日),艾迪生不仅使读者关注《查维狩猎》《森林之子》(据他宣称,它们尤为英国平民百姓所喜闻乐见),而且将其中一些诗句同荷马和维吉尔的一些诗句相比拟。他之所以这样做,似乎是为了证实他对"巴拉达"之酷爱。但是,其目的并非如此,而是在于确立平民百姓对这种诗歌(即古老的"巴拉达")之权利。

他的同时代者,则持不同见解。譬如,艾迪生所进行的对比,当时有巨大影响的小册子《汤姆·图姆布的故事评述》(1771年匿名出版)中曾对之进行拙劣模仿。这引起艾迪生的注意:他在出版《旁观者》单行本时,缓和了他的一些最激烈的言论。但是,他并未改变他对民间诗歌、对质朴、明快和感人的乡歌(乡人劳作归来时唱之)的态度。

同约·艾迪生所进行的类比相似的对比,可见于《古歌集》(共3卷,1723~1725年版)的"前言"。其匿名编者毫不犹豫地将那些不知名的歌手同荷马相提并论:"须知,诗人之王荷马为一瞽目歌手,创作了关于特洛伊被围和奥德修斯历险的歌谣;只是在他去世之后,有人将他的歌谣搜集起来,并在一定程度上合为一个整体,遂有《伊利亚特》和《奥德赛》。"(I,3)

歌谣的匿名搜集者认为:口头传统较之文字传统具有更大的意义(麦克菲森同样会完全赞同)。据他看来,"巴拉达"(叙事歌谣)的主要价值在于:其古老性以及所特有的明快。与他同时代的、精于雕琢的苏格兰诗人阿·拉姆齐,亦持同样见解。他将自己的以及同时代人的诗,连同英格兰和苏格兰的民间古歌一并编入诗集《常青》(两卷集,爱丁堡1724年版)。他的这一诗集,为第一部将民间诗歌与文人诗歌置于同等地位的集本。拉姆齐也进行了同荷马的对比。但是,他对自己所搜集的"巴拉达"(叙事歌谣)有所增删,进行加工和润色,俨然诗人所为,而非搜集者。

这些最初的集本的意义在于:它们以感人和丰富的诗歌形象,向我们展现了中世纪的英国。应当回忆一下搜集者们所追求的目的:他们致力于以民间诗歌之质朴的清新与古典主义时期的诗歌相对。正因为如此,在艾迪生的笔下,民间诗歌被描述为自然的反映,一种"没有任何点缀和人为雕饰的"诗歌。据第一批搜集者们看来,民间诗歌的意义亦在于此。他们是麦克菲森的真正的先行者;在麦克菲森的《莪相作品集》中,艾迪生所赞赏的"巴拉达"的题材恢复了生机。在这些歌谣中,粗犷的古老格调令他们神往;尽管出于不知名的作者们,"莪相"这一名字却应运而生。他们直接参与了莪相之诗歌的创作,而他又将其所得到的馈赠归还。随着其出现,英国的民间诗歌离开艾迪生的《旁观者》的书页,并获得了生命和现实性。它从饶有趣味的博物馆展品成为诗歌和文化的课题。

5. 托·珀西的《英诗辑古》

这样一来,托·珀西的《英诗辑古》(共 3 卷,每卷分为 3 编)的成就,便不难理解;该诗集辑入英格兰和苏格兰的"巴拉达"(民间歌谣),出版于 1765 年(《莪相作品集》全本,亦于同年问世)。在"前言"中,搜集者论证了民间诗歌的特性;据他看来,民间诗歌是已被遗忘的古说唱诗人艺术之遗存(赋予口头传统的意义,亦在于此)。在论述古代英格兰民间歌手(亦指莪相)的第 1 卷"绪论"中,珀西指出:"古老的民间歌谣,为民间歌手以北方方言编成;其中颇多古代语汇和含糊不清的表述,韵律通常也极为随意。它们简约素朴,却表达了真正的骑士精神。"

在任何情况下,珀西都强调指出"巴拉达"的民族性。他将《查维狩猎》和《罗宾汉》的人物与《莪相作品集》中巧于言词的人物相对比。须知,据《古歌谣集》匿名编者的描述,罗宾汉为一典型的民间英雄,人民的幻想赋予他传奇的和理想的特点以及对人民的热爱。歌谣集的"前言",既对古老的诗歌,又对现代的诗歌作了应有的估价:"在我们的文明时期,我知道,古老文物需要宽容对待;其中大部分以质朴和无人为雕饰著称,甚至最苛刻的批评家也应在严格的意义上对其缺乏美感采取宽容态度。它们并非总是使我们感到惊异,却几乎总是打动我们的心。"

由此可见,据托·珀西看来,这些"巴拉达",就其在他以前的、被变易的样态而言,并非全无雕饰。然而,它们的艺术特点取决于什么呢?

6. "巴拉达"盛极一时

珀西的《英诗辑古》出版的目的,是促使英国人民的真正声音再度

第 8 章　诗歌的崛起　　121

响起,犹如在以往若干世纪。这也是诗集之题名的由来。然而,珀西也参与了当时关于骑士之作的起源的热烈争论。在《英诗辑古》的搜集材料和编辑整理过程中,珀西并着手搜集古老的"印刷页"(broadsides);它们是口头传统之补充。第一批这样的印刷品,属 15 世纪末和 16 世纪初;它们使民间歌谣("巴拉达")再现于世,而变易微乎其微(试以《罗宾汉奇遇记》为例)。后来,"巴拉达"经历了大幅度的加工:其出版者,伊丽莎白时代的民谣作家(balladwriters),受到两种因素(15 世纪的民间诗歌和当代文化)的影响,致力于将两者结合于其"印刷页"之中。这些"巴拉达"出版物,可同我们面向民众的出版物和通俗读物相比拟;后者中,有时也闪烁着真正的诗歌之光。由此可见,珀西的下列意向是理所当然的,即:诉诸渊源、手抄本和口头传统;其材料(犹如 broadsides 中者)具有适应性,有所变易,并汲取真正的民族性。在其探寻中,珀西得益于戴·达尔林普尔和托·沃顿。珀西本人曾在英国的图书馆里潜心研读了古手抄本。有一次,他到好友赫姆弗里·皮特那里作客,看到一女佣人正在撕一古老手抄本,生壁炉之火。珀西请求让他看一下。他发现,这是近 200 首"巴拉达"(民间歌谣,英格兰和苏格兰的),为 17 世纪中叶兰开夏郡一歌手演唱所记。除 15 世纪纯传统的"巴拉达"外,尚有以当时的 broadsides 为来源的"巴拉达"。其中还有非民间来源、但亦纳入口头传统之作。

　　珀西的《英诗辑古》,无非是由种种不同材料编成的集本。其中颇多随着时光的推移而更易,需要珀西的干预。在其诗集第 1 卷的"前言"中(并提及其他国家的民间诗歌),珀西声称:他将修正他觉得改坏之处视为其职责(作为出版者的职责)。因此,他的诗集中,不少歌谣带有附言:"有所修正"(Given some corrections)。由此可见,他所遵循的是拉姆齐的道路。我们如何理解这一修正权呢?当时的著名语文学家约·里特森,对珀西进行了猛烈的抨击;他甚至对上文所提手抄本的真实性持有异议(这一手抄本,后由弗·詹·蔡尔德公之于世),指责珀西有伪造之嫌。里特森坚持所谓绝对准确说,于是提出并第一次表述了对民间诗歌之作的发表的语文学要求。然而,珀西仍坚持其原先的立场,并在《英诗辑古》第 4 卷的"前言"中斩钉截铁地宣称:

> 此书让读者评判,已作必要的修正和完善。同古老手抄本核对后,多处作了改正。种种异说,虽通常十分短小,并非都可在边页援引;然而,只有在有充分根据的情况下,才加以改动。特别是我们所提及的 in folio 卷,尤其如此。所谓 in folio 卷,是开本大,而非篇幅大,包括 195"十四行诗"、"巴拉达"、历史歌谣和抒情歌谣。它们并非全部可付印出版,因为其中许多已是面目全非,而且并不完整。首页和末页已佚,一些页破损和残缺,有些地方拼音失去原貌。这似乎是由于:转抄自残缺手稿,或依据不识字的歌者并非完善的读音采录。

珀西所作的这些修正,可能被视为真正的、确有科学根据的修残补缺,因为他甚至并无复原的尝试。然而,就民间诗歌而言,任一异说实则为独一的和崭新的——此事极有争议。珀西在《英诗辑古》第 1 版即已阐明了他的观点;他将"巴拉达"诗歌比作"一个年轻妇女,秀发披肩,从农村而来","为迎合英国社会而梳妆打扮一番"。

然而,如果说《英诗辑古》的一些诗歌经过加工,书中无疑也不乏纯真者。

7.《英诗辑古》在诗歌情致发展历史中的意义

《英诗辑古》虽有缺陷,却不失为一部有极大价值的好书,引起学者们对民间诗歌的关注;这些诗歌留存于民间,人民视之为自己真正神圣的财富。托·珀西的著作并非语文学论著;他在英国继续了戴·

赫德在其《古今苏格兰歌谣集》(1776年版)中所开始的,特别是约·里特森在其1783年至1795年间问世的众多集本中所开始的事业。然而,《英诗辑古》不仅引起学者们的关注,而且对这一时期的诗人产生了很大的影响。埃·戈斯完全言之有据地指出:他们不仅在英国文学,而且在欧洲文学领域开辟了一个崭新的时代。

正因为如此,《英诗辑古》一书,一方面应视之为对民间诗歌——真正的诗歌之关注的表现,另一方面应视之为对一切民间的和古老的诗歌之关注的表现。民间诗歌是诗人取之不尽的源泉。在浪漫主义尚未将此确立为法则之前,伟大的英国诗人罗·彭斯已予以证实;他也从这一源泉中取其所需。在歌德与埃克尔曼的一次谈话中,关于这一问题有一段颇为精辟的论述:

  试以彭斯为例。什么使他成为伟大的诗人?不是他的祖先的古老歌谣活在人民的口头上吗?不是他在摇篮中就听的歌谣吗?不是他童年时代便置身于其中吗?不是他与这些典范之作的高度完善结下不解之缘,并在其中寻得可赖以继续前进的富有生命力的基原吗?不仅如此。他之所以伟大,不是因为他自己的歌谣立即在人民中寻得喜闻乐见者吗?不是因为歌谣从在田间收获的农妇口中向他传来吗?不是因为小酒馆里那些欢快的友人用歌谣迎接和欢迎他吗?在这样的条件下,他怎能不如此呢?

一种崭新的东西诞生了,而这为英国最敏锐的智者所发现和理解。民间诗歌应使文人诗歌有所发展,并使其获得生命力。观点的改变并表现于:"哥特的"一语获得了新的意义。19世纪前半期以前,此语为意指一切"野蛮的"之贬义语。如今,它意指"巴拉达"赖以形成的时间和环境,亦即成为一定艺术倾向的称谓。

8. 英国在前浪漫主义历史中的地位

　　这样一种论断仍然是错误的,即:对一切原始者的倾慕,在英国的文学艺术爱好者中无非是一种时髦。不可断言:似乎《莪相作品集》和《英诗辑古》只是引起对民间诗歌的审美情致。不应忘记:它们在关于全民族和社会范畴的重大问题的论战中起着应有的作用。

　　既然启蒙思想家确信理智的规律是不可动摇的,并因而鄙弃这些与古风物有关的生动的、激动人心的思想,启蒙运动最著名的代表之一休谟则宣称:英国以其《莪相作品集》使欧洲赏心悦目。然而,我们知道,欧洲不仅熟悉往昔的诗歌遗产,而且视之为清新和生动的激情之源泉。对遐远世界、远方国度之倾慕,对启蒙思想家来说,是激情之源泉;在英国,这种倾慕为对遐远的世界,特别是对赋予诗歌以新的魅力的北方传说之酷爱所替代。寻根究底之理性,则与对传统的挚爱情感相对立。

　　弗·迈内克指出:"我们有充分的权利不仅谈论英国的,而且谈论欧洲的 18 世纪前浪漫主义运动。试看下列情况:那里的游戏和玩笑,蕴涵有某种只能视为真正的浪漫主义的前奏者、只能视为非理性者对冷峻的理性主义和典雅的时代文明之反动者。"继而,他又补充道:"在法国,启蒙运动居于主导地位,这种前浪漫主义的思想则退居次要地位。在英国,18 世纪中叶以来,这种思想与启蒙运动的思想并驾齐驱。诚然,它们并没有推出像休谟或吉本这样的著名人物,却发现众多令人瞩目的中等天才人物,他们以其幻想和敏锐促进了对古风物之重新估价。"最后,他写道:"由此可见,1765 年以前欧洲前浪漫主义运动的首领和倡始者为英国。"

　　这一运动最著名的代表,实则为维柯和卢梭(尚有以上所述的学者——从拉菲托到戈盖,从布罗斯到布朗热)。但是,毋庸置疑,下列功绩则属英国:在其他国家,主要是建立了思辨体系;而英国人则将一些典籍公之于世,直接或间接地证实诸如此类假说,而且此间的论争并非为了民族志学或哲学的发展。这一论争乃是为了诗歌,便确切地说,是为了民间诗歌。

英国对反映于麦克菲森的《莪相作品集》和珀西的《英诗辑古》中的质朴和感人作了新的理解,成为新的信念的代言者。在对传统及其至关重要的现象进行新评价的同时,开始了与启蒙运动哲学家在下一论题上的论战,即:所谓美好者,是精神现象,而非进步。在看来闲适安逸的情势下,似乎对往昔之倾慕无非是一种无害的消遣,而"狂飙突进"运动却应运而生。

第9章 诗歌与传统

1."未开化者"在自己家中

"狂飙突进"运动并未发生于宁静的英国海岸,而是发生在德国的天宇之下。对这一运动的酿成,一个小国起了巨大的作用;这个国家参与诸邻国文化的形成,而本身又受其影响。我们所说的是瑞士。

夏·圣埃弗雷芒的学生,伯尔尼市一位执着、严峻的居民比·路·德·穆拉尔特,为著名的《关于英国人和法国人的书简》的作者。在其影响下,伏尔泰完成了他那著名的《哲学书简》;其内容则只涉及英国人。穆拉尔特对英国那即将来临的壮伟作了预言;在他看来,它与法国那"与日俱增的"衰颓形成对比。尤为重要的是:他叙述了其国家的特点和特征,而且竭力颂扬其国家的建立和由来。由此可见,穆拉尔特一方面遵循那些哲学家和历史学家的道路;往昔,特别是在文艺复兴时期,他们便给予民族性以关注。另一方面,他又赞同那些学者的观点;他们为了揭示民族性,将欧洲人与未开化者、法国人与埃及人或波斯人相对比(诸如拉翁唐、马拉纳以及孟德斯鸠)。其差异在于:穆拉尔特对民族性进行探考,已是从民族统一的意识出发;而关于有道德的未开化者的神话,对他来说,乃是服务于关于其国家的由来的神话之创造。在往昔学者们的著述中,未开化者与欧洲人、埃及人与法国人等展开争论。就此而论,英国人和瑞士人则与法国人相对立。看来,为了对法国进行抨击,无须远渡重洋,深入美洲印第安人或其他未开化者所栖身的林莽,对埃及或波斯加以描述。观察一下周围,也就足够了。

2. 穆拉尔特与哈勒

穆拉尔特于1724年首次发表其《书简》,后又附之以《关于旅行的信函》;后者似先于前者,对理解较晚期的《书简》大有助益。在《信函》中,他因法国时尚对瑞士人有所影响而表示惋惜,并且显然认为本国的农村文明高于雅致的法国文化:须知,这种文明基于对山峦、自然以及传统的挚爱。对瑞士来说,法国的陋习是不可思议的。"可以认为,就左右世界的天命而言,世界诸民族中只有一个保留了质朴和纯真。全世界看到,天命在我们中间保存了秩序和品格;而这些,已被强大的、却已颓废的民族失去。在我们的山区,其生活同那种浮华和娇柔的生活相距甚远,却保留了一种幸福的愚昧。"然而,穆拉尔特并不满足于这种与承袭的传统和古老的自由相关联之幸福的愚昧同正在兴起的文明两者之对比。他前进了一步:

当人忘记其天职并失去自身的尊严,他不知在我们曾置身其间的混乱中如何是好。只有恢复的秩序,有助于我们记起被遗忘者;我认为,只有一种办法可恢复秩序,即倾听我们内在的情感、听命于神圣的本能;须知,这似乎是唯一自人的原初状态留存于我们中者,是唯一可使我们复返该状态者。我们所知的一切有生命体,具有无负于他们之本能。人高于一切,人因而应具有作为其品格的实质之本能、无谬误的和深邃的本能。

正如保·阿扎尔所指出,迄至卢梭,从无人大声疾呼复返自然状态。在比·路·德·穆拉尔特看来,理性本原无非是认识其民族性(即其民族性格)的辅助因素。正是为了这样的目的,穆拉尔特将瑞士的山峦与古老传统,并将传统与民族的构想联系起来。值得注意的是:《书简》发表三年之后,诗歌《阿尔卑斯山》问世。它出自另一伯尔尼人阿尔布雷希特·封·哈勒之手。卡·安东尼对此诗作了如下评述:

> 毫无疑问,哈勒颇受穆拉尔特的影响。《阿尔卑斯山》这部诗作问世不久以前,哈勒阅读了他的《书简》。哈勒不同于穆拉尔特,他用德文写作。数年前,另一位穆拉尔特(约翰内斯·穆拉尔特),为了其并不显赫的文学以及社会目的,亦使用德文。所谓民族'性格'这一观念,语言作为组成部分而纳入其中……道德家对古老德行以及对古老民族那种恬静和幸福的生活之吁求,《阿尔卑斯山》中对之有所概括:文明使人们变劣,而幸福只能获取于自然的怀抱。然而,这种田园诗般的动机,在哲学世纪的氛围中引起巨大的回响。关于幸福在自然怀抱中的观念,关于这一睿智的和好善的立法者将德性铭刻于心田的观念,在此呈现得较之对于阿卡迪亚的朦胧的憧憬中尤为明晰。基督教关于原罪和仁慈的教义遭到否弃,新的德行和幸福之伦理来自人的本性。

而关于有道德的未开化者的神话,再度居于首要地位:据哈勒看来,它是诗歌的契机。嗣后,据卢梭看来,它成为哲学-政治的契机;卢梭亦为瑞士人,对故国的山峦以及传统始终怀有眷恋之情。

犹如穆拉尔特,哈勒力图在自己家乡寻觅未开化者(野人),即寻之于农夫和牧者中;他们的心如镜,自然反映于其中。他漫游于阿尔卑斯山麓,不止一次地惊叹:"噢,幸福的人们!无知才使他们免于邪恶!"他如同村民,心地质朴,为自己的故乡所陶醉。他的全部神话在那里,在故乡的山峦中,在自然、自由、幸福之这些名副其实的基原中:

> 有目而不能视的人们!贪婪使你们不能自拔,直至进入坟墓;短暂的诱惑使你们沉湎于享乐和虚荣。日复一日的奔波和徒

劳无益的钻营,使屈指可数的时光索然无味。你们忽视日常生活的安逸舒适,你们对命运的要求甚于自然对你们的要求。相信我的话吧,对你们说来,奢望已成为需求。任何世间的褒奖,不会带来幸福!任何珍珠,不会带来财富!试看你们所蔑视的民族,他们置身于劳作和贫穷之中,却是幸福的。只有聪慧的自然,会带来幸福。

这便是阿·封·哈勒的赞誉,犹如对比·路·德·穆拉尔特的评述。比·路·德·穆拉尔特在其《关于旅行的信函》中吁求平凡而朴素的生活;"只有它可使我们眷恋我们的山峦"。而在诗作《阿尔卑斯山》中,不仅赞美理想的和幸福的自然状态,而且颂扬自然状态对它来说乃是其性格所致的民族。于是,产生了新的诗歌。这种新的诗歌,瑞士人并求之于其他地方,而他们确已寻得。

3. 雅·博德默与瑞士民俗学

比·路·德·穆拉尔特忆起古老的自由之所,表达了与英国人相同的意愿,即对中世纪作出新的评价;对瑞士人说来,中世纪同样是英雄的时代。这一领域的探考,为新的历史资料所丰富。另有一卓越的瑞士人雅·博德默,在穆拉尔特的《书简》问世之前,便与约·雅·布赖廷格按照约·艾迪生《旁观者》的样式共同创办杂志《画家论坛》;该杂志后以书籍的形式出版。编者们在其中意欲介绍:"如何进行交谈,如何穿戴,贵族们、中产阶级以及市民们和妇女们如何度过闲暇时光,订婚和结婚的仪礼如何,葬仪如何。"所有这些均有所描述,一切被赋予崭新的、独特的性质;尽管同样存在巨大差异,这不能不令人记起贝勒或丰特奈尔。

《论坛》出版于1721～1723年间。雅·博德默的活动愈益扩展。1727年,即穆拉尔特的《书简》问世两年以后,他在苏黎世创建了故国历史研究会,即"海尔维第协会"——它即便不是第一个此类协会,也是第一批此类协会之一。协会将原始资料公之于世,并首先出版了《海尔维第历史宝库》。

嗣后,博德默与挚友布赖廷格共同出版了《海尔维第文库》。1739年,其《瑞士人历史之史略和评述》(共4卷)出版。这部著作重现了穆拉尔特所理想化、哈勒所讴歌的农村文明,其意向如何呢?

雅·博德默确信:农民的生活和历史同样引起历史学家的关注,"因为只有他们理解自然的语言";他在其《论坛》中述及瑞士人,满怀穆拉尔特和哈勒所特有的热情:"他们未开化,却自然!他们粗野,却豁达!光荣啊!壮哉啊!"

这种光荣,这种壮伟,博德默求之于国度的往昔,求之于当时称为地方古风物(Antiguitates)的渊源;而对这些古风物,探考颇少。在英国,从事古风物探考的有托·布朗和约·布兰德;在法国,从事古风物探考的有让·巴·蒂耶尔和皮·勒布伦。博德默的《补篇》问世数年前,路·穆拉托里已在意大利着手从事古风物探考。博德默对其古风物又如何评价呢?什么使他将古风物视为历史的成分和遗迹,或者更确切地说,视为民族历史的成分和遗迹,他的活动又在何等程度上引起民俗史家的关注呢?布朗、蒂耶尔、勒布伦的探考,实则无非是博学者的一种"演练"(尽管后两者效力于天主教会)。对待本民族的传统,约·布兰德采取观察者的立场。路·安·穆拉托里的著作则迥然不同:其博学与"兴致"融为一体,或者更确切地说,与对历史和语文学的爱好结合起来。博德默同穆拉托里相近似:在其有关地区民间文化(民俗)的著作中,他通常以档案文献资料为立论的依据。他同样利用种种古老的记述和古代手抄本,但对之并非采取旁观者的立场,而是持历史的、科学的观点,犹如穆拉托里。对同其故国的古老特点相关联的风俗习惯之探考,博德默将其导致政治上积极的成分;一般古风物,特别是习俗,被视为其故国往昔的基原,而这些基原又成为其故国未来之依托。对此类问题,卢梭在其《论在波兰的治理》中持同样态度。

而首先,博德默所承袭的是穆拉尔特和哈勒所开其先河者。

4. 诗歌与民族情感

雅·博德默关于诗歌的著作,同样有所启迪(他的这一活动颇引人注目,并博得高度评价)。在其与约·雅·布赖廷格合写的《论幻想的影响和运用》(1727年版)中,不无约·艾迪生在《观察者》中的论著之影响。在述及幻想给予的快慰时,博德默呼吁复返自然,而这无非是诗歌中对纯真的呼吁。另一方面,他以路·穆拉托里、温·格拉维纳和安·卡莱皮奥的著作为依托;这些学者维护所谓"幻想",而启蒙思想家们则呼吁以理性加以制约。博德默与戈特舍德展开激烈争论;后者为亚里士多德和法国人之准则的追随者。在这一著作中,博德默趋向于美学领域(这一术语,布赖廷格数年后首次加以运用),以期确立一切"固有的"和"特有的"之价值;所有这些,他发现于可成为质朴和浑然天成之模式的民间习俗。

正因为如此,他将诸如荷马和但丁这样的诗人理想化;他在这些英雄时代的代表人物的作品中寻得给人以启迪的质朴和自然。他不仅将这样的诗人导入历史,而且视之为民族的动力。犹如维柯,他将目光转向令人自豪的及合乎道德的蛮野。正是在这一基础上,他与启蒙思想家的倨傲相抗衡。诗歌以及乡野习俗,博德默均视之为民族历史的组成部分。而这种对诸如但丁与荷马等诗人的见解,使他走得很远。1732年,他翻译了弥尔顿的作品;有关弥尔顿,他后来(1754年)在其《〈失乐园〉批判史》中断然声称:"在英国人反对查理一世的斗争中,弥尔顿堪称任何自由(宗教的、个人的和公民的)之捍卫者。他为捍卫这些自由写有颇多著作,其态度始终如此……他在一切问题上持共和派立场;关心社会福利,犹如希腊人和罗马人;他熟知他们的历史。"

5. 雅·博德默的发现

然而,雅·博德默的最重要的发现,为《帕尔齐法尔》、"爱情歌"和《尼贝龙根之歌》。他对托·珀西的《英诗辑古》赞叹不已,并翻译出版。他在其中寻得所谓"神奇者",并将"神奇者"作为其美学的基础。长篇叙事诗更加令他神往。日内瓦人保·亨·马莱赞美《埃达》和斯堪的纳维亚神话的世界,并在《丹麦史序论》(1755 年版)和《克尔特人神话和叙事诗典籍》(1756 年版)中高超地予以再现。1770 年,珀西将其译为英文,题名《北方的古籍》。在瑞士,博德默援用《帕尔齐法尔》、爱情诗和《尼贝龙根之歌》,作为真正诗歌的典范。博德默发现这些诗歌有悖于约·克·戈特舍德所提出的准则,而且发现生活的严峻与隆重在其中得到明晰和真切的表现。此外,博德默确信:这些文本包含了日耳曼反抗罗马起义的古代诗歌文献。他相信这些诗歌一定表达了那些为了挣脱罗马束缚和实现自由愿望的自治小国家的大无畏、强有力的情感和强烈的战斗精神。

博德默对《莪相作品集》之由来的文人创作说有所揣测。在其关于诗歌对民族之意义的论述中,他宣称:《尼贝龙根之歌》是德国的《伊利亚特》,并认为自己国家的古老诗歌是民族诗歌,因而为麦克菲森所不及。对博德默来说,诗歌无异于习俗的镜子,其历史意义便源于此。然而,诗歌又是民族的神圣财富。质言之,尤斯图斯·默泽的见解亦归结于此。他对爱情诗赞美不已,令他感到惋惜的是:当时的德国只是模仿外国诗人,而将本国诗人置诸脑后。默泽同样感到民间传统的魅力。而诗歌之作,特别是民间文学,他并未予以特殊关注。他也加入瑞士人的论战;而对他来说,威斯特伐利亚便是瑞士。

6. 尤·默泽的史料研究著作

尤·默泽的主要著作,为《奥斯纳布吕克的历史》(1768 年版)。这部著作中所颂扬的,并非骑士的中世纪,而是农村公社的地方自治;在农村公社中,习俗具有法律效力。

据卡·安东尼之说,默泽犹如其瑞士先行者,亦为爱国者。他同样竭力维护固有的民族性,使之免遭法国时尚的腐蚀;他又是古老自由的捍卫者,反对任何专制制度。作为"祖国的辩护者"(advocatus patriae),他把目光转向威斯特伐利亚的农民;其生活"不同于东部地区大领地农奴制农民的生活条件":他们是"有产者、半有产者、租赁者"。在这里,在农民中,在业已形成的农村关系中,在"生产者"(homo œconomicus)有益于"民族荣誉"的"人群"(mansus)中,他不仅寻得了解德国历史的钥匙,而且寻得真正的人性;这种人性,应加以维护,使之免遭理性主义的冲击。这一平民百姓的人性,在其对"德意志古风物"的探考中也成为关注的主要对象;他力图在原初渊源中,在其始初的、原始的质朴中揭示这种人性。据他看来,历史乃是持续衰退的过程。他之所以坚持不渝地、顽强地为传统而斗争,其原因亦在于此。然而,犹如默泽,博德默的目的并不限于寻求其民族的固有精神。其目的还在于维护德意志的艺术。他发表在《汉诺威周刊》的评述(1747年以单行本形式出版,题名《现代风尚概述》),已包蕴(in nuce)这些思想;博德默和布赖廷格的《画家论坛》对之有一定的启迪。两年后,在《阿尔米尼乌斯》的"序言"中,他不仅向读者生动而鲜明地展示塔西佗的德国,却又因德国高层人士仿效罗马人的习俗而感到悲伤。但是,他断言:塔西佗那些粗犷的英雄人物并没有死去,至今仍然活在下萨克森农民中间,即他的先行者们已理想化的村民中间。他对此心领神会。他在奥斯纳布吕克的故乡日复一日地对他们进行考察,并加以评述;他在那里堪称辩护者。犹如瑞士人,默泽对美学异常关注。在其《概述》中,默泽对哈勒的诗歌给予高度评价,并对真正的和伟大的诗歌所固有之崇高的质朴加以赞颂。在1761年出版的《阿尔莱金》中,他否弃了将艺术视为对自然的模仿之简单化的美学观点。在《概述》一书中,他第一次反对法国诗学的武断之说;《阿尔莱金》则是同戈特舍德以及伏尔泰的论战之作；在此数年前，他曾将其《关于路德博士的性格及其宗教改革的信函》寄给伏尔泰。众所周知，戈特舍德要求禁止喜剧角色在民众演出中出场，而伏尔泰则要求将喜剧角色逐出悲剧。默泽在这一问题上则基于下列前提："古老的习俗中，同样不乏喜剧和怪诞的成分。因此不能听从启蒙思想家，将丑角逐出舞台；反之，丑角应在舞台上占有荣誉的地位。"在《阿尔莱金》中，默泽断然提出又一要求——使农民免除任何形式的理性主义。只有在这样的情况下，生活方可不受触动地、完全质朴和纯真地留存于大自然的怀抱。

在默泽的笔下，对诗歌中喜剧角色的维护，转变为对人民的维护。在《致萨沃的副司铎的信函》（于1765年寄给卢梭）中，他写道，应贴近民众，以了解民众并理解：无意义的习俗是没有的。据默泽看来，民众需要宗教。他又指出：如果没有神，没有一个人类社会的创始者可如愿以偿。或者他与女神相爱；或者其母与赫尔库勒斯相交合而孕；或者其法为上天所降，不顺服者为雷电所伤。（似为伏尔泰所说，而非默泽。）然而，他全然出乎意料地补充："须知，宗教亦为政治，世间之神的政治；因此，不可无视信仰、奇迹、幽灵。"他并非神学家，却对此直言不讳；他意欲成为其民族以及其信仰、奇迹、幽灵之辩护者。有时，他亦援用其他国家的习俗；他引用编年史编纂者和旅行者的记述，乃是为无保留地论证最残酷的刑罚之所需（诸如将杀死儿女者装入袋中溺死）；须知，"我们的祖先进行审判时所依据的，并非理论，而是经验"。

社会规制的价值，便来源于此。在《阿尔莱金》中，默泽指出："自然在渴望者们面前以无穷无尽的样态展现其奇迹。习俗和爱好亦纷繁万千，犹如人类个体。"而在《爱国者的幻想》中，他补充道："伏尔泰认为以下情况是荒谬的：一个人据他自己居住地区的法律败诉了，但据毗邻地区的法律则胜诉了"，因此他支持"将一切置于为数不多的规章的主宰下"。应当提及：在其《爱国者的幻想》（歌德曾对之赞赏不已）中，有对威斯特伐利亚一农户的描述——当时最重要的民俗文献之一。默泽的主要目的在于：维护习俗。然而，在其反对理性主义的斗争中，他并未察觉:他虽充分肯定非理性的力量,却同时又限制其在历史发展中的职能。默泽的功绩在于:在纷繁万千的民间传统中,他窥见其一致性。这也正是他对民族志学和民俗学的历史所作的新贡献。

7. 约·米勒与地方风情

瑞士历史学家约·米勒,不同于尤·默泽和雅·博德默;后两者有颇多共同之处,尽管他们对民族的观点截然不同。他已感到民间文学的魅力,而这为博德默和默泽所不及。博德默和默泽在叙事诗中所发现的一切,约·米勒发现于抒情-叙事诗歌中。他所著《瑞士人的轶事》(第1版于1780年问世;1786~1808年修订再版,并分为若干卷),不仅是对故土的讴歌,而且不失为对14和15世纪骑士及农民的生活之生动描述。默泽曾写道:在中世纪的瑞士,骑士与农民过着同样的生活。约·米勒似乎力图肯定默泽的观察。在这里,我们同样发现:农民(同时又是小有产者和小手工艺者),生活在自由的农村公社中。然而,默泽始终是法学家,在探讨美学问题时也使用法学家的语言;而约·米勒是一位真正的诗人,他所再现之故国的传统深深打动了他的心。

约·米勒生动地描述了瑞士人的自由自在,而且重在表述民间传统的力量,表述他们对革新时代的反抗。从所使用的语言来看,他颇似卢梭。据约·米勒看来,一些州的发展和繁荣,是瑞士统一的保证。看来,还应加以补充:在他的描述中,瑞士人从保·亨·马莱的世界回到比·路·德·穆拉尔特所表述的状态;这又是传教士和旅行者所理解的"未开化者"。

约·米勒的一部著作中,种种神话融为一体,我们可以看到引人入胜的、奇遇迭现的故事和传说。他的历史之作,基本上具有传奇色彩。而其传说又不失其可信性。正因为如此,读者有时忘记历史学家米勒,而对作家米勒赞叹不已。作为作家的米勒对瑞士进行所谓"拟古"，却给以生动的描绘，使之具有温和、柔美的地方色调。须知，"崇高的诗歌古风"之奥秘，正在于此（据施莱格尔在其《雅典娜神殿》上的恰切之说）。

在《歌德谈话录》中，约·彼·埃克尔曼忆起歌德在其瑞士之行后对他说的一番话：

今年，我又一次游历了一些不大的州和菲瓦尔德什特湖，那迷人的、壮丽的、雄奇的自然景色，又使我不禁在诗中着意描绘这种无与伦比的景观之丰富多姿。然而，为了赋予我的想象更多的魅力、兴致和活力，我认为有必要以同样卓越的人物充实这一卓越的国度；为此，关于特尔的故事恰恰给我提供了这样的可能。

我所想象的特尔是原始的强有力者，自给自足，是一个有着孩子般稚气的人物，作为装卸工在各地游历，处处为人们所知和喜爱，扶危济困，而总的说来却安分守己，为妻儿老小的衣食而操劳，不过多思虑在这个国度里谁是主宰谁是奴仆。

约·米勒的瑞士便是如此，他的《古风物》以瑞士传说的多姿和芬芳令人喜闻乐见——瑞士确是这样一个国度，人们在那里的确"自由和淳朴地生存并安然而逝"。歌德所构想的剧作，正如人们所知，完成于席勒之手；据他自己声称，曾借助于约·米勒的著作。关于席勒的这一剧作，弗·德·桑克蒂斯几乎是一字不差地重复了歌德对约·彼·埃克尔曼所说的话；他写道："这便是瑞士，处处皆是地方风情"；"置身于阴谋中的，并非一个退尔，而是所有的人；而退尔本人并不只是阴谋家，而是其民族意向的表达者；他所追求的，正是共同的目的"。弗·德·桑克蒂斯的这些话，不仅适用于席勒的《威廉·退尔》，而且适用于米勒的《瑞士联邦史》（第2版题名）；众所周知，浪漫主义者在此书中找到一系列他们关注的课题。

8. 瑞士历史学家对欧洲民俗学的贡献

这样，1726年至1780年间，一些思想在瑞士（德语的和法语的）和德国应运而生；诸如此类思想，不仅对一般史料研究，而且对民俗学史具有一定的意义。至于触及英国人心灵最深处的神话，比·路·德·穆拉尔特、雅·博德默、尤·默泽和约·米勒成为其积极和热诚的阐释者。他们如同英国人，深知民族德行的力量，于是因民族传统而重振这些神话；他们并试图创立民族传统的历史。由此可见，从对民间诗歌的探考，从博学者对古风物的发掘，我们臻于真正科学的历史考察，其深度和缜密并不亚于伏尔泰、休谟、罗伯逊的探考。瑞士人和默泽反对布瓦洛和戈特舍德的伦理学（esprit，用穆拉尔特的话来说，艺术从琐事中只能是一无所成）和美学；其伦理学和美学均以僵化的柏拉图学说为基础。

1739年，戈特舍德在致博德默的信中写道："看来，英国人将法国人从德国驱逐出来。噢，怎么样！只是也对他们那样卑躬屈节，犹如我们的宫室王族和达官贵人对待法国人那样。"试看，来自瑞士的声音，开始抵达滞留于其从未触动的宁静中的18世纪的德国；在那里，无数的诸侯宫室中，代替法律的是凡尔赛的时尚。同时也应提及：1780年，普鲁士国王著名的文集题名《论德国文学》问世；这部著作中，从未提及克洛卜施托克和莱辛之名（两者为博德默所爱慕）。默泽忽然起而维护德国的艺术，歌德将阿·哈勒视为第一位民族诗人，予以欢迎。在他弃世前的数年，雅·博德默在致约·威·格莱姆的信中写道："当我处于幼年的年代，诗歌尚不存在。在萨图尔努斯时期之初，诗歌诞生了！出现了哈格多恩、格莱姆，克洛卜施托克，开始了白银时期。后来，黄金时期的春天到来了。"默泽则声称："我们从来没有诗歌语言；如果勇敢的瑞士人不战胜戈特舍德，我们则无法获得它。"哈勒，用他的话来说，是第一位德国诗人；他将格莱姆、克洛卜施托克、维兰德（均为博德默的学生）与哈勒相提并论。

犹如博德默,默泽对塞万提斯和莎士比亚的关注,较之对弥尔顿要大。而荷马,"他觉得颇像一个小酒馆"——他在伦敦时常到那里一坐。然而,无论他个人的口味如何,对他来说,犹如博德默,自己的民族是最宝贵的。嗣后,德国文学成为民族的,而且不仅是文学。穆拉尔特、博德默、默泽和米勒给以启示:何谓民族民间文化、民间传统、人民生活——凡此种种,均有其特殊的和固有的特点。

整个民族的代表人物——莱辛、克洛卜施托克、维兰德之呼声,响了起来;德国在语言的基础上完成统一大业,形成关于民族的和人民的精神之构想的需要更加迫不及待。研究和维护故国习俗的意向,与日俱增。一些人断言:这一过分注重情感的思想,实则只能使德国的地方主义加强。而对此,则不可苟同;因为民间传统是历史上颇具生命力的、卓有成效的成分。又有人说什么,传承主义实则只是同已僵死的传统有关。这一论点同样不值一驳。瑞士的历史学家们和默泽,在古老的传统中追本溯源,并未忘记:古老的传统续存于世,其参与者亦有心灵、情感、想象。最后,不可赞同这样一种看法:瑞士历史学家们(以及默泽),似乎将农民文明仅仅视为承受性的文明。默泽异常明确地指出:"一切有益的新东西,农民接受得非常快;无须指责他宁肯要经过多年经验检验的东西,而舍弃他所不相信者。有益的马铃薯较桑树推广得要快,当亚麻加工可以保证农民得到面包时,他便不会为了品尝甘栗而去从事养蚕业。"

由此可见,情况原来如此:启蒙运动将民间传统视为人类理性的迷误,瑞士的历史学家们(以及默泽)则力图将它们视为任何民族始初的和基本的性格之基础,并导入历史。更有甚者。对启蒙思想家们来说,人民是陷于愚昧和宗教狂热中的群氓,瑞士人与默泽,如同英国人,不仅起而反对规戒和教义,而在自然和生活中寻求激情,并以维柯和卢梭那种热爱对待负载生活和贴近自然的人民。应当着重指出:据瑞士人以及默泽看来,"人民"、"人民精神"与"民族"相等同,因为这一

"民族"体现于农民文明——瑞士和威斯特伐利亚的文明之基础。同时,大家知道(弗·迈内克有颇为中肯之见),在德国,"民族"这一概念早就具有较"人民"更广、更有分量的意义;"人民"通常意指居民中所谓低级阶层(法国、英国和意大利,亦然)。正是这一对比(法国启蒙运动使之更加彰明较著、更加尖锐),成为约·戈·赫尔德的出发点;他致力于使 Volk(人民、公民的总和等)这一概念内涵充实,给它注入活力——犹如这种活力呈现于歌谣、传说、习俗之中,其目的尤其在于(正如迈内克所正确地指出):使自己民族的民族精神与质朴的、原初的东西联结起来——而人民生活本身正在于此。请看,在德国的天宇下,掀起的"狂飙突进"运动。

第10章 约·戈·赫尔德，亦即论人性

1. 关于民族精神的神话

有关"狂飙突进"，人们正确地指出：这一思潮一方面为现代生活中种种新的、强有力的倾向所激励，另一方面又不忘记往昔，并为诸如虔诚主义这样的古老观念所培育。曾进行过这种观察的弗·迈内克补充说：正因为如此，那时在德国对种种时代和民族十分关注；它们似乎保持清新、自然和自由。居于这一新的运动中心的，为约·戈·赫尔德。他处于两条战线作战的境地：既反对那些在传统中只是看到愚昧和狂热的启蒙运动者，又反对模仿外国样式（特别是法国人，他们在德国颇有置身家中之感）的当代文学艺术。在前一条战线上，他有下列盟友：维柯和卢梭、英国人（从麦克菲森到珀西，从布莱克韦尔到伍德）、瑞士历史学家（从博德默到米勒）。在祖国，他有一个强大的对手，其实力与日俱增。这就是因希腊而欢欣鼓舞的温克尔曼。但是，据赫尔德看来，为了同希腊人相媲美，只有一种途径：不对他们进行模仿（这一时期，人们将克洛卜施托克比作荷马，将格莱姆比作阿那克里翁），而是同样自成一体。赫尔德不仅反对古典主义，而且特别是反对人类的敌人——罗马；它将其威权扩及当时所知的世界各地，以火和剑灭绝一切生灵。

实际上，法国和英国的启蒙思想家以及博德默和默泽，进行了同样的斗争（只是没有如此明显）。然而，赫尔德有其特殊的任务——使

德国人不再披上伪希腊的和伪罗马的外衣,并使他们复返其固有的纯朴的初源。博德默和默泽的观念,为虔诚主义所剔选。这便是赫尔德的《论德国文学现代文学片断》(1767年版)中的思想;在这部论著中,他鞭挞对古人和法国人的模仿,视之为美好语言以及真正的德国艺术的发展之障碍。

卡·安东尼精到地指出:"在18世纪,颇多谈论民族的精神和才智,而实际上谁也不知道何所指。瑞士人宣誓忠于民族的思想方式,却从政治和道德意义上加以理解,视之为忠于自由精神和恪守道德规范。赫尔德将对民族的职责解释为对某种自然赋予者的职责;这实际上摒弃了斯多葛派和基督教的伦理基础,从而摒弃了整个西方文明的基础。"然而,除民族外,用他自己的话来说,他试图将一切民族的精神注入自己的心灵。这样一来,安东尼总结说,同启蒙运动的民族性格的原理相对立,有关民族精神的神话应运而生。在民族性格中,赫尔德所见到的正是被启蒙运动者所无保留地摒弃的力量。他的创作活动,朝气蓬勃、勇敢无畏,无论何时何地主要都是论述这一民族性格;他对待所谓民族性格,乃是基于两种观点,即民族主义观点和世界主义观点。而他又是如何将这两种截然不同的观点联系起来呢?他的创作沿着什么道路发展呢?他是否恪守自己的观点呢?

2. 约·戈·赫尔德论"原始者"

对约·戈·赫尔德的创作说来,约·彼·黑贝尔关于歌德的《诗与真》的中肯之见完全适用,即:"始而,这是一个点;它渐渐成为圈,最后囊括全世界。"歌德本人正是在黑贝尔所说的这部著作中提及赫尔德,他在幼年时期便对他十分赞赏,并曾与他合作。他说:"正是通过赫尔德,我即刻了解了一切新的意向和思潮。"有一点为赫尔德所特有,即:现代的意向旨在通过"再生作用"(正如歌德在1775年5月致赫尔德的信中所表述),将历史的"厩肥"变为生机勃勃的植物,不是"简单地从污秽中提取黄金,而是在这污秽上培育生命的幼芽。"

逐渐形成圈的点,正是在于这一再生作用中,——这是原始人、未开化者的世界;这一世界以其魅力征服赫尔德(颇似于以"ur"为前缀的一切),他将其视为理想的世界(继卢梭和维柯之后)。无论是温克尔曼,无论是莱辛,乃至席勒,对这一世界丝毫不关心。1762年,赫尔德的友人和师长约·格·哈曼,表达了对这一世界的兴趣;他坚持这样的观点:初人(原始人)只有感觉,其领悟因而是极其形象的(这一论点,使维柯同洛克趋于和解)。赫尔德对民族志学领域的成就十分熟悉。他敬重蒙田,力主应像对待欧洲人那样对待所谓未开化的民族,而摒弃任何成见。然而,他将"未开化者"一语用于艺术现象时,又赋之以什么意义呢?

在《旅行日记》(1769年版)中,赫尔德断言:"文明民族产生于众多未开化的小民族——希腊人也曾经是这样的民族……"耶稣会士以及拉菲托本人,亦持此见。而1773年,在其关于《莪相作品集》的评述中(此文与他关于莎士比亚的述评同编入《论德国的性格和艺术》,收入该文集者尚有默泽和歌德的文章),赫尔德声称:"一个民族愈是未开化,即愈是有活力,愈是自由自在,……其歌谣应愈加粗犷,即愈加有活力,愈加自由奔放……"这样,关于有道德的未开化者的神话重新获得新生,并演化为关于民间诗歌的神话。"未开化者"这一术语,在这种情况下乃是用以给美学这一概念注入活力(然而,这一术语产生于民族志学基础之上)。赫尔德系基于下列前提:原初形态的艺术,应寻之于野蛮人那里。然而,即使"野蛮人",对他来说也不仅是一个袭自人种学的术语;他将原始者视为最美好、最真挚者,而将人民的视为"原初的和纯真的"。杰尔比写道:"随着这两个'方程式'的解决,'关于自然的神话'似乎也展现在面前。然而,一切均在这两个'方程式'中吗?或者,恰恰相反,对诗歌的崇尚仅仅是对人的原始状态之崇尚的诸范畴之一?"

当然,卢梭对赫尔德有所影响;然而,正如弗·温图里所正确地指出,"在赫尔德对原始者的意向中,并没有卢梭的未开化者之革命性"。以下所述也是正确的,即:"赫尔德自然而然和循序渐进地从社会问题有意识地转入美学问题,更确切地说,转入哲学问题:他对 ur 的探寻,充满温情和叙事诗的情感。"卢梭的"两论",特别是《论波兰之行》,对赫尔德不无影响。然而,《社会契约论》的卢梭,不但未能吸引他,反而甚至令他生畏。他对自由的认识,即可资佐证。在其《现今还有没有古代人的群体和祖国?》(1765 年版)中,他声称:他只想依然是"诚实的人,心安理得地在王座的庇荫下拥有自己的房舍及葡萄园,享用自己劳作的果实,创造自己的幸福和安乐"。

卢梭那里,是动人心弦、感人肺腑的剧作;赫尔德那里,是安谧恬静的田园诗。在他的田园诗中,与"狂飙突进"相对立,小资产阶级的多愁善感居于主导地位;然而,人民(Volk)仍然是这种田园诗的背景——它被视为自发的、基本的,但理应成为艺术与历史的中介。无论是在艺术中,还是在历史中,赫尔德均探寻它们那原始的、最初的成分;他将这些成分视为艺术和历史的手段,视为其民族性之所在。正因为如此,在他看来,宗教、习俗和歌谣具有这样的意义。他还赋予语言重大的意义;在他看来,语言使各个民族与整个人类相沟通——这样一来,人类的种种表现中则不乏民族以及人类的体现。

3. 语言与民族

约·戈·赫尔德得出这样的结论:认识人类的钥匙,应寻之于语言;与此同时,他首先向自己提出一个问题——何谓语言。在他的一生中,这个问题始终令他寝食不安。1764 年,在其文集《论若干书面语言中的同位语》中,他发展了语言学的一源说。在这一理论中,他试图将语言同人民的民族特点联系起来。他的语言学思想,在《论语言的起源》中得以系统化,并有较具体的阐述;这一论著于 1770 年在柏林皇家科学院获奖。在这一著作中,约·戈·赫尔德果敢地解决语言起源问题;他将语言视为人的产物,视为揭示其最深刻的本性之内在必要性的表现。对此,他作了如下表述:"问题并不在于人之口的构造,并不是它创造语言,其原因在于:即使哑整整一个世纪,人还是人,可以思考,语言则存留在他的心中。问题并不在于情感所产生的呼唤,其原因在于:语言并非有灵性的机器,而是为有意识的实体所创造,而且并非依据心灵中的模仿原则!对自然的种种模仿,无非是达到唯一目标的手段之一——这一目标,嗣后将一目了然。问题更不在于联系、社会自愿交流;须知,即使未开化者,独处林莽的未开化者,也要为自身给自己创造语言——即使他从不使用语言。语言是交流的结果;其心灵同自己交流,这一交流是如此必不可少,犹如人之成为人。"

这是这样一个时代:正如所正确地指出,语言问题构成了欧洲文化的 πολυθρύλητον。以前,一些普遍的语法规则强调了这样一种思想:语言是某种机械的东西。在语言形成的问题上,出现了争论(在争论中,人们主要求助于维柯和拉菲托,求助于卢梭和德·布罗斯)。人们争论语言起源于人,还是起源于神,同时剖析了从卢梭到詹·蒙博杜众多著作家的观点。在解决这一问题时,赫尔德为语文学指出一条它赖以发展的道路;然而,不可断言:他为语言提供了新的定义。有人认为,赫尔德在这一问题上与维柯持同样见解。而维柯则断言:语言与诗歌同时产生,并将语言视为已定型的、停滞的美学范畴。据赫尔德看来,恰恰相反,语言产生于心灵的自我交流,由于人必须将其思想具体化。约·格·哈曼与赫尔德截然不同,承认语言的神圣起源,在其《美学》中将语言与诗联系起来——此乃歌德的影响所致。他对自己的思想作了如下表述:

"诗歌为语言之母。诗歌较语言古老,犹如园艺较农业古老,绘画较文字古老,歌唱较朗诵古老,寓言较演绎古老,交换较贸易古老。"

据约·戈·赫尔德看来,诗歌为人所创造,其被造只是在人创造语言之后。诗歌是人成长和发展的标志。这并不有碍于他将原始民族的语言主要视为叙事诗之力;这种力既呈现于诗歌,又呈现于歌谣(两者紧密相关)。就此而论,他同维柯尤为相近(通过托·布莱克韦尔)。然而,为了成为人(同时既是"我",又是"人民")之思想和情感的同等表达,诗歌应当是人民的,在人类的本性中揭示一切原始的和未开化的。

这样,为了对艺术和文学的发展加以阐释,破天荒第一次产生了集体精神的观念;其最名副其实的体现,为人民诗歌。

4. 作为人民诗歌的诗歌

在其《论德国现代文学片断》(1767年)中,约·戈·赫尔德持这样的见解:人民诗歌最恰切地表现民族的性格,而且是其最高的表现。在《论莪相和古代民族的诗歌》中,他再一次表述了这一思想。在这一时期,《莪相作品集》已在全世界开始了其胜利的行程。对赫尔德说来,《莪相作品集》是人民诗歌之最典型的体现;他将人民诗歌置于与文人诗歌相对立的地位。

换言之,人民诗歌——这是自然本身的声音。英国人已直觉地臻于诸如此类构想。在赫尔德看来,人民诗歌具有启示的色彩。他确信:只有《莪相作品集》、未开化者的歌谣、北欧歌谣、抒情歌谣和Lieder(歌谣)等等,可将德国诗人导上正途。当然,戈·奥·毕尔格的《莱诺勒》于同年出版,这一情况同样值得注意。赫尔德预言民族诗歌的出现,将其同人民诗歌相等同,其原因在于:人民是民族自然的、纯正的一部分,并因而应成为民族心声的表述者。毕尔格亦持此见。不仅如此,赫尔德在其《论莪相和古代民族的诗歌》中将荷马称作"巴拉达"的创作者,即民间诗人(继弗·埃·奥比尼亚克之后——赫尔德对其著作已有所了解——赫尔德认为荷马的诗歌是即兴之作)。毕尔格则索性声称:无论是《伊利亚特》,还是《奥德赛》,均为古老的"巴拉达"形成的民间诗歌。众所周知,这一论点,弗·奥·沃尔夫在其《荷马绪论》和卡·拉赫曼在其《尼贝龙根族人之死的歌谣的始初形态》中所发展。

《莱诺勒》是新的民族诗歌世界之先声,同时又是德国诗歌的第一部作品,可同人民诗歌相提并论。其渊源为流传于日耳曼民族和斯拉夫民族中的传说;戈·奥·毕尔格对此书有一定的了解。最初,这是歌谣(Lied)——真正的人民诗歌的典范。人民诗歌为毕尔格加工成叙事诗。他与赫尔德表达了同样一种原理,即:民族诗歌必将从爱情诗和"巴拉达"中产生。这一原理,须加以考证。须知,仅仅题材并不能造就艺术,艺术产生于对这一题材之相应的加工;同样,仅仅基于一个题材,艺术也不能成为人民的。在英国人看来,人民诗歌(民间诗歌)应当给诗人以激励。而这种激励,乃是肇始,绝非终结。对毕尔格以及赫尔德来说,不同的原理互相混淆,互相纠缠。"诗歌"这一概念,对两者来说,为"人民诗歌"(民间诗歌)这一概念所包容,荷马、但丁、莎士比亚等势必成为人民诗人,因为他们的诗歌与人民的心声相和谐。诸如此类构想,使人们对搜集民族的和人民的文学之典范作品产生了强烈兴趣,并致力于深入研究民族的和人民的文学;古典教育所创立的文化统一体之概念不复存在。将诗歌的概念与人民诗歌相混同,于是,开始区分真正的诗歌和非真正的诗歌。被认定为真正的诗歌者,即人民诗歌,与荷马、但丁、莎士比亚的诗歌相提并论。这说明:人们将人民诗歌视为美的珍品。不仅如此,正如歌德所说(任何人都没有如此精到之见),诗歌成为全世界和整个民族的财富,而不是成为寥寥可数的文质彬彬、有高度文化素养的出类拔萃者之世袭的和私有的特权。始于诗歌的骚动,酿成一场名副其实的革命。托·珀西及其先行者们最先登临的和平场所,成为鏖战方酣的战场。

5. 各族人民的声音

搜集歌谣,成为民族的职责。对珀西的集本给予高度评价的毕尔格,呼吁他的同胞们拯救他们最宝贵的财富。他还将珀西所发表的一些"巴拉达"(歌谣)的译文编入其诗集。1777年11月,歌德(后在《少年维特之烦恼》中赞扬莪相——莪相已在他的心中取代荷马)在给沙·封·施泰因的信中赞美了哈尔茨农民的淳朴美德:"……他们属于低下阶级,而对上帝来说,他们高于一切。"

后来,歌德本人亲自搜集阿尔萨斯地区的民间歌谣。然而,最引人注目的还是赫尔德。任何人都没有他那样好地了解民间歌谣的意义。他的观察十分新颖,并别具一格。例如,他在1777年发表的《论中世纪英国诗歌与德国诗歌之类似》中写道:

> 对一般的民间故事、童话和神话,也应持同样的见解。在一定程度上来说,它们是人民的信仰、其感性世界观、力量和激情之结果——其时,他们处于梦幻之中,因为他们毫无所知;他们深信不疑,因为他们一无所见;他们以其淳朴和天真的心从事创作:对人类的历史学家、诗人、诗歌理论家、哲学家来说,多么壮伟的题材啊!……古代德国神话,它仍然继续留存于民间故事和歌谣,如果以明晰、敏锐的目光对待,并卓有成效地进行整理——对本民族的诗人和演说家、道德家和哲学家来说,这是多么难得的宝库啊!……一切非文明民族在歌唱和行动;他们歌唱他们所做的一切,颂扬自己的行动;他们的歌谣,是各族人民的'档案',是科学和宗教的宝库,是他们的神谱和宇宙起源说,是祖辈之作为和历史事件的记述,是他们心声之痕迹,是他们家庭生活中那喜悦和悲伤、新婚和危难之情景的表述……此类从民间口头采集的歌谣,辑成篇幅不大的集本;这些歌谣,涉及人民生活中最引人注目的事物,形成于自己的语言,对所述事物有正确的理解和阐释,并伴之以旋律——它使种种旅行记述中的一些部分获得生命力,而这些部分尤为引起熟谙人类习俗者的关注……较之旅行家们如今的喋喋不休,我们从而会对这一切有好得多的了解……

众所周知,赫尔德竭尽全力,以期奉献给德国一部可与珀西的《英诗辑古》相媲美的作品。毕尔格、歌德、莱辛曾给他以帮助,但他并未如愿以偿;他从事"德国歌谣"(Lieder)的搜集,收效甚微,出版又有负于对他的期望。因此,他准备出版两卷一些国家和民族的歌谣集。该作品集中辑入歌谣最多者为:英国(选自拉姆齐和珀西的集本)、西班牙(谣曲,主要选自《谣曲总集》)。然而,据我们看来,其中并非全部均可视为民间的。譬如,加·基雅布雷拉和乔·梅利所辑集的为意大利民间诗歌,但其中亦不乏古老的宗教歌。与《莪相作品集》相伴者有《埃达》。他的《民歌》于1778～1779年问世。在此书中,赫尔德则坚持他对民间诗歌的观点;他将所谓"人民诗歌"同民族诗歌等量齐观。他写道:"毫无疑问,诗歌,特别是歌谣,最初完全是人民的,即轻松的、素朴的,来自事物本身,并以群众以及自然本身的语言创作而成,而自然对一切人来说是丰富、可感的。"据他看来,这样的语言,文人诗歌亦可掌握,如果它致力于直接表达人民的风格。这样一来,所谓诗歌,也就是人类真实的和真正的声音。这些声音为赫尔德所熟知,并以整个心灵加以承受;而这些声音从他的心灵飞出,已颇似交响乐。赫尔德的译文十分优美;他几乎总是能找到需要的格调。譬如,他给《查维狩猎》改换服装,而穿起来十分合体。《民歌》,即《各族人民的声音》——约翰·封·米勒于1807年将赫尔德此书再版时,即以此为题名。其实,赫尔德亦持同样见解。在《民歌》中,赫尔德那不安分的精神似乎平静下来。他那民族的和世界主义的观念体现于其中,据赫尔德看来,民族与民歌出于同一渊源;他将民歌纳入"祖国"这一概念,而且以这一概念表示某种为共同的、无所不包的人类感情所维系者。这是认识赫尔德一切创作的要诀:他将民间诗歌视为囊括一切的(就其基原而论)和民族的(就其不同的表述而论)的声音,提出他在语言学论著中所遵循的一种思想,即:语言、诗歌和民族,他视为呈现于纷繁万千中的统一体(恩·卡西尔语)。

6. 神的声音

在其《论浪漫主义派》中,亨·海涅写道:约·戈·赫尔德将全人类视为伟大表演者(神)手中的竖琴,而将每一个民族视为这一巨大竖琴别具一格的、有着特殊作用的琴弦。因此,应当指出:质言之,似乎有两个赫尔德:一为"批评之林"和"传单"时期的赫尔德,捍卫语言的人类起源;另一个赫尔德则小心翼翼地否定他自己的主旨。实际上,在其1774年的论著《亦为一种对人类进行教育的历史哲学》中,他摒弃自己的语言起源说,将其视为高傲的致命罪过。他弃绝自我,并认为:在这种自我弃绝中可寻得神。

他的另两部著作,在其观点交替中具有巨大意义。其一题名《关于神学研究的信函》,写于1780年。另一为《论犹太诗歌的精神》,于1783年问世,篇幅较长,但并未完成。众所周知,斯塔尔夫人认为:后者是赫尔德最卓越、最富启迪的著作;赫尔德曾试图以之建立犹太诗歌的文学史。赫尔德——在此仍为其第一个时期的赫尔德,并不把《圣经》视为神学典籍,而视为无比充分体现民族宗教精神的"传说集"。赫尔德深知并重视洛斯;洛斯在这些传说中窥见健康的素朴。然而,洛斯对圣书持崇敬态度,赫尔德毅然承认其中所辑集的传说均属臆造。譬如,亚当和夏娃的故事,在他看来,乃是"儿童们喜闻乐见的人类由来的故事"。在其《神学研究》中,赫尔德试图建立"东方考古学";正如以上研述,这种考古学实则与其友人克·戈·海涅所确立的、关于古典古风物之学科的准则相类似。为了对古希腊人有所了解,克·戈·海涅着手研究拉菲托和传道士们所说的"未开化者"。赫尔德同样致力于此:他力图使《圣经》(神圣之书)作为出于世人之手以及为世人所写之书而为人们所探考。换言之,正如安东尼所正确地指出,他在《圣经》中发现民族的诗歌的历史,同时又(应加以补充)揭示宗教语言的叙事性。为了使人们不将这种对待宗教的态度视为渎神,则须亦使各民族的历史本身具有圣史的属性,使其为神圣的内容所充溢,并上升到启示的高度。因此,各有其特点和局限性的民族,应纳入世界序列。然而,这里的已是另一个赫尔德,沙夫茨伯里及其泛神论使他神往。博叙埃同他尤为接近。正是基于这种精神,他完成了他的《关于人类历史哲学的思想》;这一著作成为他已着手撰写的《历史哲学的又一实验》之补充。

7.《思想》及其意义

在《思想》(《关于人类历史哲学的思想》)中,人已不是创造其自身的历史创造者。其地位最终为上帝所据有。约·戈·赫尔德认为:他的这一著作奠定了人类一切知识的基础。因此,《思想》往往使人忆起伏尔泰的《风俗论》。然而,伏尔泰及其他启蒙思想家的观念,就此而论,大部分是颠倒的;其原因在于:对赫尔德来说,民族并非个体之聚集,而是精神的共同体——正是由于这一共同体,其组成部分同样存在,而高度的文明不是抽象的统一,而是"特殊的福祉,其中总是具有某种有机者,具有气候、传统和习俗之果"。这种状况,须加以阐释。问题在于:在其《思想》中,赫尔德不仅承认宗教是世间规制中最古老、最神圣的,不仅断言文明和科学来自宗教传统,而且宣称:宗教情感既先于逻辑,又先于理智。他将人类历史视为人类之力量和意愿的"纯自然的历史";凡此种种,依据时间和地点而有所作用。这样一来,传统的属性不仅赋予宗教,而且赋予语言、诗歌、艺术等等。然而,为了理解这位新的赫尔德,必须知道:他将什么意义赋予"自然"一词。用他的话来说,"自然并非某种独立自在者,自然乃是从事创造的整个上帝"。同时,他又补充说:"自然"一词为众多现代著作者所歪曲;他们使其失去任何意义,而他却使其真正的内涵失而复归,将该词与"强大"、"美好"、"聪慧"相提并论;凡此种种,在心灵深处与"不可见的"实体的名字并存——这一实体,任何世间语言均无法表述。

第 10 章 约·戈·赫尔德,亦即论人性

约·戈·赫尔德在各地,在全世界,不仅看到创造自己文明和自己历史的人,而且看到,正如他所说的,"神人"(Hommes de Dieu)。因此,他将历史视为人类的导师。他相信进步;人类从属于进步之发展,并因时间和地点而异。在孟德斯鸠的影响下,他承认气候对传统的影响;而他的态度同启蒙思想家的构想相距甚远,其原因在于:他的进步发展说,并不是为数学的和抽象的理性所决定的;而带有纯历史的属性(这使赫尔德与莱辛相接近;在莱辛看来,历史进程所向,为全人类的共同目标)。

在其《思想》中,约·戈·赫尔德绝无任何成见地对待所谓"自然状态的"民族,犹如对待一切其他民族。他坚持这样的看法,即:未开化者有其语言和社会体制,并像我们一样,有其自己的文明。未开化者的法律,赫尔德使之适应于艺术作品,并毫不犹豫地将未开化者置于"具有其丑恶的心灵和世界主义面孔"的欧洲人之上。

就此而论,令人忆起昔日的未开化者与文明人之对比。人的肤色,据赫尔德看来,没有任何意义;他认为:各民族皆为兄弟。启蒙思想家们的世界主义,在赫尔德那里,转化为鲜明的人文主义。在人类的情感中,他力图寻求人类自身;而在他着力描绘的图画中(各种各样的民族呈现于其中),他始终力图证实什么,而非指责。他不仅致力于恢复传统的声誉(对赫尔德说来,其价值正是在于它伴随时光的推移而变易,而且其价值正在于时间),并将传统纳入历史,而且使其本身成为历史。

在其献给叶卡捷琳娜二世的一部文集中,他试图对民族的文明成分加以表述,写道:"为了上帝,让任何东西不成为成文法,让一切依然是有活力的契机、习惯、自然"。以上所述,不无孟德斯鸠的思想的反响。这些见解,乃是《思想》一书的核心;在这部著作中,他似乎破天荒第一次提出这样的见解:各民族习俗的一致性,应将各民族本身结合为一个共同的群体。赫尔德的神学,这样一来,逐渐具有教诲人类学的性质。这位哲学家一般对一个民族凌驾于另一民族之上持否定态

度,而当涉及"德意志民族的使命"时,却陷入名副其实的偶像崇拜。各民族的声音,势必成为神的声音。同时,赫尔德彻底暴露其局限性,将上帝德意志化:在他所创造的神话中,不乏所谓日耳曼民族使衰老的古代世界重获青春的神话;日耳曼民族的精神似乎保持着未触动的力量,其习俗仍然是"蛮野的、强有力的和美好的"。就此而论,赫尔德臻于民族主义(这一用语,亦为其所造)。源于往昔并产生于其故国之往昔的质料之民族主义,为异国风情所装点;异国风情则使其更加诱人和蛮野。该竖琴上,似有条顿人的琴弦。归根结底,这一琴弦化为新的竖琴;在其伴奏下,赫尔德大声宣告:故国,任何故国,不应被任何政治罪愆所玷污,因为人类的习以为常的状态是和平,而不是战争,人类不应允许一个国家向另一个国家发动战争。

8. 崛起的人类

约·戈·赫尔德的《关于人类历史哲学的思想》,于1784～1791年问世。恰在这一时期,法国革命爆发。数年前,赫尔德预言:"到处是自由、融洽、平等的气氛;出身低微的人们,在骄奢淫逸、目空一切和百无聊赖的贵族中占有一定的位置。"然而,革命使低下阶层参与政治,并将那些他所同情的人们纳入历史,却使赫尔德不胜惊恐。1794年,他在《关于促进人性的通信》中声称人类濒临深渊,并诅咒革命的恐怖。而康德、黑格尔和歌德则截然相反,将此视为新时代的肇始。

赫尔德不理解革命精神,犹如他不理解卢梭的革命思想。更确切地说,他之观察革命,只是看到革命的消极方面。他不理解人权宣言对欧洲文明的意义,也不善于将新的革命精神同"各族人民的声音"联系起来;而这种声音,对他来说是如此珍贵。法国革命激烈反对天主教,神学家赫尔德惊慌失措;教会的祭台倒塌了,他不理解这是必不可少的。

社会拯救委员会的一项法令中,直截了当地指出:人民应摈弃其某些习俗和成见。革命所致力于摧毁的,正是那些与宗教相关联的习俗和成见。革命之对待天主教,犹如神学家们对待他们将其成见和迷信视为多神教之遗存的派别。革命希图创立自己的宗教、自己的神话、自己的象征;而在这些神话和象征中,民间崇拜和神话不能不有所反映。

譬如,威廉·退尔被视为1789年不朽原则的先驱者。始于1790年,所谓"自由之树"取代了欢快的春季环舞所围绕的"五月之树"。就在这一年,出现一种特殊的仪式。在民众集会上,举行一种不寻常的游列仪式,参与者有各民族的代表——中国人、西班牙人、英国人、奥地利人、黑人,乃至迦勒底人,并以阿尔萨斯的男爵阿·克洛茨为首。这种游列仪式称为"化装舞会";但是,它象征参与自由和友爱庆典的人们的团结一致。未开化者生来是自由的,后因殖民占领却成为奴隶,应复返其往昔的状态。为了卢梭,让一切枷锁被粉碎!而在革命所规定的仪式中,一种新的宗教诞生。

然而,应当指出,在革命时期为贝·赫鲁特森所公布的一份文件中,我们可以读到这样的语句:"请看尊敬的神甫们是如何宣扬的:'喂,弟兄们——他们向教友们哀伤地说——在城市再没有信仰,再没有宗教;我们意欲维护上帝留给我们的神圣馈赠。"天主教不再是被推翻的封建者的统治工具,而复返其渊源。须知,革命本身遵循教会的道德规范,为了人性而废除封建主的特权,并宣布人人享有选举权。

例如,在法国革命中,法国资产阶级与民众联合在一起。在这一以普遍的世俗和政治平等为基础的联盟中,资产阶级已不能以伏尔泰的立场对待人民。人民,即手工艺者和农民,与资产阶级结为联盟,完成了革命。人民被抛到前列,证实所谓非理性力量的作用并不比理性力量逊色;其原因在于:人们可赋予传统以新的意义,为了自身予以维护,它们是人类共同财富的一部分。理性试图左右人们相信和憧憬之一切。法国革命证明:应当相信所憧憬的一切。

革命体现了往昔遭受鄙视的人们之意愿;这正是革命的功绩之一。革命不仅遵循启蒙运动所开拓的道路。在革命中,早期浪漫主义的力量亦有所作用——尽管似乎是潜在的。一个新的时代开始了;人民尽管同昔日一样,仍然是社会-政治问题探讨中的某种象征,却成为一种崭新的、至关重要和亟待解决的问题之对象。同人民接近的时期业已到来;人民已不再被蔑视为低下阶级。道路已经开通。

有道德的未开化者,让位于有道德的人民。

第 三 编

浪漫主义时期的民间文化——维护民族尊严的政治工具和手段

第11章 德国的人文主义

1."人类的宝库"

由于民族起源的问题,关于有道德的民族的神话,具有巨大的文化和政治意义,在浪漫主义时期的德国有着特殊的性质。有人认为,第一代浪漫主义者——诺瓦利斯、蒂克、施莱格尔兄弟,对传布赫尔德关于民间文化的思想之作用,较之以阿尔尼姆和布伦坦诺为首的第二代浪漫主义者为小。然而,这种见解,未必完全令人信服。

首先,应当指出:德国的浪漫主义亦同启蒙运动进行论争。不久前,恩·卡西尔将这两种思潮加以明确区分;据他所述,两者之间存在极深的历史鸿沟。卡西尔认为:浪漫主义者因对往昔之酷爱而对其加以崇拜,往昔对他们来说已非历史现实,而是他们的最高理想。在他们看来,只要推本溯源,任何事物都可理解。这种见解,为18世纪的思想家们所特有。人类的未来、崭新秩序之诞生,为他们所关注;研究历史,成为他们的当务之急,而且并非目的本身。

然而,应当指出:尽管浪漫主义者和启蒙思想家从截然不同的立场出发对待历史和艺术,但是浪漫主义者关注的那些地区(东方、希腊)、历史时代和事件(基督教、中世纪),启蒙思想家亦对之进行探考。而他们的出发点是什么呢?可以说,浪漫主义派实则钟爱启蒙思想家(至少是在法国革命前)所鄙夷的一切;而且对浪漫主义派来说,往昔乃是山之巅——他们立足于此俯视整个人寰;此山便是他们本身(他们的民族)的往昔,他们视之为赖以对付一切生活中变故的避难所。

由此可见，对浪漫主义者来说，往昔不仅是对各个时代的直观，而且是未来的借鉴——而其探考的全部意旨正在于这一未来。在探寻其渊源的过程中，他们势必要触及前浪漫主义者们所探讨的、体现于民间传统中的神话。

赫尔德、歌德、毕尔格发现并且赞赏英国的前浪漫主义。他们对民间诗歌十分关注，并在民间诗歌中重新发现了他们自己的美好的中世纪。如何对待童话（Märchen），德国的浪漫主义者们向自己提问（赫尔德即已如此提问）。难道不能将童话亦视为民间诗歌？正是这一关于诗歌的构想，曾用于整个艺术，而且成为对古典主义美学（弗·尼古拉为其最后的继承者）进行新的、坚决的抨击之武器。

德国浪漫主义者发现了民间诗歌（Volkspoesie），将前浪漫主义者远远地抛在后面。这对理解浪漫主义者的同时代的人类心灵十分重要：他们在其中发觉神秘的无限者之情感；这一情感将浪漫主义派的世界与完美的古典古风物的世界区分开来。正因为如此，人们要对歌谣（Lied）和童话（Märchen）作出新的、更高的估价；两者存在于民众中，蕴涵着人类真正的呼声。

前期的浪漫主义者预感到人类美好的未来；就此而论，他们的意愿与启蒙思想家的意愿相类似。而德国在其崭新的世界中居于特殊的地位。日耳曼主义之精髓（in nuce），可见于莱辛及赫尔德的著作；在早期浪漫主义者的著述中，日耳曼主义已形成于文学范畴。于是，一种民族精神随之形成并呈现；据当时唯心主义哲学家们看来（首先应提及黑格尔的早期著作），这种民族精神是全人类的宝库。

2. 诺瓦利斯：德国中世纪、童话

就此而言，早期浪漫主义者之一诺瓦利斯的立场，值得予以关注。诺瓦利斯确信：日耳曼主义，犹如希腊化、浪漫主义、英国风，并非囿于其特征，而且囊括无所不包的属性。在致奥·威·施莱格尔的信

(1797年)中,他写道:"日耳曼主义乃是具有鲜明特征的世界主义。"显而易见,这意味着:诺瓦利斯犹如赫尔德,将日耳曼主义以及世界主义纳入"全人类的"这一概念。实际上,这是以席勒和卡·威·胡姆博尔特为核心的众多学者的观点;而诺瓦利斯,正如弗·迈内克所指出,无非是赋予这一概念以新的浪漫主义色彩。

在诺瓦利斯的著述中,中世纪亦被赋予同样的浪漫主义色彩。试以其1799年出版的《基督教或欧罗巴》为例。在这部著作中,他概括而明晰地阐述了基督教欧洲文化,提出了对未来的纲领。诺瓦利斯并不是像路德那样激动地谈论基督的宗教,亦即基督教。他所津津乐道的,无非是其神话的和美学的价值,并预言:基督教将开创一个新的时代;届时,形式有所更新的天主教之欧洲将复返;继而,赫尔德所宣示的永恒的世界将来临。最后,诺瓦利斯并不掩饰他对东方,特别是对印度的兴致。而对他来说,遥远的东方是光明之源;这种光明应照耀浪漫主义。对往昔之爱,就此而论亦即对基督教中世纪社会之爱,在诺瓦利斯看来,并非目的本身。他对基督教传统的评价,与启蒙思想家的观点截然不同;因此,基督教历史本身又得到新的阐释。然而,至于对中世纪的重新评价,诺瓦利斯不同于启蒙思想家;他赋之以崇高的属性,并未步前浪漫主义者们的后尘。

诺瓦利斯将中世纪视为基督教时期——一个理想的基督教时期并且在德国达到了它的辉煌阶段;奥·瓦尔策尔说得十分中肯,他在认识中世纪以及日耳曼主义方面显示了浪漫主义的直观。至于创立所谓"汇合说",一方面,弗·施莱尔马赫给他以激励;另一方面,威·亨·瓦肯罗德也给他以激励。施莱尔马赫(特别是在其所著《论宗教》中)指出:宗教为无所不包的情感,人们得到和接受之,犹如得到和接受无限者;这有助于诺瓦利斯揭示基督教的象征范畴。基督教新教教徒中,唯有雅·伯默对这一范畴有所理解;诺瓦利斯对他满怀崇敬之情。此外,诺瓦利斯赞同席勒和费希特的下列观点:从始初的单一和谐向不和谐运动,以达到最终的统一。席勒和费希特致力于在德国寻求和谐。诺瓦利斯则以中世纪的德国取代希腊,并认为希腊解体乃是文明发展中必不可少的阶段。至于瓦肯罗德,他不仅对哥特式(哥特式在德国为歌德所发现),而且对古代德国文学给予关注。

基于这些学说,诺瓦利斯试图形成新艺术和新诗歌的原理;这些原理应为浪漫主义所创立。这一艺术和这一诗歌应当诉诸象征、象形文字、仪礼的语言。对这种语言说来,最典型的表现形式为童话(Märchen)。

"它颇似互不连贯的梦幻,它是不寻常的事物和事件的总和。譬如,音乐幻想、风神之琴(埃奥洛斯之琴)的和谐的和音,即属之;自然本身亦属之。整个自然应奇迹般地同世界精神相交融;普遍无政府以及自由法律匮乏的时期,大自然的自然状态、先于世界创始的时期,势必到来……童话的世界,乃是与现实世界完全对应的世界。正因为如此,两者相类似,犹如混沌与已完成的创造物相类似。"(《片断》,No-No-414、415)

值得注意的是:诺瓦利斯将童话纳入其长篇小说《亨利希·封·奥弗特丁根》和《塞伊斯之学生们》,并对其做了别具一格、十分精心的改制。试以"蓝花"为例:"很久很久以前,西方有一个非常善良、但非常古怪的少年";于是,童话的世界复归于我们,犹如梦幻显现。

3. 约·路·蒂克与德国古代文学

另一位精雕细刻的诗人约·路·蒂克,完全赞同诺瓦利斯的观点。通过蒂克的介绍,诺瓦利斯与瓦肯罗德相识。蒂克本人亦从瓦肯罗德那里承袭了对德国古代文学的热爱。这种爱同样为赫尔德所特有,并主要表现于对歌谣和童话之倾慕。

"在哈尔茨的一个小地方,有一位骑士,人们叫他金发的艾克贝特。"《金发的艾克贝特》开篇第一句话,就是这样的。而在《埃卡特》中,蒂克援用叙述善良的布尔贡公爵之歌谣,并补充道:"这是古老农夫的声音；他把这些告诉我们；他的声音响彻山崖。"童话和歌谣那迷人的世界，在梦想和迷醉的气氛中展现在他的面前。蒂克对民间文学的古老情节进行了巧妙的加工，并在民间文学中寻得诗歌的渊源（詹·巴西莱和沙·佩罗便已如此行之，而其目的则有所不同）。在他们的著述中，蒂克寻得他的关于生活的浪漫主义观念。正如瓦尔策尔所指出，这种构想可用一永恒不变之说来表述："人和自然之间没有不可逾越的鸿沟；自然中不乏使自然与人接近的情感，人中也有自然的一部分。"对诗歌的热爱，促使蒂克出版古代德国诗歌集，并对《尼贝龙根之歌》加以整理。但是，他于 1803 年始出版《施瓦布时期的爱情歌谣》。其古字体本，雅·博德默和约·雅·布赖廷格已公之于世；而此版本，只有专家方可企及。蒂克则意欲向世人提供现代版本。他只编选了那些他认为可反映中世纪纯朴、崇高和光明的时期之歌谣。对此，他在长篇"序言"中曾述及（"序言"为该书最引人注目的部分）。在"序言"中，他称诗歌为人类心灵的最高表现；而中世纪的诗歌，在他看来，主要是浪漫主义的。

4．"爱情歌"体的诗歌

通览全部中世纪的文学，蒂克认为："爱情歌"体的诗歌，是与那种贵族与民众一致的集体生活相应之诗歌。他指出："爱情歌"有着普罗旺斯原型。然而，既然前浪漫主义派使诸如莎士比亚和弥尔顿等诗人的作品不再处于被遗忘状态，而重新成为全人类的财富，那么，难道不应对以《尼贝龙根之歌》为完美典范的古德国叙事诗如此行之吗？他将《尼贝龙根之歌》与《奥德赛》和《伊利亚特》相比拟，并得出结论（弗·奥·沃尔夫的理论尚未必遗忘）：这些作品并非出自同一作者；他又将英雄叙事诗与关于亚瑟王的骑士诗相比拟，将后者视为晚期改制而成。但是，他在最后写道，两者均建立在中世纪基础之上；正是在这一基础之上，宏大的叙事诗整体得以育成，传布于全欧，将北方的神话与东方的魔幻故事结合起来。他还声称：骑士阶层"将欧洲一切民族联合起来；游徙骑士之路从最遥远的北部地区延伸至西班牙和意大利；而由于十字军东侵，这种联合更加紧密，且为东方与西方的交往奠定了始基。北方和东方的故事，与当地关于尚武精神和名门望族的故事相融合（王族给诗歌以庇护）；处于优势地位的教会，则将英雄人物圣化。所有这些有利条件，为独立的和自由的贵族及富有的市民阶级创立了壮观的生活。他们的新意向与诗歌相结合，以无比的鲜明和纯洁反映其周围的现实。信教者赞美信仰及其奇迹，相爱者讴歌爱情，骑士颂扬功业和比武；而骑士又沉湎于爱情和信仰，是特选的听众"。

路·蒂克不仅对德国民族叙事诗重新估价（他在其中发现民族语言之源），而且创造了自己的中世纪。当然，德国的中世纪实际上与蒂克所描述的迥然而异，其原因在于：浪漫主义派一般惯于将邈远时期理想化。蒂克引入"爱情歌"，不仅是对德国中世纪的赞誉；而且是因为它有助于阐明蒂克的全部学术活动——蒂克不仅对古代德国的诗歌，而且对德国中世纪、基督教、民间文化加以重新估价。他依据民间传说情节创作的《格诺菲娃》（即《神圣的格诺菲娃的生与死》），为一部喜剧；在这部剧作中，他幻想探寻基督教的纯正渊源；将他导上这一道路的：一方面，为伯默和施莱尔马赫的著作；另一方面，为西班牙的剧作家们。他心目中的基督教和中世纪，同诺瓦利斯心目中者毫无二致。这一对德国中世纪的赞扬，似乎并无政治痕迹，德国至上的思想便在其中奠定了基础。

5. 浪漫主义与古典古代

不同于诺瓦利斯和蒂克，弗·施莱格尔始于对古典古代的探考。较之诺瓦利斯与蒂克两者，弗·施莱格尔更称得起是语文学家；而他们对文化问题同样感兴趣。1795年至1798年间，施莱格尔主要从事语文学研究。他的一部著作便以《论语文学》为题。他在这部著作中对赫尔德加以赞扬:"赫尔德对古老民族的关注,主要是对任何文化(古典的、野蛮的或者甚至处于儿童状态的文化)之关注。"他称颂其导师弗·奥·沃尔夫:"沃尔夫所著《绪论》中所蕴涵的历史主义精神,使它们成为其类属中绝无仅有者。"为这种历史主义精神所激励,他宣扬"自然语文学",完全赞同克里斯蒂安·海涅和沃尔夫之说;在他看来,他们使抽象的语文学成为关于古代世界的具体学科。他声称:"名副其实的和经过研讨的语文学之存在,表明民族文化之高度。"他断言:"既然语文学的最终目标是历史,那么,历史学家应当成为哲学家。"

这便是他所著《希腊人及罗马人的诗歌史》(1798年问世)的基本论点。此外,该书中还表述了这样的见解:"只有当民族在其自身的发展中力求臻于世界主义意义之无所不包和无所不备,而不拒绝接纳可对之进行改造的外来成分",它才具有其性格。正因为如此,在他看来,古希腊是民族生活之无所不备的典范。他赞同赫尔德的观点;后者始于《论现代德国文学片断》断言:犹如艺术和戏剧在希腊和罗马以其神话和传统为基础,德国的神话和传统亦应成为近代德国文学的基础。浪漫主义的先驱以及赫尔德,均为古典主义的,而非古典古代的敌对者,他们从古典古代承袭了一些他们视为理想者。这也是胡博尔特的观点;他赞赏希腊,并从而臻于对民族成分的理解。弗·施莱格尔同样遵循其途径。在他看来,犹如以往赫尔德和胡姆博尔特所持之说,随着愈益深入希腊民族的历史,其本民族的意向和理想则越来越近切;他并预言其本民族将具有与政治普遍主义相结合的、特殊的民族生活。其实,这种普遍主义,与其说接近诺瓦利斯所说的、神权的中世纪,毋宁说更接近法国革命的世界主义思想。然而,随着1801年以后政治情势的变化,他接受了与天主教教义相适应的政治主张。于是,这位伯默和施莱尔马赫的崇拜者与熟谙者,同意诺瓦利斯的见解及其无所不包的帝国之浪漫主义观念(德国自然被纳入其中)。在其《思想》中,施莱格尔断言:

"古希腊罗马英雄人物的精神,为德国艺术和德国科学所充溢,将与我们同在——当我们仍然是德国人时；德国艺术家，或者完全不具备这种性格，或者这便是阿尔布雷希特·迪勒尔、约·开普勒、汉斯·萨克斯、马丁·路德、雅科布·伯默的性格。构成这种性格的特质为：质朴、真诚、刚强、坚韧、深邃，这些又同某种素朴和粗犷不可分。唯有德国人，始因对艺术和科学的无私的爱而将艺术和科学神圣化。"

由此可见，对艺术和科学之崇拜（特别是当它们属于德国），已植根于德国人的民族性。在《利塞乌姆》中，有一处所述并不限于此。"至于对日耳曼主义的理解，我们一些伟大的研究家并未忠实于出发点。日耳曼主义并非往昔在我们身后，而是未来在我们前面。"他似乎以此说明："起来，德国，以及她的一切叙事诗、歌谣和童话，与其血肉相关者！"此外，还应指出：在其对歌德的评述中，弗·施莱格尔将德国歌谣（Lieder）视为民族诗歌之最宝贵的财富。

6. 弗·施莱格尔。东方与西方之间

弗里德里希·施莱格尔是致力于研究东方的第一批德国学者之一——赫尔德亦为东方所吸引。对弗·施莱格尔说来，东方究竟如何呢？东方为其祖国能提供什么精神财富呢？在他的《论诗》（1800年首次发表于《雅典娜神殿》杂志）中，弗·施莱格尔饶有兴致地叙述东方对德国叙事诗的影响：

"日耳曼英雄史诗那清澈的源泉，形成江河，流遍全欧；充满原始之力的哥特式诗歌，与阿拉伯人所构想之精美的东方神幻故事的情节相融合。于是，在地中海南岸，南法抒情诗人（特鲁巴杜尔）那种朝气蓬勃的艺术得以繁荣（他们拥有柔美的歌谣和非同凡响的故事）；伴随罗曼语民族的圣典，讴歌爱情和军功的抒情诗也有所传布。"后来，蒂克对这样的看法亦表示赞同，而弗·施莱格尔并没有停步不前。在他看来，诗歌与神话合为一个统一的整体；他还预言将古代和现代结合在一起的新神话将诞生。他写道：

新神话应从精神的最深处导出,它势必超越一切艺术作品,因为它将囊括一切艺术,成为诗歌永恒的初源之新的流涌和容纳之所……何谓神话,它是不是我们周围自然界之象形的、幻想和爱的力量所改制的表述?你们为何不决心重振伟大的古希腊罗马时期的壮伟形象呢?然而,为了加速神话的诞生,应唤醒另一意义深刻、形式优美的神话。让东方的宝藏也像古希腊罗马一样易于企及!印度可以成为新诗歌之多么了不起的渊源啊,如果德国诗人以他们所特有的广博和感情的深挚,以他们那翻译的天才完成民族所不胜任的一切——它越来越迟钝,越来越僵化。在东方,我们找到从浪漫主义意义看来最崇高者,再承袭西班牙诗歌中如此吸引我们的南方的热情——那时,我们将觉得西班牙诗歌有着西方的渺小。

弗·施莱格尔将神话视为自然的启示,继诺瓦利斯之后将目光投向东方,视之为浪漫主义的叙事诗楷模。然而,只是在《欧罗巴》杂志的纲领中,他充分表述了他对东方的态度;1808年,他写了一篇关于印度的评述,题名《印度人的语言和智慧》。它不仅成为东方文化研究的宣言(西·德·萨西和威·乔纳斯的研究,已为东方文化研究开拓了新的道路),它还揭示了梵文这一历史文字的意义。文中还探讨了其他问题。至于《欧罗巴》杂志的纲领,正是在这一纲领中,古典的希腊罗马时期与近代时期,与浪漫主义联系起来。

启蒙思想家们将东方(以及印度)视为与基督教相抗衡的力量。弗·施莱格尔则在印度发现同希腊宗教所特有的现实态度相结合的基督教自我弃绝。这样,奥·瓦尔策尔指出,弗·施莱格尔亦接受之属古典主义的与属浪漫主义的两者之区分,则被否弃。而现在,他认为属古典主义的与属浪漫主义的两者之结合是完全可能的,并得出下列结论:只有天主教能够承袭希腊神话和希腊习俗的光彩、真实性和叙事诗的美。正因为如此,革命将从东方临近:"我们不应忘记,种种宗教和任何神话,亦即生活及其诸概念所赖以为基础的一切,从何处传至我们这里。"他还重复了诺瓦利斯的思想——如果不是在中世纪的德国,德国的英雄主义和罗马的教会又在哪里融为一体呢?

7. 奥·威·施莱格尔与人民诗歌

诺瓦利斯、蒂克和弗里德里希·施莱格尔的思想,为奥古斯特·威廉·施莱格尔所发展;这些思想得以传布的功绩归之于奥·威·施莱格尔,并非没有根据。正因为如此,他的《关于文学和艺术的讲稿》(1801年至1804年在柏林宣读),有着巨大的意义。该《讲稿》又为《关于戏剧艺术和文学的讲稿》(1806年至1808年在维也纳宣读)所补充。

奥·威·施莱格尔首先阐明了历史的意义,他将历史视为无终结的演进。对他说来,历史是人类的哲学;在这种哲学中,普遍的总是呈现于个体之中。在第一个《讲稿》中,他力图论证艺术的历史,表述了这样的观点:"在个人所创造的东西中,可以发现自然所保存的奥秘";在每一个神中,"反映了全人类的神"——这也就是"历史法术"的实质所在。就此而论,他显然坚持所谓神性论——18世纪,对此有颇多争论;这里同样不无泛神论的观点——据此说,意识自行产生对自我的信仰,从而决定创造热情。

他在述及浪漫主义诗歌时,发展了这些思想;在第一个《讲稿》中,更确切地说,在他1803年的一次讲演中,他将浪漫主义诗歌与中世纪精神联系起来。就此而论,诺瓦利斯和蒂克的影响,同样清晰可见。在第二个《讲稿》中,他也捍卫了这些思想,将浪漫主义诗歌与古典主义诗歌截然区分开来;其原因在于:在他看来,浪漫主义诗歌在基督教的影响下产生于中世纪——当时,"浪漫主义产生于北方精神与基督教精神的融合"。

犹如诺瓦利斯和蒂克,在奥·威·施莱格尔看来,德国中世纪亦为历史上的最伟大的时代。他不同意这样的见解,即:日耳曼部落的迁徙乃是蛮人攻掠所致。"蛮人"这一术语,较之其先行者,他的理解则迥然不同。他的人民诗歌之说,有助于德国中世纪之诗歌范畴的恢复声誉;所谓"人民诗歌",在他看来,无非是为低下阶级创作的或者他们自己创作的歌谣。据欧·托内拉之说,他这是遵循蒂克的见解。然而,蒂克的童话依然并非民间的,而是精雕细镂的书面文学之典范。而对施莱格尔来说,更重要的是在此论证这样一种观点:人民诗歌,是人民所创作或为人民创作的诗歌。他还力图论证:德国尚无自己的文学,如果这一术语并非意指一系列文集,而是意指反映民族精神之作品的总和;而且从这个意义上来说,文学只是为人民本身所拥有。

奥·威·施莱格尔的另一论断,仍然具有其意义:他在较为晚期的《讲稿》中声称,必须以人民诗歌振兴新的德国诗歌,犹如它昔日为东方文明所革新和强化。赫尔德、毕尔格、诺瓦利斯和蒂克,同样将这一任务赋予未来的德国诗歌。如今,奥·威·施莱格尔亦持同样态度。他始而试图对"浪漫主义"这一术语加以表述,却对"日耳曼主义"这一术语作出虽不十分确切、却相当精辟的表述。

8. 浪漫主义与日耳曼主义

在这一时期的文化中,"日耳曼主义"的意义何在,它与"浪漫主义"这一无疑较为广义的概念又有何关联呢？第一批浪漫主义者代表全人类、全欧洲发表了他们的宣言。而他们的祖国,理想的国度,自然是德国;他们在德国的文化中揭示了越来越多的浪漫主义成分。

浪漫主义者崇拜的对象,是个体、个性、个人、天才。然而,日耳曼民族、部落高于个人;这一个体以及其语言、习俗、传统,属于该部落——其传统并非抽象的形态,而是创造精神之生动的、直接的表现。这样,"日耳曼主义"这一概念便应运而生。此外,浪漫主义乃是认识生活以及生活中奇异的、隐秘的、理想的、绝对的一切之新的方式;同时,科学、宗教、讽刺之作和艺术,有助于尤为清晰地观察生活。日耳曼主义始于原始状态(Urmensch),并审视德国生活;这唤起新的动因和新的意向。

向往东方,眷恋东方——奇迹、童话和幻想之国度,源于浪漫主义。日耳曼主义在古代德国文学中寻得这一切;古代德国文学,犹如古典文学,以其自己的信仰和传统为基础。因此,日耳曼主义也造就了基督教中世纪最纯真的形象,其美宛如哥特式大教堂。路·蒂克和施莱格尔兄弟对罗曼语文学的倾慕,也同样纯真;他们亦将罗曼语文学视为其诗歌理想的体现。

对浪漫主义者们来说,诗歌是人的最崇高的创造;而且,这种(浪漫主义)诗歌的精神,他们寻之于基督教的中世纪。(弗里德里希·施莱格尔则持另一种见解;他认为:浪漫主义精神是人类精神永恒意向的表现。)约·戈·赫尔德将古老诗歌与浪漫主义的中世纪对立起来;他把古老诗歌表述为"自然诗歌"(Naturpoesie)。第一批浪漫主义者将他的这一论点具体化。没有较之民间诗歌更浪漫主义的诗歌;民间诗歌迄今犹存在于民间童话和歌谣中。

这样,日耳曼主义的先声——浪漫主义,在德国不仅诉诸应当复兴的中世纪文学,而且诉诸它仍然续存于其中的歌谣和童话。对浪漫主义渊源的探考,伴之以对留存的民间传统的研究;维柯、卢梭、默泽等,都给予民间传统以极大的关注。而现在,诸如此类传统,人们已不仅视之为艺术或思维的历史形态,而且首先视之为民族尊严的成分。拿破仑的进犯及耶拿的败绩,使它们成为政治斗争的工具。

第12章 从世界主义到民族主义

1. 政治"民族"

以上所述种种政治事件,对德国来说,似乎成为新的文艺复兴之肇始。德国的浪漫主义派,更确切地说,1796年至1805年的浪漫主义派,试图将文化提到普遍的理想高度,以期更好地认识往昔。拿破仑的入侵使他们的计划化为泡影,浪漫主义派势必要在涉及其本民族的问题上持尤为坚决的和现实的立场。施莱格尔兄弟最先从世界国籍的思想转而接受政治民族的观念;他们否定所谓文化的和政治的同一——而这种同一则纳入拿破仑征服他国的计划。除了"民族"这一概念外,什么力量应与这种同一相抗衡呢?据第二代浪漫主义派看来,何谓民族呢?其内涵如何呢?

在其《哲学讲稿》(1804年至1806年间在维也纳宣读)中,弗里德里希·施莱格尔断言:民族的伟大与否,视其依附于本民族的语言、宗教、风俗习惯、其思维方式和生活方式之程度而定,其原因在于:"一部落愈古老和纯朴,它保留的习俗则愈多;它保留的习俗愈多,对习俗的眷恋愈强烈、愈真挚,该民族则愈伟大"。此说中并无任何新的东西。对自身的习俗之崇尚(维柯曾指出其历史性),卢梭、瑞士的史料研究家、默泽以及赫尔德,则称之为民族性的象征。

约·戈·赫尔德在其《关于人类历史哲学的思想》中宣称:正是在其个性的构想中,每个民族获致民族性。在新一代浪漫主义派看来,此说具有文化-政治论纲的性质。他们尚未臻于民俗学领域提出的关于民族的定义,却均赞同这样的观点:民族是一座圣所,在那里人可以寻得个性赖以形成之自由;它亦是民间习俗活的象征。广义来说,正是这些习俗,在其民族中形成,同时也创造了民族。譬如,对民族这种力量之意识,导致自我意识,导致关于其往昔的,亦即关于具体历史现实的明晰概念。

由此可见,对民族生活诸范畴愈益专心致志的研究,增强了莱辛、赫尔德以及施莱格尔兄弟的"拯救思想"(Rettungsgedanke),亦即这样一种思想:必须拯救、保存日趋湮灭的民族遗产。正是由于对民族遗产的关注,路德维希·约阿希姆·封·阿尔尼姆和克莱门斯·布伦坦诺共同编辑的《男童的神奇号角》得以问世。

2. 阿尔尼姆、布伦坦诺与《男童的神奇号角》

在编辑《男童的神奇号角》的过程中,阿尔尼姆和布伦坦诺并未重复赫尔德之所为。他们未辑集全世界范围的歌谣,而只编入德国歌谣,没有超越其语言和文化范畴。

布伦坦诺对民族诗歌的关注,与诺瓦利斯或蒂克毫无二致。他同样希图援用古老童话和歌谣,从事文艺创作。早在1802年,他将所搜集的歌谣纳入《哥德维》的第2部分。奥古斯特·威廉·施莱格尔曾在《讲稿》(1803~1804年版)中预言德国将有自己的珀西,他所指似乎正是布伦坦诺。然而,布伦坦诺并不希图仿效珀西。他想成为诗人,而且确已成为诗人。在其创作中,他不仅受到德国歌谣和童话,而且受到詹·巴西莱的《五日童话》和卡·戈齐的《童话》的启迪。布伦坦诺的童话中,主人公通常为动物;这些童话表达了最温和与最凶狠的情感,堪称德国浪漫主义财富中的瑰宝。伊·马伊奥内精辟地指出:"布伦坦诺无疑是浪漫主义派童话家之王;在他的童话中……他深入儿童的心灵,自己也成为儿童,并因而得到一时的快慰。他的浪漫主义把人们带进幻想世界,使人们忘记置身于世间,因为这个世界的气氛较之现实更富有活力……"

阿尔尼姆促使布伦坦诺产生了援用他所搜集的歌谣的念头,共同编辑"集本",并以选自各处的若干材料加以补充——既来自口头民间诗歌,又来自旧有出版物。最初,阿尔尼姆和布伦坦诺有更广泛的意图。譬如,布伦坦诺在 1805 年曾向我们"共同的故国"呼吁,号召"善良的人们"不失时机地搜集"自己往昔的文学遗产"。他在这一"呼吁书"中写道:

让每一个人按照个人的情趣,斟酌愿告诉我们什么;我的情趣有助于在从事编辑工作时理解一切,并帮助一切人。看到我的收获与日俱增,我越来越渴求:喜剧、图画(特别是古老的版画和风景画)、古老的和口头的传说及故事手抄本,收入所编选集。这样一来,我们则以根根线缕编织成可观的毛毯,我们的全部历史将呈现于其上——我们的职责在于:不断扩展这种活动。

阿尔尼姆意识到他所担负的历史的和爱国主义的任务之全部意义。他与布伦坦诺共同整理《男童的神奇号角》的大量材料时,并不希图准确地恢复所搜集歌谣之原貌。编者并不担负学者和修复工作者的工作;他们则致力于古老文物典籍之复生。结果,他们那天才的古老歌谣的加工之作问世。《男童的神奇号角》第 1 卷于 1806 年出版,另两卷于 1808 年出版。众所周知,他们获得丰硕成果;《男童的神奇号角》对整整一代人来说无异于纯净、清新的源泉,一些诗人从中如饥似渴地汲取灵感,诸如:约·封·艾兴多尔夫、路·乌兰德、霍夫曼·封·法勒斯莱本、爱·弗·默里克等;弗·舒伯特、罗·舒曼和约·勃拉姆斯等音乐家以及艺术家(首先是莫里茨·封·施温德),亦然。看来,这堪称一泓新泉,使抒情之作和音乐焕发了青春。

《男童的神奇号角》是献给歌德的,因为正是歌德理解民间歌谣的真正意义,并将其用于创作。歌德是第一批祝贺此书的问世者。

他指出:"读这些歌谣,德国人在黑暗的今天可因自然在另一个时代所创造的、为一切时代所有的东西而聊以自慰。"不久以后,亨利希·海涅亦给予此书高度评价(尽管他对德国浪漫主义派并不十分钦佩):"对此书怎样评价,都不可能过分。其中蕴涵德国精神的最美好的花朵;谁若是想从最好的方面了解德国人民,谁就应当读一读这些民间歌谣。如今,这部书摆在我的案头;我觉得,我似乎吸着德国椴树的芳香……椴树在这些歌谣中起有重要作用,黄昏时分,情人们在椴树的绿荫下亲吻——这是他们喜爱的树木;可能正因为如此,椴树之叶形似人的心。"椴树和热恋者,同布伦坦诺的心是贴近的——他对同故国相关联的一切有活生生的、深刻的理解,却不能感动阿尔尼姆——他将其关于德国民族性的构想奠基于德国的历史上,并且试图以口头民间传统为质料,加以重建。

3. 劝谕性民间文学的基础

时至今日,附于《男童的神奇号角》第 1 卷的评述,题名《论民间歌谣》,并未失去其学术价值。正是在这篇评述中,形成了"民间诗歌"这一概念以及"人民"的概念。在评述中,似乎是第一次出现民俗学(Volkskunde)一词。后来,威·里尔借以指"关于德国古风物的学科"(这一术语在德国用以表示其他国家所谓的"弗克洛尔",有时亦有其他含义)。从评述可以十分清楚地看出:阿尔尼姆将民间诗歌视为劝谕性文学之渊源。

阿尔尼姆无保留地接受约·戈·赫尔德和第一批浪漫主义者关于民间诗歌与高等阶级的诗歌相对立的思想。在人民中,他发现一种健康而质朴的力量;它与因文明而软弱无力和道德沦丧的市民阶级相对立。诗歌——在人民中。市民阶级已失去情致和诗歌激情。阿尔尼姆对"人民"作了社会学意义的理解,将人民视为一定的阶级,即农民和手工艺者阶级;他们成为民族生气勃勃的、不可分割的一部分,并具有诗歌的才赋。只有他们的诗歌是匿名的,而不同于有学识阶级的诗歌。然而(必须着重指出),对阿尔尼姆说来,"匿名"并不等同于"无作者"。他并不囿于此,并补充说:民间的诗人是匿名的,然而一向具有创作意识。

阿尔尼姆关于民间歌谣的观点,便来源于此:犹如一切属人民者,它具有其特殊的、诱人的形式及其美好的内容。奥·威·施莱格尔对人民诗歌和诗歌两者加以区分。阿尔尼姆则力图使其表述更加清晰、准确。据他看来,人民诗歌乃是人民所接受、热爱和演唱的诗歌——无论其作者是谁;因此,一切植根于人民中者(而不管其来源如何),势必成为人民的。正因为如此,他补充说,我们应将歌德的《渔夫》也视为人民诗歌——人民接受它、熟记并诵读,而不知其作者为何人。换言之,在人民中流传的歌谣,既然人民不知其作者为何人,则成为人民的。阿尔尼姆直觉地猜测:诗歌的人民性并非决定于其由来,而是决定于其性质。因此(似不无赫尔德和毕尔格的影响),他将路德和大洛伦佐(洛伦佐·德·梅迪奇)的作品视为人民的。

他似乎也把自己列入这样的诗人的行列——其作品汲取灵感于民众,可成为全体民众的呼声。

他对歌谣进行整理,只追求一个目的——竭力使它们成为名副其实的人民文学之作。他牢记约·戈·赫尔德之名言:在人民精神中,仿效人民精神,培育并形成你的精神。奥·威·施莱格尔指出:诗人,其创作以人民诗歌为营养,则成为最优秀的诗人。因此,在阿尔尼姆看来,其任务在于:在人民精神中培育自己,并成为人民的诗人。人民的歌谣,应当成为民族的歌谣。

在阿尔尼姆看来,民间歌谣为某种具有伸缩性者,其形式在经常变化。他明确地提出这样一种思想:人民诗歌依然是人民的,虽在不断变易。但是,既然人民在不断使其歌谣变易,其搜集者应力求确定人民文学的既定形式。

《男童的神奇号角》第 1 卷问世的同一年,恩·莫·阿恩特发表了

《时代精神》，提出作为原初不可动摇之力的人民潜在精神这一概念；在文明的条件下，这种力只是呈现于特殊人物。这一论断，基本上与奥·威·施莱格尔和阿尔尼姆对文学的看法相契合；两者认为：只有特殊的人物，在他们对民间歌谣的加工整理中可表达人民精神。

阿尔尼姆有意识地把语文学奉献给人民精神；《男童的神奇号角》与诺瓦利斯、蒂克乃至布伦坦诺的作品之主要区别，便在于此。诺瓦利斯等在对德国（或其他）童话加工整理时，将人民及其文学视为美好文学建立之中介；在他们看来，这种文学当然并非服务于人民。正如莱·温琴蒂所指出；就此而论，他们基本上追随英国前浪漫主义者；后者关注往昔，力图在其中寻得诗歌和文学赖以革新之源泉。《男童的神奇号角》同样应使人们关注民间诗歌，同时并关注日耳曼神话，而其编者则把建立民众劝谕性文学视为主要目的。阿尔尼姆和布伦坦诺幻想以其天才的加工之作建立一种文学，以期有助于全体人民（更确切地说，全民族）意识其民族归属。普鲁士大臣亨·弗·卡·施泰因对此有精当的理解；在他看来，"这一按其意义来说绝无仅有的集本，是一部可在人民中激起爱国主义的书"；这种爱国主义，为从法国人手中把国家解放出来所必需。这也正是《遁世者报》的纲领；阿尔尼姆编辑出版的目的在于：唤起对将个人与人民联系起来的一切之热爱。

4. 约·约·格勒斯。《德国民间故事书》

约·约·格勒斯亦为阿尔尼姆的报纸撰稿。他赞同阿尔尼姆和布伦坦诺对德国中世纪和中世纪文学的崇拜。正是这一点，促使他着手研究《德国民间故事书》；蒂克和布伦坦诺对之同样很感兴趣。在其同名之作（1807年问世）中，他将民间文学赞誉为德国民族性赖以确立的手段之一。

为了着手民间诗歌的研究，格勒斯在浪漫主义派和东方学家的影响下，主要从事神话的研究。1805年，他那十分朦胧，但并未失去天才之闪光的集本《信仰与知识》问世。他在此书中表述了这样的思想：一切神话和传说，源于唯一的神话，并断言：这一神话最初为印度诸民族通过启示所把握；这一神话犹如圣火，从印度传遍一切民族，其中包括日耳曼民族。始于法国学者皮·于埃对此所表述的一切，便只同印度相关联。

五年后，格勒斯在其长篇巨著《神话史》中再度关注神话和宗教的起源问题。他对宗教的历史进行了详尽的探考，得出结论：从基本特点来说，一切宗教是相吻合的，以不同的方式反映似乎一致的、自然崇拜居于主导地位的宗教；其遗迹（更确切地说，其遗存），可见于一切现代民族。格勒斯在这一著作中最后断言：世人的任何宗教活动，体现神的与世人的之间的关联。约·阿·康纳在其所著《古代自然哲学丛集》（1809年版）中表述了同样的思想。另一神话学家弗·克罗伊策，亦作出同样的结论；他继拉菲托之后，在其所著《象征手法》（共4卷，1810～1812年版）中断言：多神信者的神话，无非是被歪曲的神启。

格勒斯的《德国民间故事书》出版于《信仰与知识》之后，但早于《神话史》。所谓"民间之书"，他视之为德国最宝贵的文学遗产（它们应当公之于世，并加以研究），视之为德国意向的象征。在其著作的"前言"中，格勒斯如同赫尔德，亦对自然诗歌（Naturpoesie）与人为诗歌（Kunstpoesie）加以区分。兴致所至，他甚至将民间歌谣亦视为非人所创造，而出于自然。其实，这一论断同其嗣后之说相悖；在这些论说中，格勒斯将民间诗歌的范围充分拓宽。

约·约·格勒斯所持观点，与奥·威·施莱格尔和路·阿·阿尔尼姆相近似，即：人民诗歌（民间之书亦属之），系人民所创作，或者为人民而创作。该书的人民性，取决于其在人民中的传布。而人民，在他看来，由心地纯洁和精神高尚的人们组成。这一前提使他作出下列结论：人民之书为诗人（个体）所创作。尽管他对人民诗歌的看法并不稳定和不乏矛盾（正如欧·托内拉所指出），他仍坚定不移地确信：人民的诗歌是神圣的。托内拉指出：格勒斯对诗歌的观点，实则与诺瓦利斯和蒂克对自然的表述毫无二致；后者将自然视为诗歌、艺术和美的创造者。

在其发表在《莱因之墨丘利》的多篇文章中，格勒斯对人民诗歌表述了同样的观点；拿破仑将《莱因之墨丘利》视为"第五大敌国"。在"前言"以及他所探考的四十九"人民之书"的注释中，格勒斯不厌其烦地指出：德国应对人民诗歌尽可能予以关注；人民诗歌因其所特有的纯真和质朴而高于文人诗歌。不仅如此，他还毫无保留地断言：有学识者所创作的文学，当它摈弃"高层阶级的利益的狭小范畴，并走向人民，与人民融为一体"时，其情状则迥然不同，并具有更大的生命力（民间文学的特征正在于此）。对此，格勒斯又作了如下补充："伟大的文学共和国，也可有其下院，全民族均有其代表直接出席。"犹如阿尔尼姆，他明确地论及那种契机，与他同时期的文学可从人民诗歌中获取之；而这种文学同时（于是，诗歌同政治联系起来）又只可能成为民族的和爱国的，因而有异于一切法国的。犹如民族不能没有老百姓，民族没有表达平民意愿的文学，同样无法存在。这样，民族不再是相互对立的阶级之总和，而被视为各阶级的联合——这些阶级在统一的和唯一的民族性的建立中相互渗透并相互补充。

5. "老人家"扬介于卢梭与费希特之间

这一论点，为弗里德里希·路德维希·扬所表述，或者更确切地说，为他所极力宣扬。在其《德国的人民性》一书中，他以"人民"（Volk）和"人民性"（Volkstum），取代阿尔尼姆和格勒斯广为应用的术语"民族"和"民族性"。据他的表述，"人民"是阶级的总和，"人民性"（他首次运用的术语），则是构成人民的共同信仰、表现其精神之思想和情感，由此派生另一术语——Volkstumskunde，即关于民族性特征的学科；弗·扬力图为它奠定牢固的基础。

《德国的人民性》出版于1810年，费希特关于德意志民族的讲演录,则属 1807~1808 年。正如彼·菲雷克所指出,约·戈·费希特的思想因远离实际而颇为朦胧,只能为极狭小圈子的人所接受。弗·扬的这部著作,表述了实际纲领,笔触明快,为人民所易于理解,以致布留赫尔将军(拿破仑的战胜者之一)称此书为"德国文学的大炮"。

在《讲演录》中,约·戈·费希特试图首先表述他的国家构成理论。那么,应当以什么作为出发点呢?以法国革命所宣布的民族国家思想(费希特最初亦持这一思想),抑或以关于德意志民族为特选民族之说?据说,该民族历来(Urvolk)亦掌握古已有之的语言(Ursprache);对它来说,任何外来的影响都意味着其社会职能的减弱。

第一代浪漫主义者以及格勒斯认为:他们的古代文学只会从承袭中得益——这是他们的见解中值得肯定者。费希特所持观点则不同:他所关注的是原始民族——这样的民族没有经受任何影响;在该民族中,人们依据业已存在的一定的事物秩序,建立自己的信仰。对此,他作了如下表述:

> 诸如此类秩序,便是人类周围环境的特殊的精神本性——它实际存在,尽管无法企及;这是人以及其行为、思想和对永恒之信仰所源出的本性。这是作为人之渊源的民族——在其范围内,他得以成长,并成为现今的样态。(《讲演录》,Ⅷ)

犹如诺瓦利斯、蒂克、施莱格尔兄弟、阿尔尼姆和格勒斯,费希特对德国的中世纪同样有着炽烈的爱。不仅如此,在聚集在席勒和胡姆博尔特周围的浪漫主义者的影响下,他不仅先行构拟了德意志民族负有无所不包的使命的思想,而且加以夸张,从而导致无比极端和无比危险的结论。然而,对肩负这样使命的民族应进行教育,使其上升到理性的王国,上升到世界的自由王国。

约·戈·费希特的《讲演录》,便是如此。在他的《讲演录》中,民族主义被赋予世界主义的属性;对这种旨在建立新的社会结构的民族主义—世界主义的分析,使费希特在民族(人民)精神中揭示建立在精神一致上的社会土壤(humus)——我们的行动便是这一精神一致的佐证。就对德意志民族的使命这一论题的表述而言,约·戈·费希特与弗·路·扬相接近;他不仅为其民族构拟了统一,而且构拟了扩张精神,以期使之成为斯拉夫人的真正信仰。而扬并不是思想家,他是一个鼓动者;其见解与费希特迥然不同,他认为:教育人民,是为了激发其民族感情。这一意向,完全在民间文化的精神之中。他敏于接受并善于模仿,很少表述自己的思想;倘若加以表述,则坚持不渝——这是他的特点。正如亨·特赖奇克所正确地指出,在其粗陋中,蕴涵着细致的说服和启发之艺术。

弗·扬是法国和法国人的宿敌,他实际上是典型的雅各宾党人,无非是身着条顿骑士团的服装而已。他的《德国的人民性》一书,不仅在某些方面充满法国革命的理想,而且其一些论点直接基于卢梭的《论对波兰的治理》。

青年时期,即早在学生时代,弗·扬便离开世人,去过穴居野处的生活,表现了他对其所处社会——"颓废的"和"法国化的"社会之鄙视。

显然,他天真地期望:这样便可将卢梭关于有道德的未开化者的神话付诸实现。拿破仑入侵德国之时,弗·扬立即加入对法国人的"十字军征伐"。1806年至1813年,他始终是捍卫德国自由和独立的十字军战士;自称为任何世界主义的反对者,他成为最强烈的普鲁士民族主义的代言人。他所建立的体操协会,无非是特殊形态的人民团体。须知,在其《论波洛涅的政府》中亦述及这些团体。在弗·扬的体操协会中,人们着装一致,以示其成员一律平等。至于德国的民族服装,弗·扬后来亦述及,称之为德国民族性的最纯洁的象征。

弗·扬的信念在于:人民是其历史的创造者。由于人民亦决定着历史运动的特殊形态,其职责则是保持自身的纯洁性。人民愈高尚,则愈能更好地保持其纯洁性(弗里德里希·施莱格尔亦持此说)。弗·扬声称:"只有人民群众与国家建立紧密的联盟,国家的骨骼才会为人民的血肉所附。"作为名副其实的雅各宾党人,他不假思索地宣称:取消封建阶级及其特权,自由买卖土地,一切阶级的所有儿童均有受初级教育的权利。这些思想,为亨·弗·卡·施泰因在普鲁士部分实现。为了达到国家和民族的一致,弗·扬提出要使艺术成为民族财富。在其体操协会中,他试图以《尼贝龙根之歌》激励年轻人。他坚持不渝地力主:供青年阅读的诗集,要选材于德国歌谣、童话、关于德国英雄人物的传说,即将人民智慧的成果纳入其中。

天才的德国民俗学家阿道夫·施帕默不久前指出:弗·扬最先将民间习俗和仪式、歌谣、民间语言、竞技、艺术视为"更新、深化和巩固人民生活"之最可靠的手段。然而,主要的并不在于此,应当提及:在阿尔尼姆和格勒斯看来,人民文学是唤醒民族感情的手段。弗·扬发展了这一理论,将其扩及民间创作的一切作品,实则复返于尤·默泽。然而,据阿尔尼姆、格勒斯的观点,最终据奥·威·施莱格尔之说,民间创作之作形成于个人并只是集体传布,它们之所以引起弗·扬的关注,只不过是由于它们是培育人民的集体精神之体现。由此可见,人民是自己培育自己。但是,作为这一培育的中介,弗·扬仍持阿尔尼姆和格勒斯的立场——尽管他认为,传统并非从属于理智,而是像费希特所认为的那样,从属于传统自身,或者更确切地说,从属于其集体的未被意识之力。

6. 萨维尼与"法律的制造"

1814年(当时弗·扬的声望已开始衰落),弗里德里希·卡·封·萨维尼诉诸未被意识的人民力量——其性质则迥然不同。安·弗·蒂博建议统一德国立法,并制定共同的民法法典。他希图保留拿破仑在德国实行的自由体制。萨维尼对此持反对态度,指出:用于全国的统一法典,不能针对居民生活和思想方式的一切特点,而且意味着对拿破仑法典之合法性的认可;须知,甚至拿破仑也认为该法典是好大喜功、玩弄哲学和意识形态的技巧之结果。在萨维尼看来,法并非永不动摇,法律并非特殊的创造者所制定,而是完成于了解其时代精神的智士文人之手。始于其所著《所有法》(1803年版),萨维尼多次阐述他这一思想。正因为如此,如同以往的默泽,他认为习俗以及民间法具有极大的意义;这种民间法,体现于为数众多的仪礼和习俗中——此类仪礼和习俗,表现于同家庭法、财产法、契约法和刑法相关联的叙事诗、谚语、俚语、歌谣等。这便是人民的规制;这种规制,在各地(就此而论,默泽的看法与伏尔泰截然相反)遵循既定的习俗,并对名副其实的法的适用性赖以确定之事实予以关注。维柯的学生温·库奥科指出:有的适用于巴黎,但不适用于法国。难道可以断言:适用于威斯特伐利亚的法律同样适用于亚洲吗? 在德国,赖特迈、比纳、马尔滕斯已着手对此的探考——他们从事德国民间习俗的研究。(萨维尼的忠实学生格·弗·普赫塔,在涉及民间法的范畴完成这一课题,并使其臻于完善。)萨维尼是罗马法的无与伦比的熟知者——他的《中世纪罗马法史》颇为著名;他深知:在古罗马,除成文法(jus scriptum)外,尚有不成文法(jus non scriptum),即类似习惯法者;他还深知:习惯法不仅在古日耳曼人中,而且在意大利有着何等的意义,——在意大利,一般法的准则编入条文,他不仅予以援用,而且赋之以浪漫主义色彩。通过其亲属布伦坦诺,他从谢林那里接受了下列思想:艺术作品,犹如法的原理,归根结底一向是无意识的和无人格的创作之成果。这一论点也成为巴·格·尼布尔的出发点:在其所著《罗马史》(1810年版)中,他将罗马人民的生活视为人民的才智之成果。(另一方面,为了对罗马的原始时期的历史进行探考,他求助于尤·默泽及其农业公社之说;此外,他的这一著作,似为沃尔夫式的民族叙事诗精神所照耀。)

弗·卡·萨维尼基于文化史,不仅(正如弗·迈内克所指出)论证和赞颂"生活的一切规制和传统形态(诉诸人民的才智——其创造属内生),而且谴责国家对生活的正常程序随意干预,认为这是对自然产生的事物秩序的横行无忌"。但是,可以预言:这一谴责实际上只是涉及现代;而古日耳曼法,萨维尼则予以推崇,因为它未破坏名副其实的法所具有的发展连续性。

7. 萨维尼学派与习惯法

在其著名的《论现代立法和法学意向》(1814年版)中,弗·卡·萨维尼断言:"任何法无不自行产生于内在力量之作用,而非遵循立法者的意志。"数年后,编写《历史法学杂志》纲要时,萨维尼提出这样的论点;在这一纲要中,他捍卫了历史学派之说:法的质料为民族的往昔所提供。况且,关键并不在于这种质料是什么,而在于它产生于民族的本质。任一成分(人的生活因素),都不可孤立地、囿于其自身地进行探考,因为人之所以成为人,是由于:历史所注入者与其人的本性结合于其自身之中。萨维尼对此作了如下表述:

> 每一时期之创造其世界并非随意,而是密切联系整个往昔。它将某一事物同时视为既定的、必需的和自由的:之所以是必需的,是由于它并非取决于现时之为所欲为;之所以是自由的,是由于它并非从属于外在的为所欲为,而从属于高尚的人民本性,犹如一切在其发展中之从属于这一本性。现时同样是整体的一部分,它蕴涵于这一整体中并为其所规定,因为它为整体所分离,而且似为整体所自由产生。由此可见,历史并不是事件之汇集,而是认识我们所处情势的唯一途径。

在弗·卡·萨维尼看来,所谓诉诸民族的往昔,不可仅仅视为对往昔的崇拜。阿·索雷尔指出:历史学没有给未来的法留下地盘。然而，萨维尼所提出的习惯法理论与之相悖；据此说，它处于不间断变易状态。法之存在和发展，犹如民间歌谣（据阿尔尼姆之说），或者犹如语言（据萨维尼之说）。因此，法是历史的成分，法的要求之意义应寻之于历史；况且，它存在于仪礼中，即存在于直接表现人民的法的意识之习俗中。

R. 耶林对萨维尼此说有所评述，指出：

> 在这一时代，我们的诗歌经历了它的浪漫主义时期。如果敢于把"浪漫主义的"这一术语用于法学，并致力于对两个领域相应的派别进行比较，则可大胆地断言：历史学派同样可当之无愧地被称为浪漫主义派。实际上，基于对往昔的执着的理想化之观念，可称之为浪漫主义的——据这些观念，法之成长，犹如蘑菇之处于林中，无须费心和操劳，而是听其自然。严酷的现实告诉我们：实际上，其情况截然不同。

从弗·卡·萨维尼的这一理论中，无法导出丝毫有益的东西，如果不从两个不同的观点加以探讨，即：法之起源以及法之运用。至于法之起源（其初源），应探明人民觉悟的意义如何。它并不是什么奥秘的和不可捉摸的，而应认为：法产生于人民的法的意识，即：提出心理学问题，而不是提出历史范畴的问题。法的根源在其生存中逐渐消失；而人民的意识，无非是个人意识。不可否认：争取法的斗争正在进行；然而，恪守法的既定准则，乃是传统所致——传统不仅触及我们的往昔，而且时时刻刻不断更新，并进入我们的未来。萨维尼的功绩在于：他使集体意识、全民的信念为人们所关注，视之为法之渊源。这不仅是对立法之随心所欲的，而且是对法学的自然主义之统计学立场的有力抗议。其主要功绩在于：他提出这样一种论点——不关注民间习俗，便不能创造法律，因为法之生命便在其中。关于法之起源的问题，是哲学的、认识论的问题。至于历史学派，重在将法的产生同每一民族的生存条件联系起来。正因为如此,这一学派称为历史学派,而不只是称为浪漫主义学派。

习惯法的问题,成为名副其实的法的问题;所谓法,被视为共同意志与个体意志之统一。最初并未准确表述和规定的习惯,后来却具有规范因素的意义;立法者诉诸习惯,整个民族并予以认可。这也就是弗·卡·萨维尼的发现。

8. 作为有活力的机体和人文概念之人民

由此可见,第二代浪漫主义者以及弗·卡·萨维尼将人民(以及低下阶级)视为统一的机体;在这一机体中,所有阶级(以及种种文化)一律平等。人民(Volk),一切保持传统的力量之源,使一切创造精神保持纯净和不受触动,并扩及整个部落;它可唤起民族意识,并应完成纯属革命的职能。它被赋予卢梭所谓的有道德的未开化者曾具有的作用,却又存在重大区别。奥·瓦尔策尔对此有所表述;他指出:德国浪漫主义者意欲将人民并非导向原始观念的、未可置信的幸福,而是导向某种绝无仅有、至高无上的精神和文化的完美。如果对"人民"作这样的理解,民族的概念则获得新的生机;"国家"这一概念,亦然。人民并应在其精神遗产的基础上培育民族。这种培育的手段,不仅是哲学、文学、法、民间文化,而且包括音乐:卡·马·韦伯的歌剧大都反映自然,或者更确切地说,反映德国精神;这些歌剧并给予较晚期的音乐(直到理·瓦格纳,正如马·米拉所正确地指出,至少是到瓦格纳的《汤豪泽》)以巨大影响。

"人民",不仅是文化的概念,尽管它主要见诸文学。同时,它又是人文科学的概念;否则,第二代浪漫主义者所运用的术语——"人民才智"和"人民精神",则失去其意义。

黑格尔曾试图清楚了解这些术语(正是后者,已为阿尔尼姆、阿恩特和萨维尼所运用),他承认国家是同艺术、宗教、哲学有着内在关联的力量。正是诉诸这一本质,他对"人民精神"(Volksgeist)这一概念加以表述。他指出:人民精神中,有一种联合的成分;这种成分又毫无二致地体现于其一切表现和意向。众所周知,黑格尔将精神视为某种处于形成中者;而历史,对黑格尔来说,则是具有完善品格的精神所承受之一切。在其《历史哲学讲演录》(IX,§44)中,黑格尔对此作了如下表述:

> 精神实则有所动作,它以其动作、以其创造使自身成为自在者;于是,它成为自为之物,它拥有自身,犹如拥有面前的现存世界。于是,人民精神有所作用:它便是一定的精神;这种精神从自身创造现存的现实世界,该世界当前保持并存在于其宗教、其崇拜、其习俗、其国家体制以及其政治律则、其一切规制、其行为和举措中。这便是其事业——这便是这个人民。

这种精神,曾体现于普鲁士国家;据弗·迈内克之说,它与浪漫主义派和萨维尼所说的精神相近似,而非等同——他们将人民与其创作和精神遗产相提并论。就此而言,人民生活所创造的一切,在民间文化中被视为精神遗产更新之结果;在其基础上,仪礼、传统、崇拜、歌谣、故事——总之,一切无比完美地反映民族之民间传统,应运而生。如果说浪漫主义者在这一问题上也走得太远,那么,他们赋予民间文化以"观念之力"的意义,依然遵循浪漫主义先行者们所指出的道路。同时,这也是对日耳曼学的新的巨大贡献;嗣后,日耳曼学同关于人民精神的神话有着内在的关联,并拥有诸如格林兄弟这样孜孜不倦的代表人物。

第 13 章 格林兄弟

1. 堪称奇迹的民间诗歌

格林兄弟主要依据有关民间诗歌的神话创立日耳曼学。然而,这一神话是保留了它在格林兄弟先行者们的著述中的状貌,抑或现今获得新的形态和新的功能?格林兄弟确信:民间诗歌是民族生活的因素;就此而论,他们堪称赫尔德、布伦坦诺、阿尔尼姆、格勒斯的后继者,上述学者无不给予集体创作以应有的估价,但承认民间诗歌是既定个体——诗人创作活动的成果。格林兄弟提出另一种论点:他们不仅认为民间诗歌是匿名的、非个人的和集体的,而且还确信其神圣起源。据他们看来,民间诗歌的"语言"亦具有神圣起源;民间诗歌与之相关联的神话,亦然。

在 1808 年载于阿尔尼姆的杂志《遁世者报》的那篇著名文章中,格林兄弟中的长者雅科布·格林不仅毅然论证了这一论点(它否定了浪漫主义此前在这一领域所取得的成果),而且将自然诗歌与文人诗歌加以比较,并宣称:文人诗歌是反射的诗歌,是有学识的人们的创作。这并不意味着,他补充说,民间诗歌在其发展中从来没有诗人。但是,他们消融于匿名者中,更正确地说,消融于集体者中——他们的幻想和意向融合于后者中。这些诗人始终是普通人和并不具有文化素养者。

阿尔尼姆在其为雅科布·格林该文所写的诠释中表示异议:"这些论断尚待证实。"须知,阿尔尼姆并非文化素养较少者,他在《男童的神奇号角》中希图论证:有文化素养的诗人同样可以像民间诗人那样创作民间诗歌。然而,这一异议是否同样适用于威廉·格林的一些论点(因《尼贝龙根之歌》的出版而于1808年发表于卡·道布和弗·克罗伊策主编的《研究》上)?威廉·格林并不像哥哥那样斩钉截铁地断言;他对初源问题进行了探考,并发表下列看法:民间诗歌与诗人同时产生。骤然看来,他不同意哥哥的见解,而且同意其他浪漫主义者对此所持的意见。然而,他迅即返回哥哥所开拓的道路,并得出结论说,诗人之成为诗人纯属无意:有意识和反省在原初的创作中并不存在。

数年之后,即在1811年,威廉·格林在评论拉·尼罗普的一部著作时断言:民歌无意识地产生,他还将这种"无意识的手法"同"神秘的形式"相提并论。换言之,据他看来,民间诗歌乃是神圣者在世人中的体现。"它是无所掩饰的,"——他在1811年为《古老的丹麦英雄歌》所写精彩的"前言"中声称。或者,更确切地说:"它是无所掩饰的,并且其中有神的形象"。他并不是以此对诗歌有所贬抑;诗歌就其基原而论,是一致的,却又具有民族属性。他写道:"诗歌的神圣精神,几乎所有民族毫无二致,其渊源亦相同;这便是为什么所谓'类似'、'外在契合'处处可见;其共同本原已趋湮灭的神秘亲缘,导致有关起源共同性的思想;所谓'发展'是相似的,而它所赖以进行的外部条件则各有所异。这便是为什么我们除内在一致外还发现外在差异。"

两兄弟均将民间诗歌视为集体心灵所创造;它之所以具有匿名性,其原因便在于此。他们并未将诗歌的创作(一向是个体行为)与其传布(使其成为匿名之作)区分开来。所谓民众创作者,与诗人截然不同,不是"个体的总和或汇集",而是"其精神之相互渗入"。在格林兄弟的著述中,人民从而获得"它所固有的实际属性",人民本身是诗人,或者更确切地说,是自然诗歌的创作者。后来,在《论古代德国工匠诗歌》(1811年版)的"前言"中,雅科布·格林写道:"自然诗歌与文人诗歌的差异,我认为,已昭然若揭。"这种差异,据他及其兄弟看来,均为某种实在者,均为直觉所把握、已上升为原理的真。雅科布对阿尔尼姆那令人信服的异议并未置答。阿尔尼姆提醒他注意:没有诗人,便不会有诗歌;即使匿名诗人,要想成为诗人,他的心灵中也要有天才的火花。更确切地说,雅科布·格林曾予以答复,而且是毫无根据地否定了阿尔尼姆的一切论点,并以其论断代之。在其答复中,雅科布·格林再度赞颂古日耳曼叙事诗;他将所谓超人类起源赋予古日耳曼叙事诗,并断言:只有在古老诗歌中(歌谣和童话故事,是古老诗歌的活的佐证),才可以见到本能产生的质朴和纯真。在其论断中,他借助于袭取于自然的形象。他将民歌比作鸟鸣;对他来说,集体诗歌的奥秘宛如合流之水。当他不得不认真对待阿尔尼姆所提出的问题时,他便诉诸其信仰。在1811年6月的信中,他以下列言辞规劝:

倘若你像我一样相信:宗教产生于神启,语言的起源同样神奇,而且它并不是人们的发明;你应当确信和感到:具有其程式——韵脚、"同音法"之古老诗歌,想必与之有着同一渊源……

这样一来,民间诗歌被赋予超自然属性,而且其中的神奇者应当被摒弃或无保留地被接受。在格林兄弟的著述中,民间诗歌的理论达到如此极端的程度,而且以这样的形态寻得支持者和维护者。格林兄弟为它建起祭坛,并为它祈求上帝赐福,犹如对待君主立宪制的国王。

2. 诗歌、叙事诗与历史

他们在叙事诗起源问题上的观点同样如此;部分基于赫尔德和毕尔格的见解,他们认为:这一问题同一般民间诗歌起源问题完全契合。为了证实这一或那一民族的叙事诗之起源同民间诗歌毫无二致,他们的论据如何呢?他们不同于前浪漫主义者,已不再断言:民间诗歌是民族叙事诗诸形态之一;不再认为(犹如赫尔德):诸如荷马或但丁这样伟大的诗人会成为民间诗人。格林兄弟对自然诗歌的评价,同维柯的观点相近似;维柯认为:诗歌是人类的最初的声音。他们赞同赫尔德的见解;赫尔德将自然诗歌视为自然之诗歌。但是,自然所创造的诗歌(其本性为神圣的)——他们对赫尔德的论点有所增益——又如何体现于叙事诗中呢?

格林兄弟的理论可归结为:第一,颂扬神祇和英雄之业绩、体现集体的思想和意愿之叙事诗,是任何诗歌的初型;第二,它在很大程度上与神话相等同;第三,无论是叙事诗,还是神话,均为民间诗歌的形态。两兄弟的合作是如此密切,以致很难分辨其中任何一人在这一理论创立中的作用。只知道,雅科布较之威廉,更倾向于广泛的概括。据人们所知:威廉·格林于1808年在评论《尼贝龙根之歌》时断言:叙事诗自发地产生于人民的集体心灵,而不是一人之作。诚然,他那时主要想把弗·奥·沃尔夫的理论用于《尼贝龙根之歌》(嗣后,卡·拉赫曼亦将这一理论用于该叙事诗)。较为武断的雅科布,在《论古代德国工匠诗歌》"前言"中对在《遁世者报》上所表述的论点加以肯定,即:叙事诗乃是最古老的历史。这种通常亦反映于神话的历史与古老的诗歌相等同。

格林兄弟不仅将诗歌与叙事诗等同看待(据他们看来,叙事诗最初即呈现为短小的、片断性的歌谣),并且从而对诗歌与历史的关联有所探考。叙事诗是一种内在的和必需的力量,其载体是从事创造的人民(个人在此归于乌有)。他们构拟了生气勃勃、卓有成效的民族天才。应当补充说,这种天才体现于部落的创作中;而部落在此则被视为个体(这一构想,后来在谢林的《艺术哲学》中有所发展)。所谓民族天才的这种活力,乃是其神圣起源所致。既然叙事诗为人民所创作,那么,对格林兄弟来说,毋庸置疑,不仅天真性和质朴性,乃至历史的真实性,正是体现于其中。

这一引人注目的理论,当即遭到严厉的抨击。甚至奥·威·施莱格尔,也断然驳斥所谓叙事诗自发产生论(或者,正如欧·勒南所精辟的表述,在其创造之前自发产生)。1815年,奥·威·施莱格尔在《海德堡年鉴》上宣称：民间诗歌具有个体价值。奥·威·施莱格尔写道："诚然,千百年来由嫩弱的幼芽成长起来的许多诗歌,其由来已湮没在漫长的岁月中。但是,这是否表明,诗歌没有作者呢？"他补充说："可以假设,作为叙事诗基原的民间诗歌和传说,乃是若干世纪和众多民族的共同财富。然而,精神的创作是否可作为集体创作而产生——须知,所谓'创作',应视为个人创作的总和。"据他看来,格林兄弟所揭示的故事与叙事诗之间的关联,并未得到证实,尽管他同样设定："已成为诗歌传统的口头传统,可保留历史真实所略者。"

奥·威·施莱格尔的结论,对阿尔尼姆的论点有所补充；当然,并未使格林兄弟信服。在他们看来,叙事诗的起源是呈现于两个范畴的奇迹,因为他们将诗歌与叙事诗相提并论。这再一次暴露了他们在学术上的局限性。至于奥·威·施莱格尔,就此而论,他的作用是积极的。正如欧·托内拉所正确地指出,由于奥·威·施莱格尔,格林兄弟的著作更加清晰易懂。在他们的著作中,除流于空想的种种议论（现在已不难辨识,而当时却颇多为人们信以为真）,亦不乏表明两位学者可成为评论家之见解。

3.《儿童与家庭童话集》与民间文学风格

正是格林兄弟直觉地感到民间诗歌的,更确切地说,感到自然诗歌的质朴、纯真；这种诗歌不同于文人诗歌——人的心灵有可能展示于其中,感情也有可能充分表露。他的同时代者同样予以关注。譬如,弗·迪茨在 1826 年发表的青年时期的著作《论游吟诗人的诗歌》中指出：质朴和韵律是民间诗歌的特点。后来,1838 年,黑格尔在《美学》中也揭示了民间诗歌的这些特点（黑格尔将民间诗歌与歌曲相提并论）；他声称：它不需要"内涵的深邃、内在的壮伟和崇高；而且甚至恰恰相反,尊贵、高尚以及思想的纯净,只会成为对其领悟所直接带来的美的享受之阻碍"。在格林兄弟看来,领悟的直接,与自然诗歌的内在壮伟并不相悖。他们的这一前提产生了一条方法律则,即绝对忠实于民间文学原作。卢茨·迈肯森不久前对格林兄弟最著名的一部著作的意义作了评价,指出:

十分侥幸,不久前发现了《儿童与家庭童话集》的最初版本,即《艾伦堡手抄本》——因其发现地而得名。现在,我们可以探考这一著名集本如何形成。雅科布·格林致力于此,以期搜集新的资料,借以对日耳曼神话的历史进行探考,并对日耳曼神话加以阐释。后来,这一工作转到威廉·格林这位文学巨匠手中。雅科布只关注童话的内容,威廉则想从中并获取诗歌。他并没有可直接援用的范本,于是将其耳闻的与搜集和记录的结合起来。这样一来,他便赋予童话以他自己的童话格调以及据他看来这些童话曾具有的形态。为了保留童话的内容,他通常搜集同一童话的种种异说(民间的以及书本的),并从而创造某种新的统一体。为了达到格调的纯真,他运用了种种程式(既有旧的,又有新的)。于是,一种童话体裁得以形成;在格林兄弟之后,这种童话体裁广泛见诸我们的童话集。

《儿童与家庭童话集》确实得到普遍赞赏,被誉为最优秀的儿童作品之一。然而,格林兄弟的道路是不是詹·巴西莱或沙·佩罗所遵循的呢,或者,格林兄弟是不是为阿尔尼姆和布伦坦诺在对《男童的神奇号角》进行加工时坚持的准则所影响呢?实际上,为了判明格林兄弟在搜集和整理时所遵循的方法,没有必要借助于《艾伦堡手抄本》。为了探明原委,只须认真阅读他们自己为历来出版的童话集所写的前言和注释。早在《艾伦堡手抄本》发现之前,欧·托内拉便以如此行之,并已取得卢茨·迈肯森所获致的结论。但是,对此必须作一些说明。

首先,必须指出:格林兄弟起初完全没有想到他们的书会成为奉献给儿童的礼物。他们更没有想到:经他们加工整理的书类似《男童的神奇号角》;不仅如此,雅科布·格林用于此的、他最初搜集的童话,曾被舍弃,因为格林兄弟曾决定将其范围只限于民间诗歌。在《儿童与家庭童话集》中,格林兄弟试图首先提供一部名副其实的民间文学之作,因而,正如他们所直言不讳地声称,他们在搜集童话时的恪守准确性和真实性。他们写道:"我们没有附加任何东西,没有补充一个细节,没有补充一个情节。"但是,阿尔尼姆并未置信;他在给雅科布·格林的信中写道:"无论是威廉,还是你,你们都不能说服我,即使你们自己也不会相信:你们所记录的童话,与你们所听到的毫无二致。"格林兄弟确信:他们记录的童话是准确的。于是,人们不禁要问:他们怎样理解这种准确性呢?

4. 被视为方法论谬误之结果的文人之作

搜集《儿童与家庭童话集》所辑入的童话时(后来数版,篇数愈益增多),格林兄弟主要仰赖口头传统,即听民间男女故事家们的讲述。譬如,他们忆起尼德尔茨韦伦的一位农妇,心情依然不能平静;他们从这位农妇那里获得丰富的材料:"我们在卡塞尔附近的尼德尔茨韦伦村幸运地遇到一位农妇;第2卷中最美的童话,都是她讲述的。她是一个贫苦牧人的妻子,还不到50岁,精力十分充沛。她记得古老传说——但并非讲给任何人。她很乐意讲述这些童话,想把它们原原本本记录下来。"

格林兄弟也确实像默写似地原原本本记录。童话既已搜集到手,在如何处理上又颇费心思。在《儿童与家庭童话集》的纲领性"前言"中,格林兄弟依然坚持准确性,却又出人意料地补充说:

> 我们按照我们所听的讲述,表达童话的内容。然而,不言而喻,叙述的手法和细节的描绘主要属于我们。我们竭尽全力保存一切具有特色的东西,力求童话集保持自然的、无雕饰的状态。

关心诸如此类工作的人们都知道,不能以收藏家那种漠然和冷淡的态度对待这些童话。反之,要费尽心思,从种种异说中将质朴的、纯正的和丰实的从赝造者中区分出来。倘若发现一则童话的异说可互有补充,我们便将它们连缀起来。在鉴别种种异说时,我们优先选用最佳者,其他异说则置于注释中。

然而,这样一来,不仅故事讲述者的个性消失殆尽,这一或那一异说也面目全非,每一异说实无不失去原貌。阿尔尼姆再度提醒雅科布·格林:民间故事的变易虽则缓慢,却是不停顿的,不仅随着时光的推移,而且在每一个故事家讲述过程中都会发生。甚至儿童也不会原封不动地重述母亲给他讲的故事。格林兄弟并不否认:每一讲述者都有新的增益,却又断言:故事即使有所变易,其主体依然如故;诸异说之可贵,在于每一异说都保留其最根本的。在他们看来,世代相传(或者,更确切地说,从一"作者"传给另一"作者"),变易的只不过是故事的文学表述。然而,他们是否可以依据异说改变这种表述呢?即使是为了保存故事的原初内容。

格林兄弟在民间故事中揭示其共同的、无人格的基原,视之为民间故事的根本,而且对其叙述进行加工,并称之为复原。令人不解的是:这样一来,如何达到他们给自己提出的目标,即:得到不带有作者或讲述者个性印记的文学作品。他们之作为的结果是:他们以民间语言所特有的纯真、质朴讲述德国童话。布伦坦诺对这种方式并不满意,称之为幼稚的;而施莱格尔兄弟和阿尔尼姆,特别是歌德,则予以赞赏——歌德曾向沙·施泰因推荐《儿童与家庭童话集》,认为此书可使儿童赏心悦目。这样,民间文学领域以当时最好的佳作丰富了儿童文学(而且不仅是儿童文学)。在解决语文学课题(恢复原貌)的过程中,进行文学加工,使《儿童与家庭童话集》具有特殊的魅力。其状貌宛如《男童的神奇号角》,而与保存民间诗歌格调的民众则尤为接近。格林兄弟确信:他们已掌握民间语言。实际上,他们寻得自己的语言。

这样一来,由于方法论的谬误,语文学领域出现了一部文人之作。

5. 作为民族叙事文学的民间故事

然而,《儿童与家庭童话集》并非只是企求成为文人之作。在1812年至1815年问世的第1版(第1、2卷)"前言"中,格林兄弟揭示了民间故事与叙事传说、童话与神话之间的关联。而每出一版(特别是从1819年第2版开始),童话则以新的面貌呈现于读者;威廉·格林在其兄的赞同下,对所收童话越来越认真地进行修改。这也是该书成功的原因所在;此书并未进入它所应进入的学者的书斋,而是为儿童们所喜闻乐见。

格林兄弟为学者们准备了第3卷,并附有参考书目、注释等。此卷系出自威廉·格林之手,于1822年问世。而在此以前,格林兄弟在1816年和1818年又出版了两卷集《德国传说》。他们在此同样遵循其方法:力求清除个人所臆造者,恢复原初之说,保留民间语言。《德国传说》尚在编辑整理之时,雅科布·格林在1815年致阿尔尼姆的信中写道:"我们所搜集的传说,是完整的日耳曼英雄传说的片断。"然而,这一传说的胚芽,也已蕴涵在《儿童与家庭童话集》中。

在《儿童与家庭童话集》第1版的注释中,特别是在其第2版的"前言"中,格林兄弟着重指出:童话不仅被他们看作幻想的演示,而且被视为具有重大历史价值的文献。对他们来说,历史不仅是(他们这样答复奥·威·施莱格尔)对事实的编年体叙述,而且是人民所思索和所幻想的一切之总和(无论他们的这些思索和幻想体现于何处以及如何体现)。

民间故事中叙述了黄金时期,叙述了这样的时期:整个自然充满生机,禽鸟和植物能言,宁芙女神在河溪中休憩,月亮和星辰到人间来作客。这简直是令人神往的神幻世界;在这一世界里,独一的宇宙精神呈现为不同的形象,而这些形象保留着创造它们的各族人民所赋予之属性。

在《儿童与家庭童话集》第 3 卷中，那些原理再度重现，并加以诠释。威廉·格林考察了童话体裁的历史沿革；在他看来，童话是素朴的、率直的叙述。他有关《五日童话》（格林兄弟拟将此书译为德文；而此书于 1846 年始在德问世，译者为弗·利布雷希特）、有关佩罗童话、《费厄作坊》等的见解，为人们所关注。在东方童话、阿拉伯童话、日耳曼童话、印度童话等领域，他发现广泛的知识。然而，此书的价值并不在于诸如此类说明。重要的是：他揭示了神话与童话（神幻故事）的关联。就此而言，其论据是绝对的；据他看来，整个日耳曼神话世界呈现于童话（神幻故事）中，"睡美人"成为布林希尔德。在许多童话中，齐格弗里德亦作为猎人呈现；他吃了神幻之鸟的心，获得通晓动物语言的异能。他的灰姑娘，乃是古德伦的化身。在童话世界里，威廉发现祖先的信仰以及他们的神话（这些神话，则视为被遗忘和湮灭者），发现他们的宗教（呈现为有活力的、生机勃勃的多神教，并已与基督教相融合、相交织）。

《儿童与家庭童话集》的价值因而在于：其中保留有古日耳曼各民族的信仰；此类信仰体现于诗歌形象，这些童话因而无非是原始诗歌的片断。威廉·格林运用丰特奈尔和拉菲托所提示的遗存研究方法，力图从科学的角度阐明他作为文学家所猜测到的。然而，就此而论，他与其兄毫无二致，同样坚持这样的论点：所谓自然诗歌，不仅应从文学角度，而且应从民族志学角度加以探考。童话犹如歌谣，首先是文学之作。但是，其中蕴涵有民间信仰、迷信观念。这并不有损于其文学价值；对它们进行探考，则有助于理解童话中那些无此便不可理解者。

6. 诗歌、法与神话

雅科布·格林正是遵循这一途径。另一著名之作《德国法古风物》(1828年版),我们同样归之于他。

格林兄弟在其不同著作中将用于神话的尺度运用于法,而对神话则运用那种运用于语言的尺度。在他们看来,人民无非是直观地、无意识地感悟依据传统所确立的法之神圣性。他们由此得出结论:习惯法中存在某种无法表达者;这种无法表达者,不可以理智创立。而且显然只可以至高意志的干预来说明——无论是法,还是诗歌,其共同的渊源均归之于所谓至高意志。

对见诸仪礼和习俗中的成分之研究(诸如此类成分,可视为习惯法的章则),应当有助于从多世纪的黑暗中获取古老的日耳曼之智。这便是雅科布·格林用以作为其《德国法古风物》基础的原则。在题名《法中的诗歌》的论著中,他欣慰地声称:

"忠实于祖辈的习俗并恪守不渝,被视为我们民族的主要特点之一。正因为如此,我们迄今拥有那种其古老性和珍贵性唯有希腊诗歌可与之媲美的诗歌;时至今日,农民的风俗、语言和习惯仍然与古老的传说以及古老法律的随意性相关联。"

这一思想同样可见于《德国神话》(1835年问世)。该书主要对两大叙事诗——《埃达》和《尼贝龙根之歌》进行探讨;格林兄弟对这两部叙事诗极为关注。然而,雅科布·格林致力于对古日耳曼神话的追本溯源,并不局限于这两部叙事诗。他诉诸中世纪编年史和圣者言行录,而且从古日耳曼初源到以不同方式和现象保存于民间创作和民俗中的遗存(风俗、习惯、谚语、俚语、歌谣、传说等)。他所著《德国神话》的价值,便在于此;在此书中,他仍然坚持他在《德国法古风物》中所持立场;他对民俗和民间创作进行了广泛的探讨,而不仅仅限于神话与仪礼、童话(神幻故事)和信仰的比较,而且试图对所有这些现象进行深入探考,给以批判性的评价,并加以说明。

应当指出:在这些著作中,雅科布·格林有时从远古导出并非属于远古的现象;他的某些结论是大胆的,而且似乎甚至是天才的——如果加以审视,则是偶然的和虚妄的;正如尤·马·索科洛夫所正确地指出,他通常将类似者与雷同者相混淆。然而,即使如此,雅科布·格林的功绩同样是重大的;他在上述著作中对民间创作进行了第一次科学系统化。他的另一功绩,也不可予以低估,即对基督教德国的多神教特点之诗歌复兴(诸如此类特点,在《儿童与家庭童话集》和《德国传说》中已有所反映)。对此还应当补充说,雅科布·格林的语言尽管稍嫌累赘,却是形象的,而且潜移默化地、不可抗拒地吸引着和征服着读者。这是其成功的原因之一。雅科布·格林以及其弟威廉·格林,喜欢翱翔于云间,喜欢与其童话中的主人公,乘暴风雪莅临古日耳曼的狂欢夜会;然而,每当从云霄来到地上,他总是坚定有力地迈步向前。

7. 语　法

雅科布·格林同样不能忽略语言问题;歌谣、童话、传说和神话,势必体现于语言范畴。在已提及的《海德堡年鉴》上,奥·威·施莱格尔呼吁格林兄弟注意研究德语语法,以期对民间文学之作进行更恰切的阐释。这一问题同样引起他们的关注,特别是在他们着手编辑出版德国古代文学典籍之后。在这一领域,雅科布·格林亦有重大建树;1819年,他的《德语语法》一书问世。在此书中,他对德国语言的形成和发展进行了探考,并对其种种方言进行了比较。在《德语语法》中,他部分地追随弗·卡·萨维尼(他还将《德语语法》献给他),而且提出这样一种见解:各族人民在履行自己的职责时,获得其个性,首先是在语言和法的领域。雅科布·格林如同约·格·哈曼和约·戈·赫尔德,确信语言的神圣起源,并坚持这样一种见解:语言与法之间存在深刻的近似,因为两者就其本质而言既古老又年轻,两者有着漫长的发展历史。

在1812年发表的一篇著名论著中,卡·威·胡姆博尔特对被视为硕大植物的人类进行了探讨,据说,其枝茎覆盖整个大地。他写道:

"因此,研究民族及其文明之亲缘关系的时刻已经到来,这便是研究民族之间的差异——语言上的差异。"这篇论著并未指出:如何确定不同语言之间的亲缘;而约翰和弗里德里希·施莱格尔对此已有所揣测。至于语言的亲缘,数年后,弗·博普在其著名的论著《梵语变化体系与希腊语、拉丁语、波斯语和哥特语的变化之比较》中予以探考;在此书中,他对梵语同希腊语、拉丁语及其他语言的亲缘(即印欧语的亲缘)作了翔实的阐述。这意味着比较语言学和印欧语言学的诞生,成为《德语语法》之别具一格的洗礼。在《德语语法》中,雅科布·格林接受了印欧诸语同源之说,并指出:在德语诸方言的研究过程中,可见日耳曼原始语的轮廓。他声称:"世界上没有一个民族,其语言可与德语的历史相比拟。"

此外,还应指出:格林兄弟始终为浪漫主义派关于文明之说所左右,即在约·戈·赫尔德所赋予这些术语的意义上将文化视为始初者和原始者之体现。始于他们最早期的著作,格林兄弟便只关注他们国家的民间文化遗产,只关注他们本民族的传统。

8. 格林兄弟的爱国主义

格林兄弟的活动有一个既定的目标,即赞颂传统。他们继续了那种民族运动,即:在往昔为现今的自由寻得基原。他们深受老师弗·卡·萨维尼以历史学派的精神所给予的培育,并赞同萨维尼这样一种观念:"历史过程,并非产生于有意识的、个体所提出的目的,它具有其固有的有机生活;这种生活的发展,乃是理智所不可企及的力量之作用所致"。格林兄弟是施莱格尔、阿尔尼姆、布伦坦诺和格勒斯的朋友;他们同浪漫主义所有派别均有关联。对日耳曼中世纪的爱,促使格林兄弟从事民间文化的研究;所谓"日耳曼中世纪",从他们在语文学和文学领域迈开第一步起,对他们说来同样是德国的自由时代,是其文明发展的主要阶段,是其早期的、原始的文明发展的主要阶段;在这种文明中，民族与种族融合为一体。

　　格林兄弟中的长者——雅科布·格林，青年时期即迫不及待地研究约·雅·博德默的爱情歌集，他在萨维尼的丰富藏书中获得此书，从头到尾读了 20 遍。后来，路·蒂克为此爱情歌集的选本所写的"前言"，对他有很大的影响。威廉·格林最初的志趣之由来，同样如此。

　　格林兄弟看待祖国的往昔，是基于祖国的往昔对民族的意义；他们不仅将其理想化，而且将其神圣化。他们的爱国主义富有活力、炽烈、激奋人心；他们沉浸于所谓拯救观念，即可资佐证——这一观念在德国越来越具有现实意义。他们为这一观念所激励，着手搜集童话、传说、神话、谚语；凡此种种，他们视之为德意志精神的产物。《儿童与家庭童话集》第 1 卷，众所周知，在莱比锡战役前夕问世；当时，德国人为趾高气扬的、"尖酸刻薄的"敌人所辱（如后来雅科布·格林所述）。另一情况同样不容忽视，即：一年前，其《古丹麦英雄歌谣、叙事歌和故事》出版时，威廉·格林指出：

　　"它们理应得到的关注，应大于迄今曾给予它们的；这不仅是由于它们的诗歌形式具有特殊的魅力，有助于每一个童年时听讲述者的心灵中保留感人的、有教益的记忆，而且是因为它们构成我们民族诗歌的一部分。"

　　格林兄弟的活动，尽管他们十分审慎，却仍然具有似乎民族呼吁的性质。在一生中，格林兄弟始终不渝地坚持其政治立场。下列事实即可资佐证。1837 年，他们毫不动摇、完全自愿地在历史学家弗·克·达尔曼旨在反对汉诺威政府公然违反宪法的行径的著名抗议书上签名。雅科布·格林并因此被革去在哥廷根大学的职务；他曾在此授课达七年之久。嗣后，他完全献身于他最关心的事业，即对德国语言和方言的研究。始于 1837 年，格林兄弟在这一领域有巨大建树。1855 年，他们着手编著《德语词典》；1848 年，雅科布·格林发表了《德语的历史》（共两卷），作为其语法的附录。这些著作在一定意义上堪称《德语语法》所结之果；正如本·特拉齐尼所正确地指出，《德国语法》完成于德意志精神高涨年代,是语言学的基本著作之一。《德语的历史》旨在探考日耳曼主义的语言前历史时期,同时又是忧虑和爱国主义(1848 年德国所特有的情感)之体现。《德语词典》,亦然;《德语词典》堪称民间文化的宝库,包容 1812~1848 年间考察中所积累的全部资料。

格林兄弟竭尽全力,以期使他们的祖国除《德国历史古籍》(据施泰因的倡议而完成)外,最终得到他们的"大典"(Corpus);在这一著作中,往昔与现今融合,两者对自己民族提供共同的概念。格林兄弟意欲出版或再版德国古老文学典籍的插图本;这些已为他们的先行者们所倾慕。他们的主要目的在于:在保留于依然延续的民间文化中之片断的基础上,恢复被湮没之传统的瑰宝。他们的活动分为两个方面:其一,搜集和发表;其三,对来自语言、法、文学、神话、叙事之作的材料进行广泛的研究。格林兄弟并不总是在一起工作;而当他们在一起工作时,他们一向是职责分明。他们始终致力于一个目的:颂扬日耳曼世界;据他们所描述,它是一个封闭之政治的和诗歌的机体,并作为激人奋进的永恒象征,对其民族具有越来越大的意义。威廉·格林宣称:民族"这一概念,包容精神所及于的一切,它已尽善尽美,十分和谐"。格林兄弟以其学术探索使民族观念有所增强;他们的著作,无疑在德国文化中居于主导地位。

然而,在欧洲其他国家,浪漫主义与民间文化的关联如何呢?格林兄弟及其先行者们对此有无影响呢?

第 14 章 复返渊源

1. 英国浪漫主义：华兹华斯与柯尔律治

西欧浪漫主义最突出、最出色的文献典籍：对英国来说，为《抒情歌谣集》；对法国来说——《论德国》；对意大利来说——《并非完全庄重的格里佐斯托莫信函》。然而，试问：西欧其他国家的浪漫主义现象是否与其在德国的状况相契合呢？

毫无疑问，德国浪漫主义运用先于其形成之整个欧洲的经验，并从中承袭了自己的典范，始终以其哲学基质为基础，因而成为强有力的机制；它尽管亦成长于这一先前经验所提供的基础之上，却又别具一格。当然，在西欧的任一其他国家，浪漫主义亦适应该国条件，并表达其意向；而同时，它又好似一株树，生长于前浪漫主义的土壤之上，德国浪漫主义的思想后又嫁接于其上。在英国，在《抒情歌摇集》的"纲要"中，作者们再度呼吁关注民间传说；对民间传说的兴趣，已为《莪相作品集》、《英诗辑古》以及其他浪漫主义派之作所唤起。众所周知，华兹华斯和柯尔律治逗留德国，成为《抒情歌谣集》成书的契机。

据作者们声称，他们在歌谣（"巴拉达"）中讴歌"日常之事，使之产生对某种理想者和超自然者的印象"（华兹华斯语），并讴歌"理想的、超自然的事件，使之产生对现实者的印象"（柯尔律治语）。尽管如此——至关重要的是，《抒情歌谣集》继承了詹·汤姆逊和托·格雷的民族传统。然而，柯尔律治和华兹华斯希图建立崭新的、自己的文体，它不受为诗歌语言所制定的律则的制约。正因为如此，柯尔律治失之于滥用古语，而古语应将读者带入往昔之气氛中；华兹华斯则运用承袭自儿童和平民语言中的词句。

正是有鉴于此，华兹华斯在《抒情歌谣集》第2版中忆起《英诗辑古》，并以之与《莪相作品集》相比拟。

> 从麦克菲森的《莪相作品集》和珀西的《英诗辑古》两者的问世所得的印象，各有所异，甚至相互对立；与其说前者矫揉造作，毋宁说后者质朴近人。我已述及，德国如何得益于前者；而在我们国家，珀西恢复了麦克菲森的声名。我想，如今没有一个诗人不自豪地声称：他颇得益于《英诗辑古》。我相信，很多人同意我的这一看法；至于我，我也会荣幸地公开承认得益于此书。

威·华兹华斯更赞赏北部的歌谣（"巴拉达"），他从孩提之时便耳濡目染。他对这些歌谣的热爱，与对自然和农村生活的倾慕相结合——在这里，一切是那样的自然和质朴，似乎可以听到神的声音。他对儿童、流浪者、收割人十分赞赏；他那属个性的东西消溶于集体者中。塞·柯尔律治对平民百姓及其歌谣同样有浓厚的兴趣（但只是将其歌谣视为创作的材料）。对华兹华斯来说，民众乃是在永恒自然的怀抱中实现共同友爱之意愿的象征。

克·考德韦尔指出："这种友爱，对华兹华斯来说，意味着世人复返自然状态。对雪莱来说，亦然。华兹华斯同雪莱毫无二致，亦接受了卢梭以来的法国思想的深刻影响。自由、美——人因社会关系之过而失去的一切，他都寻之于自然。"儿童和农夫接近自然，唤起他对作为一切之始基的奇迹之感受。华兹华斯并未思考因革命而争得的自由。对他来说，自由乃是"自然——人——神"三位一体之结果。

关于完善之人的思想，很难同自由的思想加以区分。而在英国，在《抒情歌谣集》问世以后，反对拿破仑的斗争，即被称为"自由"。诚然，这一自由的敌人是在国外，而他同样是危险的。福音派和循道宗的传道士们也力图使人们相信:考虑社会平等为时尚早;华兹华斯也越来越心平气和。但是,他在社会问题上的道德教诲,实则与至诚的清教徒的主张相结合(拜伦对清教徒主张持反对态度);他对蕴涵国家的现今和未来之情感和传统依然十分关注。

2. 沃·司各特——民间文艺学家和小说家

沃·司各特亦采取类似立场;珀西的《英诗辑古》对司各特也有深刻影响。在其所著《小说家列传》中,司各特写道:

> 我清楚地记得我第一次读这部书之处:我坐在枝叶繁茂的法国梧桐树下……夏日转眼间已逝去;尽管我才13岁,因而食欲良好,我仍忘记用早餐;家人甚为不安,他们找了我很久。最后,他们在郁郁葱葱的小树林中找到我,这是我常去的地方。阅读和幻想,那时对我来说形同一体,我屡屡打扰我的同事以及有足够的耐心听我诵读珀西的诗歌者。我把零用钱积攒起来,才买了这本我如此喜爱的书;我不记得还有什么别的书,叫我如此爱不释手和兴致勃勃。

正是沃尔特·司各特年仅13岁时的那种兴致,促使他编辑苏格兰歌谣集,并在《抒情歌谣集》问世4年后出版了《苏格兰边区歌谣集》。其传记作者之一(约·吉·洛克哈特)写道:沃尔特·司各特在苏格兰边区城堡的废墟中漫步达7年,考察民众的生活。民间文化,得到他作为考古学家、历史学家和艺术家的关注;在其《边区歌谣集》中,种种不同的关注分别有所表现。他搜集历史的和爱情歌谣,有时并对之进行加工;这表现了他对中世纪以及地方民间的和民族的传说之酷爱;同时,他自己也从事歌谣的写作。

沃尔特·司各特将许多他所搜集的材料用于长篇小说,以期赋之以"地方色彩"。这种长篇小说的理论,为浪漫主义派所提出;约米勒为其热诚的追随者。沃·司各特的历史小说之构想究竟如何呢?毫无疑问,历史现实以及与之相关联的一切,引起他的兴趣。他的崇拜者之一——莫里斯·德·盖兰写道:"依据司各特的小说,可对历史进行研究;须知,历史学家所阐述的无非是一般的事实,他则描述生活细节,并在其如此自然和明快的对话中向读者介绍社会不同的阶级及其繁多的习俗。"

然而,倘若对沃·司各特如何阐述历史进行认真的分析,历史则与其一切细节、生动的对话等呈现于我们面前,犹如浪漫主义派的童话。其创作的秘密便是如此,他因而颇似德国浪漫主义者——他对他们十分爱戴,并致力于其著作的翻译。

如果将沃·司各特的任一长篇小说与(譬如说)路·蒂克的中篇小说相比较,则可得出下列结论:德国浪漫主义者们力图了解这些或那些文化条件赖以形成的原因,并将产生于这些条件的习俗视为培育民族的手段。司各特并未致力于此。他援用历史资料,无非是为了对往昔作生动的描绘——这种描绘有时臻于如此理想程度,以致历史的本质趋于消泯。

但是,应指出司各特的功绩:他将苏格兰人民的生活也纳入他对人民古风物之广泛生动的描述,并给予特殊的关注。他对约·布兰德、亨·伯恩和托·布朗的创作有所增益,并囊括几乎整个大不列颠那理想的民间文化。《老爷爷故事集》,同样如此;这些故事,都是他讲给他的孙子们听的。无怪乎威廉·格林在为他的童话所作的注释中称沃·司各特为莪相和珀西的《英诗辑古》之后继者。

3. 法国浪漫主义:复返自然以及
复返"自然人"

在法国,浪漫主义的预言者,无疑是卢梭。路易-塞巴斯蒂安·

梅西埃的《论戏剧,亦即关于戏剧艺术的新试析》(1777年版),即可资佐证。

这一论著与默泽的《滑稽角色》和卢梭的《论戏剧书》有许多共同之处;在这一论著中,梅西埃探讨了当前的文学,特别是戏剧,并指责法国戏剧未反映我们目前所经历的生活。

据梅西埃看来,其原因有二:戏剧并未毅然摆脱对古希腊罗马著作家之亦步亦趋的模仿;戏剧并未毅然摆脱这样一种成见,即只有现今世界的伟大者可以搬上舞台。生活现象不能是纯悲剧的或纯喜剧的,以成为公式化地仅用于悲剧或喜剧的质料。必须创立较适应现代的戏剧形式,即亦庄亦谐、与任何成规并无关联的话剧,不受约制地从人民中,从社会最低下的阶级中汲取激情。

在这部不应被遗忘和未得到应有评价的《新试析》中,探讨了崇古者与求新者争论中屡见不鲜的课题;而作为浪漫主义纲领之前提的一些动机也见诸其中。首先,这便是要求艺术不仅诉诸习以为常的、学院式探寻的渊源。梅西埃并预言未来之诉诸怪诞。在其为《克伦威尔》所写的那篇著名的"序言"中,维克多·雨果将其视为基督教艺术较多神教艺术复杂之主要论据。正如雨果所指出,畸形者和可怖者亦有其特殊的美。这可视为较为真实的文学之要求——这种文学,因而又较为接近人民,换言之,与自然有着紧密的联系。

自然被兴致勃勃地誉为奇观;它展现在我们面前,其种种现象纷繁万千——从柔美的花朵到山峦,从最简单的机体到最复杂的机体乃至人。这种自然,我们可见之于自然主义者乔治·路易·布丰和博学的诗人贝纳丹·德·圣皮埃尔的著作。后者的著作,我们首先是指:《自然探考》和《自然的和谐》。贝纳丹·德·圣皮埃尔亦为卢梭的崇拜者和学生。他曾以关于原始人的自然状态的长篇论著献给卢梭;这也成为他的著名小说《保尔与维尔吉尼亚》的主题。

贝纳丹·德·圣皮埃尔似乎成为卢梭与夏多布里昂之间的中介。在其所著《关于革命的历史、政治和道德试析》(出版于《抒情歌谣集》

前一年）中，他将栽相誉为新文学最卓越的诗人之一；后来，忆及这位法国人内心如此珍视的美洲印第安人时，惊叹道："当生活对我说来已成为重负，与人接触则痛苦不堪，我悲哀地低下头来。多么令人陶醉的幻想！噢，独居野处那神秘的、不可言状的惬意！在漫无涯际的荒野深处，我贪婪地饱尝这种惬意。"

后来，当这些梦想在他的创作（《阿达拉》、《勒内》、《纳切兹人》）中付诸实现时，夏多布里昂写道："在《纳切兹人》第1卷中，我们可以看到种种奇迹——基督教的、神话的、印度的。那里，有缪斯女神、天使、魔鬼、精灵，有各种争斗，还有'光荣'、'时间'、'夜'、'友谊'之人格化形象，此卷还包含有咒语、献祭、非同凡响的现象之简约或详细的描述；以及荷马那种格调的简约和广泛的比喻。"

更确切地说荷马的格调以及栽相的样式。在夏多布里昂的笔下，美洲印第安人的谈吐和作为，颇似苏格兰民间诗人（"巴尔德"）的英雄人物；有时我们会有这样的印象：栽相和芬戈儿似被描述为沙克塔斯和乌图加米兹。然而，无论对其作品的风格如何评价，显而易见，在夏多布里昂的笔下，对一切邈远的和湮没无闻的之向往，不仅体现为对较美好的另一世界的思念，而且体现为对质朴和自然的生活，换言之，对人类原始状态的憧憬。这也就是他对基督教的态度。他崇拜基督教，因为他在基督教中发现艺术的和社会的有价值者。他对古高卢的森林赞美不已，并将它们比作法国哥特式建筑。人民生活中的种种现象，在他心中激起同样的情怀；他似乎觉得，法国的往昔显现于其中。

4. 从斯塔尔夫人到福里埃尔

继让·巴·蒂耶尔和皮·勒布伦之后，拿破仑在一定程度上也对研究往昔有所助益；大臣埃·克雷特曾奉其命发布第一个保护各民族语言的文字古籍的通令。克尔特研究院的活动，尤为有益；该研究院建于1804年，后改为"古籍爱好者协会"。研究院秘书长埃·若阿诺在他的一篇讲话中指出人们所鄙视的法国民间传说的意义,并建议搜集歌谣和故事。他劝人们更多地求助于人民,因为"人民的全部学问以传说为基础,而表现手法则是基于多个世纪来备受推崇的程式"。他希望:"那时,法国人将明白,他们那里只遗留有古代的和高卢的,而主要的是不再把自己装扮为希腊人和罗马人。"

这一呼吁并没有得到反响。数年后,在雅·安·迪洛尔和米·昂·曼古里的倡议下,向克尔特研究院的成员和各省长官发布了一项通令(诸如此类通令中的第一个),要求编写节期、仪礼、迷信以及人民物质生活和精神生活中其他现象的有关说明。"通令"共4条,其中第3条一开始便这样写道:"记录留存于你们省的民间竞技以及与其相并而存的歌谣和音调。记录这些歌谣的性质(欢快的或悲伤的)。记录舞蹈和乐器。报告:是否保存有源于远古的歌谣。"

1805年,迪洛尔遵循拉菲托,主要是遵循德·布罗斯的途径,发表了一部论著,题名《论始祖神,亦即论古老民族和近代民族的生殖器崇拜》;在这部著作中,民俗资料,诸如有关现代意大利生殖器崇拜仪礼的记述,业已系统化。他深知这一工作所具有的意义。而在1810年,吉罗·多克松(曾对与勃艮第的种种习俗相关联之语言的起源有所探考),致函研究院的秘书长:"老实说,我感到惊异,许多探考者,正如我所指出的,只是进行习俗的登记,而不深入研究其内在的涵义,不探寻它们产生的起因,不试图推本溯源。"

在同一年,拿破仑下令焚烧斯塔尔夫人那部非爱国主义的好书,即论德国之书,更确切地说,论德国浪漫主义之书。10年前,在其所著《论文学与社会建制的关系》中,斯塔尔夫人写道:对民族文学必须深入地并结合民族加以研究,民族一向是一定的历史时期的反映。

在最终于1814年得以出版的《论德国》一书中,斯塔尔夫人发展了这样一些论点;她强调指出德国诗歌的民族特点,并将其同法国诗歌进行对比,在现代的一切诗歌中,法国诗歌最富于古典主义,而且是唯一不为人民所接受者。正因为如此,法国诗歌亦不可称为民族诗歌。这位女作家援用毕尔格的《莱诺勒》，指出：人民的信仰，一向同居于统治地位的宗教相关联，因而"不理解为何可对之加以鄙视"。她补充说，莎士比亚曾"得幽灵和魔鬼之助，从而获得惊人的效果"。继而，她写道："鄙视平民百姓中大多数人的智慧所掌握的一切之艺术，可称为人民的吗？"须知，锋芒并非只是指向拿破仑，还指向这样的法国文学；"她呼吁，让我们法国人也贴近那取之不尽的源泉，德国人和英国人已在酣饮，贴近那孕育新诗学和新诗歌的民间诗歌"。

应当提及：在法国，理解民间诗歌意义的，尚有蒙田（赫尔德曾以他的名言作为其《民间歌谣集》的题词）和卢梭。然而，克洛德·夏尔·福里埃尔以其《希腊民间歌谣集》唤起人们对民间诗歌的真正兴趣；这些歌谣引起所有民间文化研究者的关注。《歌谣集》第1卷出版于1842年；就在这一年，为希腊独立而斗争的拜伦与世长辞。

《希腊民间歌谣集》不仅给法国带来了希腊人民的呼声，而且有助于对新诗歌和新诗学的总的理解（大家知道，民间诗歌对希腊近代诗歌的发起者索洛摩斯亦有巨大影响）。

克·夏·福里埃尔出版希腊歌谣，意在向法国人介绍近代希腊的《伊利亚特》，介绍叙事诗及其形成。据福里埃尔看来，叙事诗是人民天才的最直接的体现。他补充说道："人之与生俱来的天才，乃是自然界现象之一。"

三年后，埃·基内（曾翻译赫尔德的《关于人类历史哲学的思想》），也得出同样的结论。他认为赫尔德的功绩在于：他将古籍古物还给"历史的天才"，而在此以前它们曾被剥夺（他所指为将人民与其往昔联系起来的歌谣）。无论是福里埃尔，还是基内，都熟读斯塔尔夫人所宣扬的德国浪漫主义者的著作。（《希腊歌谣集》一书的"前言"，即可资佐证。）而福里埃尔犹有过之。在其在索邦的讲演中（其中一部分后辑入其《普罗旺斯诗歌史》），他将弗·奥·沃尔夫、卡·拉赫曼、雅·格林的理论扩及各民族的英雄叙事诗，其中包括《罗摩衍那》和《摩诃婆罗多》。同时，他还对各民族的民间歌谣进行探考；这一切对他来说堪称"小《伊利亚特》"。

1812年,诗人和语文学家路·乌兰德(在我们看来,德国诸民间诗歌集中最优者之一应归之于他),提出下列理论:查理大帝的豪迈生涯,不能不对诗歌,因而对传说、抒情歌谣有所激励;关于他的英雄歌为僧侣们编纂成集,流传至今。

当然,这一理论不能不使福里埃尔倾倒;在其《歌谣集》的"前言"中,他坚定不移地予以支持。

1837年,弗·米歇尔据牛津博德利图书馆手抄本,首次发表了众多集本中最完善的《罗兰之歌》。法国甚至没有想到它有自己的叙事诗,对这一发现的意义给予应有的评价。数年后,"康蒂莱纳"(抒情短歌)《埃斯库阿尔顿之歌》问世;在《罗兰之歌》第1版的"注释"中,米歇尔赋之以极为重要的地位。福里埃尔的成就显而易见;想来,《罗兰之歌》的基础实则确为短歌、民间的"康蒂莱纳"(清新、纯真、质朴)。

5. 法国与其"罗曼采罗"

随着对诸如此类探考的更加关注,民间歌谣更加具有重要的意义。于是,布列塔尼民间歌谣集编成,并于1839年问世,题名《布列塔尼民间歌谣集》(*Barzaz-Breiz*)。此书的编辑出版者为埃尔萨尔·德拉·维尔马克;他从一个贫困的歌手那里记录了"最后的布列塔尼人"的歌谣;三年前,苏韦斯特尔"执着地"记录了他们的风俗习惯。而维尔马克对自己所从事的工作则持截然不同的态度。他熟悉弗·奥·沃尔夫、格林、司各特和福里埃尔的著作,并致力于为其同胞们保留布列塔尼叙事诗的遗存。在其集本的"前言"中,他直言不讳地承认:其中大部分经他加工。一切叙事诗味道不足者,他以其他集本中较有叙事诗特色者予以取代。他声称:"这就是沃尔特·司各特的方法,我不知道更好者。"

对此,他还可以心安理得地补充:"这也是格林兄弟在其童话中所采取的方法。"然而,维尔马克尚乏沃尔特·司各特和格林兄弟那样体察入微的敏感;麦克菲森那样的激情,在他身上亦嫌不足。然而,他十分娴熟地在书中运用歌谣,有时将它们同原本中甚至并未提及的事件联系起来。实际上,他的集本简直是故弄玄虚,犹如普·梅里美于1827年发表的一部著作,题名《居士拉,即伊利里亚人歌谣选集(搜集于达尔马提亚、克罗地亚、波斯尼亚、黑塞哥维那)》。1842年,热拉尔·德·奈瓦尔这位精于雕琢的诗人,在述及古老的法国"巴拉达"时十分中肯地写道:"每一个民族始而歌唱,然后书写。诗歌一向为其自然渊源所激励。西班牙、英国、德国因其'罗曼采罗'而自豪。为什么它不存在于法国呢?"

一年后,法国最终获得自己的"罗曼采罗"("谣曲")。1843年,法国民间诗歌最大的集本之一问世;该集本题名《法国民间歌谣集》(编者为迪梅尔桑和科莱,共3卷,1858~1859年出版)。

1852年,奉拿破仑三世之命,由让·雅·昂佩尔缜密而认真拟定的《有关法国民间诗歌的指令》颁布。"指令"的颁布(后为罗兰、J. B. 蒂耶尔索、G. 东锡耶、帕·库瓦罗等学者所运用),在一定程度上为迪梅尔桑和科莱的"歌谣集"之激励所致。

时至今日,民间诗歌之呈现于法国人面前,犹如它之呈现于赫尔德,即宛如民族的呼声。而在两个法兰西帝国之间的时期,文学和史料研究两者并驾齐驱。反动的作家,诸如德·迈斯特尔和路·加·博纳尔,在复辟时期断言:资产阶级是百科知识的抽象,而人民则是活生生的历史(与此同时,他们当然没有忘记王者之权)。

继而,乔治·桑声称:"人民是史前时期留下来的、绝无仅有的历史学家。"这个人民,在乔治·桑的著作中与资产阶级和睦相处(即共处,圣西门已有表述),如潮涌一般进入维克多·雨果的创作。

让·巴·蒂耶尔、朱·米什莱、弗·基佐的著作(恰在这一时期问世),不仅受弗·夏多布里昂和沃尔特·司各特的影响,而且不无形成于德国的人民精神的构想之影响。法国学者对格林兄弟的了解,超过对黑格尔的了解。另一方面,法国人又对意大利的浪漫主义者有所作用;在意大利浪漫主义者们看来,对人民生活的关注与唤起民族自觉的意向不无关联。

6. 意大利的浪漫主义:
从《格里佐斯托姆之亦庄亦谐的信札》
到《古老的西班牙歌谣集》

意大利浪漫主义的倡始者,可视为詹·维柯;而路·穆拉托里则向意大利人论证了搜集"古风物"的重要性。继他们之后,遵循这一途径的有米·安·卡尔梅利和贾·莱奥帕尔迪。前者缘让·巴·蒂耶尔的足迹,写了《迄今犹存的种种宗教性和世俗性习俗的历史》(1750年版)。后者继托·布朗之后,于1815年出版了《古代民族的迷误》。

当国家尚被法国人占领之时,便试图对尚未湮没的民间文化进行搜集和整理。米·普拉库奇的《罗曼尼农民的风俗习惯》,便是1809～1811年在拿破仑统治下所进行的、对意大利习俗和方言的调查之结果。

乔·贝尔谢的功绩在于:他以其所著《格里佐斯托姆写给其子之亦庄亦谐的信札》(1816年版),激起对民间诗歌的兴致。贝尔谢援用维柯的观点(按其自己的理解),引用温琴佐·库奥科所著《柏拉图在意大利》一书;而在外国著作家们中,贝尔谢则援用埃·伯克、莱辛、席勒、弗·布特韦克和斯塔尔夫人的著作。在从维柯到库奥科这段路途中,可以看到意大利浪漫主义形成的过程。

应当如何理解"诗歌的人民性"呢?乔·贝尔谢认为:与自然相适应的,则是人民的。同时,在定义自然和自然性时,他将据他看来为大多数人所具有的情感,而不是将一种特殊的心理状态、通常被视为诗歌情感的幼稚和质朴的情感看作出发点。在贝尔谢看来,一切人生来便具有诗歌的本领,只是大多数人的这种本领未能发挥,并处于消极状态；而为数不多的出类拔萃者，即诗人，他们的这种本领则呈现于艺术创作。因其愚钝而不能理解诗歌的人们，他称之为"霍屯督人"。然而，还有另一类人，即"巴黎人"，高雅的生活和文明使他们精神空虚，失去感觉和正确判断事物的能力。真正的人民则居于"巴黎人"与"霍屯督人"两者之间，并因而形成基本的、一般的读者群体。

了解贝尔谢的这些论点，可对意大利的浪漫主义有清晰的了解；对意大利的浪漫主义来说，亚·曼佐尼及其所特有的健全的思想和意大利的幽默最为典型；北方学派的极端则与其格格不入。

在其一封信函（始而写给《意大利文库》，后寄《文学杂俎》）及其《一个意大利人关于浪漫主义诗歌的论说》中，贾·莱奥帕尔迪指责浪漫主义者们"将诗歌导离健全思想的轨道"。对这位伟大的诗人来说，"自然的"是感情所接受的。理智是诗歌的大敌，人们具有"趋重原始的和自然的、真挚的和纯净的之显而易见的意向"。贝尔谢所谓的"巴黎人"之"无力感觉"以及莱奥帕尔迪之"理智"，无非是同一范畴的概念。

另一方面，贝尔谢（在其《信札》中）断言：意大利新诗歌应当反映现代的情感和愿望；为此，它应当深入具体的现实。其结果，原先只是居于次要地位者，开始在意大利文学中占有重要地位。这些所谓二流人物，通常出现于喜剧，是些微不足道的人、出身于民众者。这样，伦佐和卢齐亚理想化地进入诗歌王国；至于它们有益于培育的目的，则证明它们之平凡。亚·曼佐尼使沃尔特·司各特的声誉得以恢复。在意大利，开始了方言诗歌的繁荣；诚然，这是文人诗歌，与民间诗歌毫无共同之处；然而，正是这种诗歌，在很大程度上对表达人民的真正情感有所助益。

乔·贝尔谢关于民间诗歌的构想，接近阿尔尼姆对民间诗歌的表述：民间诗歌是培育人民的手段。然而，阿尔尼姆将人民视为老师，贝尔谢（正如克罗齐所正确地指出）则视之学生。毫无疑问，贝尔谢绝不否认（正如一些人所认为）民间诗歌的意义。

《古老的西班牙歌谣集》出版于1841年,正值他侨居意大利境外,同他国的浪漫主义者较为接近。他对其在该《歌谣集》"前言"中的立场加以阐释,可以准确而明晰地表述其思想:

> 民间诗歌(我所指系确实出于民众者,而非民众所喜闻乐见者),不同于文人诗歌,它所创造的并不是形态不变、以文字加以固定的作品,而是将其创作赋予变易的歌唱和游动的故事。它无约束而生动,舍弃这一情节而采纳另一情节,同时又始终是依然故我,不失去其始初有之的本性。一人编成歌谣,千百人闻之,并加以仿效。母亲将她从父母那里听来的歌谣唱给子女们听,子女们又将这些歌谣唱给他们的子女。当学者来临并将这些歌谣记录下来,谁又能说出它们经过了多少人之口,经历了何种变易。

至于西班牙歌谣的翻译,珀西、赫尔德、切萨罗蒂、迪茨等堪称贝尔谢的先行者。大家知道,雅科布·格林也编了《古老歌谣集》。

正是在这些年代,西班牙人民刚刚战胜法国帝国主义和拿破仑,西班牙重新给予其歌谣以极大关注;阿·杜兰的鸿篇巨制《谣曲总汇》(1849年版),即可资佐证。贝尔谢作品的语言同人民的语言距离颇大;在贝尔谢看来,歌谣是民族的和爱国主义的民间诗歌之典范。然而,他力图使它们为人们所关注并拟翻译丹麦的民间歌谣;他距格林兄弟对民间诗歌的观点甚远。他已具有这样的见解(诚然并不十分明确):人民对其歌谣不断进行加工。对此,奥·威·施莱格尔和阿尔尼姆已直觉地有所预感;他不同于两者,仍然认为:民间诗歌只是直接出于人民这一既定的阶层。他常常将民间诗歌比作生长于温室中的一般花朵。人们闻着这些花朵的气味,则更加平凡,更加自然。这样,贝尔谢便猜测到民间诗歌的素朴性,即其为德国浪漫主义派所揭示的特性。

7. 尼·托马泽奥与意大利民间文化

所谓"民间诗歌",显然是"素朴的诗歌"。然而,何谓民族诗歌呢?《古老的西班牙歌谣集》(译者贝尔谢似乎是再创作)问世前八年,意大利考古学家 P. E. 维斯孔蒂发表了《马里蒂马和坎帕尼亚两省民间歌谣概览》——该《歌谣集》为当时意大利及其他国家的意大利民间歌谣集中最佳者。维斯孔蒂写道:

> 民间歌谣与民族性格、地方的条件、风俗习惯和文明水平相关联,值得哲学家予以关注。民间歌谣中,蕴涵着人类心灵的古老奥秘。诸如此类歌谣,是真情实感的直接流露,一向将习以为常的与非同凡响的,将寻常的与崭新的结合于自身。它们发自内心,并表达两种最强烈的情感——爱与怒。在善于感觉并善于表现其情感者那里,它们始可充分体现。搜集诸如此类具有引人入胜的表述、语言和故事情节的歌谣,无疑是一项崇高的事业(其中不乏伴随我们的语言而生的、最纯真和最质朴的诗歌)——这样的活动是富有成效的。我们无比温柔的母亲,培育如此多的美,将享有当之无愧的崭新桂冠。

维斯孔蒂的呼吁并非没有反响。1841年,尼·托马泽奥发表了《托斯卡纳民间歌谣集》;应当说,它不仅是意大利民间诗歌最鲜明、最真实的典籍之一,而且堪称当时最出色的语文学著作之一。托马泽奥对这些歌谣赞叹不已。在这些歌谣中,他兴奋地发现"与我们的语言相伴而生的"、"最引人入胜的表述和语汇";在他看来,这些歌谣是"生长于温室中的"花朵,但其培育者为"自由自在和接近自然的人们"。他指出:"谁如果把人民尊为诗人和诗人的激励者,谁就不应轻视这一歌谣集。"

对他说来，人民是诗歌之源泉。正因为如此，他的兴趣并不囿于托斯卡纳歌谣。他的第二部书，为《科西嘉人歌谣集》。在此书中，他显示了对民族志学的兴趣：对科西嘉人及其习俗给予极大的关注。继克·夏·福里埃尔之后，他编辑出版《希腊人歌谣集》——这是他的第三部书；他的第四部书为《伊利里亚民间歌谣集》。他那异常高超的译文，引起诗人们的注意；对他们说来，他似乎开拓了"新的诗歌源泉"。然而，他从未忘记：民间歌谣是民族自觉的体现。

8. 民族主义、一些民族的优先地位和使命

德国浪漫主义的功绩在于：它使民间传统的研究具有牢固的、民族的和历史的基础。德国浪漫主义在很大程度上激励了诸如此类的探考。同时，在德国，浪漫主义的理想所固有的普遍主义思想，并未阻遏民族感情的形成，因为民族被视为表达这些思想的手段。与此同时，英国和法国——大的民族国家，已经十分明确地宣示了与它们的文化和文明、它们的历史自觉相适应的理想。由此可见，民间文化并未创造这种自觉，而无非是予以增强，更确切地说，甚至予以复兴。

有人认为：现今形态的英国民族，形成于都铎王朝时期。然而，其民族特点的有意识的表现，可见于珀西的《载相作品集》和《英诗辑古》。法国的自觉，呈现于革命反对王权时期。在法国，实则出现对民族和祖国的崇拜，似为一种特殊的世俗宗教；这种宗教，帝国不仅推行于拿破仑所征服的国家，而且推行于他无非是希图控制的国家。然而，即使这一宗教，也未能在欧洲压制民族独立的意愿；这种意愿，则以不同的方式表达各民族那植根于其往昔的民族自觉。

基于其国家的往昔，并基于一种传统的观点（即法国在文化问题上居于欧洲之首），弗·基佐提出法国居优先地位之说。同样，温·佐

贝尔蒂则鼓吹意大利的历史功绩,宣扬教廷之世俗的和宗教的使命。就此而论,可提及朱·马齐尼;他曾宣扬意大利文化之诸多世纪的壮伟、古罗马之辉煌、文艺复兴。他们每一个人都将本国的优先地位(使命)视为继续存在并有所作用的现实。对他们以及德国浪漫主义者们来说,民族已非自然的,而是历史的因素。

第15章 民间文艺学的发展

1. 俄国的浪漫主义

在业已形成并臻于发达的文化传统之国家——英国、法国、意大利、西班牙,有些人将民间文化(民俗)贬为"庶民学科"。正因为如此,沃尔特·司各特、克·夏·福里埃尔、尼·托玛泽奥、乔·贝尔谢的活动,具有极为重大的意义。然而,应当指出:在这些国家,民间文化虽有助于文学和整个文化的复兴,却并未引起政治的和民族的,或者更恰切地说,民族的和人民的高涨,犹如德国。

安·葛兰西所指出的,亦有巨大意义,即:在法国,"民族的"一词等同于"人民的",然而"更具政治性,因为与'主权'这一概念相关联"。在意大利,"民族的"一词,其思想意识的含义较狭窄,与"人民的"这一概念的意义并不吻合。在俄语和其他斯拉夫语言中,该两术语的关联则迥然不同,"民族的"(национапьный)与"人民的"(народный)两词为同义语。

就一方面而言,俄国与德国相似。在俄国,亚历山大一世在位之前并不存在现代形式的民族感情——这种民族感情,为拿破仑所唤起。"拿破仑侵入俄国,独立自主的情感在所有人的心灵中被唤起"——当时的革命者之一亚·亚·别斯图热夫-马尔林斯基指出。亚历山大一世,对各族人民来说,成为他们反对拿破仑的斗争中的"弥赛亚"(救世主)。

嗣后,邦雅曼·孔斯坦将莫斯科的大火称为"世界自由的曙光"。

燃烧的莫斯科之火焰,表明俄国加入欧洲同盟。

应当指出:俄国的状况不同于德国,民间文化获得自己的权利颇费周折。但是,其状况又不同于英国、法国和意大利,在俄国民间文化("弗克洛尔")不仅仅是一个文化现象。意大利人、英国人、法国人,拥有但丁、彼特拉克、薄伽丘、乔叟、莎士比亚、弥尔顿、高乃依、拉辛等。对文学遗产并不丰富的俄国人来说,民间文学构成最丰富的社会精神财富;风俗习惯的记述,是语言的宝库。

彼·雅·恰达耶夫的著名《哲学信札》在1836年之所以引起反响,其原因便在于此。《信札》中赞扬天主教的功德;为了保障斯拉夫民族的未来,俄国教会应转入天主教(据诺瓦利斯所提示)。同时,他在《信札》中斩钉截铁地断言:俄国人"在其茅屋中"没有对人类思想宝库作出任何贡献,在文化领域也没有创造任何贴近他们自己心灵的东西。两著名的斯拉夫主义者——基列耶夫斯基兄弟,曾在德国学习,而且是格林兄弟的热诚崇拜者,回国后对恰达耶夫持反对态度;据他们看来,恰达耶夫的见解毫无可取之处:在俄罗斯人的心灵中,伟大的文学——民间文学,一向可以寻得,而且现在仍可寻得回响。基列耶夫斯基兄弟为论争做了充分准备,哈萨克学者基尔沙·达尼洛夫在此以前数年中所搜集的民间歌谣,是他们最有分量的论据。正是由于这位学者,人们不再把俄罗斯民间诗歌视为与陈列馆相类似的展品之汇集。

2. 基尔沙·达尼洛夫

歌谣和民间歌手之见诸俄罗斯,始于12世纪。同时,大家知道,《伊戈尔远征记》包容众多民间诗歌的成分。俄国民间诗歌典范之作的最初记录本(如果排除英国人理·詹姆斯和塞·柯林斯的17世纪记录本),属18世纪后半期和19世纪前10年。在此以前,民间诗歌处于完全被鄙视的境地:彼得大帝在位之前,教会文学居于统治地位;

彼得大帝在位期间,法国古典主义则居于压倒一切的地位。这种为农民、商人、漂泊者所珍重保存的诗歌,连同其音乐伴奏,不仅进入地主庄园,甚至传入宫廷。米·德·丘尔科夫(1770～1776年)、尼·亚·利沃夫(1790年)、米·伊·波波夫(1792年)、伊·彼·萨哈罗夫(1830年)的集本,经核对、修改和加工。

基尔沙·达尼洛夫亦遵循同一道路;他于1804年出版了俄罗斯歌谣集。数年后的拿破仑进犯,在他身上自然没有引起阿尔尼姆和布伦坦诺那样的反响。但是,对创作歌谣的人民,他所持见解则不同于其先行者。反抗拿破仑的战争,使军官与士兵、贵族与平民接近。恰在此时,农民的心扉已经打开,其个性的民族价值业已确立,基尔沙·达尼洛夫再度开始工作。他深知每一歌谣中都表现了人民的个性;他在1818年根据这一原则,出版了俄罗斯歌谣集——当时之最佳者,不失为俄罗斯人民叙事诗的,更确切地说,长篇史诗的准确文献本。据基尔沙·达尼洛夫看来,这些歌谣是民族文化发展中的一个阶段,理应与其他民族的史诗《伊利亚特》、《奥德赛》、《尼贝龙根之歌》同等看待。

回顾这一时期,叙事诗在俄国只有在不触动教会和政府政策的条件下始可存在——在战胜拿破仑之后,政府将关于任何改革的思想束诸高阁。譬如,普希金盛赞斯捷潘·拉辛这一叙事诗人物的民间歌谣,并意欲以单行本出版;伯爵本肯多尔夫致函普希金:"就其叙事诗的特点以及其内容而言,关于斯捷潘·拉辛的歌谣付梓则不成体统。况且,教会诅咒拉辛,犹如对待普加乔夫。"

这些歌谣叙述了俄罗斯农民的苦难,叙述了他们所遭受的压迫和屈辱,叙述了他们反抗地主的斗争。拉辛体现了民众反对给农民以折磨和屈辱者之图谋,体现了民众对正义必将获胜的信念,并号召他们争取美好的生活。正是由于这一原因,尼古拉一世在位之时,禁止弗·伊·达里出版其谚语集——该谚语集在学术领域可指示新的途径。然而,凡此种种局限,均无法阻碍对民间创作确立正确的态度,而基列耶夫斯基兄弟则发挥了相当大的促进作用。同恰达耶夫的论战,促使彼得·基列耶夫斯基出版其"古歌集"(又称"壮士歌集")。彼得·基列耶夫斯基去世后付印出版(即1862～1874年),问世前便获得一定声誉,因为一些壮士歌已在刊物上发表。基尔沙·达尼洛夫和彼得·基列耶夫斯基的集本,堪称俄罗斯民族英雄诗歌"总汇"(Corpus)之奠基石。

该时期的优秀作家尼·米·卡拉姆津,将其中许多歌谣用于俄罗斯文学语言之更新。早在叶卡捷琳娜二世时期,在俄国已对语言学问题给予极大关注。众所周知,叶卡捷琳娜本人对法国前浪漫主义者(特别是艾·皮·瑟南古)所喜爱的集本之一——《原始世界,与现今世界之比较探考》(作者库尔·德·热贝兰)极感兴趣。在语言规范的制定方面,进行了大量工作。而所有这一切,并未导致预期的结果,因为当时俄罗斯文学语言为教会斯拉夫语。俄罗斯民间歌谣集的出版,使许多人认识到:在俄国,除文学所通常使用的语言外,尚有另一种语言,它尤为质朴,同生活有着更加紧密的关联。卡拉姆津,对此亦给予关注;他认真研究了古老手抄本和民间歌谣,建议对语言进行改革。在这些歌谣中,他断言:确可寻得最恰切的语汇,以表达真切的质朴和多情善感以及内心的流露。卡拉姆津将这种语言运用于其诗歌和小说,以描述农民以及祖辈们的生活。

他写道:"我们谁不喜爱那个时代,那时:俄罗斯人是名副其实的俄罗斯人;他们身着自己的服装,以自己的姿态走路,以自己的习惯生活,以自己的语言、按自己的心思讲话,即讲其所想。至少,我喜爱这样的时代,我愿乘那想象的快捷之翼,飞往遥远的、幽暗的去处,在那朽坏的榆树之荫下寻觅我那些生有胡须的祖先,同他们谈论古老的奇闻轶事,谈论光荣的俄罗斯人的性格;我亲切地吻我的女祖们的手,她们不能尽情地与自己的孝敬的孙辈相聚,不能与我尽情地真挚攀谈,尽情地赞赏我的才智。"

尼·米·卡拉姆津的事业,为俄国最优秀的寓言作家之一伊·安·

克雷洛夫所继续。克雷洛夫犹如卡拉姆津，喜爱祖辈们的古风，并以生动的人民语言写他的寓言。他的作品中的人物，为动物：狼、乌鸦、鸥、鹰——与世界上其他寓言毫无二致；而他在其寓言中表达了俄罗斯民族精神。他的作品中的人物，都是"以自己的语言，按自己的心思"讲话。

在这一时期另一位俄罗斯诗人的创作中，我们可以看到同样的情景；他已感到欧洲浪漫主义的清新气息。这位诗人便是瓦·安·茹科夫斯基。他曾翻译戈·奥·毕尔格的《莱诺勒》；这部作品激励他创作其别具一格的两首诗歌，并大量借助于人民语言。他和托·格雷都在歌颂弹唱诗人；而他所歌颂的是俄罗斯的弹唱诗人。不仅如此，茹科夫斯基还翻译了《摩诃婆罗多》的片断、《伊利亚特》和《奥德赛》中的段落和情节。

3. 从普希金到格林卡

尼·米·卡拉姆津在语言领域的活动，为一位诗人所继续；他破天荒第一次运用俄罗斯民间语言和民间文学的财富——这便是普希金。他熟知西方诗人（从莎士比亚到麦克菲森和拜伦），并似乎使他们成为俄罗斯的。为此目的，洛·加托指出，普希金"运用民间语言；而在18世纪，人们对其很少注意"。洛·加托又指出："随同语言纳入其创作的，尚有使艺术完全改观的民间成分。从外在来说，这种成分体现于对俄罗斯自然界的描述——这些描述与伪古典主义作家以及感伤主义和浪漫主义派别的手法截然不同；从内涵说来，则体现于对俄罗斯精神的表达，或者，较为广义地说，体现于对俄罗斯心灵的表达。"

民间文学的情节，普希金时常予以借用。塞尔维亚的歌谣，普·梅里美在他之前已加以借用，普希金再次加工运用，并留下其伟大天才的印记。在其童话中，他更加接近人民。他回忆起他的乳母阿琳娜·罗季奥诺芙娜在他童年时给他讲述的故事，不禁赞叹道："这些故事多么美啊！每个故事都是诗！"在普希金以前，米·德·丘尔科夫已出版很大一部故事集(1766～1783)，而其中每篇故事都失去其原初面貌。后来，亚·尼·阿法纳西耶夫也对他所搜集的故事进行了加工，据他自己声称，是以格林兄弟为榜样。（他同样将古老神话的残余视为童话故事中至关重要者。）阿法纳西耶夫（其故事集于1855年至1866年问世）有很强的鉴别力，尽管较之格林兄弟稍逊一筹。他对童话故事进行加工时，屏弃一切表明讲述者个性者，并赋之以人间温暖。丘尔科夫及其追随者布罗尼岑和萨哈罗夫，则与之迥然不同。然而，尽管如此，他们的集本仍不失为俄罗斯民间故事文学情节和题材的珍本。

正因为如此，普希金非常喜欢借重于他的乳母；她以其素朴的幻想对童话故事进行加工，甚至优于丘尔科夫。当然，普希金并没有给自己提出什么学术课题。他对童话故事的态度，同德国浪漫主义派——诺瓦利斯、蒂克、布伦坦诺、格林兄弟毫无二致。普希金将童话故事视为艺术作品。更恰切地说，它们在其中创造了诗情，而普希金则以自己的语言加以转述。正因为如此，普希金的童话故事、他用于其创作之民间文学的题材和情节，在艺术家和人民间建立了精神联系；这种精神联系，同样见诸其他俄罗斯诗人和作家——莱蒙托夫、果戈理、屠格涅夫、托尔斯泰、陀思妥耶夫斯基等的创作。下列情况同样有着重要意义，即：不久以后，音乐家们也开始从民间源泉中汲取灵感。就此而言，格林卡为开先河者。

早期的俄罗斯民间文学家给语言艺术家指出了新的途径，后来，作家和诗人同样有助于民间文学的发展。在精神领域，人民挣脱了奴役的枷锁。人民已不再是有待教育的卑微者，而是老师（德国浪漫主义者亦持此见）。果戈理曾将乌克兰的传说加工，编成优秀的集本，兴致勃勃地表达了他对古老歌谣的酷爱。在这些歌谣和故事中，在谚语中，呼吁真挚和素朴、接近人民——否则，不能成为真正的艺术家。

考古学家和拉丁学家伊·米·斯涅吉列夫，搜集了俄罗斯谚语；

普希金视之为名副其实的俄罗斯语言宝库。后来,1838年,斯涅吉列夫出版了一部相当可观的著作,叙述俄罗斯民间节期。同时,他并未局限于描述;他的这部书不失为真正的学术论著,包含有价值的考察以及有关农民生活中存在多神信仰特征的材料。始于1848年,他的探索为另一斯拉夫学家——亚·瓦·特列先科所继续。然而,费·伊·布斯拉耶夫——格林兄弟的忠实学生,其著作有着巨大意义。他关于俄罗斯人民的文学和艺术的论著,表明其视野十分广阔。他在这些论著中还得出结论:只有在人民中,始蕴涵着民族性的道德基原;它们与诗歌、法和习俗紧密相关,呈现于语言和神话。道德领域的一切观念、原始时期以来的人民财富,构成神圣的传统、值得倾慕的古风物、祖先的宝贵财富。

4. 捷克和波兰的民间文艺学家

波希米亚和摩拉维亚的捷克人以及斯洛伐克人,极力鼓吹斯拉夫民族负有特殊使命;他们对其遗产予以关注。朱·马齐尼指出:关于这一使命的思想,对奥地利以及土耳其来说是致命的。1781年,捷克人从奥地利争得农奴制的废除。为此,他们须承认德语为其国语;而这无非是斗争的开端。由于浪漫主义提出民族精神问题,斗争趋于激化。于是,一种运动便应运而生,即:依据考古学和民族志学的资料,并主要依据语言学的资料,对斯拉夫民族共同体进行探考。捷克人在下列著作家的作品中亦获得其"珍品",诸如:约·多布罗夫斯基再现了原始斯拉夫世界之无与伦比的图景——尽管借助于拉丁文;约·云格曼将这一图景纳入捷克文学史;弗·帕拉茨基关于波希米亚历史的著作,并为民族独立的思想所贯穿。与此同时,创作民族诗歌的尝试亦在进行;所谓民族诗歌,基于民间渊源,并激起民族自觉。致力于此者,有云格曼以及扬·科拉尔和弗·拉·切拉科夫斯基。切拉科夫斯基曾编辑出版捷克民间歌谣集;就此书而论,他主要是作为诗人,而非语文学家。在他的歌谣中,祖先的语言似乎复兴,而有人则试图予以反对。此外,这些歌谣可作为传说中往昔的文献佐证;云格曼、科拉尔以及切拉科夫斯基本人的诗歌,无不受传说中往昔的激励。基于辉煌的往昔,捷克人科拉尔预言:未来将建立以俄罗斯为首的、统一的斯拉夫国家;参加者不仅有波兰人,而且有塞尔维亚人和克罗地亚人。科拉尔的预言,数年后,即1848年,为斯拉夫的费希特——奥·切什科夫斯基所重复。他宣扬以波兰人为首的斯拉夫人负有特殊使命的神秘主义观念。在他看来,他们,正是他们,拥有西方的全部文化财富,能够建立一切斯拉夫民族的共同体。

然而,现实看来绝非如此。维也纳会议后,波兰领土大部分并入俄国版图,波兰人经常处于压迫之下。1830年和1863年的波兰起义,无非是导致沙皇对波兰各行省的俄罗斯化之加强,尽管沙皇对波兰人的政策在俄国远非得到一切人的赞同。

在其著名的《俄罗斯的真理》中,保·伊·佩斯特尔(南方协会的首脑;南方协会活动于1821～1825年)对一些小民族——爱沙尼亚人、芬兰人、拉脱维亚人等的民族独立问题缄默不言,却宣告波兰的民族独立。

这一时期的波兰诗歌,为民族独立的渴望所充溢。试以尤·聂姆策维奇和亚·特·莱纳尔托维奇为例。从同一思想出发,编辑出版了第一批民间歌谣集;其编者中有卡·利平斯基和穆兹巴赫。成千上万的老师,借助于这些民间歌谣集,教育学生们热爱祖国。

奥·科尔贝格完成了一系列著作,论述波兰民间生活。正是科尔贝格给予民间艺术——木刻、刺绣等以关注,而在此以前很少有人过问。同一时期,在异乡巴黎,爱国者肖邦的玛祖卡舞和波罗乃兹舞,带来他的远方祖国的人民之声;表现民族观念的音乐应运而生——正如人们所知,这是浪漫主义最完美的表现。

5. 卡拉季奇与塞尔维亚人和克罗地亚人的诗歌

波兰人没有可与俄罗斯人、捷克人和斯洛伐克人的叙事诗相比拟的叙事诗歌；他们的民族精神，在肖邦的音乐中有完美的体现。叙事诗成分，未发现于诗歌中；实际上，他们并没有叙事诗。南支斯拉夫人的情况则不同；在浪漫主义时期，他们的境遇十分动荡和严峻。1830年，塞尔维亚人摆脱了土耳其帝国的统治，他们的愿望似乎业已成为现实：在俄国的保护下成立了塞尔维亚人的国家。在克罗地亚，争取斯拉夫民族复兴的斗争，始于1803～1813年；当时，国家处于拿破仑的统治下。1813年塞尔维亚人的失败，迫使乌克·斯特凡诺维奇·卡拉季奇侨居维也纳。此间，他结识了斯洛文尼亚语文学家巴·科皮塔尔；在他的倡议下，卡拉季奇的塞尔维亚－克罗地亚歌谣集得以问世。

这些歌谣的第一个集本，于1814～1815年问世。格林兄弟闻之欢欣若狂；他们将此视为其人民诗歌理论的例证。卡拉季奇将他的歌谣与《奥德赛》和《莪相作品集》相比拟，并对人民所创作的一切赞叹不已。他记录了歌手们演唱的歌谣。然而，歌手并没有引起他的特殊关注（他们后来才成为语文学的探考对象）。对他以及格林兄弟来说，"诗歌"与"人民"两概念可相提并论：须知，人民是诗歌的创作者。

乌·斯·卡拉季奇并没有就此停步；他仍致力于搜集与之紧密相关的民族歌谣。1823～1824年，他出版了该书第2版（作了极大增补）；后来（1841～1846年），他的《塞尔维亚民间歌谣集》（共6卷）问世（1891～1902年版，连同附录共9卷）。这一集本为普·梅里美所加工和模仿（他不仅得到普希金，而且得到英国的约·鲍林和德国的格哈德之赞许）。1834年，埃利莎·沃伊雅尔将其译为法文，在巴黎出版，题名《塞尔维亚民间歌谣，乌克·斯特凡诺维奇搜集，塔尔维翻译》。同时，塔尔维（艾·沃伊雅尔）不仅将这些歌谣译为法文，而且译为德文。尼·托马泽奥将这些歌谣译为意大利文,辑入《伊利里亚歌谣集》。借助于这一途径,整个欧洲听到了塞尔维亚-克罗地亚人民那响亮的、纯民族的声音。阿·克罗尼亚指出,通过卡拉季奇熟悉塞尔维亚-克罗地亚民间诗歌者,不仅有歌德、赫尔德、格林兄弟、塔尔维和托马泽奥,而且有约·彼·埃克尔曼、卡·威·胡姆博尔特、斯塔尔夫人、夏·诺迪埃、沃·司各特。这些歌谣成为塞尔维亚-克罗地亚民族文学的重要成分,这一文学的唯一现代形态。乌·斯·卡拉季奇在搜集民间歌谣时,清楚地了解自己的使命。他力图给学者们提供诗歌真本,同时亦未忽视:其民族的语言因这些诗歌而享有应得的荣誉。然而,对祖国歌谣的崇尚,并不妨碍对之进行加工,有时亦对其诗律稍加更动。罗马尼亚诗人瓦·亚历山德里便遵循这一途径,于1852年出版本国的歌谣集。他还对歌谣进行加工,使之更易于为读者所接受,成为其"古典的源泉"(他还借重于乌·斯·卡拉季奇的威望)。

即使不赞同乌·斯·卡拉季奇的方法(然而,这一方法对文学颇有助益),也应承认他的功绩在于:他并不是孤立地对待他所搜集的材料,而是视之为东欧诗歌传统的一部分。卡拉季奇所搜集的诗歌,堪称民族的声音,而这只不过是不可不听取的合唱的众声之一。难道这一合唱中,没有希腊人、罗马尼亚人、保加利亚人、阿尔巴尼亚人等的声音?——卡拉季奇问道。希腊人对这一问题作了否定的回答。况且,问题的这种提法,一般来说并不合乎情理,因为这里所说的无非是一个既定集群的传统。然而,乌·斯·卡拉季奇应列入眼界广阔的欧洲民俗学者之列;对他们来说,民间诗歌的问题,乃是民族生活和民族文化的总问题之重要的一部分。

6.《卡勒瓦拉》的诞生

乌·斯·卡拉季奇在以传道士和圣徒那种热诚搜集塞尔维亚-克罗地亚民间歌谣时给自己提出的任务,在芬兰由一位谦恭的医生埃·兰罗特完成。1809年,俄国沙皇接受芬兰大公的封号,允诺芬兰自治;而在芬兰,犹如在波兰,俄罗斯化开始强化。芬兰人与斯拉夫人没有任何共同之处,理所当然在其传统的精神世界里寻求慰藉。1776~1788年,芬兰语文学家亨·加·波尔坦仿效麦克菲森,致力于搜集自己民族的古老诗歌的片断。然而,最先打开芬兰古老"鲁纳"宝库的,是托佩利乌斯(其子为著名诗人)。1831年,芬兰文学社创立。其主要功绩在于给年轻的兰罗特以帮助;兰罗特深知托佩利乌斯的发现具有重大意义。早在大学时期,兰罗特便对芬兰民间医术产生兴趣,并进行了出色的考察。民间医术的处方,实际上反映了法术咒语。然而,这种咒语留存于,更确切地说,再生于芬兰人世代相传的古歌("鲁纳")、抒情-叙事歌谣中。

兰罗特身着农民的服装,着手搜集古歌("鲁纳")。其数颇多,堪称浩如烟海;每一首古歌又有众多异说,这些异说又似为独立的歌谣。兰罗特决心不再像他的先行者们那样对待所搜集的材料,而是奉献给芬兰人一部史诗——《卡勒瓦拉》。兰罗特试图利用种种异说,并将古歌加以连缀,从而构成一部叙事诗。他肯定地说,这部诗作中没有任何东西是属于他的,一切都是人民的。《卡勒瓦拉》宛如由碎片重新黏合的花瓶。这是对的,但并不完全确切:这个新的花瓶,他并不是用一个古老器皿,而是用许多古老器皿的碎片黏合而成。因此,22000首诗歌组成这部叙事诗,但并未形成一个有机的整体。一首古歌中说道:

> 严寒向我讲述歌谣,
> 细雨给我带来歌谣,
> 风儿给我吹来歌谣,
>
> 海浪送来歌谣,
> 飞鸟为我编故事,

树木创造传说。

我将它们绕成一团。

我将它们捆成一束……

《卡勒瓦拉》正是一位沃尔夫类型的学者以并不稳定的人民的诗歌遗产,以芬兰人故事家("劳莱雅")的遗产绕成的线团;这位学者具有麦克菲森那样体察入微的诗歌鉴别力。《卡勒瓦拉》不仅是对诗歌的倾慕之成果,或者更确切地说,是对关于叙事诗的浪漫主义理论倾慕之成果,而且是对祖国文学热爱之成果。

古歌("鲁纳")本身,只能引起少数专家的兴趣。加工后的叙事诗,使欧洲为之倾倒。《卡勒瓦拉》译为所有欧洲文字,并引起对民间诗歌的新的关注。"鲁纳"诗歌,清新而质朴;正如已正确地指出,田园诗和哀伤诗的情节,与温和和崇高的情节交织于其中;在这里,一切贴近歌手心田者,甚至"悲凄的土地"和"贫困的村落",均已改观,似乎为轻柔的、朦胧的烟雾所笼罩。在《卡勒瓦拉》中,有一种不可言状的魅力。仿效芬兰人,爱沙尼亚人创造了史诗《卡勒维波埃格》,共 12000 行。它完成于弗·赖·克罗伊茨瓦尔德之手(其职业亦为医生)。他拥有两万多首歌谣,为他本人、法尔曼和诺伊斯所搜集。但是,这部叙事诗则迥然不同,其清新也远不及《卡勒瓦拉》。

7. 斯堪的纳维亚国家的民间文学

斯堪的纳维亚国家民间文艺学家的活动,同样并不逊色。这些国家,虽与斯拉夫人相邻而居,在文化领域却与德国有着更加密切的联系。早在《莪相作品集》和《英诗辑古》问世以前,保·亨·马莱就向欧洲介绍了中世纪斯堪的纳维亚神话(以及该神话反映于其中的文学)。德国浪漫主义者,特别是格林兄弟,将斯堪的纳维亚视为其历史探考和评析的对象。在 1808 年发表在《研究》上的一篇文章中,雅科布·

格林不容置疑地声称："斯堪的纳维亚各民族的中世纪诗歌，并非德国中世纪诗歌的先祖；两者同时产生于同样事件的影响之下，平行发展，互不影响。"

他仍然承认德国诸古老民族来自斯堪的纳维亚，再次重复并强调他关于人民诗歌的共同基原的思想。威廉·格林的观点，同样如此；他曾将丹麦的英雄歌译为德文（这些英雄歌，自1591年分4组在丹麦出版）。他的《古代丹麦英雄歌、歌谣和故事》，辑入其译文，并撰写极有价值的"前言"。格林将所有材料分为两部分：一部分只包括英雄歌，另一部分则包括其他歌谣和"巴拉达"。他之所以如此划分，其原因在于：英雄歌，据他看来，较之《尼贝龙根之歌》还要古老，乃是多神教时期真正的古老"康蒂莱纳"的残余；而其他歌谣和"巴拉达"，他则视为基督教强烈影响所致。然而，他强调指出，两者均属民间诗歌。

《古代丹麦英雄歌》出版于1811年。三年后，埃·古·耶耶尔和阿·奥·阿弗塞利乌斯着手出版四卷集《瑞士民间歌谣》。耶耶尔是历史学家和诗人；他给自己所提出的，为这一时期著名民俗学者在同样情况下所提出的任务。就此而论，他不可能找到比阿弗塞利乌斯更好的襄助者。其中许多歌谣所伴之音乐，有很大的价值。耶耶尔确信：一个国家诗人越多，那里人民的诗歌就越少。对瑞典人民来说，正如威·佩·克尔所正确指出的，"巴拉达"为民族体裁。耶耶尔的论点，鉴于"巴拉达"在该国所占有的地位，可表述为：在诗人众多的国家，人民诗歌则退居第二位。在丹麦，犹如在瑞典——克尔补充说，"诗人想象所造成的意象，接近于人民诗歌的意象"。人民诗歌贯串于安徒生的创作；他并未搜集民间歌谣，却像格林兄弟那样，借助于歌谣创作其具有高度艺术水平之作。

斯堪的纳维亚民间文学领域最著名的巨著，为斯·格伦德维的七卷集《丹麦古老民间歌谣》（1853～1899年版）。类似的集本，已在丹麦问世；其编者分别为：安·韦德尔（1591年）、佩·叙夫（1695年）、克·拉贝克（1812～1814年）。格伦德维的集本（阿克塞尔·奥尔里克曾加以增补），则迥然不同。方法的适当和材料的丰富，使之堪称优秀的学术之作。格伦德维运用所有先行者的经验，在民间文艺学的语文学领域采用崭新的、似乎极有成效的工作方法。

德国浪漫主义者们的无可争辩的功绩在于：他们证实了种种异说的价值和作用。乌·斯·卡拉季奇，特别是埃·兰罗特，曾借助于种种异说。然而，斯·格伦德维以及后来的索·布格（他在搜集挪威民间歌谣时，亦采用同样方法），曾得益于种种异说，不仅阐明歌谣的人民性，而且阐明整个歌谣传统。对一歌谣或一组歌谣的发展轨迹进行考察，以阐明如何使人民的往昔再度复兴；回顾人民的往昔，北方的萨伽与日耳曼英雄故事相融合。这无疑是格伦德维的功绩；其他从语文学角度看来完美无瑕的集本——《丹麦萨伽》(1854～1861年版)和《丹麦民间故事》(1876～1884年版)，同样出自他之手。

8. 浪漫主义的民间文艺学教人们 "以欧洲的方式思考"

最后，可以得出结论：民族观念既在斯拉夫国家，也在斯堪的纳维亚国家确立；而面向人民，则使人们有可能打开与人民的生活和艺术相关联的新的宝库。德国以民族的民间文艺学武器供给俄国，并将其赠予波兰（一种奇异的逻辑，即在各国形成优先地位和使命的观念！）。泛日耳曼主义有助于泛斯拉夫主义的产生。欧·约·勒南在致施特劳斯的信中写道："比较语文学，你们轻率地将其扩及政治，它可能同你们来一场恶作剧；你们感染了斯拉夫人。"对此，可予以赞同。然而，语文学如果不能在政治的和社会的土壤上寻得支柱——为了祖国、独立、民族意愿，那么还能带来丰硕的成果吗？

埃·伯克即已指出："谁不爱自己的祖先，也就不爱子孙后代。"正是民俗学（民间文艺学），在研究种种民俗（民间文化）现象的过程中，在对其瑰宝作出估价和重新估价时，建立了往昔与未来之间的联系。

然而，不可否认：这一领域的研究，常常超越一个民族的精神的和文化的界限，为了获得一个更为广泛的共同体的认同，这个共同体使所有的民族联合。就此而论，约·戈·赫尔德的预言（在俄国，彼·雅·恰达耶夫予以重复），似乎成为现实，即：让各民族和睦相处，倾听自己的声音，其中同时可以听到全人类的声音。各民族有着不同的政治意向，应研究其本身的性格这一历史观中的主要因素，而又不囿于其范围。

这一领域之崇高的竞赛，导致每个民族最宝贵财富的保存，因为它为爱国主义情感所激励。然而，难道这些情感不是对全民族的使命和欧洲的使命之感悟的结果吗？欧洲的构想本身，亦即欧洲的新构想，将是空洞的和僵死的，如果其内容并非民间文化所注入和造成之文化的和道德的成分。民间文化，促使学者们开始以德语、英语、法语、俄语，并以其他语言进行思考，与此同时，用斯塔尔夫人的话来说，促使他们"以欧洲的方式思考"。

第 四 编

实证论时期的民间文化学。
介于语文学与历史学之间

第16章　在马克斯·米勒的"实验室"

1. 雅利安世界的意义

　　浪漫主义晓谕语文学家们：不仅在欧洲人范围内，而且在印欧人范围内进行思考。大家知道，黑格尔将语言学家判明梵文同希腊文、拉丁文以及其他语文的亲缘称为"发现新大陆"。同时，显而易见，这不失为探寻共同的印欧文化之动因。人们曾经试图从雅利安诸语的统一体这一问题（语法范畴），转向神话和宗教这一雅利安人诸部落在其散居前所共有的、尤为广泛的问题。诸如此类共同成分，在产生于古代雅利安人部落之民族的典籍中有所显示。

　　雅科布·格林曾为1834年出版的《列那狐》撰写"序言"；在这篇引人注目的"序言"中，他便持这样的见解。他将语言学原理移于文学史，断言：某些古老的德意志歌谣与伊索寓言之相类似的特点，使我们有可能推测它们来自同一印欧渊源。不可忘记，威廉·格林近来在《儿童与家庭童话集》第3卷中似乎承袭其兄的见解，斩钉截铁地断言："雅利安人从他们在亚洲与欧洲的原初居留地迁徙时，童话和寓言的胚芽随之一并迁移；后来，这些胚芽在不同的种族聚居地区衍化并臻于繁盛。"

　　这就是为什么，在他看来，《儿童与家庭童话集》的情节源于那些散居时期的雅利安民族；它们堪称所谓"中介"——不仅可能存在的语言－民间文化共同体，而且假定的语言－种族共同体皆赖以形成。

　　由此显而易见，一旦这一新的起源同一被判明，日耳曼主义随之演变为雅利安理论最彻底之说,带有关于有道德的未开化者的神话之灵光的原始人,并未被语言学家们的雅利安人(即历史的雅利安人),而是被始初的、原始的雅利安人所取代;有关我们的由来的神话,亦与之相关联。

这可见于实证论时期;所谓实证论,承袭启蒙运动先行者、启蒙思想家和浪漫主义者们的观点,同时表现出对实验科学和社会问题的关注,又并不鄙夷对原始民族思维特征的研究。

1832年,实证论的创始人之一奥·孔德开始发表《实证哲学教程》,声称人类的历史可以分为三个阶段;其中第一个阶段(即神学阶段)的特征,在于超自然的力量和存在对人们生活的干预。孔德追随德·布罗斯,认为:应将拜物教视为宗教的始初阶段,同时坚持这样一种见解,即:对人类所经历的途程之探考,应始于原始民族。

然而,原始人(即未开化者,当时人们即如此相称),同动物是否有很大差别呢?这一问题,阿尔蒂尔·德·戈比诺数年前在法国就已提出(见其所著《人类种族不平等试析》)。然而,尽管戈比诺自认为是人种学家,从其著作可一目了然:何谓原始民族,他竟然毫无所知。

而后来,戈比诺通过人种学会(威·爱德华兹1839年创建于巴黎)的资料有所领悟,但仍然试图对这些民族有所认识。

据他看来,人类的历史肇始于雅利安人的出现,更确切地说,肇始于原始雅利安种族的出现。在此以前,则茫然无所知。戈比诺赋予这一想象中的种族以最美好的特质,将其誉为继之而来的一切文明的原初内核,誉为诸如希腊文明和罗马文明这样的古典古老文明的酵母。

中亚似为这一纯正的和无疵的种族之摇篮。后来,雅利安人离开统一的整体,散居于各地,并具备新的特征;由此萌生的,不仅有不同的语言,而且有不同的文明。(不久以后,阿·皮克特著有一部极为敏锐、却相当肤浅的著作,对诸如此类文明加以探考。)戈比诺认为(雅利安论同日耳曼主义相关联的又一说法):应将日耳曼人视为古老的印欧部族之最初的和一脉相承的代表,因为他们的种族似乎并未经历任何融合。

于是，日耳曼主义逐渐转化，被视为就血缘而言的统一体；由于种种机巧，历史则降至纯自然说层次。在十分朦胧的自然说中，尚留存一个绝无仅有的光点，即有关雅利安人的，更确切地说，有关原始雅利安人的论题。这一光点给致力于争取纯雅利安种族、但同戈比诺的种族主义相距甚远的马克斯·米勒以光明。

2. 马克斯·米勒的实证论

马克斯·米勒（曾译"缪勒"）是弗·威·谢林和弗·博普的学生，1848年迁居英国牛津，以整理出版《吠陀》这一古老典籍（源于雅利安人的始祖，为威·乔纳斯的朋友安·德·波利耶所发现）。

马·米勒定居于此，并在此完成了多部论著，使其理论得以形成；这些著作文笔生动，论证其科学原理颇为翔实，令人信服。

这些论著后来汇集成册，其中一部分题名《日耳曼作坊中的刨屑》。他的《讲演与探讨》，亦然。他的前进并非按部就班，而是突发的（这正是他所特有的品格），涉及有关"语言学"、"神话学"、"宗教学"的种种问题。

他所著《古代梵语文学史》，尤为完备；该书出版于1859年，附有《东方圣典》英译本。

通观其著作（以欧洲多种文字出版），马·米勒展示了他在语言、宗教、民间文化等方面的学识，较之他的任何先行者毫不逊色。

不仅如此，马·米勒还参与了他所处时期的实证主义运动。譬如，他完全采纳所谓实证论方法，即将一切事实归之于既定的分类体系；这种体系赋予历史以自然科学所特有的属性。犹如实证论者，他始而对个别事例进行观察，继而则转向整体。在马·米勒以及实证论者们的论述中，启蒙思想家们的论点往往同浪漫主义的见解相浑融。马·米勒如何对待语言同神话的相互关系这一问题呢？哪些神话遗存见诸民间创作呢？

3. 对神话进行语言学阐释的方法

对《吠陀》的研究，使马·米勒得出这样的结论：不可将神话视为孤立的现象，并脱离语言对之进行阐释。而早在《吠陀》被发现以前，其他研究家（诸如维柯）也揭示了语言同神话的关联。

维柯不仅将神话视为语言现象，而且致力于寻求宗教的（认识论）根源。他寻之于闪电烁烁的天宇，寻之于未开化者的惊愕和恐惧（有关神祇的原初观念，即形成于他们的头脑中）。维柯并认为：原始人（同样见诸拉菲托和卢梭的著述），似乎进入某种梦境；这种所谓梦境，乃是他对周围自然界之所思的反映；他将叶子的簌簌声看作神祇所发出的信号；他在清澈的小溪中看到宁芙女神的映像；而四季的交替，则视为普罗塞尔平娜和塞丽斯悲凄的经历。

《新科学》问世数年后，法国人夏尔·弗朗索瓦·杜毕伊的文集出版；1781年，《星体的起源以及传说的天文学阐释》出版；1795年，《一切崇拜的起源》问世。

詹·维柯虽然并未直截了当地反对当时居于统治地位的欧赫美尔说，却断言：神话所赖以构拟的传说，并不反映（即使以变易的样态）现实中的事例，而是产生于内因。杜毕伊则在自然崇拜中寻得神话赖以形成的真正始因；他将自然崇拜视为语言、法律、艺术借以产生的共同需求。据他看来，这一崇拜又是原始宗教的基原。他并进一步发展了他的思想，断言：既然自然界存在两种主要成分——光明和黑暗，一切神话则势必同日出和日落相关联。譬如，据他看来，基督无非是太阳的化身，有关基督的神话则是太阳神话。在德国，弗·克罗伊策亦坚持这一律则；他在其所著《象征》中指出：最初的宗教观念的产生，是自然界灵性化的结果；语言中之所以存在象征式人格化形象，其原因也在于此。

应当指出:为了证实其论点,克罗伊策并诉诸词源学(尽管其论证并非十分令人信服)。在许多问题上,约·约·封·格勒斯成为他的追随者。卡·奥·米勒遵循同一途径,只是更加得心应手;他将其探考范围仅限于希腊。他同样以维柯所持的那种历史态度对待神话。

在某种意义上来说,格林兄弟完成了这一途程;他采纳了维柯这样一种思想,即:神话是反映自然现象的诗歌意象(而他们的诗歌构想,同维柯的构想并不契合)。

格林兄弟是比较神话学的忠实代表。同时,他们进行比较时,力图将神话同语言相提并论。在其《神话学》第 2 版中,雅科布·格林表述了这样一种思想,即:神话中的神祇,是原初统一体的原始型,犹如不同语言的音位是"唯一体的派生者"。据他看来,地域之差异,与方言之差异相应。

格林兄弟希图寻求童话(神幻故事)的胚芽(神话的遗存);据他们看来,诸如此类胚芽留存于诸如德国这样别具一格的民族中心,并获得发展。然而,他们尚不知最珍贵的神话宝库——《吠陀》;格林兄弟最著名的崇拜者和追随者阿·库恩,曾给以极大关注。

阿·库恩将语言学领域的关注同对宗教史的关注结合起来,不仅将人种学本原同语言学本原相等同,而且断言:雅利安神话中诸神原初特质,同自然界的短暂现象——云、暴风雨等相关联(威·施瓦茨同样遵循这一途径)。

阿·库恩的主要著作也以此为基础;通观这些著作,原始人的特质被移植于历史上的雅利安人。《火以及诸神饮料之由来》(1859 年版)以及《神话形成诸阶段》(1873 年版),即属之。

在其所著《比较神话学》中,马·米勒将阿·库恩视为其直接激励者之一。马·米勒同意他的见解,从同一印欧渊源导出不同雅利安神之称谓,并且论证(假定地)其原初价值及其固有的意义。

这再度使我们忆起杜毕伊;更确切地说,米勒在此便是杜毕伊,只不过是依据德国神话学的成就加以修正和现代化。库恩以恶劣天气、暴风雨、风暴取代太阳,更确切地说,取代作为神话中情致之源的日升和日落。同时,米勒将维柯的观点同杜毕伊的见解相结合,将克罗伊策的观点同库恩的见解相结合,使太阳重新具有其意义。但是,他不同于后者,其探考并不局限于历史上的雅利安人,而是扩及原始雅利安人,即大迁徙前的祖先。

4. 语言产生神话

由此可见,为了解决语言与神话的关联问题,马·米勒创立了古代语言学方法。在其所著《比较神话学》一书中,米勒断言:比较神话学使他掌握了"如此有力的望远镜",以致往日浓云密布之处,如今则一定物体的外形和轮廓已清晰可见。比较神话学使他有可能置身于既无梵文又无希腊文的时代,而且上述两者同其他雅利安语种形成统一的语言。此外,比较神话学有助于他理解现存者的以及留存于语言中有关该时代的记述,并有利于再现思想、宗教、文明的始初阶段。比较神话学,据他看来,不仅证实这一始初的共同的雅利安时代,而且使我们掌握有关雅利安人在其迁徙前的理智状况的资料。而在罗曼语诸语中,他寻得法术程式;借助于此,深入雅利安种族古代史"档案馆"成为可能。例如,在一切罗曼语方言中都有类似 pont 这样的词,意大利语作 ponte,西班牙语作 puente,瓦拉几亚语作 pod。考察每一语言的特点,我们可以声称:pont 一词存在于种种独立语言形成之前。

在独立民族形成之前的时期,据马·米勒看来,每一词在原初雅利安语中均为一则神话,每一个称谓均为一形象,每一名词均为既定的人物,每一语句均为一短剧。后来,他补充道,由于语音系统趋于衰弱,称谓失去原初的丰实性,变为专有名词,一切展示生、死和自然界永恒更替的戏剧性情节均与之相关联。

正因为如此,众多多神教之神(印度的和希腊的),无非是诗歌中表述(称谓)的人格化形象;这一结果,使构拟者同样感到意外。

(Nomina-numina!)这种变异同样见诸神话;在这样的神话中,日出和日落、光明与黑暗的争衡居于主要地位。这又构成那种真切的、实实在在的戏剧之主要内容;其一切细节,每日、每月、每年都在演现。

这样一来,维柯和德国语文学家们所表述的神话同语言的关系,在马·米勒那里呈倒置状态。神话已不再是炽烈情感的体现,而是词的变动以及语文的误解所致。有关这一问题,恩·卡西尔指出:"是的,米勒已不再将神话仅仅看作臆造,看作对此关注的社会阶级之狡黠的骗局;然而,他最终得出这样的结论:神话乃是极大的幻想,尽管是无意识的,但仍然是欺骗。"神话是最生动、最鲜明的语言现象,被描述为语言弊病。所谓语言,米勒视之为自然科学的一种;正因为如此,他同样试图阐明其由来、特点和发展。他还以对待神话的态度对待宗教,至少是就宗教的某些方面而言。

5. 宗教的渊源之探考

1873年,在其所著《宗教学引论》中,马·米勒将歌德的一句格言"谁只懂一种语言,谁就一种语言也不懂"加以转化,声称:"谁只了解一种宗教,谁就一种宗教也不了解。"同时,他所关注和援用的宗教,乃是印度人的宗教。据他看来,《吠陀》是最珍贵的文献汇集。在他后来出版的一部论著(题名《语言学讲演录》,伦敦1861~1863年版)中,马·米勒对其神话观有所表述;正是基于这种神话观,他以如此戏剧性的手法使神话复兴。他写道:我认为,有关神通广大之神的观念,产生于恐惧的情感;我们的雅利安祖先观察强大的光明之神(提婆),谁也无法说出他们自何处而现、消失在何处;他们既不衰老,又不死亡,因而被称为"永生者"、"无限者",以区别于软弱无力和转瞬即逝的人类。他们的这一属性(永生)乃是以自然界本身为其原型;自然界种种现象周而复始,循环不已;被赋之以法术和心理的色彩的神话,使诸如此类现象活生生地展现。

另一方面，马·米勒即使并未设定外来的启示，也承认内在的启示，或者更确切地说，承认无限者对人之心灵的影响。不仅如此，据他看来，正是所谓无限者的观念给予"思想"、"语言"、"宗教"最初的动因，其原因在于：最初使人们惊异的，并非事物及其周围环境，而是整个自然。由此可见，米勒将浪漫主义者和象征主义者的理论同时运用于原始时期，并否定了在实证论者中盛极一时的拜物教理论。(《吠陀》并不与这一理论相契合。)

在1878年宣读于牛津的、著名的《希伯特讲演录》中，马·米勒表述了三类宗教对象：①可及者——岩石、贝壳；②半可及者——树木、河流、山峦；③不可及者——天宇、太阳、星辰。其最终的结论在于：古代诗人的赞歌并非缘第1类而发，而是缘第2、3类而发。这样的宗教，可称为自然的宗教。人们的社会关系，产生人类学的宗教，表现于对神的敬拜；不仅如此，人们掌握了知识、自"我"，于是产生了自然宗教。

继而，由于确信语言同思想不可分割，语言的弊病也就是思想的弊病。马·米勒断言：

> 有这样一种观念，即将至高之神视为订立任何惩罚、同世人相斗屡遭失败、同妻子争吵不休、肆意虐待子女的灵体；这种观念令人信服地表明一种病症，表明一种特殊的精神状态——这种状态，可称之为名副其实和显而易见的疯狂……

> 这是一种神话的病症。古代的语言并不是随心所欲的工具，特别是就用于宗教目的而言。以人类的语言表达抽象的观念，只能诉诸比喻方式，因而往往发生误解和含混；其中许多可见于古代世界的神话和宗教。(《神话学引论》，I，69，伦敦1897年版)

正因为如此，语言因其谬误导致对人格化客体之崇拜的形成，并将错误观念带入宗教。由此可见，米勒摈弃浪漫主义，复归于他阐释语言与神话的关系之起点，即唯理论和唯智论。

6. 民间创作中的故事世界

民间创作领域一向被视为神奇的，马·米勒对之极为关注。似乎是为了对威廉·格林有所补充，他述及民族同神幻故事（童话）的关联；这种故事似产生于雅利安人各族散居以前。不仅如此，他还断言："这些民族分别向北、向南迁徙，带走表示太阳和霞光的用语，并视之为对光彩熠熠的天神之信仰的象征。由此可见，语言、谚语和神话用语中，包含在一定程度已经衍化的名称；后来，在不同的时期，在不同的天宇下，从其中生长出同一或者十分相似的植物。"

据马·米勒看来，在对民间创作进行探考时，应当首先从当代的叙述追溯至尤为古老的传说，并进而追溯至作为该传说基础的神话。这同下列情况不无关联：所谓神幻故事（童话），基本上是表述较之古老的传说；随着时间的推移，所谓对神奇者的倾慕逐渐萌生，于是我们的老奶奶和老保姆则将它纳入尚乏这种成分的童话故事。同时，在完全虚构的童话故事中，也可以寻得一些同古老的叙述相同者。米勒明确指出，这就是为什么在对每一故事进行探考时应追溯其原初的、最素朴的形态。对其此种形态，应加以剖析，并依据比较神话学的法则进行探考。当神话那最素朴的、最原初的构想清晰可见，则须探考这一观念和神话如何逐渐发展，以不同的形式见之于印度的天宇下和德国的树林中。由此可见，既然认为现代的神幻故事（童话）是原始神话的遗存，则不难理解，为什么《吠陀》对米勒来说是对神幻故事进行阐释的 deus ex machina。安·德·古贝尔纳蒂斯是米勒思想最热诚的传播者。他写道：

我们在《梨俱吠陀》中只是看到这样的神话：人们发现、观察天宇现象，但并没有加以转述。然而，甚至一般地而非特意地将种种神话（譬如同朝霞相关联的神话）加以比较，便可得到完备的传说,更确切地说,得到一组传说;这些传说可同其他传说和叙事诗相比拟……

《吠陀》赞歌中的朝霞是什么?是在山巅放牛的少女;她身着灿烂的盛装,光彩熠熠。她有一个黝黑、丑陋的姊妹,而她却是光彩夺目、娟秀俊美。她生性善良,驱散黝黑姊妹周围的黑暗,迫使其姊妹退让或者杀死黑妖,或者她就是黑色……之女……诸如此类神话,我们逐一阅读,并加以阐释。大致可形成这样的故事。有这么一个凶恶的、丑陋的妇女——巫婆。她有两个女儿:一个像她一样丑陋不堪、十分凶恶;另一个却与她毫无共同之处,美丽而善良。这一妇女钟爱凶恶的女儿(亲生女),仇视美丽的女儿(前夫之女)。她命她去放牛。有一次,美丽的女儿踏着朝霞放牛归来,在高山之巅被光辉笼罩;她身着金衣,额上星光闪烁。(Le novelline di San Stefano,6~7,都灵 1869 年版)

于是,普叙赫使朝霞黯然失色,而朝霞则在太阳升起后悄然离去;灰姑娘——朝霞,映红了云朵;睡美人,为王子解救,即严冬后复苏的春天;太阳少年,杀死魔怪并救出金发公主;如此等等。

而马·米勒之所以求助于《吠陀》,不仅是为了对神幻故事进行诠释,他在其中并寻得民间习俗的渊源。他写道:"如果我们在印度和希腊发现相似的习俗,我们则倾向于推断:它们有着共同的渊源,并希图在雅利安人迁徙前的时期探求这一渊源……在对习俗进行探考时,考察其演化,并揭示其极大生命力,这为人们所异常关注。"

马克斯·米勒曾致力于此。其忠实的追随者安·德·古贝尔纳蒂斯对此也十分关注。后者不仅对动物神话(Zoological Mythology)和植物神话(La Mythologie Des Plantes)有所探考,而且有若干著作涉及丧葬和诞生之仪礼。其目的在于:"如果可能,完全重建传统之逻辑,尽管仅限于印欧语种族;它同哲学家的逻辑并不契合,却引起探考者的极大兴趣,因为它较少取决于奇思异想。"(《印欧人丧葬习俗比较

史》，1875年第6版）

然而，古贝尔纳蒂斯所为，实则无非是归结于所谓"一览表"；后者正是他为马·米勒编制，——在两方面（既在神话研究中，又在习俗探考中），米勒均有极大影响。在故国以及他所侨居的国度——英国，在意大利和法国，尤其是在俄国，米勒都有众多追随者。于是，比较神话学应运而生，犹如太阳从乌云后赫然而现。伴随这一"太阳"出现的（假如它未被火和水所取代——遗憾的是，这种情况确曾有之），尚有种种范畴的"弗克洛尔"——习俗、神话、传说、神幻故事（童话）、歌谣、壮士歌等。

7. 对米勒的评析以及围绕米勒的论争

当然，语文学的发展，并未在马克斯·米勒及其追随者这里停步不前。随着米勒创立其理论，印欧神话发生变异和修正；甚至在有关雅利安人分布中心的确定问题上，亦然。首先应当提及路·威·盖格（他将原始雅利安神话的摇篮移至德意志的中部）或者泰·珀舍的著作（他论证：北方头发淡黄的居民同雅利安人相融合，并证实：他在俄国西部发现有利于诸如此类民族类型赖以产生和发展的条件）。无论这些变异和修正如何随意，米勒想象力所创造的原始雅利安文明之轮廓更加清晰——况且，地质学资料表明：欧洲远古以来即为人所居。

如果对《吠陀》进行认真的探考，则可发现：《吠陀》被马·米勒视为格林兄弟民间诗歌理论的直接佐证，却以其真实状貌呈现在学者面前，即确系同民间诗歌无任何关系的圣歌汇集。不仅如此，埃及神幻故事和亚述-巴比伦的神话故事，其古老并不亚于《吠陀》中的印度故事。所谓比较语文学同样应当承认：鉴于属性的词尾，神话的起源不可加以武断的阐释，因为神话同样见诸对语法领域无所知的人们；这样一来，同词尾（nomina-numina）相关联的理论，只有在个别情况下才可发生效用。

有人指责马·米勒，说他忽视他所探考的神话之丰富内涵，对不同体系的语言之神话的相似没有给以关注。他的错误还在于：他基于词尾的不确定性，并未考虑到运用同一词源学方法不能不导致截然不同情况下之同一阐释。乔治·迪梅齐尔指出："应当承认，（米勒的）比较语文学已是日薄西方。"恰在米勒亡故那一年（1900年），其最不可调和的批评者之一马·德·维塞尔声称：他从米勒这样的语文学家那里毫无所获，因为他们并未进行任何比较。

马·德·维塞尔指出：不仅如此，将神话只是归结于对天体现象之抒情的或叙事的描述，同样意味着宗教问题的提法不当，其原因在于：神不同于天界现象通常的一般化身，而且较之尤为显赫（参阅詹·维柯的著述，可对此有所补充）。嗣后，为了使某一称谓可成为神的表征，它最初所附丽的客体，在此以前即在民众意识中为神的属性所表述；诸如此类属性，尽管原初观念已有发展，仍然不失为某种朦胧的表征，表明一定的理想的概念（较为崇高的、准确的和理性的）之存在。

米·克巴克正确地指出：不考察这种宗教的直觉（而这种直觉的存在，不失为有利于米勒学派的有力论据），则无法理解：对自然界现象的一般观察，如何得以变为诗歌，给歌手以灵感，引起民众的赞叹，作为人类智慧的至珍而世代相传。

这种批评同样诉诸对科学理论极为有害的武器（即方法），或者对人极为有害的武器——讽刺。马·米勒在英国的状况，同夏·弗·杜毕伊在法国的状况相近似；1836～1840年，题名《这样，拿破仑从未存在》的抨击性之作，在法国印行13版，并享有盛誉。该书根据杜毕伊的理论，令人信服地证明：拿破仑从未存在，而无非是太阳神话的反映和遗存。1870年，马·米勒已是鼎鼎大名，牛津大学的学生发表了一本关于米勒追随者乔·威·考科斯的小册子；他们援引《吠陀》，断言：马克斯·米勒本人也无非是太阳神话（数年后，又是在英国，对恺撒和格拉斯顿亦如法炮制）。后来，亨·盖多兹忆及这一论战，曾援引维克多·雨果的诗句：

噢,消逝的时光!噢,若隐若现的光辉!
噢,隐没在地平线下的太阳!

马·米勒的太阳也已坠落。但是,可否将他所作的一切归结于一个公式,而且仅仅根据这一公式对他加以评价呢?

索科洛夫对此不乏中肯之见;他指出:马克斯·米勒的学术观点构成的繁复的、极为博大的体系,很难用这一术语(即"太阳神话")加以概括。马·米勒的理论要广阔得多。本·特拉齐尼正确地指出:马·米勒"受其科学幻想的制约,而这种科学幻想又使其所获成果极度繁复;他将工作假说同现实论证混淆起来。"然而,他的工作假说并非无济于事;如果说他的太阳说无非是可视为神话研究历史上的一个引人入胜的细节,那么,对同神话、宗教和民间文化有关的许多问题说来,其意义并不限于此。他的著作中的许多章节,迄今读来仍然饶有意味。对其理论可以不予承认;而通观其著述,就视野的广阔而言,他仍然是无与伦比的东方学家、敏锐的探考者、文笔生动的著作家。

8. 米勒的活动之意义

在其著作中,联系一定的民族集群对人种学现象进行探讨;这应视为马·米勒的功绩。其功绩还在于:对他来说,雅利安世界的构拟,并非穷极无聊,而是一种所谓课题,它如同镜中反映"我们的人群,更确切地说,反映我们自身"。米勒的功绩还在于他对这一世界所作的另一论断:"谈论雅利安种族、雅利安血液、雅利安眼睛和头发的人种学家,犯了一个绝大的错误,犹如谈论所谓长头人或短头人之语法的语言学家。"

从这个意义上来说,他那充满实证论精神的语文学,符合历史主义精神,并卓有成效。

有鉴于此,拉·佩塔佐尼写道:

> 米勒学派用以阐释宗教-神话事例的语言学事例,借助于比较,很好地用于探考民族之间的精神差异,从而说明各个部落和民族所特有的个性特质,这是认识历史(特别是宗教史)的极为重要的因素……另一方面,语文学不失为某种大于语言学或大于基于语言学的神话学(比较神话学)者;学者不限于探讨语音学以及语义学的抽象,引起其关注的还有所谓记述——文学的或者即使是文献的、具体的和历史上确凿无疑的。

米勒对种种民间文化现象之形象的和诗歌的构拟,成为新的强有力的动因,其原因在于:这些现象的存在引起极大的关注,现在则极为审慎地予以揭示和搜集。马·米勒在《民间创作研究文库》首次出版之际曾致函朱·皮特雷;此函似乎应成为这一版的"序言"。他写道:

> 我亲爱的先生,您请求我就您和您的朋友们打算出版《文库》一事同您交换看法。您向我提出一个很大的难题。近20年来,欧洲和全世界民间传统的研究有了长足的进展;我没有著名的魔靴,只好相隔遥远而望洋兴叹。昔日,人们对诸如此类举动采取鄙视态度,我竭尽全力同非难者和诽谤者进行斗争。而现在,我已年迈体衰,只能欣赏那业已成林的树木;曾几何时,我也参与其种植。

继而,他又把搜集生活故事这种民间创作的方法告诉皮特雷;而这种方法,正是他所异常喜爱和采用的。他写道:

> 搜集这些故事是轻而易举的,同时又非常困难。首先,并非某一老婆婆所讲述的任何一则故事,都值得记述和出版。留存于

萌生之地的、真正的生活色彩的故事（即所谓"土著的"，如果可以这样说），具有特殊的地方气息，……应当学会把握这种气息。只有在这时才可以说，这是老的或新的故事，真正的或虚假的故事，萌生于林中或温室。一切都取决于感觉……其二，同一故事，只要是有可能，可寻之于不同的渊源和不同的地方；而诸说所共有的成分，则须谨慎地同一说或数说所特有的成分加以区分。其三，所有搜集者应当相互了解故事分类资料，以辨别重新记录的故事属于哪一时期和哪一集群……其四，应尽可能以讲述者的原话（ipsissima verba）将故事记录下来。对那些恣意妄为的搜集者来说，这将是一种警告；对于他们，我们已作了如此多的容忍。我坚持这样一种意见：对所搜集的故事进行改写和修饰的搜集者，应当给以体罚。

这样一来，马·米勒则亦应使他曾崇拜的格林兄弟领受这种体罚。而米勒知道：他们所创作的为文人之作；而他感兴趣的是民间创作的记述，即真正的、准确无误的记述。所谓讲述者的原话（ipsissima verba），亦应提及，其原因在于：在这种情况下，故事中仍保留有方言的特点。"我相信，对方言的研究将获益匪浅，因为，我深信，为了知道何谓语言，我们必须研究语言之实际的、自然的生活。"

以这样的呼吁，先生——用他的话来说，业已年迈体衰——结束了他对从事民间传统研究的人们的正式遗言。至于他的遗产，即他的所有著述，均在论证前浪漫主义者所表述并为浪漫主义者所推崇的思想：语文学领域每一派别的价值，取决于它对其国家的历史所作的贡献。

第17章　追随本法伊的足迹

1．印度——语文学探考的起点

当马·米勒及其追随者为了从事比较语法研究而援用"太阳"、"霞光"、"薄暮"之时,另一德国东方学家(同样曾受弗·博普学派的培植)——泰·本法伊,亦希图调整民间文学研究——正如他所常说的,从天上来到地上。本法伊并未效法米勒:米勒将神话起源问题同民间文学问题一并加以解决;而本法伊对民间文学进行探考,则主要致力于分析神幻故事、传说、故事等赖以传布的中介环节(在书面传统和民间传统中)。

马·米勒和泰·本法伊均给印度以极大关注。而据本法伊看来,印度同雅利安人的原始祖先绝无任何关联;对有关其迁徙的问题,他一向持怀疑态度。这是历史的印度,在时间和空间范畴均占有一定的地位。此外,《吠陀》对米勒来说乃是 deus ex machina。基于《吠陀》,他创造了田园般的原始(雅利安)世界,并在当今世界揭示它的种种现象。本法伊则援用另一部印度文学典籍——《五卷书》;他视之为欧洲民间文学最主要的渊源之一。

1859年,本法伊将《五卷书》译为德文,并撰写长篇"前言";该"前言"更像是独立成章的论著(近600页)。

这一"前言"在民间文学研究中的意义,可同格林兄弟的《儿童与家庭童话集》第3卷相提并论。在此"前言"中,本法伊划定了他所关注的范围,并完全暴露了他那同米勒截然相反的气质。米勒聪慧、敏锐,本法伊则愚钝、笨拙。米勒不愧为艺术家,对所热爱的探考满怀他所特有的热情,并使其论点具有说服力。本法伊既无缜密的作风,又无米勒的魅力。《吠陀》堪称熔铁炉,米勒的想象经常在里面燃烧并臻于白热化。对本法伊来说,《五卷书》则无异于一口井,他从中汲取定理、原理和方程式。米勒明快,本法伊繁琐。其主要批评者之一奥·克勒断言:本法伊之所以繁琐,是因为他不具备科学态度的鲜明准则,供其在一切活动中遵循。弗·里贝佐则认为:本法伊"尽管有时发表相互矛盾的意见和看法,却并非没有一定的章法"。

2.《五卷书》与神幻故事之印度渊源

为了对这一切有正确的认识,首先应求助于法国学者奥·卢瓦济莱-德隆尚;1848年,他在巴黎出版《印度寓言及其在欧洲的流传试析》。卢瓦济莱尔-德隆尚继续其导师西尔韦斯特·德·萨西的探考;后者对《五卷书》的一种版本进行了探考,即研究了关于卡利拉和迪姆纳的寓言。他的著作于1816年出版,题名《卡利拉和迪姆纳,即阿拉伯文的比德拜寓言》。

其题名本身表明:德·萨西所注意的是民间文学的传布。其著作中从未提及远古原始雅利安渊源;民间故事、传说,如同维纳斯生于海水泛起的泡沫,便萌生于其中。德·萨西的著作所述则迥然不同。他试图以最大限度的准确性探明民间文学传布的范围和期限。他的目标并不限于此。他对佛教圣典进行探考时,对大量留存的传说、箴言、谚语十分关注;宣道者正是运用上述种种,打动民众的心灵。佛教影响衰落以后,所有这些遗产则为婆罗门们所利用。其中并包括《五卷书》。《五卷书》为仙人毗湿奴娑哩曼编著,旨在对弥黑拉洛毗王阿摩罗萨格蒂的三个儿子进行教诲。《五卷书》的"序言"中写道:

世间众说纷繁,

毗湿奴娑哩曼取其最佳者，
在五卷书中创始其说，
我们深感欣慰。

我们对这一仙人毫无所知；他以罕见的手法，使道德教诲与优美绝伦的故事、传说和寓言相得益彰。然而，据我们所知，此书的第一个译本完成于公元6世纪，译者为波斯宫廷学者布祖尔吉米赫尔；公元8世纪，一皈信伊斯兰教的波斯人阿卜杜拉·伊本·穆卡法，依据上述译本将此书再度译为征服者的语言——阿拉伯文，题名《卡利拉与迪姆纳》。

德·萨西将这一名著的阿拉伯文译本公之于世（据伊本·阿里·穆卡法所说，该书巴列维文译本已佚），为对其传布问题的研究奠定了基础。他的探索仅囿于东方世界。卢瓦济莱-德隆尚则将此探索扩展至西方世界。

就某些方面而言，皮·于埃和让·德·拉封丹堪称其先行者；他们所关注的，是印度故事在欧洲的传布。然而，我们在这里所指，是对寓意故事起源于印度这一问题之名副其实的科学探考。

数年后，这一探考为奥·瓦格纳所继续。在其《印度寓意故事同希腊寓意故事之间的关联概述》（1852年版）中，他详尽论述了寓言的历史传布问题，并表述了这样一种思想：同寓言的传布相关的，并不是个别人的活动，而是集体的能动性。他确信：伊索并无其人，他作为某种"理想人物"呈现于其中的传统表明：寓言从亚洲腹地传入爱奥尼亚各地区以及希腊。

奥·瓦格纳将一些希腊寓言同印度寓言（部分收入《五卷书》）加以比较，并作出下列结论：寓言之间的类似（乃至细节的类似），在较早期的诸说中有增无已。这样一来，希腊人的所有寓言均获取自印度。然而，奥·瓦格纳以此说加以论证，其结果适得其反：其论据本应证实寓言并非起源于希腊，却证实寓言异常古老。语文学家阿·弗·韦伯对瓦格纳之构想的尖锐批评,正是基于此。在1856年发表于《印度探考》的数篇论著中,他论证:印度寓言绝不可能传入希腊。

而奥·瓦格纳则以下列两点对其假说加以论证,即:《五卷书》的产生颇为古远(他认定该书属公元4世纪);希腊寓言的传布仅囿于欧洲东部。阿·弗·韦伯则有可能对奥·瓦格纳所援用的年代进行考证,因为他本人所述《五卷书》的形成期无非是揣测,而《伊索寓言》的产生年代则较为确定——公元前200~前150年间的著作家曾加以援引。由此可见,阿·弗·韦伯立论的基础不是较奥·瓦格纳更为坚实吗?本法伊从其先行者那里又能承袭什么呢?

3. 本法伊的历史学-东方学理论

毫无疑问,泰·本法伊受到德·萨西有关《五卷书》之著作的影响。《五卷书》的译本、种种版本和改编本,引起他的兴趣。在其审慎和认真的探考和东方学论著中,有关《五卷书》对民间文学的影响的问题,亦为他所关注。从卢瓦济莱-德隆尚有关寓意故事起源于印度之说出发,本法伊提出涉及广泛的理论;他不再局限于对寓言起源的探考,并且涉及口头民间文学其他样式(故事、传说、谜语等)。他写道:"我们的探索使我确信:大量神幻故事和民间故事从印度传遍全世界。"

据他看来,其传布始于公元10世纪;其时,来自《五卷书》不同版本和译本的寓言、寓意故事,始而为去往东方的旅行者和商人所知。据本法伊看来,民间文学首先是口头传布,继而文学传统亦附丽于口头传统。本法伊对此作了如下表述:

公元10世纪,伊斯兰教进入印度,我们对这一国度的认识有增无已。后来,文字传统开始居于较之口头传统尤为重要的地位。印度文学著作译为波斯文和阿拉伯文,并传布于穆斯林在亚、非、欧三洲所征服的国家;由于这些国家同基督教世界关系密切,并进而传布于基督教的西方。拜占庭、西班牙和意大利,是与东方之主要联结点。

他补充说:始于公元1世纪,寓言、警谕故事和传说,伴随佛教典籍传入中国,后又传入西藏。"寓言、警谕故事等随同佛教从西藏传入蒙古。据我们所知,印度文学作品已译为蒙文(当然,作了许多更动,并补充了种种细节)。众所周知,蒙古人曾在欧洲横行两百年之久,亦有助于印度故事在欧洲之传布。"

泰·本法伊以《五卷书》存在种种译本和改编本为依据,论证其观点。《五卷书》从古波斯文译为阿拉伯文(12世纪),从阿拉伯文译为希伯来文(13世纪),从希伯来文译为中古拉丁文(13世纪),最终又从拉丁文译为法文、德文、意大利文及其他文字。他并对口头传统与文字传统之相互作用有所阐述。他写道:"通观欧洲文学,故事最先见诸薄伽丘,而童话则最先见诸斯特拉帕罗拉。民众从文学中承袭的故事,经民众加工,重新回到文学中去,又从文学中再度回到民众中去。正因为如此,许多故事在整个民族精神和创作个体的交替影响下,具备那种朴实的民族品格以及个体的作用所臻于的严整性,并因而具有巨大的文学价值。"(《五卷书》,T.本法伊译,第2卷,莱比锡1859年版,Ⅰ,150)。

本法伊确信:欧洲民族曾运用来自印度的题材和情节;而由于改制,崭新的、具有极高文学价值的作品得以产生。尽管其主要目的在于探考这些或那些作品的传布,本法伊虽尚朦胧,却已猜测到:语文学家亦应对文学作品的创作渊源以及故事因改制而转化为新故事的创作契机予以关注。

4. 民间故事的流传与产生

对奥·瓦格纳和阿·弗·韦伯关于寓言起源的假说进行释析,

泰·本法伊得出这样的结论:如果说众多寓言亦为印度人的创作天才之成果,其多数则直接源于希腊。本法伊将瓦格纳与韦伯两者相调和,写道:"显而易见,大多数动物寓言形成于西方,在较大或较小程度上是伊索寓言的加工改制之作。然而,其中一些寓言似产生于印度。两种寓言的区别在于:在伊索寓言中,动物按其所特有的属性活动;而在印度寓言中,动物并不具有与其本性相关联的特点,而颇似动物所扮作之人。"(《五卷书》德译本,Ⅰ,250)

不言而喻,本法伊在此所关注的,同样不仅是寓言的传布,而且是寓言的创作渊源。阿·弗·韦伯坚持这样一种见解:欲探求原初之说,须寻之于最完善的创作形态中。本法伊以截然不同的观点,与这样的美学准则针锋相对。

  所谓美,即思想与形式之最完善的和谐,表现为长期的、不懈的和恰如其分的加工之结果;民众之参与这种加工,与其说是作为创作者,毋宁说是作为鉴赏者。如果我们能够探索一切寓言之初源以来的历史沿革,则可看到:最美好的文艺作品始而均为粗糙的和不定型的;只有在民间诗歌的范畴内经过长期的加工,才可赋予它们一定的形态;而臻于尽善尽美者,在其中又寥寥无几——即当民族精神这种生动地体现为天才所把握,并带有其高度个性的印记。(《五卷书》德译本,Ⅰ,325)

由此可见,据泰·本法伊看来,文艺作品只有在天才的手中才能成为名副其实的完美之作。阿·弗·韦伯则反其道而行之。据他看来,寓言的始初形态,是寓言的最佳者。泰·本法伊在这一问题上赞同弗·奥·沃尔夫的见解,持截然不同之见。尽管本法伊不无矛盾、语言并非始终明晰,从他的看法中仍可导出这样的结论:印度对欧洲民间文学来说是取之不尽的渊源,但仍然承认:作品经受了袭用其题材和情节的人们创作想象之作用。

5. 克勒、兰道和科斯坎

泰·本法伊的"东方"理论,被视为民间故事起源的理论;然而,这种理论并不像一般所认为的那样确定不变。更确切地说,本法伊的追随者们将其推崇为学说;在这些追随者们中,赖·克勒在德国最为著名;他在1865年曾出版《论欧洲民间故事》。在这部著作中,他追随其导师,断言:"大部分欧洲民间故事,犹如许多在中世纪末期纳入西方文学的故事,或者直接起源于印度,或者产生于印度文学的影响之下"。他又不无自我矛盾地补充说:"本法伊所提出的、欧洲民间文学起源和传布的问题,正如他自己所说的,只有当一切或者几乎一切童话故事都归结于其印度本原之时,才可最终解决。"

克勒精心编制了欧洲民间故事的详尽目录;据他看来,这些故事的渊源是印度。另一德国学者马尔库斯·兰道,同样十分正统;他于1869年曾出版一部长篇论著《德卡梅隆的渊源》。兰道并不局限于编制目录和进行比较;而克勒的著作则颇似详解词典。兰道力图更加缜密。譬如,他对薄伽丘的《阿尔贝里加的菲德里戈》进行剖析时,忆起一则佛教传说:佛陀化为鸽,供捕禽者一家烤食果腹;后又忆起《五卷书》中一则类似的故事:一鸽投身火中,以供猎者食用。从而,得出结论:"在薄伽丘的笔下,阿尔贝里加的菲德里戈对前来造访的心爱妇女无物相赠。他的境况同《五卷书》中之鸽毫无二致,无奈只好作出牺牲,不过他所牺牲的并不是自身,而是他最宝贵之物——他唯一的鹰隼,并因而得到最大的奖赏:他所钟爱的妇女之爱情。"

法国有一兰道的忠实追随者,这便是欧·勒韦克。他在1880年问世的《印度和波斯的神话与传说》中,探寻印度和波斯的故事于阿里斯托芬、柏拉图、奥维德、提图斯·李维、但丁、薄伽丘、亚里士多德、拉伯雷、佩罗、拉封丹的作品中。他的态度极为认真和执着。然而,埃马纽埃尔·科斯坎之论证本法伊之说,已登峰造极,并因其民间故事集而博得赞誉。他的《洛林民间故事集》(1886年版),其中每一篇故事都归之于印度原型。该书的长篇"前言"则论述欧洲民间故事之起源和传布。在他的多篇论著中,他亦持同样的观点;这些论著自1886年起陆续发表于期刊,并于1922年编为两集出版,即:《印度故事与西方》、《民间故事研究》。

对埃·科斯坎来说,"印度具有特殊作用",已成为不容辩驳的定理。为了对欧洲民间故事的起源加以阐释,他通常援引同一印度信仰。譬如,他确信:对轮回的信仰,对故事和传说的产生与传布有着巨大的影响。他并确信:这种信仰为印度所特有。置本法伊的理论于不顾,科斯坎继克勒和兰道之后,斩钉截铁地断言:任何神幻故事均来源于印度;在现代印度,可为之寻得就题材而言的相对应者。

另一法国学者亨·盖多兹,言之有据地提出异议:对灵魂转移的信仰,可称之为印度的,同样也可称之为非洲的、美洲的和大洋洲的;现今所记录的民间故事并不能提供任何佐证,可说明它起源古远。此外,题材的近似较之艺术形式的近似,其意义要稍差。科斯坎置抨击于不顾,较其导师更无所顾忌地对待神话故事的起源问题,夸大并不可信的相应者的数量,并试图以此证明:正是印度堪称一切故事之取之不尽的清泉所在的乐土。

6. 俄国"历史学派"的诞生。弗·费·米列尔与亚·尼·维谢洛夫斯基

据一些学者看来,印度不仅是寓言和神幻故事的故乡,民间创作的其他成果(诸如俄罗斯壮士歌)也萌生于此。泰·本法伊的东方文化研究,在俄国迅即获得赞许,其原因在于:亚·尼·佩平在这一领域的探考颇得其助益。不仅如此,应当指出:本法伊所译《五卷书》问世之际,俄国学者(安·安·希弗涅尔和瓦·瓦·拉德洛夫)的民间创作集也相继出版;他们对在俄国东部搜集的歌谣同蒙古语诸民族和突厥

语诸民族的歌谣之极度相似十分关注。

1868年,十分博学的语文学家弗·瓦·斯塔索夫发表了有关壮士歌起源的论著。他摈弃了神话学派的一切构想(这正是本法伊理论的追随者们的共同特点),而且论证并试图证明:一切俄罗斯壮士歌均起源于东方。譬如,他断言:俄罗斯有关火鸟的故事同印度有关苏摩提婆的传说相近同,有关叶鲁斯兰·拉扎列维契的传说同菲尔多西《王书》中的一情节相近同。

这一时期另一著名语文学家奥·费·米列尔,在其有关伊里亚·穆罗梅茨的著作(1869年问世)中论证:作品的价值并不取决于题材。他仍然坚持格林兄弟和马·米勒的神话学理论,并断言:任何承袭的题材都经过加工,作品因而获得民族品格——无论其渊源如何。因此,有关伊里亚·穆罗梅茨的壮士歌成为民族的;全部俄罗斯叙事诗,也应被视为民族的。

另一些学者也参与了围绕斯塔索夫此书的论战;他们认为:时间和时代的观念之反映,应寻之于民间创作的作品。另一米列尔——弗谢沃洛德·米列尔的活动,亦应予以关注;他认为壮士歌中不乏历史人物和事件,亦即试图认定叙事诗具有所谓"历史基础"。于是,历史学派便在俄国诞生。在这一学派中,亚·尼·维谢洛夫斯基有着特殊的贡献;他将这一学派所缺乏的美学成分纳入其中,从而使之富有生命力。

亚·尼·维谢洛夫斯基在同一时期既是斯拉夫主义者,又是西欧主义者。而他首先是"人文主义者",对欧洲的以及东方的民族文学同样极感兴趣;他将民间创作视为其中不可或缺的和富有生命力的一部分。维谢洛夫斯基既对约·戈·赫尔德和格林兄弟十分倾慕,又对马·米勒和泰·本法伊的学说给以关注。这位不知疲倦的、天才的学者,对当时的一切唯智论派别都很熟悉。他一度接受本法伊的影响,却从未完全接受呈现于本法伊门生著述中的、东方学家们那种极端之说。

在其论述有关所罗门和基托夫拉斯的斯拉夫故事的博士论文(1872年)中,亚·尼·维谢洛夫斯基论证:不仅东方给西方以影响,西方同样给东方以影响(不仅通过希腊寓言、偶然地,犹如本法伊所设想)。他并确信:俄罗斯民间文学中不乏拜占庭的影响;具有多样性以及种种特征的俄罗斯民间文学,又从而成为东方与西方之间的纽带。

亚·尼·维谢洛夫斯基在其著作中对此有异常翔实和缜密的探考,从未陷于公式化,其见解始终是可取的和言之有据的。这篇博士论文曾数次再版,并成为有关东方同西方相互关联的名副其实的论著。嗣后,他又发表了一系列著作,论述基督教传说、俄罗斯宗教诗歌、壮士歌、伊凡雷帝的故事等之历史沿革和发展。在这些著作以及其他不可胜计的著作中,正如索科洛夫所指出,维谢洛夫斯基致力于寻求文学著作的渊源,即本国的或外国的渊源、口头的或书面的渊源,以揭示精神文化现象同哲学观念、宗教观念和社会观念之间的相互关系。在维谢洛夫斯基的著述中,本法伊的论点同当时在法国为伊·泰纳所发展的历史观准则相结合。

但是,亚·尼·维谢洛夫斯基并未就此止步。他审视自己的活动,发现它是有益的,因为他对形式各异的叙事体裁(叙事诗、抒情诗、戏剧)进行了缜密的研究。同时,他得出这样的结论:任何民族文学以及民间文学,都处于不断地形成中。他的最后结论在于:语文学家要对任何一种文艺作品——小说或壮士歌、书面故事或民间故事作出评价,不仅应研究其题材,而且应研究其中所反映的社会观念以及它们的艺术形式。

亚·尼·维谢洛夫斯基探考了种种始源,但只认为它们具有文献价值。泰·本法伊所视为局部者,即作品的艺术范畴,对他说来,则是问题的本质(既属历史范畴,又属美学范畴)。不应忘记:始于1871年,俄国民间文艺学领域发生了真正的革命:亚·费·吉利费尔丁格在此时发表了300余篇壮士歌,其编成并非按体裁,而是按作者。这样一来,一种新的研究方法付诸实施,它使民间诗人(歌手、故事家)的个性得以重现。

据亚·尼·维谢洛夫斯基看来,民间创作作品的价值同犹如文人之作的价值,并不决定于其题材。须知,没有一个题材不在复现。对民族文学进行探讨时,应当重视的并非题材的类似,而是它们所采取的艺术形式。始源的意义,不应加以否认,也不应予以过高估价。从这一前提出发,维谢洛夫斯基一方面认为民间诗歌是文学进化的始初阶段,另一方面又否定有关民间歌谣来自集体创作之说,并将壮士歌(而且不限于壮士歌)视为故事家们所编成的诗歌之作。他坚持这样一种看法:民间创作可同一定的中心相关联,却产生于一切国家各个时期之想象的不间断的作用。

7. 芬兰学派与历史-地理方法

从这样的前提出发的,尚有芬兰学派的奠基人尤利乌斯·克伦;他的方法,为其子卡尔莱·克伦所完善。

诗人和小说家尤利乌斯·克伦从事《卡勒瓦拉》的研究,并为此积累了丰富的知识。这部芬兰民族史诗的结构,从少年时代便吸引着他。早在1884年,他在有关《卡勒瓦拉》起源的著作中写道:"在对这一叙事诗的起源问题寻求解答之前,我将其种种传本按地理分布和所属年代加以整理。只有这样,始可将原初成分同后期的增益区分开来。"

在其所著《〈卡勒瓦拉〉诠释》(1888年版)中,克伦运用这一方法获得显著的成果;在这一著作中,他揭示了赋予这一叙事诗以民众性的种种异说之特殊价值。对叙事诗各部分种种新说进行加工的诗人和故事家,克伦给以极大关注。同时,他对《卡勒瓦拉》诸说进行分类,不仅依据其内容,而且按其产生的地域。克伦不幸早逝,留下大量资料,证明其论断是正确的。这些资料后由其子公之于世,并纳入有关民间创作最基本著作之列。譬如,其中不乏关于古代芬兰人诸部落的多神教的著作，不乏有关芬兰民间歌谣（kanteletar）演唱者的创作之尤为有价值的论著。

尤利乌斯·克伦提出其历史－地理方法，是依据斯·格伦德维的研究成果。同时，他并坚持威·里尔于1854年在德国提出的工作假设。里尔认为：应将国家本身及其居民视为赖以对德意志民族的历史进行研究的基础。就神话学领域而言，其后继者为威·施瓦茨；1877年，他对农民中的多神教遗存进行了研究，并考虑到其历史－地理传布。

克伦对本法伊持何态度呢？克伦屡屡声称：他的方法摈斥本法伊及其追随者们的一切极端之说。据他看来，众多民间创作的作品确实自印度传入西方；同时，另有一些又自西方传往印度；譬如，小亚细亚和中欧，他便视为这样的创作地区。总之，他对一切均持有疑问（cum grano salis）。然而，据他看来，泰·本法伊（在一定程度上还包括亚·尼·维谢洛夫斯基），对加工之作、文人之作极为重视；而对较早期的民间记述，则并未给以应有的估价。无论是本法伊，还是维谢洛夫斯基，均承认口头传承的宝贵价值。然而，应当再前进一步：将口头传统同文人传统相提并论。须知，一些异说，克伦指出，表明民众记忆具有非凡的能力，最古老的形式得以流传至今。无论是歌谣，还是故事，皆然。

由此可见，为泰·本法伊所关注者，亦为克伦所关注，即有关恢复诗歌作品原初之说的问题。有鉴于此，回忆一下卡尔莱·克伦在国际民间创作代表会议一次会议（1889年举行于巴黎）上的讲话，将是有益的。在这次会议上，他对尤利乌斯·克伦的活动作了如下评价："家父所致力的主要工作，是对《卡勒瓦拉》进行比较研究；它构成《芬兰文学史》的第1部分……《卡勒瓦拉》的探考，对揭示芬兰叙事诗同古代斯堪的纳维亚的、俄罗斯的和立陶宛的歌谣之间的关联有所助益……而据我看来，更有价值的，是家父所从事的这样一个课题（并为我所承继），即对芬兰民间诗歌与全世界各个国家类似传统进行比较研究。"

卡尔莱·克伦十分尊重其父的成果,并提出下列论点:(1)故事(以及歌谣)的国际性,不仅在于共同的主旨,而且在于情节的发展和繁复化,即在于整个题材;(2)该题材为既定的情节所纳入;(3)为了寻得叙述的始初形态,须对其种种异说加以比较;(4)对这些异说按历史原则进行分类(如果文字资料允许的话),或按地理原则进行分类(如果它们来自民间生动的语言);(5)为了取得圆满的结果,必须拥有每一地区、每一区县、每一村落的种种异说。只有对种种异说进行探考(譬如,考克斯女士在1893年曾出版《灰姑娘》的350种异说),据他看来,始可对其原始型加以阐释(其中每一种均有其创作者)。谁也不能不承认:在北欧,一些异说以较之有关波吕斐摩斯的传说尤为古老的形式留存于世。就此而论,泰·本法伊和早期亚·尼·维谢洛夫斯基的影响清晰可见。较为古老之说,也就是较少加工之说。这一崇尚朴真的观念,原为奥·克勒所持有,更确切地说,为浪漫主义派所持有,并为阿·弗·韦伯运用于小说研究;它导致有关叙事诗萌生的构想。

两位克伦均认为原初形态是最朴素、最完善者。而小克伦则确信:揭示传说、叙事之作的原初形态,并不是所谓历史-地理研究中的至关重要者。尤为重要的是:对这一原初形态在种种异说中就时间和空间而言所发生的演变加以探考,然而(其失误便在于此),尽管如此,他仍然从一个角度对种种异说进行探考,并对之采用同一尺度。

在其有关比较文艺学的著作中,特别是在有关人与狐的故事的论著中,卡尔莱·克伦提出这些原则。他并用以对《卡勒瓦拉》和爱沙尼亚民间歌谣进行研究。其父的观点为他的观点所补充,尤为充分地见诸其所著《民间创作研究方法》;此书于1926年问世,堪称其所著 *Kalevalan kysmyksia*(1910年版)的改制。他的另一部有关《卡勒瓦拉》的巨著 *Kalevalan opas*,于1932年公之于世。

8. 科学探考的手段

芬兰的方法曾遭到猛烈抨击。克伦父子曾受到责难,譬如,批评他们的过错在于：他们的分类是随心所欲的、机械的和静止的；这样一来，如果说他们的方法可以称作"地理的"，所谓"历史的"在其中则无迹可寻。不久以前，卡·威·封·西多（在其最初发表的一些著作中曾运用了克伦父子的方法）宣称：芬兰学派通常依据未经检验的、有时纯属谬误的先决条件。然而，应当承认：该学派确有一重大功绩：它提出了每一民间文学研究者借以对所必需的材料进行选择的手段和方法。

应当提及克伦父子的门生安蒂·阿尔内的名著《故事类型索引》（1910年版）。这部著作第一次列举故事的题材和情节，并附以相应的说明。该书为国际民俗学者联合会出版的《民俗学通讯》丛书第3卷；这一协会系根据克伦、西多和阿·奥尔里克的倡议于1907年创建。

数年前，法国民俗学者盖多兹宣称：假如有一位勇敢的、博学的学者编成故事目录（并列举题材和情节），故事研究则会有迅速的进展。试看，在上述丛书中（推出学术论著100余种），并包容有种种索引（欧洲各国学者继阿尔内之后编制）以及众多其他有关民俗学（民间文艺学）的论著（出于协会成员及其他学者——瓦·蒂莱、R. T. 克里斯坦森、瓦·安德松、尼·彼·安德列耶夫之手笔）。这样一来，欧美两洲民俗学者卓有成效的国际合作得以确立。

1913年至1915年间出版的约·博尔特和伊·波利夫卡五卷集《格林兄弟童话注释》，包括许多珍贵资料。这一著作也将其出现归之于芬兰学派，而且归之于奥·克勒。约·博尔特为德国的民俗学巨擘，继F. A. 韦恩霍尔德之后担任《民族学杂志》主编。另一作者伊·波利夫卡，为著名的捷克民间文艺学家；他基本上是泰·本法伊的追随者，但承认民间文学及其民族属性的意义。由于两位学者合作的结果，旨在纪念格林兄弟的这一比较方法宝库（Thesaurus）得以形成。

芬兰学派最初所致力的，只是民间文学一个特殊的领域；而后来，它将民间文艺学诸问题纳入探讨范围。克伦父子在故事和歌谣中寻得邈远往昔的痕迹、神话和法术的遗存，其探考总的说来建立在历史基础之上。然而,将芬兰学派称为"地理－制图学派"更为适宜。它将民间音乐摈斥于民间创作之外,是毫无根据的;而就在这一时期,对芬兰民间音乐不乏极有价值的探考;尤利乌斯·克伦之子伊尔玛里·克伦,亦致力于此。该家庭另一成员、尤利乌斯·克伦之女——艾诺(卡拉斯),将祖国民间创作中的情节用于小说创作。尽管存在种种缺陷,芬兰学派仍然有着无可争议的功绩。民间文学问题,在此以前被置于次要地位,而芬兰学派使之成为关系整个文化史的问题。

第 18 章　在罗曼语民族的世界

1. 罗曼语语文学的诞生。从迪茨到帕里斯

随着印欧语民族神话的形成,我们的种族起源以及文化之历史共同性之构想应运而生。对具体的文学进行研究,必然力图推本溯源。尽管探考只是囿于雅利安神话,人们再度将目光转向关于原始世界的神话——约·戈·赫尔德曾从美学的角度对这种神话加以表述。马·米勒和泰·本法伊在印度发现原始者。这一概念丰富了日耳曼学和斯拉夫学,如今又有助于另一新的学科——罗曼语语文学的发展。

这一学科的胚芽,可见于詹·维柯和路·穆拉托里的著述;其名副其实的创始者,就学科的界说以及学者的活动范围说来,为德国学者弗里德里希·迪茨。他是一些极有分量的著作之作者,诸如:《罗曼诸语语法》(1836～1844年版)、《罗曼诸语词源词典》。弗·迪茨将罗曼语诸民族的世界纳入尤为广泛的整个雅利安世界。他将其探考局限于罗曼世界,将其视为自在的世界,并置于同其他一切的关联之外。他并不惧怕所谓承袭之说,而视之为民族特征得以显示的契机。犹如格林兄弟和马·米勒,他对民间诗歌问题尤为关注;犹如浪漫主义派,他将流传于民间的一切口头创作均归之于民间诗歌。然而,为了揭示民间诗歌与创作文学的相互关联,必须对两者进行学术探考。在其早期著作中,主要是在《游吟诗人诗歌集》中,迪茨即已提出历史主义与美学之说:抒情诗歌的源头,应寻之于法国,或者更确切地说,应寻之于普罗旺斯,寻之于威廉二世前民间诗人的创作中;新的社会成

分——骑士阶层,以现今的游吟诗人代替了这些游方歌者。当艺人(民间诗歌真正的创作者)不再让贵族赏心悦目之时,较为高雅的贵族诗歌便应运而生。于是,出现相互对立的两种诗歌体裁:艺人诗歌(民间的)与游吟诗人的诗歌(创作的和典雅的)。这样一来,诗歌臻于较高的阶段。

浪漫主义派,主要是德国的浪漫主义者,同样将民间的(即自然的)诗歌与创作的诗歌区分开来;然而,他们并不认为后者较前者高雅——据他们看来,只有前者才是真正的诗歌。就此而论,迪茨与德国浪漫主义派的观点并不一致;但他接受了他们的两个论点:(1)诗歌的渊源始终与民间诗歌相关联;(2)前一种诗歌堪称名副其实的诗歌,这便是民间诗歌。

弗·迪茨在法国的最初的学生之一加斯东·帕里斯,也赞同这些论点;他的一部鸿篇巨著中,经常可以发现浪漫主义的影响,尽管对承袭自弗·奥·沃尔夫(通过格林和克·夏·福里埃尔)的思想,他仅作出粗浅的评述。

早在青年时期,加·帕里斯就不赞成对《罗兰之歌》进行神话阐释。至于《罗兰之歌》同罗曼语民族的语文学的关系,帕里斯所持见解,同马·米勒对《吠陀》以及泰·本法伊对《五卷书》的观点毫无二致。帕里斯更赞同本法伊的观点,同意他的游徙说的探考方法。然而,他也同意马·米勒关于神幻故事似可成为神话的转变之说,并在其所著《手指一般小的男孩和巨熊》(1875年版)中予以论证。但是,无论帕里斯所受影响如何,就其所喜爱的题材而言,他始终依然是浪漫主义者,他的著作无不具有其鲜明的个性之印记。

2. 法国的民族性与法国文学

加斯东·帕里斯的一切著述中,无不鲜明显示他对民众的兴趣;至于民众,他似乎视之为大的铁匠作坊,文学和文化的基础便在此锻造和加工。民间诗歌——武功歌以及故事诗(fabliaux)和"圣者传记"(僧侣们为民众所编撰),更加引起他的兴趣。对民间文学的热爱,他承袭自其父;其父亦从事中世纪典籍的探考。而帕里斯又不同于其父,他对"美好的法国"(la dulce France)的古代文学典籍的研究兴趣不仅出于对本国文学典籍的热爱,而是将其视为全人类统一生活、统一历史的发展成分和分支。

他在其一部早期著作中抱怨道:"我们法国人没有格林兄弟。"然而,他本人既具有雅科布·格林的工作能力和博学,又具有威廉·格林的典雅和鉴赏力。加·帕里斯不仅是学者,而且更是一位文学家,酷爱学术工作;其文笔纯朴、明快,犹如骑士的功业。

他的一切活动,可称为"骑士的功业":文学家成为学者和爱国者;为了科学,则成为世界主义者。他选定《罗兰之歌》作为1870年12月8日在索邦的著名讲演录之主题;当时,巴黎正处于铁与火的禁锢下。据埃内斯托·莫纳齐回忆,至于这一讲演,"帕里斯意欲以之表明:他所致力的领域是如何具有爱国性和现实性;对诸如此类文学典籍进行探考,可深入历史和人民精神,揭示其奥秘。对这些典籍进行研究,必然是为了使民族意识不致减弱,为了在生死关头使关于民族豪迈的记忆得以保留。熟悉本国的古老叙事诗,法国人则可追溯其民族形成之始源,有可能对诗歌在其民族形成中的巨大贡献作出估价,发现民族的活生生的机体与国家的强有力的机制之间的差异,在民族这一概念中获致那种不可摧毁的东西——它使民族的生活超脱于事件和命运的打击,并唤起一种希望:即使故国的土地为敌人所侵占,故国将重新回到自己手中。"

两年后,帕里斯与保尔·梅耶创办杂志 *Romania*;它成为罗曼语语文学的主要刊物。其卷首题词为古代诺曼底游吟诗人的诗句:

  Pur remebrerer des ancessurs
  Les dits et les faiz et les murs.

在该刊物问世前的预告中,加斯东·帕里斯声称:出版这一刊物的想法早已有之;但是,由于法国所经历的悲惨遭遇,这一想法以前无法付诸实现。刊物应当具有民族性——帕里斯及梅耶都坚信:"法国悲剧之因在于:同往昔之过分硬性的和激烈的决裂,忘记真正的传统,对祖国命运的普遍漠不关心"。而加·帕里斯当即补充道:"杂志不应当有成见",它首先应致力于学术目的。结尾写道:"对各个民族(犹如对个人)来说,显示智慧的座右铭、任何理性活动的至关重要的条件、真正的品格的基石,应当仍然是这样一种思想,它体现于一句古老的格言:要认识自我。"

加·帕里斯在此已是阐明文学历史与国家历史两者的关联(这堪称其全部活动的特点)。据说,罗曼语语文学在德国处于被禁锢状态,是没有心灵的雕塑像;只有帕里斯给它注入生命,并将其移置于拉丁国家。

而实际上,加斯东·帕里斯对祖国——法国怀有极大的爱,赋予这一学科以浪漫主义性质;而浪漫主义性质,已为日耳曼学和斯拉夫学所特有。他确信:民间传统构成民族生活和历史的最深厚的基础;因此,历史不应被视为不再发展的和孤立的。这样,他毫不动摇地认为:法国中世纪民间文学的许多作品(特别是"法布利奥")源于印度。

在许多著作(后编为若干卷专集,题名《中世纪诗歌》)以及鸿篇巨制《中世纪法国文学》中,他对此有所阐述。

然而,述及某些作品的题材和情节之印度起源时,他仍然确信:在移植于他国土壤时,它们获得新的故乡之民族特性。对法国文学的民族性,他从未持怀疑态度。这是他的信念。

3. 法国叙事诗的由来以及"康蒂莱纳"理论

这一构想,成为加·帕里斯最有分量的著作《查理大帝的叙事诗史》(1865年首次出版)之基石。作者的主旨在于:解决法国叙事诗的起源问题。然而,他又对德国、斯堪的纳维亚、西班牙、意大利等的文学进行深入研究,并不是要在不确定的原始时期寻求法国文学的初源,而试图探明其历史沿革和传布区域。帕里斯赞同德国人的理论(经福里埃尔改制);据这一理论,"康蒂莱纳"先于武功歌(chansons de geste)。但是,他认为:这些"康蒂莱纳"并非成于整个集体的创作本能,而是出自公元7至10世纪的一些诗人之手笔。

由此可见,加·帕里斯(其实,弗·迪茨亦然)接受了关于民间诗歌的神话,而且并未否弃格林兄弟、格勒斯、阿尔尼姆、施莱格尔兄弟等的构想;他们认为诗歌出于个体诗人。

在其《幼年笔记》(1845~1846年首次出版)中,欧·勒南承认关于"原初"至大者的概念是19世纪的发现。在听了安·弗·奥扎南的一次演讲后,他宣称:民族的精神及其天才,应寻之于《罗兰之歌》。对此,勒南补充说:任何诗人,都是民族的音乐回响;他在其示意下写作,阐述其憧憬。(维柯和格林兄弟将这些人民的憧憬视为历史真实之成分。)

法国的第一批语文学家和浪漫主义者——让·雅·昂佩尔和莫南,同样坚持这样的观点。据他们看来(以往那些不同意格林兄弟之说的浪漫主义者,亦持此见),人民(民族)的呼声通过个别人物——诗人得以表达。这一诗人,则可归于人民之列,因为他表达共同的情感,表达全体人民的呼声,并显示人民(民族)的精神。勒南将图罗尔德与人民(民族)精神相提并论,而他无非是以此赋予比喻以现实意义。他并不否认:《罗兰之歌》出自诗人;而这一诗人则是整个民族、其氏族、法国的整个社会生活。加·帕里斯的见解亦有同样意义,他声称:《罗兰之歌》的作者们为军人。

在其著名的"Roncevaux"一文中,加·帕里斯述及一位不知名的诗人;他讴歌了罗兰战友们的英勇,以期在战败后给他们以慰藉。

该文中写道:

在法国,那时正是叙事诗创作繁盛时期;激起义勇军想象力的事件和人,即刻成为中世纪游方歌手——"埃德"所传布的歌谣之主题;他们将这些歌谣传遍全国,并采用种种方言;其传布范围,如同一块石头投入水中所出现的波环,一圈圈逐渐扩延……新的歌谣不断产生,而因某种缘故具有生命力的、旧有的歌谣并未被遗忘:代代相传,不断予以或多或少适当的变易和扩充。有关罗兰的歌谣,流传于整个加洛林王朝时期。11世纪,这些歌谣被赋予新的形态;这种形态无疑与原初的形态已有相当大的差距。(《巴黎评论》,1901年9月15日)

加·帕里斯断言:传布于民间时,叙事诗经历不断加工;他从而对民众加工叙事之作的问题有所表述。正是由于不断加工,它势必成为名副其实的民众之作。他认为民间创作是任何真正的诗歌之基础和源泉,并认为将教权主义文学同民间创作相关联是荒诞的:民间诗歌无法影响教会诗歌,因为僧侣们对前者持鄙夷态度。

据加·帕里斯之论断,民众对历史事件即刻予以歌颂,或者全然置之不顾;嗣后,歌谣则口耳相传,并在诗人们的参与下不断有所变易。加·帕里斯由此得出结论:最初的"康蒂莱纳"始终起源于可赞颂的事件发生的时期。这样一来,他作出进一步的结论:有关查理大帝的最初的"康蒂莱纳",其作者为义勇军战士,因而属公元8世纪;后来,有关某一英雄人物的歌谣,因关于叙事诗的一致思想而相关联,辑集在一起,并与其他歌谣区分开来。

加·帕里斯关于叙事诗是民间诗歌的初源和特殊表现之说,后并适用于其他文学体裁。譬如,阿·让鲁瓦按叠句对中世纪法国诗歌的起源进行了探考;J. B. 蒂耶尔索在同一年出版了《法国民间歌谣史》,在该书中断言:武功歌押母音韵,以当时的旋律歌唱。乔·切萨雷奥亦持同样见解;他于1894年出版了一部极有价值的著作,论述意大利抒情诗的起源——《意大利抒情诗的起源》;在此书中,他论证了西西里民间诗歌之存在,——它较之诺曼—施瓦布诗派尤为古老。同样的原则,伊·德莱埃在其卓越的著作《圣徒传说》(1904年版)中并运用于散文体之作。

加·帕里斯所发表的一些新作,通常为述评,后扩展成为专著。譬如,让鲁瓦的一部著作的问世,成为他1891年发表在《学术报道》的著作之起因。在这部著作中,他提出所谓不间断的、独立于文学传统的拉丁民间传统之假说:罗马民间春季歌谣,先于艳情的普罗旺斯抒情之作;据他看来,它们来自同五月的朔日相关联的歌谣。

有两个世界愈益激烈地抗衡,即:民间歌手的世界和僧侣们的世界。正是在这一时期,著名的意大利语文学家皮奥·莱纳开始了他的活动;他对加斯东·帕里斯的主要论点予以批判的接受。

4. 皮·莱纳——初源的探考者

皮奥·莱纳也是浪漫主义者;他所酷爱的是法国叙事诗。他与加·帕里斯的关联,同泰·本法伊与马·米勒的关联大体相同。他们二人,即莱纳和帕里斯,极为崇尚流传诸说、文献、手抄本。两者的评述之作,在同类作品中堪称典范。然而,据他们看来,初源无非是真正科学探考的前提和基础。对文献加以诠释的任务,吸引着他们,并给他们以激励。在他们生活的时代,人们对科学持虔敬态度,犹如对待宗教。1870年,莱纳为其著作(关于里纳尔多·雷诺·德·蒙塔尔巴诺)写了出色的"前言",斩钉截铁地指出:

> 19世纪在实验科学方面取得极大进展,同时给予文献研究以新的强大动力;这种研究遵循新的、前所未有的途径。19世纪为没有任何迂腐之见的、真正的文献研究奠定了基础。这一学科从事古文献的探考和研究。它扩及一切时代和国度,对类似现象进行比较,使之愈益明晰。对文学形式之起源的探考,较之对各个

作品之起源的探考,较不为文献学所关注。它缜密地观察其在不同国度和不同民族之传布,敏锐地揭出差异,以期嗣后揭示其缘起并发现逐渐变异的规律。

这便是皮·莱纳的学术观念所在;他对《法国的国王和王后》(1872年版)进行研究,便是基于这一观念。他严格遵循自己的方法,对法国骑士叙事诗传入意大利的状况进行了考察。在其《诗歌的历史》中,加斯东·帕里斯将《法国的国王和王后》一书视为法兰克-意大利诗歌之托斯卡纳方言散文体译本;此外,这一诗集中对骑士诗的阐释,为意大利对这一体裁加工整理时所加。莱纳则对关于纳入诗集的其他材料的问题异常关注。他的探考之前提在于:

作者所援用的异说之多,令人惊异。摩德纳版本"前言"中的话:"我发现了许多传说,并加以搜集",引起我的注意。材料的搜集者,应视之为《法国的国王和王后》的编者。其中所收可分为5类:(1)袭自法国的武功歌;(2)法兰克-意大利歌谣;(3)威尼斯歌谣;(4)意大利散文体故事;(5)八行诗体歌谣。其中似以第3、第5两类篇幅最大。

皮·莱纳犹如加·帕里斯,同样认为:该书的作者为一人,他熟谙民族精神。此外,莱纳还指出,这位作者运用《法国的国王和王后》的材料,并大加更易(滥改),从而完成《阿斯普罗蒙特》:

许多精彩的故事,诸如:费奥里奥与费奥拉万特历险记、德鲁济安与贝尔特的纠葛、迈内托的艳遇、罗兰的童年等,其魅力在这一集本中丧失殆尽。始而,这是高雅的叙事传说,是民众幻想的产物。我们的作者以繁冗和笨拙的散文取代诗体,使之失去任何激情。他遵循理性的规律,却违反了幻想之神圣法则。

1876年,皮·莱纳发表了关于《疯狂的罗兰》之起源的论著。在这些论著中,他谨慎地将据他看来产生于体裁的要求者同虚构区分开来。这样一来,他便将幻想之神圣法则置于脑后;他并断言:"如果洛·阿里奥斯托从其承袭自他人者中大加虚构,他那荣誉的桂冠将会光彩得多。"

这样的论调,无非是同泰·本法伊的最低劣的学生相得益彰。加·帕里斯从未发表过类似的言论,因为他深知:艺术家所用的素材与他以这些素材所创作的作品,两者迥然不同。值得注意的是:第一个反对皮·莱纳之见解的学者,他本人也在从事初源的探考,这便是乔·切萨雷奥。而皮·莱纳仍然确信:源头的艺术价值高于他所援用的作品。据他看来,最佳者为原初之说;离诗歌之源头越远,其价值也就越差。奥·瓦格纳亦持同样见解。芬兰学派的论点也是如此;曼·米拉-伊-丰塔纳尔斯便是基于这一论点,对西班牙的歌谣进行研究。在其关于法国叙事诗之起源的主要著作《法国诗歌的起源》(1884年版)中,莱纳认为:其基原为就该体裁而论完美的原初歌谣,即真正的武功歌,其形成与其中所描述的事件几乎同时(而且为德语)。

这些思想并非前所未有。1812年,路·乌兰德便表述过类似见解;继奥·威·施莱格尔之后,他认为:法国叙事诗是德国精神借歌谣形态之体现。众所周知,法国叙事诗最著名的研究家之一——莱·戈蒂埃,已提出过同样的观点。保尔·梅耶则坚信:"我们的叙事诗,完全属于我们的文学。"加斯东·帕里斯认为:法国叙事诗可能接受了某些来自德国的影响,却又宣称:不可想象,德国歌谣竟成为抒情歌。皮·莱纳则千方百计予以论证。譬如,他构拟了一个两种语言并用的时代:法兰克王朝的王者和达官贵人所属的诗人们,对德国贵族使用一种语言,对罗曼语民族则使用另一种语言。至于所谓年代,他指出:图尔的格雷戈里的集本之题材与武功歌的题材相同;后者并没有与其德国英雄诗歌相同的情节,而12世纪的武功歌乃是继承法兰克王朝时期的传统之墨洛温王朝时期的叙事诗之遗存。

由此可见,皮·莱纳并不同意加·帕里斯的许多构想,并认为:查理大帝的义勇军只不过是叙述他们的经历,某一诗人后来将这些叙述改写为诗体。然而,他承认武功歌形成前的沿革,并予以论证。帕里斯并未放弃他的"康蒂莱纳"理论,最终大体上接受了莱纳那些令人信服的论点。但是,犹如路·乌兰德,他仍然认为:武功歌的德国起源,丝毫无损于法国诗歌的独特性。

5. 约·贝迪耶与11世纪的法国

加·帕里斯的学生约·贝迪耶,对帕里斯和莱纳持不同意见;他另辟蹊径,从事法国叙事诗的研究。

贝迪耶同样以优雅的文笔著书立说,犹如其导师;同样以缜密的态度从事论证,犹如皮·莱纳。始而,他赞同他们的观点;后来,即1908～1913年,他完成了一部200页的著作《叙事体传说》,其唯一的目的即是摧毁帕里斯和莱纳所兢兢业业创建的一切。他似乎以推翻著名学者的一切论说为极大的快事。

无论是加·帕里斯,还是皮·莱纳,都不止一次地声称:他们在对法国叙事诗进行构拟的过程中,试图介绍反映于叙事诗中的事件,因为它们存在于现实中,而约·贝迪耶则认为:诸如此类作法,在理论上是站不住脚的。难道现实中果真存在加斯东·帕里斯所构想的短小而富有表现力的"康蒂莱纳"吗?(据说,这种"康蒂莱纳"的形成,与其所描述的事件同时。)抑或,早期的武功歌实则为皮·莱纳所虚构?须知,两者的任何遗迹,均未发现。

加·帕里斯和皮·莱纳确信"康蒂莱纳"和早期武功歌之存在,因为他们须寻求先于12世纪的武功歌者。他们以思辨的方式作出结论和总结,因为文献典籍已散佚。

约·贝迪耶则将实证的论据之匮缺视为否定的论据。从这样的(反历史主义的)前提出发,他试图否认隆塞瓦尔的溃败与描述此事的武功歌之间有任何关联,从而摒弃法国叙事诗与其所讴歌的事件同步之论点。

皮·莱纳和加·帕里斯诉诸当时所有民俗学者都承认的口头传统,以使其论点更加站得住脚。借助于此,他们希图将历史与诗歌联系起来。

约·贝迪耶认为:隆塞瓦尔之战所产生的印象,并没有像所描述的那样大;在任一文献资料中,都未赋予它以巨大的意义。就此而论,他又立足于反历史主义的前提:据他看来,口头传统任何时候都不会关注历史事件。

早在其1893年出版的一部关于故事诗的著作中,他即断言:创作于一定时期、为一定民族而创作的历史传说,已不再为下一代所关注。如今,他又在《叙事体传说》中补充道:人民的历史传统,只是由于文字而得以保存下来;倘若某人对战斗、进攻、王朝更迭等有所记忆,诸如此类事件在人民的回忆中则失去任何确定性。据他看来,民间文化保留了关于奇迹、动物等的故事,却并未保留关于"历史事实"的叙述。

6. "故事诗"与"叙事体传说"

很难断定,约·贝迪耶援用了哪些材料。实际上,他所指为19世纪形成于各国的民间诗歌集;而西班牙歌谣、东欧的抒情叙事歌、俄罗斯壮士歌,同他的思想相悖;他对上述种种并未加以援用。他对前浪漫主义者、浪漫主义时期著名民间文艺学家的任何记述并未给予关注,更不要说与他同时代的民间文艺学者记述、保留关于战争、攻掠、灾祸和历史人物的回忆之人民记忆。贝迪耶力图论证:口头传统与历史事件并无任何关联,他所依据的是其关于民间文化的臆断。为了客观起见,应当指出:人民对历史事实的记述和定型,伴随一定时间的推移。然而,这样一来,难道口头传统、人民的追忆没有保存、没有反映该时代的观念和观点吗?

约·贝迪耶犹如规避援用,亦规避关于法国叙事诗产生于德国影响下的构想。有些学者指责他将法国叙事之作的产生移至12世纪,并以此论证:法国没有本民族的主人公和本民族的叙事之作。罗·福蒂耶对此即有所评述。福蒂耶追随费·加博托和费·洛特,再一次论证历史与武功歌之间的关联。然而,情况并不尽然。正如路·福斯科洛-贝内德托所正确地指出(他不久前对19世纪提出的论点进行了探讨),贝迪耶的主旨在于论证:"法国叙事诗是法国天才的产物,并产生于现今意义的法国业已存在之时,亦即不早于11世纪"。这样一来,贝迪耶探考"导致关于11世纪惊人奇迹的美好神话之创立(这一主导动机贯串于他的所有著作):法国突然在精神生活的一切领域发现自己的创作天才,并居于文明世界的主导地位。这一奇迹,纯属法国所有。"

约·贝迪耶的构想,尽管同样以广泛的探考为基础,仍然只能称为民族主义的。民族主义的成分,同样见诸加·帕里斯的著作;然而,他的民族主义是人道的、仁爱的。无论是从什么观点来看(是从美学观点,还是从历史—文化观点来看),贝迪耶的民族主义,始终是有局限性的,是封闭的。

7. "人民的记忆"是否存在?

约·贝迪耶的《故事诗》,与贝·克罗齐的早期美学著作同时问世。对作为个性体现者的艺术,贝迪耶同样给以关注。然而,他首先试图阐明的是:他对本法伊关于故事起源之说的态度。他探考的故事诗有147篇之多;其中只有11篇同印度有某种关联。但是,他又提出这样一个问题:是否可将故事的相似视为其起源同一之佐证,它们真正的故乡在何处——它们的产生地,还是它们被发现之地。只有在使之有所完善的加工之后,它们始可获致真正的现实性吗?

这样一来,故事单一起源的问题为故事多起源的问题所取代——

而这已是基于美学的观点。须知,确实存在所谓文化史领域;在这一领域,联系文明而探考故事的游徙,已取得丰硕成果。约·贝迪耶在其《叙事体传说》中便为这种与初源紧密相关的理论所左右。

约·贝迪耶诉诸美学尺度,对传说进行探讨。在《叙事体传说》这一著名论著中(第3、149及以下各页)断言:"文人之作始于作者,也终于作者。"他对《罗兰之歌》亦持同样见解;在此书中,对这部叙事诗有精辟的、诗学的论述。他补充道:"因此,对以集体力量取代个体的理论予以关注,已没有任何意义。"

约·贝迪耶走得更远。他认为:关于罗兰的传说之创作,并不需要若干世纪和众多歌者;只需一瞬间,便足以大功告成——这是"神圣的一瞬间,即诗人在某一其题材尚未成熟、尚嫌粗糙的故事的影响下,突然为奥利弗与罗兰的冲突这一意念所左右"。在其所有的著述中,贝迪耶力图对作品的形成加以阐释,并基于作品出于个体诗人之手这样一种见解,表述作品的艺术作用。对他来说,至关重要者为论证:其形成不早于11世纪。为此目的,他像对待棋子似地提出他的论据,作出一切力所能及的假定和论断(有些甚至异常难以置信);于是,其中一些,他后来不得不收回。

尽管约·贝迪耶尚缺乏延续性,但可以看出:他从两种角度——美学的和文化-历史的观点,对故事诗和叙事体传说进行探讨。在其关于阿里奥斯托的一部著作中,皮·莱纳便混淆了这两种观点。贝迪耶亦蹈其覆辙。然而,他致力于论证:文化史领域的探讨(以及对初源的研究),同样势在必行,犹如美学领域的探讨;为了对叙事创作进行阐释,初源亦具有一定的作用。

8. 摇摆于浪漫主义与反浪漫主义之间的贝迪耶

据他看来,约·贝迪耶摈除历史与传说之关联,并驱散围绕叙事诗初源的浪漫主义迷雾,着手构拟关于罗兰的传说。他认为,这一传说产生于11世纪。贝迪耶推翻这样一种论说:叙事诗与历史事件相并而生,后又被诗化,武功歌中保留作为其基原的因素;他提出下列论说(菲·奥·贝克数年前曾认真研讨):只有对朝拜者的途径进行探考,始可理解12世纪的武功歌;武功歌又是叙事质料(因而是关于罗兰的传说)之传布的中介。皮·莱纳便设定"叙事诗缘朝拜者的路途流传"之可能。这一论点,贝迪耶并依据如此丰富的材料予以论证;其论断又如此执着和认真,读者不禁为之叹服。

约·贝迪耶断言:最古老和最美好的叙事传说之形成的参与者,有"世俗人士和信教者、商人、市民、职业诗人、平民、教会人士"。他又补充说:这发生于"教会中和教会周围",发生于在十字军东侵的准备时期,而且要判明个人的贡献是可能的。

就此而论,约·贝迪耶的评述似乎带有传统性,犹如加·帕里斯和皮·莱纳。然而,帕里斯和莱纳将法国叙事诗视为外在于拉丁传统而发展之世俗的和民族的精神确立之佐证。贝迪耶则将法国叙事诗视为统一的教会-民间文化之产物。一开始就有民间诗歌——帕里斯和莱纳断言。最开始是朝拜者的路途,——贝迪耶声称;他编制了11世纪最著名和惯常的路途目录。据说,商人、骑士、僧侣和朝拜者通常行经此间。闻名的圣地,亦位于此。武功歌中,屡屡提及朝拜的路线;而坐落于此间的寺庙,则保存同叙事诗英雄人物有关的圣物。寺庙和修道院中,还有他们的坟墓——所有这些,造成这样一种气氛,似乎12世纪的武功歌正是产生于此种气氛,并因此种气氛而产生。

换言之,据约·贝迪耶看来,传说(地方的和教会的),先于"叙事歌"。僧侣是游吟诗人的通告者。于是,武功歌便产生于12世纪。所谓"奇迹",也就获得其阐释。贝迪耶亦认为:"叙事歌"的创作者为无文化者,他们无法在保存于修道院的文献和拉丁文典籍中独立寻得他们所需的题材。由此产生这样的结论:只有在僧侣们的帮助下,他们才可如愿,并对文献和费解的传统予以关注。应当补充:没有这样的假设,则无法理解何人创作了武功歌。

在《最古老的法国舞蹈》(出版于1906年)中,约·贝迪耶断言:民众从未创作任何东西,而无非是对产生于文化中心者进行模仿;民间歌谣——无非是书面文学形态之变易(在一定程度上)。贝迪耶的理论同样牵强附会,同其先行者们的理论毫无二致。费·洛特对其抨击尤甚;他宣称:如果认为圣地、僧侣和漫长的岁月为歌谣的产生所不可或缺,则是荒唐的。据他看来,断定"叙事歌"无非是产生于教会典籍,同样是荒唐的。由此可见,贝迪耶显然完全不了解民间诗歌——无论它同武功歌的关系如何,民间诗歌都是卓有成效的动因。不仅如此,贝迪耶还剥夺了民众所特有的宝贵的天赋:创作他们的诗歌之才能。

第19章　民间文化的生命力

1. 从弗·詹·柴尔德到康·尼格拉

叙事之作的民间加工问题,阿尔尼姆曾直觉地探索;瑞典、俄国和芬兰的民间文艺学家们曾试图加以解决;另外这个问题还引起浪漫主义者的浓厚兴趣。罗曼语语文学对叙事诗和抒情诗的起源进行了阐释;它不仅借助于民间文艺学业已获得的成果,而且丰富和深化了这些成果。还应当指出:罗曼语语文学与整个语文学的进展相适应,并与南美洲诸国相关联;在那里,民间文学仍然保持其魅力。持续不断地关注方法论问题,亦为其功绩。

就此而论,意大利语文学家和民间文艺学家的著述和探考,具有极大的价值。这些学者中,首先应提及康·尼格拉;他之成长为一个学者,恰与罗曼语语文学的形成同时。作为卡·本·加富尔的朋友和志同道合者,尼格拉就此而言是一个最佳的欧洲人。虽然置身于政治活动中,他仍然致力于民间文学的研究;他的语文学素养,又有助于他探考和阐明难度极大的问题。他在意大利采用新的民间歌谣搜集方法,而其活动并不限于此。他的《皮埃蒙特民间歌谣》,有着巨大的意义;它于1888年全部问世,一些部分1854年起多次再版。

文献中已谈到,康·尼格拉是第一位基于对民间歌谣传布地区的研究而作出历史范畴结论的学者。他的探考,只是局限于罗曼集群,或者更确切地说,局限于克尔特-罗曼集群。在此书的简要"前言"中,尼格拉写道:"歌谣搜集之后,势必要确定:它们如何产生,来自何处,其含义如何。"他又补充说:"在克尔特－罗曼领域,也对民间诗歌进行着广泛的、并非无成效的研究;斯·格伦德维、埃·索·布格、弗·詹·柴尔德等学者的著作,亦可证明:探寻民间诗歌的起源不仅是可能的,而且是有益的——即使这些探寻尚未取得成功。"

由此可见,康·尼格拉(犹如尤·克伦和亚·尼·维谢洛夫斯基),是斯·格伦德维和埃·索·布格的追随者;两者在英国的直接继承人为弗·詹·柴尔德。他的《英格兰和苏格兰民间歌谣》(1882～1898年版),仍然是民间诗歌研究领域的典范之作。

可以说,弗·詹·柴尔德为二百年来整个欧洲从事民间诗歌探考的学者在语文学领域的活动作了总结。附于柴尔德此书的民间歌谣目录,以极其完全和准确著称。他所编的欧洲民间歌谣("巴拉达")索引,同样十分完善;这表明:他充分掌握该领域的探考方法。

经过认真的准备,柴尔德着手研究英格兰和苏格兰的民间歌谣("巴拉达");他将每一"巴拉达"与其传统联系起来。柴尔德的《歌谣总汇》(*Corpus*),在一定意义上成为珀西的《英诗辑古》之补充。贝·巴尔迪对柴尔德的主要功绩作了如下表述:"他对原初材料进行了搜集和整理(其中包括难以搜集者);他对 16 和 17 世纪的'印制页'(broadsides)集本进行了考证;他以语文学的翔实出版了一些语文学手抄本(从珀西的著名手抄本至戴·赫德、马瑟韦尔、巴肯、沃·司各特等的手抄本);他对所剔选的材料进行系统整理并加以注释,他所表现的挚爱和学识十分罕见。"犹如柴尔德,格伦德维和布格也显示了同样的学识和对事业的挚爱。尼格拉同样如此;对他来说,对民间诗歌的研究,不仅是语文学或美学范畴的问题,而且是国民历史沿革的问题。

2.《皮埃蒙特民间歌谣》

康·尼格拉在《皮埃蒙特民间歌谣》中给自己提出的首要任务在

于：从地理角度阐明民间歌谣在意大利传布的范围。尼格拉将意大利划分为两大区域：北意大利——抒情叙事歌谣（柴尔德所谓的"巴拉达"）为其民间诗歌的特殊体裁；中意大利和南意大利——"斯特拉姆博托"和"斯托尔内洛"，为其对民间诗歌的贡献。

在对皮埃蒙特的歌谣进行比较研究时期，即1876年，康·尼格拉在加·帕里斯的"*Romania*"上发表了《意大利民间诗歌》一文；此文后来成为皮埃蒙特歌谣集的"前言"。在这篇文章中，尼格拉认为：抒情叙事歌谣，在一定程度上亦为其他非意大利罗曼语民族所特有；而与此同时，他并将"斯特拉姆博托"和"斯托尔内洛"称为"纯意大利的、本土固有的诗歌"。

康·尼格拉对这一论点进行论证，乃是基于这样的前提，即："在民间诗歌中，犹如在任一文学作品中，形式为决定性的成分"。他对这一思想作了如下阐述：

> 一定的叙事诗主题和叙事诗质料，径情直遂地从一国度移至另一国度，移至其他语言和其他种族的人民中……譬如，为数众多的传说、寓意、故事等，便是如此；自邈远的时期，它们便以不同的形式，从远东徙至欧洲，或从欧洲徙至东方。然而，当叙事诗质料在诗句、诗节、结构上初具雏形，按一定的模式趋于定型，并采取或多或少确定的形态，由此而产生的新作品（*novum opus*），通常以其特定形态只是传予操同一语言或十分近似的语言的民族，因为这些作品理解起来并无多大困难。

尼格拉对这一论点的表述，显然不无泰·本法伊的影响；他试图阐明歌谣的形成时期："萌生期总是笼罩着某种奥秘，因为这一过程存在于我们所关心的人类精神现象在文字和文学范畴尚未确定之前。为数众多的歌谣产生又湮灭，流传至今者经过多次深刻和持续的变易……"

他试图通过种种异说判明传统之路线;据他看来,诸如此类异说有助于在经种种加工而形成的集本中确定较佳者。他写道:

> 我们的农夫编成歌谣时,他们首先确定韵律,而这种韵律通常为他们承袭自某原已流传的歌谣。韵律决定诗格。诗句,通常亦包括整个结构,与原已存在的歌谣相适应。而新萌生者,始而通常为不定型的、粗陋的、紊乱的。但是,随着时光的推移,经过众多人之口,它逐渐变易、洗练、充实;其中纳入新的思想,不恰当的语句或被屏弃,或被较为恰切的取代;诸如此类较为恰切者,又再度经过众多人之口,遇到不利条件,则重新被败坏、湮没,嗣后再度获得更新……歌谣在民众中口耳相传,其方言的形式及内容,最终亦包括节律和诗格,都在不断更新、变易;正是这些无休止的变易,构成民间诗歌不停顿创作过程的实质——这一创作过程要经历众多和纷繁的阶段。民间歌谣存在、完善、蜕变和消失的条件,与民众——其作者和保存者的类似条件紧密相关。

这里所述为一并不正确的前提:为了获得艺术品格,歌谣似乎应经历完善的途程。然而,其中同样不无一种确切的表述,即民众对歌谣的加工在于:民众不仅保存和流传,而且创作歌谣。基于这一结论,康·尼格拉确信:为数众多的抒情叙事歌谣,应视之为纯属皮埃蒙特;而其他歌谣则是法国、普罗旺斯和卡塔洛尼亚之克尔特-罗曼民族的共同财富。在《皮埃蒙特民间歌谣》一书中,这些论点为众多事例所证实;此书问世之时,加·帕里斯声称:应将葡萄牙从克尔特-罗曼集群分出,使之与卡斯蒂利亚联结;此外,他还认为:法国、皮埃蒙特和卡塔洛尼亚的抒情叙事歌谣,与西班牙、日耳曼民族诸国、希腊、斯拉夫诸民族和匈牙利之同一体裁的歌谣相近似。总的说来,以上所述为形式之传统的定义,或者,换言之,为体裁的地理和历史范畴。尼格拉将歌谣《多纳·伦巴尔达》归之于公元6世纪的作品,因为他确信:歌谣的形成几乎总是与其中所叙述的事件同时。然而,帕里斯尽管在对法国叙事诗的起源进行阐释时亦持同样观点,却对尼格拉采取反对态度,声称:"多纳·伦巴尔达"类型的歌谣与不早于15世纪的法国歌谣相同。无论炽烈的论争之结果如何,应当承认:尼格拉在意大利第一个理解民间歌谣传统之独立自在的意义;这一传统则有助于对民间歌谣的题材、状况和传布之表述。

3. 传布的地域和中心

康·尼格拉将意大利划分为两大叙事诗区域,乃是立足于他始终遵循的论点:抒情叙事歌谣、"斯特拉姆博托"和"斯托尔内洛",与意大利这两部分的种种方言,并从而与"两不同种族的基质"不无关联。

对此,他写道:

> 北意大利和南意大利的方言之词汇和语法形式(犹如罗曼语诸语),来源于拉丁语,因而有着同一基础。然而,虽然说所有这些方言之词汇和语法实则同一,但是,两者的发音和结构则有极大差异。其原因应寻之于这样一种情况:该半岛的两部分为两个不同的种族所居。罗马帝国时期居于中意大利和南意大利者,主要属意大利部落;拉丁人亦源于该部落。在同一时期居于北意大利者为高卢人,即克尔特部落和与克尔特人相近的民族;他们在被罗马人征服前有其自身的语言。

继而,他发展了其思想,补充说:

> 民间诗歌,犹如语言,乃是与种族成分相关联的自发性的创作。种族、语言和民间诗歌,为同一思想赖以表达之三个前后相承的形式;就其起源以及发展而言,他们是相同的。此外,并不排

第19章　民间文化的生命力　283

除民间诗歌从这一民族传至另一民族之可能。语言所遇到的状况,民间诗歌同样会遇到。在这样的情况下,历史应阐明诸如此类事实之因,并应判明:该诗歌中何者属原初,何者为予以接受和同化之民族的增益。然而,应将以下所述视为基本论点,即:民间诗歌为种族之自发性的创作,与该种族的诗学的和艺术的情致相适应,并成为其种族特征。如将这一论点运用于意大利,我们在该半岛的两部分可以看到两个不同种族的基质以及两个不同的方言集群,并可望在此间发现(完全不出所料,果然正在发现)两种截然不同的民间诗歌。

诸如此类探考,尤其适用于非宗教歌谣,其原因在于:据他看来,民间创作的其他种类(谚语、谜语、儿歌、摇篮曲)以及全部宗教诗歌(祷词、传说),则与该民族关联较少,具有更多的普遍性,并自行发展。康·尼格拉致力于阐明民间诗歌的种族性。如今,就此而言,他无疑同卡·卡塔内奥相近;后者认为:各种语言"可形成和衰落","其中任一语言都不是必然存在的",因为它们均为"人和社会所创造,犹如风尚和习俗、法律和城市"。康·尼格拉将诗歌与一定的基质相联系,因而犯了自然主义的错误(约·阿·戈比诺先于他陷入这一境地);据他看来,对具有特殊的种族基质的两区域之划分,来自关于纯粹的、未混融的种族之观念。这一自然主义的前提,尼格拉则以历史主义的内容加以充实。他将诗歌与种族联系起来;与此同时,他又赋予"种族"这一概念以纯属自然的、道德的、理性的和艺术的民族属性。这也正是其构想的积极方面。不仅如此,他继续遵循格林兄弟和马·米勒的道路(他们曾给予俄国和芬兰的历史学派以巨大影响),尽管从实质上属自然主义的前提出发,仍然承认:民间诗歌(其中包括故事),始终是民众的创作,并表达其诗学的和审美的情致。尼格拉认识到分类的必要性;他认真而缜密地从事探考,并清楚地了解:对民间诗歌进行研究,判明哪一首歌谣和哪些首歌谣流传于既定的地理区域(由此又可传至其他地域），具有何等意义。这样一来，所谓"承袭圈"以及"加工圈"则一目了然。正因为如此，他确信：重新加工之后的民间诗歌亦应被视为"新作品"（opus novum）。

4. 埃·鲁比耶里与《意大利民间诗歌史》

在其所著《皮埃蒙特民间歌谣》的"前言"中，康·尼格拉声称：倘若他有可能探考"意大利民间诗歌两主要支派的艺术的和道德的意义"，其探考则会较为翔实。然而，这样的探考在意大利确已有之，或者更确切地说，同一时期的另一位学者已着手进行——这便是埃尔莫拉奥·鲁比耶里；他著有《意大利民间诗歌史》（1877年版）。在这部著作中，他援用了意大利各地搜集的民间口头作的大量记述。而当时有这样一种看法，即：只有去图书馆和档案馆中才能呼吸到"新的气息"，在那里积存着不少民间歌谣，得以重见天日。诗人乔·卡尔杜齐属第一批在这一领域确有成效者（似为第一人）。尽管其关于民间诗歌的观念十分模糊，他仍然于1866年发表了《论博洛尼亚民间诗歌》，又于1871年发表了诗歌集《13和14世纪的康蒂莱纳和巴拉达、斯特拉姆博托和玛德里伽尔》——这是他的功绩。

就对以往搜集和公之于世的歌谣的探考而言，埃·鲁比耶里不失为优秀的语文学家。但是，其目的不仅限于语文学领域：在其著作中，他首先向刚刚取得统一的意大利人民呼吁。有异于康·尼格拉，鲁比耶里不再动辄必称种族标准：除一切其他原因外，所谓种族标准使他注意到温·乔贝尔蒂，而他对此人则深恶痛绝。对他来说，存在统一的意大利民族；该民族在各个地理区域的歌谣中表达其性格、意向和情绪。鲁比耶里确信：在人类精神所创造的一切事物中，诗歌居于首要的及特殊的地位；民间诗歌先于文人诗歌。他对这两种形态的诗歌之相互关系作了如下阐述：

回溯 15 和 16 世纪，文人诗歌（但丁为其开拓了道路），试图脱离民间诗歌，却未奏效，长姊总是给予幼妹以不可抗拒的影响；幼妹无力断绝同姐姐的关联，则开始对其进行模仿。看起来，她在嘲弄姐姐，而实际上她对姐姐十分崇敬。15 世纪的卓越诗人——洛·德·梅迪奇、路·浦尔契、安·波利齐亚诺以及 16 世纪的一些诗人——尼·马基雅韦利，阿·布龙齐诺、弗·贝尔尼，从民间诗歌中承袭了喜剧情节，并加以夸张处理。其中有些诗人，如波利齐亚诺，则借用较为精致的情节，使之尤为典雅；只有以布龙齐诺为首的少数诗人，原封不动地承袭其情节，并赋之以既定的形式。而这些诗人，无论是采用什么方法，都抢救了可观的材料，足以树立无比美好的丰碑。

然而，这并不意味着：埃·鲁比耶里始终崇尚民间诗歌；他不止一次地指出这些或那些民歌缺乏艺术性。而他不承认其为诗歌者，对他来说，仍然是重要的社会、心理和历史的文献。因为在歌谣中，一个民族表达着自身："谁认真观察蕴涵在韵律和诗句中的思想和情感，并分辨其中之忠贞或放荡、轻率或慎重、天真或野蛮、温和或粗暴、勇敢或怯懦、爱国或自私，那么，如果他作出结论：人民的性格或状态与其歌谣中所反映的美德或恶习相应，未必会陷入谬误。如果一个民族，其歌谣不仅反映家庭的或者社会的美德，而且同时反映社会的和家庭的美德，它则可称为祥和的民族（这样的民族寥寥无几）……"

5. 埃·鲁比耶里关于民间的和传统的诗歌之理论

埃·鲁比耶里认为：意大利的民间歌谣，应视为语言统一的表现——尽管亦表明：国家不同地区各有所异，其方言又繁复多样。而这种统一不仅是语言的，而且是政治的。他从三个范畴对意大利的民间诗歌进行探讨,即:韵律、心理和道德。据他看来,民间歌谣中表现了本民族的人民生活,并且人民从这种统一中汲取用于未来之力。然而,应当指出:鲁比耶里以一个有造诣的语文学家所特有的缜密和敏锐对这些范畴进行研究(其他国家的民间诗歌同样不乏这些范畴),时而陷入自然主义;譬如,据他看来,韵律的机械成分是生理学素质的自然结果。然而,应当对其作中肯的估价:通过民间诗歌,它可展示意大利人精神的理想成分(换言之,即是康·尼格拉称之为伦理精神者)。鲁比耶里对尼格拉的著作给以高度评价;在此以前,这些著作已引起意大利学者(不仅意大利学者)的注意,关于这些著作,他写道:"尼格拉将他的歌谣分为历史的和爱情的;这在逻辑上与现实相吻合:居住于阿尔卑斯山的人民确有两种民间诗歌——而这与他们勇敢的和优雅的性格完全契合。"鲁比耶里赞同尼格拉的下列见解:对皮埃蒙特说来,更典型的为叙事诗,而不同于西西里——在那里居于主导地位的为"玛德里加尔"(爱情短诗)。然而,他在研究了抒情叙事歌在意大利的传布以后,却得出结论:叙事诗歌在皮埃蒙特居于主导地位,但并非"全然和绝对"。至于"斯特拉姆博托"和"斯托尔内洛",它们则在西西里居于主导地位,处处皆有其踪迹。鲁比耶里接受尼格拉将意大利分为两区之说,却又不同于尼格拉,不认为人民对诗歌的重新加工具有重大意义——即使是他称之为传统的诗歌。他对这种诗歌作了如下表述:"所谓传统的诗歌,是指这样的民间诗歌:在漫长的岁月中,民间创作从这一代传给下一代,从这一世纪传至下一世纪,并未变易,或只有微小的变易……这些作品通常是为人民而创作——并非人民所创作,虽然这些作品曾经是人民所直接编成或者为人民的即兴之作。"由此可见,他所指的传统诗歌,乃是这样的诗歌:它传布较广,即经历了游徙,并从而在不同的地域之间建立了联系。据他看来,民间诗歌较为稳定。他所进行的探考之成果,亦归结于此;他之研究民间歌谣,实则无非是将其视为人民创作的能力和习惯之佐证。

6. 亚历山德罗·丹孔纳

《意大利民间诗歌史》问世一年后,亚·丹孔纳的著作出版,题名《意大利民间诗歌》。丹孔纳亦属所谓"复兴时期",其学术素养却与埃·鲁比耶里迥然不同。他是语文学家、文学史家、典籍研究家、治学严谨的学者。就其素质而言,他一方面与18世纪的意大利学者相近,另一方面又同泰·本法伊,特别是同亚·尼·维谢洛夫斯基相近——他同他们有友好交往,对他们的著作给予高度评价。

在其《意大利民间诗歌》中,丹孔纳赞同鲁比耶里的下列观点:在意大利民间诗歌的纷繁中,可见其一致性。然而,鲁比耶里试图揭示意大利民间诗歌的内在历史沿革,而丹孔纳却探寻其外在形式——体裁的起源。1906年,他在《民间诗歌》第2版中写道:"在第1版的前言中,我曾断言,我的著作同《意大利民间诗歌史》毫无关联;埃尔莫拉奥·鲁比耶里的这一著作的发表,恰在我的著作已完成并交付出版(部分已排出)之时。因此,如果我们的意见相契合,请勿指责我有剽窃之嫌;如果我们的意见相左,亦勿指责我对他的观点早有所知……如今,正如读者所见,我十分珍视我这位已故朋友的著作;当我须说明我同他的一致和相悖时,对他的这部著作屡屡加以引用。"

亚·丹孔纳的著作的主旨在于:对民间诗歌和文人诗歌两者的相互关系进行探考。伴同"模仿古老典范以及近代外国诗歌"之诗歌,他发现"纯属民间和格调质朴"之作。他确信:所有后者"如果并非人民所创作,或者为人民所掌握,那么,无论如何,其见之于世应归因于完全不同于宫廷学者和诗人之心理的存在……"仿效康·尼格拉,他试图揭示歌谣产生和传布之状况。对此,他写道:

> 正如认真的读者所指出的,我认为:意大利民间歌谣产生于西西里。当然,这并不是说,其他地区的居民没有诗歌才能,没有

产生和发展于意大利其他地区的民间诗歌的范例。然而,据我看来,歌谣大多产生于西西里,托斯卡纳后成为其养母。它们产生之时以西西里方言为外衣;在托斯卡纳,则接受了他种较为习见的形式,身着这种新的服装迁移至其他地区。当然,这种一般的法则也可能有例外。

对这一理论,切不可予以赞同,特别是因为:亚·丹孔纳所说的民间歌谣,只是指"斯特拉姆博托"、"斯托尔内洛"以及一般产生于西西里的抒情诗歌。关于叙事诗歌,他写道:"从南方至北方,我们可以见到较有文化的居民;他们的诗歌激情几乎消失殆尽,只是借助于拙劣的即兴创作或古老歌谣的一般旧调……向北方继续行去,我们到达有克尔特-罗曼居民的地区;在这里,西西里诗歌的影响并不显著……这里本土的和传统的诗歌,并非同意大利南方,而是同其他民族和语言,同普罗旺斯、法兰西、卡塔洛尼亚和葡萄牙等相关联……"

至于康·尼格拉所探考的南意大利特有的抒情形态与北意大利特有的叙事形态之区别,亚·丹孔纳的见解依然如故——这一见解,他在对《皮埃蒙特民间歌谣》的评论中曾予以表述;在其《民间文学概述》中再度加以阐述。尼格拉所持之见,据他看来,是"一种机智的假说,其中似乎蕴涵真理的种子,但须以较有说服力的论据予以论证"。

亚·丹孔纳不仅对民间诗歌表现了强烈的兴趣(对民间诗歌的价值,意大利的乔·贝尔谢和尼·托马泽奥同样予以承认)。丹孔纳对印制的通俗文学亦给予关注。他的《意大利民间诗歌》(1898年版),便与此有关;此书提供了这一引起民间文化界关注的文学之范例。在这一著作中,他对下列著作的起源和传布进行了探考,诸如:《圣约翰(雄辩者)轶事》、《论健全思想的自豪和衰败》、《阿提拉——上帝的鞭笞》、《奥提奈罗与朱利亚的故事》。所探考作品之渊源,丹孔纳有时寻之于东方。然而,他一向是缜密和审慎行事。还应提及他那关于民间戏剧起源之作。在这部著作中,他对五月的、圣诞节的、流浪的及其他种类的民间歌谣进行了探考；凡此种种，同作为浪漫主义者的他尤为贴近；他确信：人民是最伟大的诗人。

亚·丹孔纳对意大利文学进行研究，探考初源，建立大胆的构想，以其著述和活动力图证明：与所谓文人文学相并而存的，尚有另一种文学，同样值得认真研究和评价。为了使存在于意大利的、对文人文学的崇拜不致使民间文学不为人们所关注，他继续其研究民间文学的道路。继他之后，一批他的得意的和热诚的学生仍然坚持这一道路；其中，首先应提及弗·诺瓦蒂——他提出更深入地对待通俗文学以及与之相关的肖像的研究，并在自己的探考中展示了体察入微的敏锐和对材料的理解。

7．多梅尼科·孔帕雷蒂

在皮萨师范学校，他的同事·阿·弗·韦伯的学生多梅尼科·孔帕雷蒂是亚·丹孔纳的协作者。他是古典文学和现代文学领域著名的研究者，对人民所创造的一切表现了浓厚的兴趣。他的传记作者乔治·帕斯克瓦利，在《维吉尔在中世纪》（第1版于1872年问世）第2卷出版之际指出：此书中可强烈地感到丹孔纳的影响，"孔帕雷蒂是其最亲近的协作者"。帕斯克瓦利补充道：

回忆在皮萨度过的最初若干年，完成一些关于罗曼语语文学、浪漫主义和民间文学的著作，从事南意大利新希腊方言的研究，一部题名《奥狄浦斯与比较神话学》的著作问世——在此书中，可以看到希腊观念在道德领域对小说情节的影响，等等。早在1862年，在其关于希腊题铭的著作中，孔帕雷蒂表述了希腊和东方宗教混融的问题。这些年代，他开始与丹孔纳合作。他们一起着手整理出版一部古老意大利诗集的梵蒂冈手稿，历时13年之久。丹孔纳出版了《关于辛巴德的一书》的意大利文版以及所谓的《罗马七智者书》。孔帕雷蒂阐述了其传统，首先是希腊传统，并将旧有的西班牙文版作为附录公之于世。1875 年，孔康帕雷蒂并在丹孔纳主编的丛书发表了《意大利民间故事集》。

佐·帕斯克瓦利所提及的丛书，题名《意大利民间歌谣与故事》。丹孔纳与孔帕雷蒂共同创始并致力于该丛书的出版；他们视之为民族的事业，其目的在于统一和提高"意大利各地居民的思想"。该丛书的出版尚有另一尤为具体的目的：给研究意大利民间文化者提供可靠的文献。该丛书的第 1 卷于 1871 年问世。10 年后，巴黎又出版了两部著作：《民间歌谣和故事》和《各民族民间文学》。两套书应包容数百卷，具有极大的文献价值。《意大利民间故事》这套丛书，由孔帕雷蒂与丹孔纳共同出版，堪称对意大利叙事之作研究的贡献。何谓叙事之作，从孔帕雷蒂 1870 年 4 月 24 日写给朱泽佩·皮特雷的信中可一目了然：

  正如您所清楚了解的，我们人民的诗歌异常纷繁，就形式和内容而言各地区皆有所异。至于民间歌谣，毫无疑问，可以而且应当出版各省乃至各地的单独集本，其篇幅可较小。叙事体裁则不同。如今，已昭然若揭，一定数量的叙事之作（德国人称之为 Märchen），可见于欧洲一切民族（更不用说非欧洲民族）；显而易见，它们同样传布于各地意大利人中。因此，正如您所清楚知道的，如果我们将其作为歌谣公之于世（按各省编为专集），我们势必不得不将同一材料编入若干集本……万全之策则是出版一部大型集本，题名《意大利民间故事》，辑入我们的同行在意大利各地搜集的材料中最优秀、最完整者，并在注释中纳入值得注意的诸说。格林兄弟就是这样编辑出版德国童话集；阿法纳西耶夫就是这样编辑出版俄罗斯童话集。

三年后,1873年1月1日,他又致函皮特雷,并表述了同样的看法:"我的这一著作将分为4卷,第1卷一月后付排。所有的故事将以托斯卡纳语出版,除一、两篇为各省者外(我以其方言公之于世)。末卷将辑入每篇故事的注释和评介,并同相应的意大利故事和外国故事进行比较。各国出版的故事集书目索引,将作为附录。我所编意大利故事集,就我的目的和方法而言,不同于伦巴第的、威尼斯的和西西里的地方故事集。"

8. 民间诗歌和故事

拟议中的出版物,只有第1卷问世。在此卷中,多·孔帕雷蒂仍然并非完全遵循格林兄弟和阿法纳西耶夫的方法;他们均依据众说进行复原。孔帕雷蒂则无非是援用他视为最完善者。他基本上是忠实地沿用。但是,他又赞同亚·丹孔纳的错误见解,丹孔纳曾幼稚地指责维·伊姆布里亚尼(意大利叙事之作最严肃、最忠实的搜集家之一)以速记的方法记录其《米兰故事》。孔帕雷蒂并不懂得:各个地区的故事,甚至其题材和情节可能相同,有时其表述形式也相同;而其表述形式,则往往有所差异。同时,他对待民间诗歌也正是如此。在其《〈卡勒瓦拉〉与芬兰人的诗歌》(1891年版)中,他对诗歌作了如下表述:

歌手既复现旧的又创作新的:保留于他记忆中的大量歌谣,他看作并认定为既是他个人的又是共同的财富。抒情歌,他可使其成为叙事诗或法术歌;反之,亦然。他对待歌谣如此随心所欲,犹如对待语词、语句、语式;凡此种种,堪称共同财富,人人皆可理解。既然歌手拥有这一权利,并广泛予以运用,保存于记忆中并口头流传的歌谣自然存在大量异说——异说不仅见诸不同的歌手,而且见诸同一歌手。同一歌谣绝不会原封不动地重复;不久前分别演唱的歌谣,有时会连缀和融合。正因为如此,迄今在无数异说中搜集的一切歌谣的总和,据我们看来,是某种诗歌的总汇、诗性的和想象性的创作,变易、形成和分解的过程屡屡见诸其中。作为名副其实的民间诗歌之表征的真正的和自然的条件,便是如此……

应当指出:按其观点说来,多梅尼科·孔帕雷蒂与尤利乌斯·克伦相接近;顺便提及,孔帕雷蒂还与克伦过从甚密。孔帕雷蒂最先让意大利了解他的著作。然而,民间故事赖以形成和发展的自然条件难道不正是如此吗?对民间故事,他倾向于依据游徙说和承袭说加以探考。

多·孔帕雷蒂是一位孜孜不倦的语文学家、文笔卓越的作家、眼界开阔的学者。他并兴致勃勃地游历诸国,以探求某些民间故事,寻之于波斯版的梵文本、叙利亚文或希腊—拜占庭译本。于是,他的《对关于辛巴德的书之探讨》,于1870年问世;在这一论著中,他对传统进行了探考——除西方出版物外,并探考了东方出版物,从而接触10世纪的阿拉伯文本。在其探考中,孔帕雷蒂承认种种出版物对民间叙事诗歌的意义,并得出这样的结论:民间传统可改变任一集本的内容。应当提及:在其另一著作《奥狄浦斯与比较神话学》(发表于数年前)中,孔帕雷蒂与神话学派理论的追随者、马·米勒的学生米·布雷亚尔进行了论战,并断言:"说什么在表现道德观念时人民的想象力仅限于修改源自于感官世界的神话故事,在道德的意义上重塑它们而明显地并无创新——这是荒唐的,有悖理智和事实。人类想象的力量(特别是在原始文化时期)所能创作者,并不像一些神话学家所认为的那样如此短小和乏味;他们对人的神异属性估计不足,而歌德则理所当然地将这些描述为永存和常青。"

尽管如此,多·孔帕雷蒂仍在其《维吉尔在中世纪》第1版中指出:在意大利,作为想象的产物之作寥寥无几(后来,阿·格拉夫在其关于民间文化的评论中亦持此见;莱·迪·弗兰齐亚在一定程度上也赞同他的见解)。然而,孔帕雷蒂忘记了(费·内里曾予以揭示):他就在此书中断言:关于维吉尔的传说形成于那不勒斯,并从这里"传布于整个欧洲"。同时,还应指出孔帕雷蒂的另一谬误。他将这一传说称为那不勒斯的,试图追溯其源于 12 世纪以前;而实际上,它为英国和德国僧侣创作于 14 世纪,他们并将异域的故事情节带到那不勒斯和罗马。孔帕雷蒂确信不疑地断言:"民间创作之不同于文人之作,首先在于其本质、特征和种种因素——无论它来自何处以及为何人所传布";因此,一个传说,"应被视为民间的,即使将被证实:它是创作它的宗教人士之想象力的产物"。据他看来,民众所接受的一切,应被视为民间的。

多·孔帕雷蒂的著述中,不乏模糊不清、含混其词和谬误之处,然而,在其所有著作中,他以艺术大师的激情探究民间文化——他的《维吉尔在中世纪》和《〈卡勒瓦拉〉与芬兰人的诗歌》,颇似伟大的壁画作品,分别地以叙事诗为背景,描绘了意大利和芬兰的民间生活。他与尼格拉、鲁比耶里和丹孔纳的功绩在于:将意大利文化纳入全欧范畴,并将激励浪漫主义派的"理想"付诸实现。

第20章　皮特雷的课业

1. 对人民的信仰

当康·尼格拉、埃·鲁比耶里和多·孔帕雷蒂持续不断地进行其紧张的学术活动,当马·米勒、泰·本法伊和加·帕里斯对民间文艺学的贡献在这一领域引起震动,一位意大利学者(我们已多次提及),即朱·皮特雷,不仅出现在这一领域,而且成为这一领域的著名专家。犹如尼格拉、鲁比耶里和丹孔纳,他生活于复兴运动时代。在他身上既有托·珀西、约·戈·赫尔德和路·阿·封·阿尔尼姆那对"人民呼声"之激奋的信念,又有雅·博德默和尤·默泽所特有的对民间传统全部意义之历史主义的意识,亦不乏格林兄弟对本国民间文化进行研究时所具有的爱国主义的和人文主义的热情——这一切又同对其事业之意义的炽烈信仰相结合。朱·皮特雷同格林兄弟毫无二致;尽管德国和意大利两国的历史条件存在差异,他仍遵循同一所谓"拯救的思想"(Rettungsgedanke)——它是赫尔德垂教后世学者之纲。

朱·皮特雷的主要著作《西西里民间创作丛书》,亦为这一思想的成果;在这部著作中,他表现得同时是西西里人和意大利人,又是意大利人和欧洲人。应当指出:这一现象在当时屡见不鲜:当时的不少作家和文献家,从事本地区和本民族的研究,同时是西西里人和意大利人、皮埃蒙特人和意大利人、托斯卡纳人和意大利人,而首先是意大利人和欧洲人。

1879年,埃·鲁比耶里和亚·丹孔纳关于民间诗歌历史的著作已经发表，弗·德·桑克蒂斯在他的关于左拉及其《陷阱》的讲演中指出："有学识人士的语言和民族语言几乎已被艺术取用殆尽，必须通过民间语言对其重塑。民间语言较接近自然，充满富有活力的激情，反映直接的感受，因为人民在其语言中所遵循的并非章则，而是自身的印象。艺术家应当从这一宝库中汲取形象、谚语和俚语——它们简捷、生动、明快，如同在方言中。"

这一论述，在一定意义上成为乔·维尔加及其追随者们的预言和文学宣言。然而，这一宣言（同样的思想，德·桑克蒂斯在其所著《青春》的一章中有所阐述），与约·戈·赫尔德在德国所提出的、斯塔尔夫人在法国所提出的、尼·米·卡拉姆津在俄国所提出的以及乔·贝尔谢等在意大利所提出的论点并无差异。正是浪漫主义者，将人民作为历史上的主要活动人物导入抒情诗歌和叙事诗歌。正是他们——从格林到普希金，从华兹华斯到格林卡，为了使语言获得生命力，为了创造自己的语言，运用人民的语言、文学和音乐。在意大利，亚·曼佐尼尚未掌握这种艺术，因为公之于世的人民语言材料十分匮乏；人民语言使维尔加感到惊异，他便致力于掌握这种语言。简言之，在他的著作中，如同在皮特雷的《文库》中，人民为主要人物，人民表达了自己的期望和哀伤。

埃·左拉的自然主义（人们不恰当地将它同乔·维尔加的"真实主义"相联系），同样既受种种浪漫主义的，又受实证论的影响。城市的贫民区是大都市的腹地，吸引了第二代浪漫主义者们的注意。左拉搜集材料的活动，实则可同加斯东·帕里斯的活动相比拟；左拉展示了在大都市中变得粗陋的平民之悲剧，并赋之以"人民"的称号。维尔加的渊源，则迥然不同。然而，两位作家如此大相径庭（路·鲁索称前者为医学的散文作家，称后者为叙事诗的抒情诗人），却被共同的信仰联结在一起。

毫无疑问，左拉的自然主义以及维尔加的真实主义，来源于对真实的膜拜——对浪漫主义者的真实的膜拜。他们对政治的和社会的斗争的态度，就对人之焕然一新和对全人类美好未来的渴求，对人及其完善的能力之信念，接近于浪漫主义时代最热诚的倡导者。就此而论，社会主义，特别是卡尔·马克思的社会主义，不正是追求这一目标吗？只要回忆一下左拉作品中屡见不鲜的金钱情节、维尔加作品中的财产情节，就足够了。

在艺术的一切领域，特别是在音乐领域，浪漫主义均带来其成果。首先应提及的是理·瓦格纳；他的音乐、歌谣和诗歌，乃是以神话为基础——而神话为施莱格尔兄弟、格林兄弟、马·米勒和泰·本法伊如此酷爱。1873年6月，俄国作曲家莫·彼·穆索尔格斯基在致他的友人（一位艺术家）的信中写道："真想为人民做些什么。"于是，他描述并讴歌自己的人民，像普希金那样满怀激情地信赖他们；他继续格林卡的使命，犹如理·瓦格纳继续卡·马·韦伯、罗·舒曼和弗·舒伯特的事业。且不讲其他国家，应当提及：在意大利，温·贝利尼和朱·威尔地的歌剧中，纯属民间起源的题材比比皆是——诸如此类题材，同时带有作曲家个性的印记。

"人民"这一观念，依然是世界观中的共同核心。而这一观念，则由于浪漫主义的基本要求以及文人讲求辞藻和华丽之否弃而被接受。其原因在于：置过时的和敌对的观点于不顾，人们一向将人民视为真理以及劳动和进步之美德的象征；时至18和19世纪，进步说依然未失去作用。而与此同时，对"人民"以及"人民的"一语所意指的一切，予以重新评价。在新的文化条件以及其他社会的、政治的和经济的要求的条件下，囿于仅仅一个省及其古老传统的狭窄范围之世界，在大多数人的意识中逐渐被摒除。这一世界，人们以忧伤和挚爱来观察，力图对其加以完善；而同时，应意识到，他们已察觉这一世界落后于文化的新思潮，落后于生活已十分遥远。文化与新思潮所遵循的已非往昔的途径。可见，这种对待地区的态度，在一定意义上有助于克服地方性。正因为如此，无论是维尔加，还是皮特雷，他们所想的并非西西里文化，而是意大利文化，乃至欧洲文化。

2. 皮特雷的主要著作：
《文库》《文献》《精粹》

《西西里民间创作文库》（共25卷），1871年至1913年陆续出版，堪称对故国的热爱、对故国的信念之丰碑。朱·皮特雷为此投入了半个世纪的精力。他并不是作家，尽管在青年时代出版了关于该时代著名人物的《人物传记》。他也并不是经过严格学术途程的语文学家。他是一个医生，犹如左拉。巴勒莫（意大利）曾流行霍乱；那时，他在该地的居民区行医。但是，他后来成为作家和语文学家：乔万尼·维尔加对他关于西西里民间生活的描述十分赞赏；埃内斯托·莫纳齐使他在当时最著名的意大利语文学家中占有一席之地。

朱·皮特雷极为认真地剔选材料，供其《文库》所需，并且十分审慎地对之进行分类。他所进行的探考，其范围十分广泛。他的《文库》之出版，有助于无比丰富的民间遗产之保存。然而，《文库》不仅是材料的汇集：皮特雷在此书中为整个欧洲民间文艺学的经验和成就作了总结。皮特雷着手搜集材料，应首先了解：在欧洲其他地区的这一领域已做和正在做什么。而他在其诸卷的"前言"中，不仅阐明学术的现状还参与同种种问题有关的争论。诸卷的"前言"汇合起来，则成为一部有分量的学术论著；与民间文艺相关联的问题，在其中有所探讨和评价。

除《文库》外，朱·皮特雷在1882年创办了（与萨尔瓦托雷·萨洛蒙内－马里诺）杂志《民间创作研究文献》；其纲要中写道：

由于比较神话学和人民心理学的成就以及与日俱增的对民间传统的关注，创办一刊物成为必要；该刊物通过发表学术著作和论著，可成为各国学者进行交流的手段。《文献》的目的仅仅在于：发表种种形式的民间文学的典范之作、各民族实际生活和精神生活种种现象的记述(意大利民族的,特别是……)。刊物和书目通报将刊登本领域所有新出版者,以使读者全面了解学术界现状以及民间传统。

而实际上,《文献》所完成的任务并不如此微不足道:它将学者们联合起来,以深入进行他们共同的工作;它成为一个舞台,民间文化领域的种种问题的论战在此展开。不仅如此,还应指出:皮特雷的"书目通报"不仅成为其《文库》"前言"的补充,而且是欧洲民间文化史之真正有价值的、经过认真检验的绪论。

朱·皮特雷的活动领域不断扩展。1885年,他与另一西西里学者加埃塔诺·迪·乔万尼共同出版《民间创作精粹》。《精粹》共16卷,每一卷均堪称对学术的极大贡献。《文库》、《文献》和《精粹》,颇似皮特雷所建之殿堂的圆柱。立足于这一殿堂,他在进行宣讲;他的声音宛如民众的声音。皮特雷阐明了民间文艺的特性。此外,他尚有其他论著问世,诸如:《托斯卡纳民间故事》、堪称典范的《意大利民间创作书目》。

3. 皮特雷将民间文化视为历史的构想

通观朱·皮特雷的一切论述,西西里及其民间文艺是他的出发点;而其历史说早已开始形成。1864年,他还处于青年时期,便在其《当代人传记》中写道:

"历史并不是附以人物卓越活动志的人名录,而是观念、意向、风俗习惯、社会情趣的展示,是人民、民族的生活之展示。"

数年后,他在其《西西里民间歌谣评考》中补充道:

人民的历史,人们将其与统御者的历史相混淆,……与治理他们之人的历史相等同,而未注意到:人民的记忆与将其规制强加于他们并迫使他们为自己的权利而斗争者的记忆大相径庭。揭示保留于这一记忆中者并耐心地和满怀热爱地加以研究的时刻已经到来;哲学家、立法者、历史学家——谁想彻底理解人民,谁就应当认真观察其歌谣、谚语、故事以及其俗语、语词、用语。语词总是包涵其意义;字面意义包涵潜在的、比喻的意义;童话那奇异的、斑驳的外衣下面,隐藏着各民族的历史和宗教。

朱·皮特雷的历史说,无疑导源于伏尔泰;而在民间文化这一特殊的领域,其观点同雅·博德默、尤·默泽、约·戈·赫尔德,特别是与格林兄弟相近。其《文库》便是基于此说。在其末卷《西西里人民的家庭、屋宇和生活》中,皮特雷感叹道:

> 迄至昨天,国家仍处于闭塞状态,与世界其他地区隔离,因为它在外国的统治下,只是同它并不很喜欢的人们接触——这些人却留下其居留的明显印记;在这个国度,一文明沉积于另一文明之上(而且,并非其中任一文明都与此称相契合),于是形成传统诸层次、口头的历史,乃至文字的历史;它向我们提供可供探考和评析之非同凡响的材料。谁决心坚持不懈地研究所提供的全部材料,则必然对各种形态有所了解;否则,它们则不为人所知,而且相互隔绝。而特别缜密者,则可看到整个链条——它由各个环节,即风尚、习俗、信仰形成;精神和物质则结合于上述种种之中,并通过它们为人们所理解。

朱·皮特雷编辑出版《文库》,只有一个目的,即:在任何人一无所获的地方,寻得西西里的历史,并在西西里抢救逐渐湮灭的遗产("拯救的思想"),即人民的遗产。当西西里纳入尤为广泛的共同体——统一的意大利,则须揭示和阐述西西里的历史个性。对西西里来说,皮特雷不仅是坚定的语文学家,而且首先是历史学家、天才的发现者——他展示了在那里可以听到古老文明之回响的整个世界。

似乎令人不解,朱·皮特雷几乎在其活动即将终结之时,决定以《文献》的纲领中的一个术语作为其学科的称谓,即:人民心理学。而皮特雷的人民心理学,同我们称之为或者可称之为"人民传统史"者毫无差异。

4. 被视为问题的民间诗歌

在基于同样有利于了解任一现存的民间文化的立场阐明西西里民间文化的历史性之后,朱·皮特雷在其学术活动中逐渐认识了组成人民这一整体中的个人的创造能力;他们是民间文化的真正创造者。就此而论,他所探考的方向,颇似康·尼格拉、亚·丹孔纳和多·孔帕雷蒂。然而,许多民间文化领域的问题,他作了较为充分的阐述。譬如,关于民间歌谣的产生和传布,他写道:

> 有一种普遍的看法,即:民间歌谣为某一乡村诗人所创作,这样的歌谣在农村屡见不鲜。然而,我们对创作歌谣的诗人、时间、地点、动机一向毫无所知。我们的这种无所知似乎是一种消极的现象;然而,正是由于这些原因,歌谣成为民间的。如果人民知道作者,他似乎不再熟记歌谣,特别是如果其作者是有学识的。歌谣产生于何地与何时,我们只能依据这些或那些迹象加以揣测。一歌谣如产生于有利的条件下,则可由一个人的歌谣成为大家共同的歌谣;它之所以继续留存,是因为与人民的自然情感、习俗、传统相适应。有朝一日,在广场上或在僻静的胡同里,或在露天场所,传来任何人从未听过的美妙的歌谣。它是谁创作的?谁也不知道,而且谁也不关心;编成该歌谣者甘愿默默无闻,而人民敬佩其谦恭,并予以褒奖:将歌谣接受下来,纳入其类似者之列。

第20章 皮特雷的课业

朱·皮特雷如此解决这一问题,他对民间诗歌的起源的阐释与亚·丹孔纳略有不同,丹孔纳关于意大利民间诗歌的起源之说,据皮特雷看来,似乎过分急于求成。他并不否认:交往、战争、朝拜和共同的庆典,可促使歌谣传布。因此,如果考知:这一或那一歌谣从托斯卡纳传入西西里或反之,是十分有益的。如果考知它是否与西西里人或托斯卡纳人的感情相适应,则更加有益。皮特雷形象地说:"民间歌谣在家门之外,犹如客人,人们请它进入家门,并让它先更换服装。"

正是由于这些原因,歌谣的文人起源同样引起他的关注。对他说来,正如他在《西西里民间诗歌概论》中所表述的,"民间歌谣,绝对匿名产生于人民中,其形式和内容、诗格、其用语和词句,均与无文化的人们(所谓低下阶层)对诗艺和语汇的认识相适应。"

在这一著作中,他对安东尼奥·韦内齐亚诺的诗同西西里的"斯特拉姆博托"进行了比较,写道:

> 据公之于世的西西里的八行诗格(在800首以上)看来,韦内齐亚诺的爱情诗格调壮伟,思想敏锐,表达感情细腻,形象崇高而新颖。他的诗中颇多深刻的哲学箴言,与幻想所创造的优美形象极为巧妙地结合起来……至于形式,则其格调高雅,纯西西里的语汇(过分平淡和平民化)在其诗中无迹可寻……

继而,他又宣称:他仍然不解,为何这样的诗歌被视为西西里民间"斯特拉姆博托"之源。试看,在其《民间歌谣评述》中,他对真正的民间诗歌作了如下表述:"它产生于天真的幻想。各学派之所以对它没有给予关注,是因为人们不了解民间歌谣中蕴涵有多么丰富的情感、多么充沛的思想和丰富的形象。如果予以妥善对待,有学识的人们,从一蹴而就的诗匠到满怀激情的诗人,可从中汲取无可估量的美……从中既可寻得表述爱情、嫉妒的,又可寻得表述欢乐、悲哀的语句(这些语句既适合于家庭,又适合于客居异乡以及囚于监中者),又可寻得适合于任何生活状态和精神状态以及任何生活条件的语句;歌谣是人民性格的最朴真的,最感人的表述……"

当然,在这些论述中可以听到前浪漫主义的和浪漫主义的理论之回响。然而,朱·皮特雷试图从自己的观点出发,即从心理学的观点出发,对据他看来存在于两种诗歌形态之间的最根本的差异加以表述(其实,从事这种尝试者尚有亚·丹孔纳、埃·鲁比耶里、多·孔帕雷蒂)。皮特雷确信:民间诗歌,无论其起源如何,均为文学的一种形态,其中的一切无不获得和具有自己特殊的品格。

5. 民间文化的负载者和创造者

由此可见,据朱·皮特雷看来,民间诗歌的问题基本上是艺术性的问题;这便是他对待叙事之作的态度——就此而论,他既与亚·丹孔纳,又与多·孔帕雷蒂大相径庭。在写给埃内斯特·莫纳齐的信(1873年12月)中,他似乎同他的两位尊敬的同事进行论战。他斩钉截铁地断言:

> 西西里故事这些材料同样珍贵……多么美呀,我的朋友!要很好地掌握西西里的方言,才能了解和领略故事的全部魅力;我亲自听到众多故事家之一讲述这样的故事。她就是阿加图查;这样的女性并不多见——同她相比,我感到自己十分渺小。她的语言,是真正的西西里语,每一语句寓意丰富、铿锵有力。每一件事,每一职业、任何生活情态,她都以相应的格调予以表述。所有这一切,使我惊叹不已,同时又使我陷于十分尴尬的境地,因为我每一步都遇到我们的语汇中所没有的语词和表述……

在《西西里人民的童话,小说和故事》一书的"前言"中,关于他尊之为救世主的阿加图查,他写道:"没有面部表情,故事则失去一半力量和印象。语言如果充满自然的激情和形象,则应付裕如——由于这种激情和形象,抽象的事物则成为具体的,超自然的存在则具有体态,一切无生命和无声息者,则获得生命并可言谈。"

这位妇女对民间叙事之作的积极有效的贡献,法国民间文化孜孜不倦的探考者保尔·塞比约也予以承认。在 1892 年发表于他主编的《民间传统观察》杂志的一篇文章中,他写道:

在妇女的口中,口头文学获得了魅力和质朴,往往又获得美好的形态——在男人中则属罕见。几乎所有的知名搜集家都断言:最佳之说,他们获自妇女。格林兄弟和弗·吕策尔承认:最完整、最成功的童话,来自农民;而就表达之准确和表述的形式而言,女故事家优于男性。我长期同布列塔尼女故事家打交道的经验,便可资佐证。

格林兄弟与朱·皮特雷之间的差异在于:皮特雷并不限于承认这种贡献,他还遵循亚·费·吉利费尔丁格在俄国所提出的体系,以最大的准确性从事记录和编辑出版。在一些情况下,他还以方言记录和编辑出版。据他看来,民间故事从方言加以转译(多·孔帕雷蒂便如此办理),则损害或歪曲故事家的个性。他非常清楚,如果产生于传统得以留存的穷乡僻壤,如果产生于其所属的故土,如果展示讲述者的种族归属(讲述者自行对原初之说进行加工),该故事则是民间的。

6. 故事和谜语的起源

对故事和谜语的起源问题,朱·皮特雷同样给予清晰明确的解答。他在《故事集》的"前言"中写道:

我们的故事,是说明欧洲人与这一种族各支派的亲缘之文献,是业已存在众多世纪的文献——无论是时光还是世代,都无法使之湮灭。反之,随着时光的推移,它们愈益可信和确定。

这是人类历史上值得注意的事实。一些民族和国家完全消失,无情的岁月可以磨灭记忆中最不寻常的事件,而故事都依然留存,成为最遥远的古代的见证。

在朱·皮特雷之前,马·米勒以及泰·本法伊亦持此见。诚然,皮特雷立即补充说:我们在众多故事中发现原始神话的痕迹;但这不是说,作为每一民间故事的基原者,均为某一神话。皮特雷写道:"处处寻求勤勉的学者在某些故事中始可发现者,对不允许有成见的科学来说,是绝大的错误。"

朱·皮特雷并不否认:一些故事来自东方。他指出:伊斯兰教徒和佛教徒曾在非洲、亚洲和欧洲传布印度的故事;这种"传布"不仅借助于书本,而且通过口头传统;故事进入欧洲文学,传布于人民之中,为他们所加工,后又再度回到文学中,以期重新回到人民之中,宛如奔腾的激流,任何堤坝均无法阻遏。当然,因其所处的地理位置,西西里接纳了波斯、希腊和阿拉伯的故事和传说,成为它们传向欧洲大陆之中介。但是,并不排除这样的可能:在西西里,犹如在其他地方,故事和传说中纳入一些新的东西,讲述者的幻想对之有所增益。这些新的东西,表明人民曾对故事进行加工(皮特雷一向持此说),而且表明民间文学在相应的历史具体条件下处于不停顿的形成中。

朱·皮特雷对谚语问题亦持同样立场。在《西西里谚语集》第1卷的"前言"中,他首先表述了谚语的外在特征——精短、人民性、诗格、韵律、同音法。皮特雷研究了所有关于这一问题的著作。在其论著中,他对谚语中的诗格和韵律进行了探考,并从艺术角度对之加以思考,持尤为独特的见解。

朱·皮特雷对谚语中的韵律进行了考察,指出:"力图不顾一切地韵律化,在葡萄牙和西班牙的谚语中则导致以只压母音律取代韵律。"

他认为（尚不十分明确）："以省略和简约为特征的诗歌表述，被视为创作形态只能是相对的：在某些情况下倾向于崇高格调的人民精神，寻得这一形态，并将其置于通常的表达手段之上。"

在诸如此类研讨过程中，民间创作之作的起源，对朱·皮特雷说来愈益明晰。他认为：后成为谚语的"始初之说"，从个性来说"不属于称为人民的集体，人民因其本性不具有首创本领"。他援用一则希腊谚语："出于一人之口，传给千百万"，并作出结论："只有个体较其他一切更有天赋，可称为创造者、发明者、倡始者"；然而，"谚语的作者之名已被遗忘，因为人民并不像学者对待格言作者那样重视谚语的编成者"。他在关于西西里人民的谚语的著作《西西里民间谜语、绕口令》中，表述了同样的看法。他写道："一些谚语之源，为谜语；对谜语说来，尚没有奥狄浦斯，而他似乎还会出现。谜语在各民族和种族传布的途径，仍然是奥秘和不可知，当它们被揣知，则可予以探明，并找出头绪。"他给自己提出这一课题，并声称："这不是学术上的好奇，而且更不是无谓的消磨时光：这里所说的，是可称为人民思想之考古文物者，而它同时既是文学的，又是现代历史的以及现代社会的文献，因为这一活生生的传统均存在于它们之中。"

谚语和谜语，第一次在意大利被视为较一般语言学文献更重要者。据皮特雷看来，它们不仅是文学典籍，而且是社会历史之文献资料。这也是他对歌谣和故事的态度。这样，民间文学则成为民间创作学科之不可分割的一部分。

7．民间文化统一体

朱·皮特雷对民间文学作品进行研究，深知这并不是目的本身。康·尼格拉、埃·鲁比耶里和亚·丹孔纳对待问题有其局限性——尽管他们各有其成就。他们从这样的观点出发，即：民间文艺学是一种派生于神话学、比较文艺学和语文学的手段。诚然，尼格拉和鲁比耶里将民间文学看得广泛一些,赋予它某种自主性。亚·丹孔纳和多·孔帕雷蒂同样指出民间文化研究之无可争辩的可能。然而,他们遵循弗·迪茨、加·帕里斯和皮·莱纳所开拓的道路,在民间文化的研究中却背离主要由格林兄弟所代表的传统;对格林兄弟来说,民间文学仍然是语文学问题,须在国家的文学和历史的基础上加以解决,他们并将其视为包括民间文学和民间传统之统一现象。其结果,文学的许多范畴得以明晰,传统的历史之全貌得以呈现。

朱·皮特雷的功绩,不仅在于他揭示了民间创作的历史性和诗性,而且在于他阐明:歌谣、故事、谚语和谜语,如果脱离赋之以和谐和生命力的风尚和习俗予以探考,则会成为无生命的东西,成为语文学的片断,成为从树上脱落的树杈。在其《西西里民间歌谣评述》中,他对此作了详细的表述:

> 我是基于这样一种观点:任何类型的民间诗歌,一方面应视为人民情感的表现,另一方面应视为人民及其代表人物文化程度之尺度。须知,约·戈·赫尔德即已指出:民间歌谣,是人民的文库,是人民知识、宗教、神学和宇宙起源说、其祖先的生活、其历史事件之宝库;它是其心理活动的反映、其内心之欢乐和忧伤(在妻子卧榻侧和在墓旁)的意象。因此,毫不奇怪,狄奥多罗斯(西西里的)和普鲁塔克援引游方歌手的诗句,以展示古老民族的风俗习惯;而保罗·狄阿科努斯则利用其同胞们的传统,编写《伦巴第人史》。那些诉诸民间生活、法律、习俗、方言和谚语说明每一事实、每一事件的较晚期资料,也不可予以否定。

在《西西里民间歌谣评述》第 2 版(1891 年)中,他更加明确地指出:"如果细心地观察,则可发现歌谣中蕴藏着无尽的宝藏。歌谣是传统的来源之一;就其意义说来,它充分展示风俗习惯。"

他那别具一格的工作方法,始终如一:他从来不把民间文学仅仅视为文学。他的《文库》表明，他十分清楚地意识到：为了完全了解西西里的历史和文明，不仅必须研究诗歌和文学之作，而且必须研究人民的全部生活。在人民中，歌谣与事件相关联，故事与庆典相关联，谚语与信仰相关联——凡此种种，均为一个链条的各个环节，又是一棵树木之叶；这棵树植根于往昔，从往昔为未来汲取汁液。

在《西西里人民的游艺和节庆》一书的"前言"中，他指出："西西里岛的历史，口耳相传，从无记载，如果不以西西里的传统予以充实和丰富，则仍然是不完整的；西西里的传统来自往昔若干世纪，并以从未间断这一事实证明其由来古远。"在他的这一著作中，朱·皮特雷指出：他为了说明教会的演出（Sacre rappresentazioni）而援用的资料，为传统、集本和手抄本；至于庆典，为了对之加以说明，仍然需要口头传统：传说、寓言、歌谣、谚语、仪礼、信仰、迷信观念，即人民生活的一切表现。

这些记述资料，朱·皮特雷非常认真、非常缜密地进行研究。他善于运用历史比较方法，研究口头之作，并在文献中探寻。而他的活动并不限于此。对皮特雷来说，历史比较方法无非是手段，而不是目的。譬如，亚·丹孔纳对戏剧进行了探考，并阐明其演化的过程；皮特雷对类似者毫不关心。对他来说，教会的演出除了作为诗歌的和文学的佐证，还作为客观反映传统的游艺场面很有价值。教会的演出，有助于他掌握节日和游艺的实质；他对之进行研究，则是致力于深入自己人民的心灵、其心灵的最深处，从它的各个侧面加以了解。

朱·皮特雷清楚地看到民间传统统一体。在《西西里人民的成见和信仰之风尚和习俗》的首卷中，他写道："要将风尚与习俗分开，将信仰与成见分开，并不那么容易——如果致力于我为自己提出的目标，即展示人民之实际的和精神的生活。习俗通常与信仰相融合，而迷信有时又是一定风尚之果。试对婚礼、洗礼、葬仪加以阐述，你们处处可发现迷信的成分——没有这些成分，诸如此类仪礼则变得无血无肉、面目全非。"

朱·皮特雷对民间传统的研究作了调整。在他以前,民间文学只是对自身进行探考。皮特雷将意大利民间传统的研究导入完整的和有机的体系,从而证实这一方法之谬误。

8. 皮特雷与历史比较法

在其著作中,朱·皮特雷并不否认比较的巨大作用;其著作的基础为历史方法,民间文化负载者的地位因而得以恢复。皮特雷始终基于同一前提:西西里的传统反映古老文明,堪称思想范畴的考古文物、往昔的遗物。当他从共同的前提转而进行具体比较,以期对作为往昔遗物的民间传统的意义加以说明,他的方法又是如何呢?

研究西西里的民间文学,特别是故事、谚语和谜语,朱·皮特雷通常提出古代世界民间传统的意义这一问题(诚然,十分审慎),从而对古代和现代的人民的生活进行对比。对具有客观性的传统进行比较,首先展示的是多神教的世界。然而,他在其《故事》、《谚语和谜语》中并没有阐发关于诸如此类比较的问题,而只是囿于书中所述及者。

在1876年7月致皮特雷的信中,著名的神话研究家赫·乌森纳写道:"我知道,您以无与伦比的精湛,对您所搜集的材料进行探考,因此热诚恳请您关注您如此轻易视为无关紧要而束诸高阁的东西,这便是民间信仰生活中的种种表现以及地域性崇拜。几乎在各地,依然保留与多神教相关联的仪式⋯⋯"

朱·皮特雷在《游艺和节庆》中对此有所论述:

> 已经不止一次谈到和论及:大部分民间信仰和习俗,正是对自希腊和罗马神谱流传至今的、最古老的信仰和习俗之模仿⋯⋯这样一来,主割礼日与罗马祀奉雅努斯的雅努亚里节(行之于1月1日)相应。奉献节,则颇似卢佩尔卡利亚节——亦为罗马节日,行之于2月初;罗马节日之一与现今的狂欢节相应——一些

人将其视为祀奉普罗塞尔平娜的庆典之延续……

诸如此类考察,他并在数年后发表的《西西里的儿童游戏》中予以延续。他指出:"毫不足怪,现今儿童的许多传统游戏,是最古老的仪典、仪礼和仪式的遗存,凡此种种,业已湮没和被遗忘,而且主要是涉及人生的三件大事:生、结婚和死。"然而,一切"并非始终轻而易举,而通常恰恰相反,很难在其中发现这些大事的反映,探索其潜在的涵义、始初的意义",其原因在于:"我们在其中发现传统和神圣的程式;传统在从这一民族传至另一民族的过程中发生变易,神圣的程式千百年来则以游戏为其形态。"

在《西西里的民间医术》的"前言"中,他发展了这一思想:

> 民间医术是种种奇异和纷繁的成分之复合体;总的说来,这些成分表明人类理性之迷误,特别是已湮没的民族和文明之遗存。这里应有尽有——从古代祭司之神圣的和秘密的仪典到同时代巫医之愚陋的咒语,从波斯人、亚述人、埃及人的祈请鬼神祛病到上世纪后半期的内科医术。在已消失的仪典、已被遗忘的仪礼、遭取缔的仪典之遗存中,属不同时代的习俗之生命力尤为惊人;这些习俗可与不同的地质层次相比拟。

为了阐明诸如此类遗存的状貌,朱·皮特雷对原始民族给予关注;而他的意大利先行者却未加以重视。他追随马·莱斯卡博、约·弗·拉菲托、伏尔泰,并有所超越。他还援引英国人种学家约·卢伯克的著述;《文明的起源》这部并不深刻的著作,便是出于其手。卢伯克将未开化者与儿童相提并论。他写道:"个体的原始状态,与整个种族的原始状态相应;某一类属阶段性发展的统一性,可作为该类属亲缘之佐证;每一个体的生活——其种族历史的一章;儿童的逐渐成长,表明氏族逐渐发展的状况。"

然而,朱·皮特雷知道,首先鉴于马克斯·米勒对未开化者与儿童之考察,只有作很大的保留,始可接受这一理论。但是,皮特雷屡屡提及未开化者,或者,更确切地说,提及原始人。他的这些论断和比较,尽管他自己并没有给予足够的估价,却为民间文化研究开拓了新的途径。朱·皮特雷在《文库》的末卷指出:为了阐明民间文化领域的类比,不仅应当关注古典古代,而且应当关注"现代的未开化者,他们似乎是往昔之结晶";虽然,"并不能由此得出结论:这些或那些西西里的信仰和迷信之起源,可寻之于原始民族"。皮特雷从未将对往昔的探考视为目的本身。他写道:"往昔并未湮没,往昔依然活在我们中间,并与我们同在。"其主要目的在于说明:西西里的往昔,大多与其现今的历史相关联。据皮特雷看来,民间传统是往昔之结果,却犹存于现今,因为现今予以复兴和把握。他还确信:人种学应与民俗学相辅相成,以便在更牢固的历史基础上使之增强。在其《文库》的序论性论文中以及《文献》的简报中,皮特雷对在这一领域从事探考的爱·伯·泰勒、詹·乔·弗雷泽、安·兰格、埃·西·哈特兰、劳·戈姆等学者的著作,饶有兴致地进行了剖析。他本人也向其继承者揭示崭新的科学方法;借助于这种方法,民俗学(民间文化学)可获取新的契机和新的力量。

第 五 编

英国人类学派及其在民间
传统之研究中的影响

第 21 章　泰勒与原始文化

1. 人类学——"关于人的科学"

　　1871 年，马·米勒同泰·本法伊两者的理论在民俗学领域争衡不已；一部著作在英国问世，即《原始文化》。它成为这一学术研究领域奠基之作。正是在此书中，其作者爱·伯·泰勒重新提出人种学与民俗学的关联问题，并在此基础上提出所谓科学系统化的新原则。

　　泰勒将民俗学同人种学相联系，并再度对有道德的未开化者的传统神话给以关注。在他的论著中，米·德·蒙田、马·莱斯卡博、拉翁唐（男爵）、贝·德·丰特奈尔、詹·维柯、让·雅·卢梭、安·戈盖、沙·德·布罗斯、尼·安·布朗热所阐述的思想再度呈现(尽管以他种形式)。不同的是：泰勒将原始民族同文明国家的民族加以比较，似乎是运用缜密的语文学方法，而且全然屏除一切有关社会－政治问题的论争；实际上，正是由于这一论争，所谓有道德的未开化者的神话得以形成。

　　正是在这一时期，人种学和民俗学合为一个学科——人类学；这一学科致力于"对人的整体研究"，实则根植于自然科学的土壤。"人类学"这一术语(最先为亚里士多德所运用，意指"关于人的科学")，系指人的自然史。在这一不久前形成的学科中，民族、种族和语言群体的概念相融合；它对约·阿·戈比诺，对马·米勒的早期著作均有不利的影响。

　　早在其 1865 年出版的《人类早期历史探考》中，他作出下列结论：

对所谓"智人"(homo sapiens),不应从生物学的角度,而应从心理学的角度进行探考;这样一来,文化范畴和社会范畴的事例则纳入人类学。然而,人们在此不禁要问:人类学名副其实的奠基人泰勒,是否为其先行者们的自然论所动(而进化论则将这种自然论导至极端)? 抑或他的历史主义情感同此格格不入? 泰勒是将人种学所植根的人类学作为其科学方法的基础? 抑或名副其实的历史是其一切的基础?

2. 英国人类学派赖以形成的前提

首先应当指出:所谓英国人类学派(《原始文化》一书,为其产生的标志),是以比较方法为基础;这种方法广泛见诸欧洲学术领域。泰勒将这一方法运用于印欧语世界;而对它来说,后者无非是其探考领域之一。

同时,可以断言:就人种学而言,广阔的前景展现在泰勒面前,这主要是由于人们在对雅利安世界进行探考时有一种尚嫌不足之感;他们将人的历史视为整个人类的历史,不仅囊括文明人,而且包括未开化者——而对这些未开化者,由于所谓民族傲慢情绪,格林兄弟、马·米勒以及他们的追随者们均予以鄙夷。

不仅如此,如果说德国人尚可将其视野局限于雅利安诸民族,局限于他们的宗教、神话、民俗(以及民间创作),而英国人则并不满足于此,他们不能不对分布于其众多的殖民地的未开化者予以关注。正因为如此,在完成于堪称"米勒的支柱"之牛津的《原始文化》中,他一方面试图深入未开化者的世界,以解决与之相关的问题;另一方面又指出:这一世界并非与世隔绝,而是继续存在于民众的传统、风尚和习俗中,存在于构成一切民族的遗产者之中。在其论著中,泰勒既未忽略古代古典世界诸民族,又未无视东方文明(古代的以及现代的)。他有一个明确的目标,即:论证一些规律的同一(据他看来,这些规律制约着人类的历史),并揭示往昔同现今的关联。

爱·伯·泰勒致力于使其民族志学和历史学的探考具有历史基础。他将原始文化理解为未开化者以及文明民族平民的物质生活和精神生活种种显现的总和;这一事实足以清晰地表明:他的活动是受这样一些动因的影响,它们在启蒙运动时期曾使人们不仅对欧洲不同社会阶级的,而且对诸原始民族的情感、信仰和规制极为关注(主要见诸孟德斯鸠和伏尔泰的著作)。不仅如此,对泰勒来说,"文化"一语等同于维柯所谓的"文明"。在《原始文化》一书中,他写道:"文化,即文明,从广泛的民族志学的意义上说来,其整个体系由知识、信仰、艺术、道德、法律、习俗以及作为社会成员的人所掌握的某些其他能力和习惯构成。"

由此可见,他将文化与文明相等同。两术语均出现于18世纪;泰勒之所以将两者相等同,与该两概念在英语中相混淆(德语中亦然)不无关联;同时,在意大利人看来,文化无非是文明的一个范畴,系指时代或全人类的精神遗产(不同于"启蒙",它意指文明的形成)。

此外,他在《原始文化》一书中断言:探考不同人类社会文明的程度,乃是研究思维和人类活动规律之最好的方式。泰勒并写道:"毫无疑问,无论是同一,还是恒定,一方面可见于人的本性的一般雷同,另一方面可见于其生活状况的一般雷同。诉诸对大致处于同一文化层次的社会之比较进行研究,是特别适宜的方法。"

爱·伯·泰勒意在对发展程度低下的民族之文明与较为发达的民族之文明加以比较;其前提何在呢?他对其先行者又采取什么态度呢?

3. 作为自然界现象之"智人"

应当指出:泰勒并未摆脱18世纪理性主义的影响,他之成为学者颇受自然科学和进化论的影响,同时并受孔德实证论的影响。在《原始文化》的"前言"中,泰勒曾提及他从事研究所参阅的两部著作:泰·

韦茨《自然民族的人类学》(第一部人种学著作,对原始思维有所探考和剖析)以及阿·巴斯提安的《历史中的人》(坚持进化论和心理学态度)。两书均于1859年问世。据韦茨看来,对民族志学领域之所获,可寻得广博和准确的记述——不仅从语文学意义上来说(资料的搜集),而且从可称之为"历史的"角度看来(对资料的阐释)。巴斯提安更甚于前者;他为泰勒提供了一把打开原始世界门户的钥匙,据他看来,在原始世界可以找到用以阐明西方文明的某些特征之尺度。

回顾整个18世纪,许多学者(从丰特奈尔到爱尔维修,从伏尔泰到布丰)极力鼓吹这样一种思想,即:人的理智处处皆同。阿·巴斯提安再度提出这一思想,一方面断言:"各民族所共有的原初观念乃是其文化之原始心理基础";另一方面则指出:"伴随各民族所特有的观念之萌生,在较晚期发展阶段则出现差异"。从这些前提出发,势必提出为泰勒所完全接受的原理,即:未开化者不可称之为同文明人迥然不同的存在。据泰勒看来(如同过去之巴斯提安),未开化者的思维同文明人的思维之间并没有根本的差异,尽管前者的思想骤然看来有些离奇。未开化国度各族人民同文明国家一般成员之间的共同性,便由此而来;这种所谓共同性,使两者的比较成为可能。

然而,泰勒并不限于接受这一顺理成章的律则。他承认未开化者思维同现代人思维的同一性,并进而确信:不同民族习俗之间的同一,并不是不同文明相互接触之结果,而是人类思维本身同一性所致。他写道:"人类的规制如此循序渐进地分层次形成,犹如人们栖身的大地。它们前后相继,处处皆然,不受种族和语言那种较为浅层的差异的制约;它们为人类本质的同一性所维系——这种同一性在种种截然不同的情况下影响着未开化者、野蛮人、文明人的生活。"

而诸如此类沉积具有始初的和绝对的年代归属,即原始世界。就此而论,泰勒则是拉菲托的追随者;拉菲托不仅将未开化者视为我们的祖先,而且认为:在现代落后民族中,人类一切始初发展阶段依然留存。泰勒犹如往日的布罗斯和孔德,同样将这一论点视为确定不移,可借以阐明：现代民族的观点和行为，在何等程度上建立在现代知识的牢固基础之上，在何等程度上建立在文明原始阶段所固有的不完备的知识之上。

由此可见，泰勒坚持这样一种观点，即："该领域的历史"以及"其领域广阔得多的民族志学"向我们表明：较为坚实的规制无处不在取代较不坚实的规制；这一不间断冲突的结果则是整个文明的发展。不仅如此，据他看来，在人类知识和习俗的广阔领域可以发现：所谓文明，不仅要同较低状态的遗留成分，而且要同其本身内退化的成分相抗争；而文明最终将获得胜利。泰勒对待这些较低状态的遗存，并不像启蒙思想家那样。在他的著述中，民族志则同文明史相融合（"民族志学"这一术语，他用以指我们现在称之为"人种学"的学科）。

4. 作为遗存的信仰

通观文明的进化历程，爱·伯·泰勒涉及早已提出（譬如贝·德·丰特奈尔）的问题，即遗存问题。他写道：

> 当某种风俗习惯或者见解传布十分广泛，种种可使之变易的影响对上述一切的作用，在漫长的岁月里可能相当微弱，以致它们可世代相传。它们如同水流，一旦为自身开拓了道路，便千百年流淌。我们在此所涉及的为文化的稳定性。同时，饶有意味的是，人类历史中的变革和转折，竟然容许如此细小的水流长期流淌不息。
>
> 在中亚草原地带，六百年前，擅自迈进入家门槛和触及帐篷入口的绳索，被视为犯罪。距今一千八百年前，奥维德提及罗马人民间有一种根深蒂固之见，即反对在五月份举行婚礼；据他看来，其原因在于："莱穆拉里亚"仪式恰逢此月——这并非无稽之谈。
>
> 笃信五月份结婚不吉，此俗仍可见于今日的英国。试看这个令人惊异的事例：一种观念，其意义已在许多世纪以前趋于湮灭，

而它仍然留存于世,原因无非是由于它曾经存在。

诸如此类事例,可说是数以千计;它们成为,譬如说,文化过程的临界点。民众状况当伴随时光的推移发生普遍变化,已经变化的社会现实中通常会出现许多事物;这些事物的根源显然并不在于事物的新范畴,而无非是旧范畴的遗产。所谓遗存的稳定性,使我们有可能断言:诸如此类遗存所见诸的民间文化,乃是某种较为古老的状态之产物;对已不可理解的习俗和观点之阐释,正是应寻之于此。由此可见,一系列诸如此类事例,应成为探考的对象,犹如历史知识的源泉。

《原始文化》一书第2章(最主要和最有争议的诸章之一)的前提,便是如此。同样值得注意的是:泰勒将遗存视为历史学文献。这说明:可以用对待历史的方法论立场对待诸如此类遗存。历史既不应给以赞许,也不应予以谴责(而在某种程度上,泰勒本人已如此办理),而是对体现有关生活和世界的观念之现象加以肯定。诚然,有时造成这样的印象,即:泰勒对遗存进行探讨,试图将民俗学原理仅仅局限于这样一种理论,即文明起源于未开化。不仅如此,他并将遗存视为某种一成不变者。因惯性留存于文明民族的低下层次,成为未开化者生活和思维之原始诸阶段的佐证:这便是古老风物;文化史家借助于此可以说明:所探考的文明是否起源于其某一低级阶段。

爱·伯·泰勒指出:迄今存在于文明民族的平民中的众多遗存,只不过是从这一范畴转入另一范畴,并在这种变动中失去其原初的意义,却仍然是尤为古老的文化情势的佐证和事例,新的文明正是在上述文化的环境中发展。据他看来,遗存的本质便在于此;所谓遗存,通常正是信仰。然而,在与之相异的环境中对遗存进行探讨,泰勒从而承认其生命力。假如这种予以接纳的环境同仅仅搜集发掘物的地质学家相似,上述生命力则不复存在。

实际上,一种现象永远不能与先于它的另一种现象相等同:不仅应对现象的由来,而且应对其适应过程予以关注。因此,不仅对所谓相应者,而且对貌似同一者中的差异和纷繁进行探考,亦应纳入民俗学的任务之中。

5. 遗存与复兴

爱·伯·泰勒同样断言:古老的习俗和被遗忘的仪礼虽早已被视为湮灭者,有时(甚至往往)仍具有活力。诸如此类现象,据他看来,应称之为"复兴",而非遗存。只有在下列条件下,才可同意他的见解,即:如果将这些定义(术语在此被经验地证实)所示者视为民众具体的、变化无常的生活之显现,两者实则无非是民间文化所提供者之变易。在述及所谓"复兴"时,泰勒提出下列问题:我们本身在何等程度上成为创造者,在何等程度上无非是对承袭自往昔诸世纪者加以改造。有关这一问题,他写道:

> 随着人们理智在发展中的文化的影响下之变易,旧有的习俗和见解在新的、并非它们所固有的氛围中渐趋湮灭,或者转入更加适应其周围的新生活的状态。而这远非所谓并无例外的规律;如果对历史作狭义的理解,这样的规律则似乎根本不存在。实际上,文化之流奔向前方,并再度复返。对某一世纪来说似为鲜明的进步潮流者,在下一转折中可成为在某处旋转不息的旋涡,或者成为腐败的泥沼。倘若以较为广阔的角度对人类观念的演化进行探考,我们有时则可能从所谓转折点对消极的体验到积极的复兴的转变进行考察。

进化论者将文明史看作前进的运动,而在诸如此类现象面前却陷入困境。历史学家在此有所醒悟,将事实(无论是遗存,还是复兴)看作现象的遗传系列。因此,泰勒作为历史学家,将对未开化者和文明民族两者的风俗和信仰之关联进行探考视为自己的任务。但是，在进行这种探考时，作为社会学者之泰勒的局限性暴露无遗。尽管他对历史怀有所谓崇敬（而历史则为进入未开化者的世界开拓广阔的前景），他又不能摆脱心理学的和经验主义的观念；诸如此类观念，则不可视之为正确的和真正的历史尺度。

他总是力图将纲要变为构想；而所谓构想，则力图归结于一个基本原理，归结于一个论点，即：人类的整个发展受制于同样的规律，无论何处均经历类似的发展阶段。泰勒显然忘记，所谓人，无论生活在哪里，生活在原始环境还是生活在文明国度，均非自然之产物，而是文明之产物；文明已经塑造，而且继续塑造着人。

然而，爱·伯·泰勒并未受其所基于的先决条件的制约，描述了历史事态的以及种种文明得以形成之生动而光辉的图景，继而着力描绘了其中之一——这种图景对他来说似为原始的，亦即原始民族的文明，或者正如他自己所说，即未开化者的文明。

他始终致力于将文明世界的野蛮成分（即复兴的遗存，亦即民俗或民间创作）同野蛮人的文明联系起来；所谓野蛮人的文明，乃是现代文明赖以形成的必要成分。既然不存在没有宗教的文明，他便力图说明：何谓原始民族的宗教；据他看来，如果不理解这种宗教，则既不能理解神话，也不能理解风尚和习俗。

6. 神话与宗教

在《原始文化》一书那些最有价值的篇章之一中，泰勒谈到神话时指出：同马·米勒的论断相悖，神话早在人尚处于野蛮状态时即已产生，因而同人类生活的原始阶段相关联。在泰勒的著述中，基于他在阐述遗存时所持的态度，一种新的学说——万物有灵论得以形成。可以说，泰勒从马·米勒那里承袭了贝·德·丰特奈尔所提出的原理：人之所叙述，正是其所目睹。而这种人（即原始人）之所目睹，据泰勒看来,同马·米勒设想中的古雅利安人之所见毫无共同之处。据泰勒看来,神话乃是每日经验之反射,原始人的整个生活即呈现于这种经验中;所谓原始人,即是未开化者——未开化者(而这颇值得注意!)笃信自然界具有灵性,其原因在于:在其想象中,自然界为精魔和神灵(镇尼)所充斥。这便是为什么:据我们看来无非是想象之产物者,对我们的祖先来说却是现实。

为了说明这种貌似的现实,泰勒着手探考一个重大的问题——宗教的起源。大家知道,奥·孔德继沙·德·布罗斯之后将宗教的历史分为三个阶段:拜物教、多神教、一神教。泰勒接受这一划分,不无保留:他将发展的第一阶段并非视为拜物教,而是视为万物有灵信仰——宗教的童年;由此产生了他的宗教观:

> 对原始社会宗教进行系统研究的至关重要者,乃是宗教的定义。倘若这一所谓宗教的定义须包括对至高神的信仰或冥世审判、对偶像的膜拜、献祭的仪俗以及其他某些较为广布的教说或仪礼,那么,理所当然,应将众多部落从宗教部落范畴排除。而如此狭义的定义有这样的缺陷,即将宗教与其说同作为信仰基础之较为深邃的思想,毋宁说同信仰的局部现象相混同。最为适宜的是立即关注这一主要渊源,并将对灵体的信仰视为最低限度宗教的定义。

继而,他对万物有灵论这一概念作了如下说明:"在此,我打算在万物有灵论的名义下对人所固有的有关灵体之说进行探考;此说是与唯物主义哲学相对立的唯灵论哲学本质的体现。万物有灵论并不是什么新的术语,尽管现在颇为罕用。由于对精灵之说持特殊态度,万物有灵论极宜于说明在这里所采纳的、有关人类宗教观念之发展过程的观念。'唯灵论'一语,尽管它可以极为广泛的意义用于而且已用于许多场合,对我们来说仍然存在这样的不足,即:它意指持最极端的唯灵论观念之特殊的现代集团;然而,诸如此类观念不可被视为这些观点在整个世界的典型体现。广义的'唯灵论'一词,即有关灵体的一般之说,在我们这里则为'万物有灵论'所替代。"

爱·伯·泰勒确信(泰勒赖以为出发点和基础的前提,首先便在于此):未开化者最初具有所谓精灵观念,这是由于他或在现实中,或在梦中看到生活情景。如果未开化者梦到他置身遥远的国度,他便深信确曾去往该地。他对此持这样的看法,即他有着两个实体:一为躯体,他醒来时发现仍在原处未动;另一此时此刻则在遥远的某地。两者的区别在于:灵魂较为灵活善动,瞬息间即可到达远方。而何谓灵魂,泰勒问道,它是精灵吗?它既然同躯体相关联,则只能在特殊的情况下离躯体他往,它只有在变化的条件下方可成为精灵。倘若只是将这种想法同我们称之为死亡的现象加以对比,则恰恰可获致这种变易之条件。

原始思维并未将死亡同长眠加以区分。不仅如此,死亡无非是被看作灵魂与躯体相分离,如同在夜晚和在梦中。当发现躯体已不复生,时间范畴之无限分离的观念则应运而生。如果躯体分解(而丧葬仪式的功能即在于促成这种分解),分离则成为最终的。同躯体分离的灵魂,自由自在地存留于空间,其数随着时间的推移而增加;这样一来,世间不仅有生命体,而且为灵魂所居;这些灵体同人一样,也有需求和欲望。由于其异能,灵魂可进入人体,引起种种失调(发作、病症),或者以新的生命力注入其体。

灵魂的概念之演化便是如此。它从使人体有灵之普通生命本原,成为精灵、善灵或恶灵、神明——视赋之以何种行为而定。既然灵魂的这种变易归之于死,正是祖先的亡灵成为人类最初的崇拜之对象。最初的献祭,实则无非是对死者最简易的酬报。

然而,爱·伯·泰勒并未在他的这一武断的构想上停步不前。有关纯精灵的观念,还移植于自然界;未开化者笃信栖居自然界的精灵之存在,并因而对河流、树木、森林顶礼膜拜。这样一来,回顾人类的曙光期,一切事物均被赋予生命和感觉之能力。江河的流水声、泉源的汩汩声、树叶的簌簌声——所有这一切,都被解释为其中为无形的灵体所寄寓。至于云、雨、风,同样如此。只是到了后来(就此而言,我们已接近一神教),自然界的现象才归之于神(雨神、水神、风神)。神祇观念之产生于原始民族,据泰勒看来,无非是万物有灵信仰之显而易见和继之而来的结果,同时又是多神教产生之显而易见和继之而来的佐证。

这样,万物有灵信仰,据泰勒看来,无非是产生于原始世界的宗教情感之最初显示。然而,须知,诸如此类现象可见于现今——尽管是以迷信的形态,因而以文明国家平民之遗存的形态。回忆一下,譬如说,有关神明、精灵、幽灵的迷信观念(据说,它们在空中,在水中,在林中,在地下,对天、地、人、动物、植物予以左右),如加以探究,便足以确信:它们植根于万物有灵信仰,而后者则从原始民族的宗教成为文明民族迷信观念的基原。两个世界有着不可分割的联系。由此可见,万物有灵信仰不仅对往昔,而且对现今均有其意义。

7. 万物有灵信仰是宗教的童年吗?

这一理论完全建立在深刻的和缜密的分析之上,建立在不无说服力的比较之上,而且以丰富多彩的语言加以阐述;但是,它却有些脱离现实。就此说而言,泰勒所依据的,是同英国经验主义相融合的实证论。始而为原始人……而这种原始人是否可成为真正的哲人、成熟的逻辑学家、可从所有前提中引出理所当然和正确无误的结论的思想家呢?不可否认,泰勒的万物有灵论中亦不乏正确的论断。毫无疑问,万物有灵信仰以种种不同的方式对原始民族的生活有所反映。万物有灵信仰,同样可见之于文明国家的平民百姓。然而,对下列观点是否可予以赞同呢?譬如说,文明史即肇始于此。此外,在原始人那里,它是否具有泰勒所赋予的那种无所不包的性质呢?

人们断言：爱·伯·泰勒对犹存于世的未开化者，而非对曾存于世的未开化者十分关注，从事宗教史的著作，却并未为该书撰写"前言"；该书问世数年后，始由赫伯特·斯宾塞完成。依据斯宾塞之说，宗教的根源在于对祖先的敬拜。他对这一用语作广义的运用，即：其中包括一切形态的对死者敬拜——无论同他们是否有血缘关系。泰勒和斯宾塞，如同往昔的德·布罗斯和孔德（威·施米特正确地指出），乃是从同一前提出发，即：在他们的著述中，年代序列和相互关联，乃是基于从心理学角度所提出的可能中导出。然而，这一可能通常为下列原理所决定，即：简单的现象先于复杂现象。万物有灵信仰全然不是简单现象。至于赫·斯宾塞的祖先崇拜，同样如此。此外，泰勒和斯宾塞试图描绘似乎属小规模的宗教之进化，则将这一规模视为宗教的开端。这些理论的最严重的错误就在于此；诸如此类理论系建立于同样的人种学典籍之上。

另一方面，令人不解的是：基于这样的材料，为什么泰勒认为灵的观念产生于梦境，而且无所不包。同样令人疑惑莫解的是：泰勒如何说明灵在人死后改变其特质之说。至于他的第三论题——精灵信仰和自然崇拜信仰的演化，难道可以认为这一过程是普遍的吗？这一过程以下列事实为先决条件，即：精灵崇拜无所不在，而且绝对先于祖先崇拜（或者恰恰相反，犹如赫·斯宾塞所述）？

人种学证实：亡灵崇拜并不像泰勒和斯宾塞所设想的那样原始，而宗教领域的拟人说则更不如前者原始。不仅如此，万物有灵论并没有获得泰勒所说的那样广泛的传布（祖先崇拜，亦然）；据泰勒看来，所有的未开化者似乎是同一未开化者，而文明民族的平民则似乎是其思考完全一致的同一民族。正是由于这一原因，对整个万物有灵论应予以否弃，因为此说乃是建立在武断设定的一种形式向另一种形式的过渡之上。而同时，对既定的个别情况来说，此说则可予以采纳，即将任一情况并非视为生物现象的，而视为精神现象的结果。在这样的情况下，它既可见诸未开化者，又可见诸文明民族的平民。然而，并不排除这样的可能,即:这些或那些民族的地灵、海灵、风灵、火灵,可径直拟人化,而不经过万物有灵信仰阶段。

8. 泰勒的自然主义与历史主义

爱·伯·泰勒的《原始文化》,犹如巨幅壁画。正如我们所见,这部著作中不乏"自然主义"性的失误、观察之偏颇、先验论的论断。泰勒试图建立高层次的人类学,而他所关注的,却是同已形成的人有关者,而非与人之形成相关者。人们可能对他进行责难,说他并未将因果决定论扩及历史;据他看来,在历史上起作用的唯有人的意志。人们同样可能辩驳说:不存在、也不可能存在不关注人民概念中至关重要者(其历史个体)的、无所不包的历史。泰勒不受时间和空间限制地进行所谓比较;对他来说,探考类似,乃是目的本身。

然而,难道它在这样的条件下不失去泰勒所赋予它的意义吗?而泰勒犹如往日的维柯,确信任何类似必须经理智检验。

爱·伯·泰勒的主要功绩在于:将他作为出发点的自然主义前提置于不顾,他将民俗学与人种学相联属,并使后者成为现代学科,将其纳入民俗学。这就是为什么他在其著作中屏弃那些纲要(这部著作如此生动,读起来便可忆起维柯);从这些纲要出发,他创立了其有关文明史的构想(万物有灵论——宗教之最初的形态,宗教——人类思维之最初的表现,原始人的思维——无所不包的历史之最初的一页,如此等等)。

不妨看一看他对谚语、儿童游戏、人民的习俗和信仰之缜密剖析。应当注意:他如何将歌谣同风尚、谚语同习俗、神幻故事(童话)同信仰联系起来。他将民俗作为一个整体进行探讨,专心致志、坚持不渝地潜心于其研究。他的视野较之约·戈·赫尔德、格林兄弟、朱·皮特雷要广阔;这些学者力图在自然中寻求深邃的哲学基原。泰勒也曾是哲学家,他在这一领域则是致力于揭示:原始的、不受年代限制而留存于我们之中的。

有人说:"一个好的历史学家,如同童话故事中的嗜血鬼,嗅到哪里有尸体的味道,便奔向哪里。"同时又不乏这样的见解:当在历史的某一范畴开始进行思考或着手对古老的和原始的阶段加以探考,这便成为认识整个历史之经常的动因。泰勒对原始未开化者的世界和文明民族平民的世界,有所认识。这样一来,他作为实证论者和进化论者,有时又无意识地站到维柯所理解的历史主义的立场上来。

第 22 章　在万物有灵论的旗帜下

1. 古典语文学、人种学与民俗学

爱·伯·泰勒的万物有灵论为宗教史家所欣然接受，并在这一特定的领域居于主导地位长达 30 年之久，几乎从未遭到责难。回顾其时，万物有灵信仰似乎是真正的"宗教根源"；它便是如此呈现于种种"宗教史"的绪论中以及众多"古代文明史"中，并被如此阐释。

泰勒伴同其理论并创立了其方法论；这种方法论通过所谓遗存将宗教（因而包括神话）的历史同民俗（民间文化）的历史联系起来。他从这样的前提出发，即：一代人的宗教，必然成为另一代人的迷信——遗存。他的万物有灵理论及其民俗学方法论，在德国立即为人们所接受；而在这一国家，对自然神话的兴趣高于一切。正是在这里，早于在其他国家，泰勒获得正式承认；他的《原始文化》则成为德国神话学家们的最大促进因素。关于这一问题，威·施米特写道："泰勒万物有灵论那愈益强大的水流，为另一尽管较小的水流所惊人巧合地注入；后者产生于研究德国和印度－日耳曼诸民族的神话学者中——他们试图将印度－日耳曼学领域的语言学探考的成果用于人种学家在原始民族研究中的发现。"

然而，难道可将后一水流称为"较小者"吗？它将泰勒的理论和方法论用于对德国民俗（民间创作）的研究，不仅用于人种学史，而且用于古典文明史。难道可以将这种运用视为消极的吗？

实际上，德国的这一潮流并非因爱·伯·泰勒而产生；这一潮流既不以万物有灵论,又不以民俗学领域的成果归功于泰勒——对万物有灵论,神话学派力图有所增益;在民俗学领域,他们则提出新的问题。而同时,这一潮流的产生,不可视为那种惊人的巧合之结果,而莫如说是自觉的批判之结果。

神话学家威廉·曼哈特的作为,可作为以上所述之佐证;他最赋有这种意识。在其早期著作中,他追随格林兄弟和马·米勒。这毫不足奇:他的《日耳曼神话》发表于1858年,《德国和斯堪的纳维亚的神祇世界》则发表于1860年。而曼哈特,据他自己承认,当他对神话在民间观念(特别是习俗、信仰、儿童游戏)中的反映给以关注时,则改变了他对神话的观点。就此而论,他在但泽对奥地利、丹麦和法国的战俘所进行的调查,对他来说有着巨大的意义。

在其所著《黑麦狼和黑麦犬》和《谷物精魔》(1865年和1867年问世)中,已感到威·施瓦茨的影响;据施瓦茨看来,神话最稳定的成分留存于民俗中。1875年,他的长篇论著《树木崇拜——在日耳曼人中》,是两年后出版的《田野崇拜和林木崇拜》的第一部分。在这些著作中,曼哈特断然并最终同马·米勒决裂。这一决裂,尤为明晰地呈现于曼哈特去世四年后出版的著作;此书可视为《田野崇拜和林木崇拜》的第三部分。这部著作系指《神话探考》,帕齐格于1884年出版,并附有卡·米伦霍弗和威·舍勒的"前言"。在其著作中,或者更确切地说,在其晚期的著作中,曼哈特很少援用泰勒的论点。然而,他置身于其直接影响下,形成自己的方法论,并在一些方面有所补充。不仅如此,他将万物有灵理论用于崇拜和仪礼(泰勒本人并未予以关注),而且正是用于植物的崇拜和仪礼。

2. 曼哈特与《日耳曼神话典籍》

威·曼哈特进行探考的出发点为神话。而他对神话的态度将是如何呢?在早期著作中,神话对他来说无非是其光彩令人惊异的自然界现象之反映和说明。在《田野崇拜和林木崇拜》的"前言"中,曼哈特首先宣称:他认为神话学是一种较为复杂的学科,较之语言学更不易于为之确立律则。据他看来,马·米勒的神话学派"试图将印欧语民族的神话强行纳入依据印度模式拟构的形式,而未潜心于对其同它们所由产生的环境之关系进行探考。"他补充说,正是由于这一原因,神话学应创立自己的方法;这种方法首先应包括这样的工作——它同博物学家为了对种种现象进行收集和分类而从事的工作毫无二致。而后来,这将有助于类型的确立。

威·曼哈特本人所进行的这种工作,在他的第三部书《日耳曼神话和风俗学记事》(1853～1859年版)中有所反映。这部著作中第一次将定期魔怪学考察的结果公之于世。应当补充指出:正是此时,他产生了有关出版《日耳曼神话典籍》的想法;其中应汇集和探讨的,不仅是德国神幻的和法术的歌谣,而且主要是同农事领域时序节日、习俗和迷信以及婚礼等相关联的民间习俗。为了这一目的,他在1854年同弗·奥·沃尔夫共同创立民间传统搜集和研究协会。由于同一原因,他发表了考察报告(数年后出版,发行15万册),作为其个人科研成果之补充。这一有关日耳曼习俗的考察报告(诸如此类习俗,同一种农事劳作——脱谷相关联),分为23点,共4页。然而,问题不仅涉及德国的习俗,而且涉及其他国家的类似习俗。

在他与其同行在1865年(调查表已印制)所举行的一次会议上,威·曼哈特对这一问题发表了下列言论:

> 所剩下的只有一种途径:分发传单,说明如何进行调查;应探考的所有材料,凝聚于若干明确的问题。问题根据材料认真论证;这样,只须提示一下便足以使被提问者的意识中迅即对问及之事产生概念;如果一般地回答:"是"或"不是",通常则不能奏效;结果,所获得的为模糊不清的、肤浅的材料,而所需要的是详细的材料以及带有细节的准确描述。在工作过程中,应在对被提

问者的心理学试验和观察的基础上,不时改善和变更问题表;同时,这也是随着所搜集资料数量的增加而加深对调查对象的认识所致。问题的内容,就资料搜集的整个地理区域而言应当是一致的;而在既定的区域,则必须赋之以特殊的形式。

威·曼哈特的意图在于:给未来的同行以准确和明晰的提示。提问者首先应知道:他想了解什么。正如埃·勒尔所正确地指出,曼哈特不仅意欲为德国民俗学(民间文艺学)汇集较有成效地工作所必需的资料,而且力图将同类的、同等的事实与偶合的事实区分开来,其原因在于:不如此便无法对所汇集的材料进行研究。有关这一问题,他本人在那次会议上也宣称:"所搜集的材料,按民族志和地理特征加以整理。每一地区,传说的基本种类和主要形式应提到首要地位,并注明它在何处有据可寻。嗣后,记录所记传说的种种异说,并准确注明它们发现于何处。"

《日耳曼神话典籍》依然并未得以奠定基础,尽管曼哈特收到对其提问的2000份答复。这些答复所导致的结果,无非是《田野崇拜和林木崇拜》;此书乃是基于早在1865年提出的论题。曼哈特在这里声称:所谓民俗研究,对那些致力于探考所搜集材料之实质的人们说来,应基于比较。然而,他又立刻说明(显然系指泰勒而言):这种比较不应诉诸偏颇的方法,一般的类似者应同真实的和真正的相应者区分开来。换言之,他对这一思想作了如下表述:

"对任何传统,首先应依据其自身并联系周围环境加以阐释。倘若并无显著的结果,则应逐渐深入较为遥远的诸阶段。在发现民间传统的地方,应尽可能确定其所属年代,并力图恢复其原初形态,通过分析并借助于类比对其赖以产生的内在原因,对其内容和意义进行探考。"

威·曼哈特的观念(他试图据以寻得对既定的民俗现象的阐释),基于庸俗进化论。然而,正如曼哈特所理解,所谓环境,无非是传统所赖以存在的文明。倘若传说及其种种异说（即可赋之以生命力者）同这一文明并无关联,难道我们可以理解其真实意义吗？在1876年11月18日致朱·皮特雷的信中,曼哈特断言:他在其所著《田野崇拜和林木崇拜》中力图清晰地说明"古代世界诸民族与北欧诸民族之习俗和观念存在相对应的现象,并以北欧民间传说为基础……你们在我的近期著作中可以看到:我主要致力于搜集和阐释产生于同农事相关联的神话之习俗。"

而威·曼哈特所说的农事神话何所指呢？据他看来,农业在文明史上的地位又如何呢？

3. 农事崇拜和仪礼

在其有关田野崇拜和林木崇拜的著作第1卷中,威·曼哈特的探考始于树木崇拜;这种崇拜曾存在于日耳曼人以及与之相邻的民族中。他提出下列问题:如同在农事中,植物复生的奥秘通过与之相关联的仪礼和崇拜而呈现。曼哈特将存在于民俗中的信仰无保留地视为诸如此类仪礼和崇拜的基础;据说,人生于与之有隐秘的感应关联的植物中（如同自然界的一切,植物同样有灵）。人与植物的本性毫无二致,两者均被赋以其自身之灵。

为了说明这一共同性,曼哈特后来又述及日耳曼民族有关树灵的观念。种种形态的林灵信仰,同样产生于诸如此类观念；而所谓树灵,则被视为植物精灵。就此而论,同诸如此类信仰相关联的仪礼有着特殊的意义；试以现代欧洲的春季巡列仪式为例；此时此刻,植物精灵通常呈现为五月人——即以绿叶为衣者。威·曼哈特写道:"同一精灵既栖居于树木,又栖居于矮小植物中。正因如此,人们笃信:精灵现身于第一朵春花,现身于扮作野蔷薇的姑娘,现身于收获的保护者瓦尔贝尔。人们笃信:这些神灵现身其中的巡列仪式,对家禽、果树和收获产生如此良好的影响,如同神灵亲临。换言之,人们将这些以面具和饰物装扮者看作植物精灵之名副其实的化身。"

对树灵的信仰之存在,乃是威·曼哈特万物有灵构想的主要基础;据米·埃利亚德不久前所述,这一构想包括下列四种成分:(1)将宇宙和人与树木相比拟的共同倾向(神话);(2)将人的命运同树木的生命相联系的习俗;(3)笃信树木不仅是林灵,而且是其他精灵(善灵和恶灵)栖身之所的原始信仰(其中某些精灵同树木的生命存在有机的关联);(4)惩治树木周围的犯罪者的习俗。

由此可见,威·曼哈特在这一著作中试图说明:除了主要由其先行者所探考的至高神外,并有其他神话中的人物;这种神话,他不无讽刺意味地称为"低级神话"——在其中居于主导地位的为:费厄、格尼、精灵。然而,他问道,这种神话是否确为高级神话的残余(如同他以前的研究者所断言)?或者,恰恰相反,这是高级神话所由发展的基础?曼哈特倾向于后者。"一切的本原——在民间"——他本着浪漫主义者的精神宣称。然而,他走得更远,使其探考更加深化,并作出这样的推断:北欧和中欧与植物相关联的神话和崇拜,形成于南欧的影响之下。古代罗曼语诸族,对古老的年代有着较为确切的意象;他们似乎是两个文明阶段之间的中介。即使日耳曼人的低级神话,如果说不是全部,那也至少是部分,似为他们承袭自其他民族。因此,将欧洲的神话和农事崇拜同古典时期的神话和农事崇拜加以比较是有益的;它们可互为阐释,有助于认识其内在的缘起。

"日耳曼人的树木崇拜"即由这一本原形成。威·曼哈特对田野崇拜和林木崇拜的探考,括及古典古代的崇拜,并将这些崇拜与北欧民俗中的信仰和农事崇拜相比拟。德律阿得斯、肯陶罗伊、基克洛普斯和萨提尔,同德国、法国、斯堪的纳维亚、俄国及其他国度和地区的神话中人物相提并论。曼哈特对古典神话十分熟悉。他曾对希腊-罗马的神幻故事进行探讨,并将古代的庆典同植物精灵、一些植物的神灵(阿多尼斯、阿提斯)相联系;诸如此类精灵呈现于一年一度的庆典。他的探考认真、缜密,不乏语文学的精确性,却又别具一格:他将植物崇拜和仪礼严格系统化,并将植物复苏和收获复现之周而复始的现象视为系统化的基础。"植物每年死亡;每年又复生,并继之以丰收。植物周期性的衰而复生,对农业宗教来说,亦即农事神的死亡、消逝和复生。"植物、动物、人,被赋予同样的生命和繁衍之力。应当提及,譬如说,婚礼上赋予树木的一种促生作用。这样一来,植物性的能力从它所凝聚的这一客体移至,或者更确切地说,可以移至另一客体。正是由于这一原因,献作牺牲的动物亦化身为神,而散布于田野之动物神的碎体具有一种力量,既可作用于土地,又可作用于仪礼的参与者。此神可死而复生,如同一年中的月份和季节那样周而复始;农业周期则与之相关联。

4. 曼哈特的自然主义和历史主义

毫无疑问,在其农业文化的构想中(这种文化被视为整个文明史的一页),威·曼哈特反映了时代总的趋向。曼哈特在泰勒的影响下将同农事相关联的仪礼纳入自然崇拜,并注重笃信树灵和林灵的观念。在泰勒的著述中,灵的概念产生精灵概念。同以上所述相类似,在曼哈特的著述中,树灵则产生林灵,林灵则产生整个植物界的精灵。

然而,正如瓦·伦格曼所正确地指出,他没有任何事实,可作为他在这一"个体精灵整体化"中的依据。植物精灵作为植物精魔现身为树木,在曼哈特的著述中竟然成为春天和夏天的化身。而实际上如何呢?——这些因素通过分析将一个从另一个中导出,或者某种特殊的仪礼同其中之一相关联。瓦·伦格曼认为:据曼哈特看来,崇拜植物精魔,乃是崇拜植物中的神圣之力。至于以植物献祭,能否,他问道,在论述这一点时不提及埃及呢? 正是在埃及,同样发现诸如此类献祭的古老事例。

因此,威·曼哈特的构想通常似乎不够灵活,其某些结论又失之于过分草率。然而,不能不承认:如果他感到材料是真实的,他便力图历史地对待这些材料。曼哈特有时自己也承认：他借助于"自然科学家们当时运用的研究方法"。但是，曼哈特犹如泰勒，同样倾向于将民间文化（民俗）视为特殊意义的文明史；在这种文明史中，材料本身便表明人之需求、意愿和憧憬。

在尼·安·布朗热、雅·安·迪洛尔、格林兄弟所作尝试之后，同生长相关联的神话和仪式（曼哈特对生殖仪式亦给予特殊关注），得到历史的系统探考；况且，曼哈特并非只是基于思维的原始性，随心所欲地对诸如此类崇拜和仪式进行比较，而是试图揭示：崇拜在何处和如何产生及传布，它又取决于什么。诚然，在其探考中，他有时忽略从理论上看来应予以重视的环境。同时，在其他场合，正是对环境的研究，对他认识农事传统的纷繁和作用极为有益；然而，诸如此类传统，并非总是将其与古老的丰饶仪式相联系，便可加以阐释。

关于曼哈特，威·舍勒作了如下评述："现代科学领域最引人注目和最富有意味的现象，为民族志学范畴对古典语文学进行改造之努力。这一革命的倡始者为曼哈特；他在1880年默默无闻地去世。"

而实际上，舍勒所说的革命，为一批学者（从拉菲托到泰勒）所倡始。威·曼哈特则将新的动力注入其中，而且卓有成效。

5. 从《古代城邦》到《普叙赫》

从这个意义上来说，埃·罗德的事例不无教益；在其《普叙赫》一书中，他不仅与爱·伯·泰勒，而且与威·曼哈特相接近。诚然，他之援引两者的著作，只是用于诠释。然而，如果认真读一读他的著述，则立即感到：无论是泰勒的万物有灵论，还是曼哈特有关古老思维中的世界与地下世界相关联之说，在罗德那别具一格和卓有成效的思想上都留下印记。

这也就是《普叙赫》与菲斯特尔·德·库朗日那部业已出版的《古代城邦》迥然不同的原因。菲斯特尔·德·库朗日在1865年写道：

"即使在希腊和罗马历史的晚期,人民同样执着地保留他们那无疑源于尤为古老时期的思想和习俗;依据这些思想和习俗,可以了解原始时期人们关于自然、关于灵魂和死的观念。"显然是在马·米勒的影响下,他又补充道:"无论我们如何研究印欧语种族(希腊民族和意大利民族均为其一支)的历史,我们在任何地方都没有遇到这样的思想,即人死则一切终结。"这样,伴同伟大的诗人和思想家们,人民以及其习俗、观念、思维方式,成为历史-语文学探考的对象。

埃·罗德的《普叙赫》一书出版于1891年至1894年,似乎发展了这一思想;他断言:"人民关于冥世生活的信仰,基于灵魂崇拜以及为荷马关于灵魂的观念所补充之观念,在希腊历史的各个时期实则并无更易。"

然而,尽管两者的兴趣一致,罗德所坚持的道路却不同于菲斯特尔·德·库朗日所开拓者。他在一注释中声称:"菲斯特尔·德·库朗日那部天才的、思想丰富的著作——《古老城邦》,颇值得关注;在此书中,作者试图论证:祖先崇拜,是一切宗教形态以及希腊宗教最高级形态之基原。对书中诸多至关重要的思想之卓有成效,很难持异议;然而,应当承认:其关于希腊的基本思想被直觉表述;它或许是正确的,并符合现实,却依然未加论证。"

众所周知,菲斯特尔·德·库朗日承认祖先崇拜是宗教以及希腊社会的始初成分,在一定意义上来说先于赫·斯宾塞;斯宾塞则将这一崇拜归之于文明的渊源。罗德并未忘记斯宾塞,在述及人的两重性之说时写道:"我们自然感到奇怪,一个活生生的、有灵性的人中,尚有另一存在,其较弱小的等同者,另一个'我',被称为'其灵魂'。然而,整个地球上的所谓'原始民族'皆确信不疑——赫伯特·斯宾塞对此有尤为巧妙的论证。因此,毫不奇怪,希腊人也赞同这一对原始人说来理所当然的观念。"

但是,此说又从何而来呢?真的来自斯宾塞吗?或者,他的这一构想可能来自泰勒?罗德本人对此作了如下补述:"荷马并不知灵魂对可见世界的影响,因而也不知灵魂崇拜。"然而,他问道,难道在荷马的诗中不能发现即使间接说明这一影响之遗迹吗?

英国学者将诸如此类遗迹称为"遗存"(survivals),——他进一步说明(再度趋向于泰勒)。

埃·罗德坚持这样一种看法:原始民族有往昔,而无历史。然而,无论其总的观点如何,毫无疑问,他从原始性这一概念出发,并重新看待希腊古代时期。罗德恪守他所提出的方法(譬如,在其为维护弗·尼采《悲剧的诞生》而与乌·维拉莫维-默伦多夫所进行的著名争论中),并将新的生活现象纳入其中,从而丰富精神世界,诸如此类现象并非如此清晰地见诸文学之作,却值得加以探考。可能有人指责罗德:他研究古希腊民间文化,却未注意现代希腊的民间文化(后来,约·劳森致力于此)。然而,尽管不乏其他论著阐述这一问题,罗德此书仍然不失为这一范畴的基本著作。

6. 赫尔曼·乌森纳

回到较为直接涉及神话的问题,必须特别提出 1896 年出版的赫·乌森纳的一部著作《神名考》;在此书中,作者试图使比较神话学的要求与民俗学(民间文化学)和人种学的方法论相调和。首先,乌森纳致力于依据神名探索宗教观念的形成和演化。质言之,为了探考神话的形成,他重新诉诸语言学。乌森纳不同于马·米勒;正如人们所恰切地指出,他之运用神话只是在这样的情况下:这对他说来是唯一的可能,可借以深入那种与民间神话相关联的文人神话。乌森纳对语言和神话两者进行了对比,得出下列结论:始而,人们笃信存在难以数计的偶然的以及(可以说)瞬间的诸神;据说,他们因种种行为(Augenblicksgötter)而出现于日常生活的各个时刻。诸如此类神祇,无非是司掌一定事实和现象的特定神(Sondergötter)之变异。只是在此以后,人们才最终获致较为普遍的和个体的神祇的构想,而特定神此时则成为普通名词。

据赫·乌森纳看来,原始人始而只是承受个别感觉;这些感觉后成为个别意象(在这些意象中,譬如说,居于主导地位的并不是一般树的观念,而是一具体树的观念)。后来,这一最初的意象得以固定,因为"随着思维的强化,则产生较为普遍的意象"。

在其引人注目的著作中,赫·乌森纳特别注重与既定的神相关联的农事崇拜和仪礼。同时,他还援用威·曼哈特的著述。然而,乌森纳又不同于曼哈特;他通常遵循词源学,而且随心所欲。犹如曼哈特,他潜心于探考神话的奥秘。就此而论,他的阐述特别引人入胜。对南支斯拉夫人神话的探考,同样颇有价值。援用意大利民俗之处,亦有所见。譬如,"在阿布鲁齐的罗卡·皮阿,有这样一种习俗:所晒之粮已干,装入袋中并置于车上,农民们则将谷草扎成的偶像亦置于该车上,一起运回家去,请入厨房,以饮食奉之。"这里所说(如借用曼哈特的术语),为谷物精魔。据乌森纳看来,这种精魔只是佑护一既定的田野,而非一切田野。

对此,拉·佩塔佐尼写道:

> 通过他的神名演化法则(旨在将神话学变为"关于神话的学科"),乌森纳实则与进化论之说相接近;依据此说(而与一些语言学探考无关),关于神的观念之演化,经历三个阶段:万物有灵信仰、多神教、一神教。实际上,不可胜计的瞬间神(Augenblicksgötter),与万物有灵信仰之不可胜计的精灵相应;为数众多的特定神(Sondergötter),与较为局限的万物有灵信仰或泛精魔说相应——而个体神的出现以及其数的大量缩减,则成为多神教,后则过渡为一神教。

拉·佩塔佐尼又补充说:赫·乌森纳将那些其称谓由于纯外在的原因而成为专名的古希腊罗马诸神视为个体神,但他并未注意到确实存在于这一范畴的精神因素——诗歌创作的因素。而在他的著作中,值得注意的并不是宗教起源的总构想,而是细节、关于古代和现代民族生活的众多随意描述。

此外,他写于不同时期并发表在《刍议》的一系列文章,有着极大的价值。这些文章,几乎都是针对神话学领域不同的问题。其中许多篇可题名《民族志学的类比和对比》,即理·安德烈一部著作之名;此书在德国享有极大声誉。两书的结构亦相近似。此外,乌森纳和安德烈,皆受到泰勒直接的和间接的影响。两者均确信:一切古老民族的宗教的历史以及神话的历史,如不对现今仍留存的民俗(民间文化)材料予以关注,则仍然是不完整的。

7. 阿尔布雷希特·迪特里希

致力于此的,尚有另一位德国语文学家阿·迪特里希。在他的著作中,积累的资料,经过缜密而深刻的探考。这位勤奋的学者的众多著作中,有两部引起尤为热烈的争论,即:《密特拉的大祭》和《内基亚》。他的《宗教史概要》,同样引起极大的关注。对民俗学来说,他于1905年出版的《地母》一书有着极大的意义。

在他的这一文集中(其最后一版由德国学者欧·费尔勒主持问世,并加以增补),阿·迪特里希对古希腊罗马同大地(被奉为地母)有关的信仰和仪礼进行了探考。不同于赫·乌森纳,他所探考的并非所有的神,而是一神。就此而言,他自然有其优势。迪特里希所遵循的,是泰勒开拓的道路;万物有灵论,可以说,是他从事的探考之中枢。同样不无威·曼哈特的影响,其原因在于:对将大地视为母亲的意象,或者更确切地说,对关于共同之母的意象进行探考,迪特里希主要关注涉及动物繁衍和土壤丰产之意象——凡此种种,都与人类相对比和类比。

阿·迪特里希主要探考的,是曾存在于古希腊罗马的三种习俗:

(1)将初生儿置于地上;(2)埋葬儿童;(3)为了使其康复,将病人或垂危者置于地上。他曾考察了发现于原始民族中的众多与此相应者。迪特里希着手研究这些民族的材料(有时,他也从反面加以研讨),便深入日耳曼民间文化以及整个欧洲的民间文化,而且不囿于此;他还力图以历史主义精神使其探考更有生气。譬如,他提及阿布鲁齐地区将婴儿置于地上的习俗,则声称:这一习俗应视为另一古老仪礼(即将儿童奉献地母的仪礼)之遗存。这又同关于来自大地的儿童的传说相结合(换言之,这些儿童或与地、树木和岩石相关联)。

阿·迪特里希将大地视为有生命的灵体,视为充满灵之灵。大地是有生命的,因为它丰饶多产。于是,遂有"地－人"(homo-humus);这一"两项式",亦见诸许多民间信仰。田野的丰饶与妇女的多产两者之相比拟,便由此而来;于是,另有一系列信仰应运而生,即:农事劳作与生育相提并论(男性生殖器与镰刀相提并论)。

阿·迪特里希的众多论点,埃·戈尔德曼在其《Cartam levare》中,马·尼尔松在其不久前出版的《希腊宗教史》中都予以批驳。然而,应当承认(米·埃利亚德亦然):犹如埃·罗德的《普叙赫》,迪特里希的《地母》一书,不失为名副其实的经典之作。

8. 习俗——日常生活中的宗教性崇拜

法国学者皮纳尔·德拉·布耶,将那些基于爱·伯·泰勒和威·曼哈特的立场而研究古典语文学的学者称为"人种学领域的语文学家"。将他们称为"语文学领域的人种学家",则更为恰当。皮纳尔写道:一方面,他们将依据神话的作用研究神话的语文学家同人类学家的学派相联系(后者研究这些瑰宝,同样大大拓宽其探考的范围);另一方面,毅然将他们所提出的新的方法运用于研究。于是,遂有种种思想的交流;这种交流,不仅对这些学科,而且对民俗学(民间文化学)均卓有成效——这样一来,民俗学(民间文化学)的范围则大为扩展。

要推动如此闭塞的、数世纪以来业已神圣化的、经典式的学科,即古典语文学,给它注入产生于人种学以及民俗学(民间文化学)之有生命力的和富有成效的思想——并不那样轻而易举。由于这些新的探考,旧有的经典古籍,须另行阐释,并获得新的理解。

至于这些探考的意义,应提及《宗教学文献》的活动;该杂志的编者,始而为托·哈代,后为阿·迪特里希。他在阐述杂志的新纲领时声称:如果说人种学家可从语文学家那里获得颇多教益,后者同样可得益于人种学。迪特里希又写道:民间传统的研究,为一极为古老并具有永久性的科学,同时它又与一切历史事件相并而存。

正是以此为出发点,阿·迪特里希运用比较法,获致威·曼哈特曾取得的,在一定意义上来说为赫·乌森纳和埃·罗德也取得的结果。应当提及:当时,在德国,比较法亦为一新的学科——法学人种学所广泛运用;这一学科(特别是在阿·赫·波斯特的著作中),试图通过对原始民族的研究,深入法之由来的最深邃的渊源。然而,正如人们所正确地指出,这同不可信的认识论前提相关联。比较方法有助于迪特里希加深对他所探考的机制之历史起源的认识(他给自己同样提出类似的课题)。同时,也应当提及:威·冯特亦赞同波斯特的观点。在其《神话与宗教》(共 3 卷,1905～1909 年版)中,冯特对泰勒的万物有灵论进行了彻底的研讨(不无曼哈特的影响;正是在他的著述中,灵魂和精灵创造了拥有超自然之力、可带来利或害的精魔)。他在自然主义的林莽中徘徊,到处搜集材料,而不对它们在各个文明中的关联进行探考。正如阿·迪特里希所指出,冯特忘记:要依据它们所呈现的环境,分别对事例加以阐释。

围绕阿·迪特里希所主持的《文献》,聚集了当时优秀的德国人种学家和民俗学家。对此,阿·施帕默写道:"四分之一世纪以前,保罗·萨尔托里发表了他关于德国人民风尚和习俗的论文——这是民间习俗探考中向前迈出的坚定的一步。他的这一论著分为三部分,描述了同降生、婚礼、死亡,同户内、户外的生活和劳作,同一年四季和种种节期相关联的习俗。这些关于习俗的描述之前,则是关于术语、关于风尚和习俗之起源和演化的综述,并试图予以详释。萨尔托里搜集和整理了大量材料,并十分审慎地广征博引。"

继而,阿·施帕默写道:"萨尔托里断言,大部分习俗植根于宗教,并认为:在一定意义上来说,习俗可看作日常生活的宗教性崇拜;他还指出:1898年以来以《宗教学文献》为核心所进行的探考,在比较宗教史领域有着多么巨大的意义。"

具有更大意义的是:这些探考取得的成果,可同英国人类学派在爱·伯·泰勒之后所取得的成果相媲美。在阿·迪特里希的著述中,万物有灵论有时为法术说所取代。而与法术相关联者,为英国学者詹姆斯·乔治·弗雷泽那雄伟的身躯。他在其《金枝》中给予威·曼哈特的理论以应有的估价。

第23章 弗雷泽,魔怪的辩护者

1. 詹·乔·弗雷泽的论集

詹·乔·弗雷泽在人种学和民俗学的作为,往往同路·安·穆拉托里在意大利史料研究领域的作为相比拟。弗雷泽与穆拉托里之所以相近似,是由于他们均有非凡的工作能力、孜孜不倦的探索精神,而且均为多产研究家。他们的不同在于:穆拉托里的探求仅限于意大利;而弗雷泽的探考范围,却是全世界及其最神秘、最动人心魄的现象,即信仰和迷信观念;透过这些观念,人类一切规制、神话和传说则面目全非。

詹·乔·弗雷泽赖以进入这一世界的手段,为同爱·伯·泰勒的方法相类似的比较法。弗雷泽在实证论的氛围中从事工作,而且如此安然自得。与丰特奈尔、拉菲托、泰勒、曼哈特一样,弗雷泽也是一位古典文献的热诚崇尚者。未开化者的世界(犹如泰勒,弗雷泽也将未开化者称为"原始人"),其各个范畴展现在他面前。犹如泰勒,除对未开化者外,他对文明民族的平民的精神生活,更确切地说,对其中成为遗存者同样关注。就此而论,他不仅对泰勒的理论有所补益(他接受了泰勒的遗存说),而且赋予民俗学及其资料以较之泰勒尤为严整的体系。威·曼哈特堪称他的楷模。

譬如,通过信仰、规制和迷信观念,詹·乔·弗雷泽将古典希腊文明同原始民族相联系,并将后者同现代民族的平民相联系,同时将它们置于既定的序列;该序列的第一级次为原始民族,第二级次为古典古希腊文明,最末级次为当代的民俗(民间文化)。而弗雷泽并不只是搜集记述。他不愿让它们枯燥无味,而是力图保持它们的生动动人;其著作因而严整、丰实。读他的著作则产生这样一种印象,似乎欧洲所有的人种学家和民俗学家(民间文艺学家)都为他效劳。但是,他为此对他们亦有所报:最枯燥无味的人种学家和民俗学家(民间文艺学家),在他那里也成为饶有意味的、天才的作家。他们的记述,弗雷泽将其与古典文学和东方文学作品中最动人之处相间配置。他整页整页地援引散文作家和诗人的篇章而如此得心应手。在他的著述中,真正的人文主义者的文化,同与他同时期的、精到的和敏感的文化结合在一起。他的著作数以千页计,读来毫不吃力、津津有味;他的著作引人入胜,即使在描述之中间有种种事态、传统、习俗、仪礼的阐述,同样如此。

不仅如此,还应当补充说:几乎他的所有著作,无不洋溢着强大的意志力量和激情,乃是专心致志、长时期探考的成果。譬如,詹·乔·弗雷泽的第一部人种学著作(1884年出版,题名《图腾崇拜》),便是如此。1892年,他再度回到这一问题。然而,迨至1912年,他才在《图腾崇拜与外婚制》4卷本中对此进行探讨。在《金枝》中,他同样付出极大的辛劳。1890年,此书以两卷本出版;1900年,则以3卷本再版。但是,弗雷泽的研究全面扩延;1911～1915年,《金枝》一书已是以12卷本问世。

《金枝》堪称弗雷泽最卓越的著作;该书集中了他的所有观点,并对一切均有阐述。英国人称之为"当代圣经"。通观此书,他不仅是作家,而且是人种学家;他不仅是人种学家,还是民俗学家。然而,这位人种学家和民俗学家,始终是古希腊文化和文明的崇拜者。早在青年时期(1884年),弗雷泽就出版了萨卢斯提乌斯的《尤古尔塔战争》(并附以注释)、鲍萨尼亚斯的6卷本《希腊道里志》(附以注释)、奥维德的《岁时记》注释(共5卷);在上述这些著作中,对古代希腊和罗马的节庆、信仰、规制和迷信观念,借助于人种学和民俗学进行了探讨、阐述和说明。

在这样的范畴,即人种学、古典语文学和民俗学(民间文化学)的综合体,一部三卷集的著作问世,即《〈旧约全书〉中的民间文化》。而其作为并不限于此。除纯文学的著作外,他在1913年至1924年期间出版了三卷本从人种学角度看来极有价值的著作《对永生的笃信和死者崇拜》;1926年出版了两卷本《自然崇拜》;1930年发表了长篇论著《有关火之由来的神话》。1933年,在他八十岁高龄之际,他发表了《原始宗教中对死者的畏惧》。1938~1939年问世的《人类学的人种学》,同样具有极大价值;书中汇集了一些未经加工的资料。弗雷泽始于1908年的众多著作中的一些结论,发表于一本论文集,题名《普叙赫的劳作》;1927年,他予以再版。同年,他的论文集——《人、神与永生》出版。这次,他决意更易其书名,不无用意地称之为《魔怪的辩护者》。

詹·乔·弗雷泽在剑桥获得博士学位,1875年成为伦敦法院的律师。然而,他的命运看来就是如此,他遇到的委托者并非一般人;正是由于这一原因,他决意为其书易名。他成为魔怪的辩护者;而他一生所为之辩护的,据他在书中所述,为人的信仰、规制、传说。他所庇护者中最危险的,主要是迷信;与之相关联的,如果说并非人类的整个历史,无论如何也是其中的一部分。

2. 追寻"林中之王"的足迹

詹·乔·弗雷泽便是以此为目的着手《金枝》的编著。首先,他力图阐明人之思维的始初阶段。如同爱·伯·泰勒,他确信人种学可成为借以对民俗进行阐释的尺度,并得出结论:首先必须屏弃泰勒有关万物有灵论的一个论点。泰勒声称,最初为万物有灵信仰。弗雷泽则指出:最初为法术。正因为如此,《金枝》一书的副标题为"法术与宗教"。

詹·乔·弗雷泽身着朝圣者和行吟诗人的服装漫游世界,其行程

第 23 章 弗雷泽,魔怪的辩护者

始于内米(意大利),更确切地说,始于内莫伦西斯之狄安娜的圣地;那里有一条关于既是祭司又是杀人者的林中之王的法律,即:杀死其前任者,可成为林中之王。弗雷泽对这一现象的起源进行了探考,随即发现:在原始社会,王者通常不仅是祭司,而且是术士,获取王权乃是由于其法术之力。犹如内米的林中之王,原始时期之王在其行动中为种种禁忌所约制;诸如此类禁忌,旨在调整其活动和生活本身。由于有关林中之王的法律不再见诸古希腊罗马时期,弗雷泽则转向未开化者。用他的话来说,"为了理解王权的渊源以及王者称号在未开化者或野蛮人心目中的神圣意义,对法术律则有所了解则至关重要……"

由此可见,似乎是作为间歇,詹·乔·弗雷泽提出原始思维史上最难解决的问题之一。而其嗣后的一切活动,则与这一问题紧密相连。弗雷泽是爱·伯·泰勒的景仰者和学生,可以遵循他的道路,即从万物有灵论出发。然而,在其《图腾崇拜》一书中,他显示了对锁链般禁锢未开化者生活的法术仪式之熟谙。他向自己提出一个问题,即:这些仪式的状貌、性质和意义如何?

1890 年,詹·乔·弗雷泽在《金枝》第 1 版中只是确认这样的事实,即:对未开化者来说,世上存在并约制他们的,不仅有人格化之力,而且有无人格之力、自然法则;在上述范围内,应当说,法术亦有发展。在 1900 年的第 2 版中,弗雷泽发展了这一构想。在《金枝》第 3 版中,他运用辩证法,并以大量事例进行论证;在第 1 卷中,他对法术的律则和手段加以分类,试图阐明法术的由来。

在《金枝》诸版次之间的 1892 年,约·金的一部论文集在英国问世;书中,提出有关原始民族之法术的种种问题。这部著作题名"超自然者,其起源、特性和演化"。金所遵循的实则为弗雷泽始于《金枝》第 1 版的道路。金不仅深信:法术应视为同万物有灵信仰无任何共同之处的既定力量作用之结果——由此可见,他走得更远。他声称,所谓法术仪式,每逢事物的自然过程因某种非常事态而中断时则付诸实施;据未开化者看来,诸如此类事态乃是善之力或恶之力的作用所

致——它们带来幸运或者灾厄,其结果则是令人产生憧憬或者产生畏惧。据金的理解和阐释,法术之所以产生,乃是由于人们对某些超自然现象有所观察,并将其同他们已知的现象相比拟。金指出:正是在这样的情况下,未开化者进入激奋状态,而后者则引起所谓联想;这一现象同另一些现象不无关联,犹如因或果,或者因果并存。

始于《金枝》第2版,詹·乔·弗雷泽正是以这种联想论证法术的起源(他是否已知他未作为资料来源的金之此书,尚不得而知)。对他说来,法术信仰,乃是因果律所产生的推断。

3. 弗雷泽表述中的法术原理

詹·乔·弗雷泽将法术视为伪科学和伪艺术,对法术的原理作了如下阐释。据他看来,其原理有二:(1)相似者产生类似者,或者说,果与因相类似;(2)曾接触的事物虽保持一定距离,仍然继续相互影响。他补充说,第一种律则,可称为"类似律";第二种律则,可称为"触连律"或"触染律"。弗雷泽强调指出:"两律则无非是联想之两种不同的和不正确的运用。类似(即模拟)法术,基于所谓类似联想。接触(触染)法术,则基于接近联想。"而实际上:

> 这两种法术相互组合,更确切地说,类似法术独立存在,而接触法术则通常兼容所谓类似法术。共同呈现的、真正的差异,则是较难把握者:它借助于具体事例始可较易理解。在两种情况下,即无论是在类似法术还是在触染法术中,观念的联结极为简单和轻而易举。鉴于原始理智具有极端局限性而且极端迟钝,根本无法从事抽象思维,上述情况也不可能不如此。两种法术可结合于所谓交感法术这一总术语之下;两种术语实则基于一种假定:物体并未连接,却可因神秘感应而相互作用——这种所谓感应,借助于我们可想象为无形的以太者而由此物传递至彼物;所

谓以太,可以说,颇似现代学术界为对我们虚无缥缈的空间中事物的相互作用进行诸如此类阐释而所设定(假设、预测)的以太。

譬如说,以下所述种种迷信观念,可视为第一律则(即类似者产生类似者)之最广泛的运用,即笃信:可借助于将病症传予地、树木、岩石等的办法,祛治和预防疾病;同类物体凭借其灵而相互吸引;播种、捕鱼、狩猎等时刻如举行相应的仪式,则可确保农产丰稔、捕鱼得手、狩猎等如意。然而,感应法术的体系,不仅形成于肯定性的章则,而且包括大量否定性的章则——禁忌。

积极的律则构成法术和魔法,消极的律则成为塔布(禁忌)。不仅如此,整个塔布之说,总的说来,看来无非是感应法术以及其至关重要的类似律和交接律之特殊的运行……

积极的法术或魔法表明:"作什么,亦即希冀发生什么"。消极法术或者塔布则要求:"不作什么,亦即惧怕发生什么"。

积极法术或魔法的目的在于:导致既定的所期望的行为;消极法术或塔布的目的在于:规避不期望或者引起恐惧的事物。但是,两种结果,所期望的以及非所期望的,基于类似律和交接律……

这是同一愚陋和可悲的谬误之两面(塔布和魔法)、两端,这是基于对联想的错误观念。魔法是这一谬误之积极的一端,而塔布则是消极的一端。

据詹·乔·弗雷泽看来,触染法术之最有代表性的事例,为感应的法术关联;据某些信仰,这种关联似乎存在于人与其躯体一些部分(诸如头发、指甲)之间;这样一来,获得人的指甲和头发者,便可在一定距离为所欲为。试看另一例:人与伤害他的武器之间的感应关联。此外,所谓触染法术,可循人留在沙或土上的痕迹实施之。

法术的两种形态相互交织,既可用以利于个人,又可用以利于社会。在后一种情况下,法术则获得社会功能,从一切中分离而出。詹·乔·弗雷泽对此作了如下表述:

  此类专门人员的培训,在社会的政治演化和宗教演化中有着极其重要的作用;当人们笃信整个部落的福运取决于法术仪式之实施,术士势必成为具有特殊影响的人物,并享有极高的荣誉,可轻而易举地获得首领和王者的地位和权势……

  因此,一般说来,在社会发展的这一阶段,权势大多落于最睿智的人们之手。

詹·乔·弗雷泽的观点便是如此。他在《金枝》第1卷中(该卷便特地以"法术技艺与王者的演化"为题名),对法术和宗教作了严格的区分;前者,据他看来,是思维的基本形态(一切曾存在的形态中最基本者,据进化律则,因而又是最古老者);后者则恰恰相反,乃是最复杂的思维形态。而这并不是唯一的区别。术士之神乃是无人格之力;而宗教之神乃是有人格之神。在宗教中,这是使信者从属于自身之力;而在法术中,则恰恰相反,术士使法术从属于其意志。在该书第1卷中,弗雷泽对其思想作如下表述:

  第一,对法术和宗教之概念的探讨,可使我们作出下列推断:**在人类历史上,法术较之宗教尤为古老**。我们看到:一方面,法术乃是最素朴和最基本的智力过程(亦即类似观念和毗连观念之组合)的错误运用;另一方面,宗教则要求有意识的、有人格的作用者之活动(诸如此类作用者居于人之上,并隐藏于自然那可见的帷幕之后)。显然,意识到有人格的作用者之存在,意味着:完成较之分辨观念之类似和毗连尤为复杂的过程。据一种理论,事物的进程决定于有意识的作用者。这种理论较费思索和较为抽象;

为了使人可以理解,较之下一学说,则要求较高的理解力和较多的思维能力。这种学说在于:在其毗连或类似的一般基础上,事物则前后相继。

詹·乔·弗雷泽从未放弃这些律则,后者一向是其著述的真正基础。图腾崇拜具有另一种性质;归根结底,他同样认为图腾崇拜带有法术的属性。

4. 被视为法术的图腾崇拜

以科学态度着手对图腾崇拜进行研究的第一位学者,无疑是约·弗·麦克伦南;发现外婚制结构的功绩,应归之于他。所谓外婚制,即禁止信奉同一图腾的一氏族之成员相婚。1866年,麦克伦南发表《原始婚姻》一文;后来,此文与其他同类性质文章辑入《古代史研究》(1876年问世)。始于他的第一部有关图腾崇拜的篇幅不大的论著,詹·乔·弗雷泽正是援用麦克伦南的观点。

在他的这部著作中,约·弗·麦克伦南以宗教领域的探考,对其主要是在家庭方面所开始的并导致图腾崇拜之发现的探索有所补充(在此以前,有关图腾崇拜的知识是匮乏的,无非是偶有所见)。麦克伦南则将这些知识整理成影响亲缘诸形态形成之信仰体系;同动物、植物等一定的族和种之亲缘,即因诸如此类观念而确立。图腾崇拜的社会性,并不有碍于麦克伦南将其视为宗教的一种形态;同动物和植物崇拜相关联的祖先崇拜,便是体现于这种形态中。宗教的这种形态,据他看来,来源于古典古代各民族的动物崇拜和植物崇拜。

这一论点,遭到爱·伯·泰勒的否弃;他承认图腾崇拜事实的意义,却认为:它们同万物有灵信仰相关联。据泰勒看来,图腾崇拜是祖先崇拜诸形态之一,同灵魂转世之说相关联,堪称祖先崇拜到图腾崇拜之过渡。赫·斯宾塞不同意这一论点,认为图腾崇拜是祖先崇拜的特殊形态。由此可见,无论是泰勒,还是斯宾塞,都把图腾崇拜纳入其宗教体系。

约·弗·麦克伦南那并非十分明晰的假说,为其学生威廉·罗伯逊·史密斯所发展。他在其1889年《闪米特人宗教讲演录》中断言:图腾崇拜构成闪米特人以及阿拉伯人宗教的基础。第一,信奉这些宗教之民族的某些部落,以动物为其名;第二,它们信奉自然崇拜(星辰、岩石、泉源等之崇拜)。此外,它们禁用一定种类的食物,军旗上有动物形象。然而,他对献祭极为关注——这是他的整个学说的基础。据他看来,献祭并非旨在取悦神灵的供奉,而是社会生活的一种举动,信者与神的联系便体现于其中。据威·罗·史密斯看来,作为牺牲之动物,始而为作为图腾之动物。

当詹·乔·弗雷泽在其多卷集《图腾崇拜与外婚制》中着手对这一现象进行探考时,有关图腾崇拜的表述,大体上便是如此。他在其有关图腾崇拜的第一部著作中指出:图腾崇拜在一定程度上是宗教现象(人与图腾之间的关联),在一定程度上是社会现象(同一氏族成员之间的义务反映于其中)。他在1887年所作的阐述,1910年已感不足;这时,他将图腾崇拜无非是视为社会体制的特殊形态。在有关法术起源的理论中(这一理论形成于《金枝》第2版),他获致这一结论;据他看来,法术就形成年代而言先于宗教。

在该版《金枝》第1卷中,他作了如下阐述:

> 澳大利亚中部,与世隔绝,土地比较贫瘠,任何外来影响几乎均遭摈斥,居民的发展受到阻遏。他们仍然处于较原始的状态,众多图腾克兰的首领履行一种极为重要的职能,即举行旨在促使"图腾"繁衍的法术仪礼。所谓"图腾",大部分为可食用的动物和植物。这样一来,这些首领兼术士则履行一种极为重要的职能,即:以法术手段为居民保证食物丰盈。

现在谈一下图腾崇拜仪式。在此种仪式中,已逝去的往昔再现,氏族的历史重演;它们势必成为统一家族的灵魂。然而,这种往昔的再现讲究实效,而且注重实际,主要借助于模拟祖先行为的姿态。行此意在彼——祈求图腾亲临的仪式,其用意便在于此。这同法术的另一律则同样不无关联:不行此,以求不发生任何事故——不仅对你(个人),而且对你作为其成员的整个氏族而言。现在看一下与图腾崇拜相关联的神话和传说。诸如此类神话和传说中,无不讲述氏族与图腾的关联,讲述图腾集群起源的细节,讲述图腾转变为人的奇异过程。换言之,原始人予以笃信。当仪礼和崇拜(如同在法术中)成为其行为中思维的形式,神话和传说则同样以叙述形式表达思维。这两种思维方式之间,既没有鸿沟,又没有间隔,却存在过渡。

5. 弗雷泽构想中的民俗

据詹·乔·弗雷泽看来,法术(图腾崇拜亦被纳入)是迷误的总和;他将法术用作对古典古代的崇拜、神话和仪式进行考察和阐释的尺度。倘若用这样的尺度衡量,结论则有时可能过于草率,犹如,譬如说,在拉菲托的著述中。例如,弗雷泽在述及触染法术时声称:"现在,不难理解,为什么毕达哥拉斯的章则要求从卧榻起身后消除躯体留在床单上的痕迹。这一章则无非是一种古老的预防法术的措施,并成为所谓信仰格言总汇的一部分;诸如此类格言,古代加之于毕达哥拉斯,而实际上为希腊人的祖先所熟知——他们则生活于哲学家所属时代很久以前。"

有时则相反,詹·乔·弗雷泽在古希腊罗马文化领域的漫步,成为名副其实的论著,其中的概述则为法术所补充。试看所谓"林中之王"——《金枝》的合唱者和独奏者,并试看《〈旧约全书〉中的民间文化》以及为奥维德和鲍萨尼亚斯的著作所作注释。看来,詹·乔·弗雷泽所表述,同拉菲托毫无二致:就其思维方式而言,希腊人和罗马人同未开化者相差无几。在民间创作的激励下,或者更确切地说,在对尚存在于我们文明中的遗存之观察的激励下,他描绘了什么样的图景呢?民间创作似为其论断的佐证。同爱·伯·泰勒相比较,无非是存在这样的差异:在弗雷泽所描绘的图景中,民间创作最终呈现为其本质。在其众多的著作中,弗雷泽既没有忽略一种崇拜,又没有忽视一则神话,也没有忽略古希腊罗马时期一种信仰,同时他也没有忘记那些声音——它们对约·戈·赫尔德来说似为人类的声音,而实际上正是这种声音。在他的著作中,欧洲民俗(民间创作)使我们感到涉及整个人类,其想象极其丰富、生动和炽烈,并呈现于信仰、游艺、故事、传说。

通观《金枝》一书,詹·乔·弗雷泽还探考了威·曼哈特长期以来作为处女地所开垦的一个领域:树木崇拜。应当指出:弗雷泽以通俗易懂的方式将《田野崇拜和林木崇拜》中所阐述的理论通俗化;诸如此类崇拜,对众多其他学者来说乃是一种动因。对此,可予以赞同。然而,难道弗雷泽(尽管他本人也承认:曼哈特建树颇多)对他完全亦步亦趋?在《金枝》缩写本的"序言"中,詹·乔·弗雷泽写道:

> 如果说我们在这部著作中论述树木崇拜时有所扩延,那么,这种现象之所以发生,是由于我们过高估计了它在宗教历史上的作用,在较小程度上是由于我们意欲从这一崇拜中导出整个神话体系。其原因无非是在于:我们试图对祭司的作用和职能加以说明时,不能对植物崇拜置之不顾;这种所谓祭司称为"林中之王",其职权为从圣林的既定树木上撷取一枝条——"金枝",即其称谓的重要佐证。然而,我们同这样的思想相距甚远,即:树木崇拜在宗教的发展中具有某种主导作用;据我们看来,这种主导作用完全从属于其他因素。

综观这些论述,威·曼哈特的理论被置于相应的地位。然而,毫无疑问,詹·乔·弗雷泽对树木崇拜进行探考时,实质上赞同曼哈特的许多前提。譬如,读一些篇章便不难看出:这些篇章旨在阐述这种崇拜在现代欧洲的残余。民间创作以最富有诗意的状态呈现于我们面前。弗雷泽无保留地接受曼哈特的观点,即:在春季的游列仪式中,植物精灵通常被描述为树木。通观有关树木精灵被杀害的篇章,弗雷泽得到曼哈特的高度支持。一般来说,在《金枝》一书中,曼哈特的精灵无所不在。应当注意的无非是:弗雷泽袭用曼哈特的理论,使之从属于自己的体系——树木崇拜,对他来说,无非是法术的一个范畴,迄今仍以不可抗拒之势在文明民族平民百姓的生活中居于主导地位。

6. 法术与宗教

据詹·乔·弗雷泽看来,欧洲国家平民中的任何传统,均归结于仪礼;仪礼归结于信仰,信仰则归结于观念体系。民俗颇似水流,任何文明的堤防均无法阻遏,其原因在于:质言之,它本身是一种为任何文明所特有的现象。弗雷泽便获致这样的结论。而这一水流的河道何在呢?它在流程中又会遇到哪些障碍呢?

追踪水流,詹·乔·弗雷泽首先踏上原始民族的途程。奥·孔德的影响,在他书中时有所见。犹如爱·伯·泰勒,弗雷泽确信:所谓"现代人",只能是就相对意义,而非就绝对意义而言。从历史年代看来,弗雷泽同样是以未开化者为出发点。他在对人种学同民俗学的关系加以阐释时指出:"我们的祖先曾是未开化者,将其观念和规制传给后代。"他还补充说:

鄙视、嘲笑、厌恶、屈辱——凡此种种,往往加之于未开化者及其习俗。而在我们务须崇敬的恩赐者中,许多人,而且可能是大多数人,为未开化者。归根结底,我们与未开化者同多于异,并且我们视之为朴真的和有益的,均归之于我们的祖先——未开化者；他们在经验的基础上，逐渐获致种种基本观念，并传给后世——这些观念，我们习惯地称之为原本的和直感的。我们似乎是千百年来世代相传的财富之继承者；这些财富的创造者已湮没无闻；而对其现代的据有者来说，这些似乎是人类原本的和从未更易的财富。

詹·乔·弗雷泽同样试图恢复这一有关往昔的记忆。启蒙运动的理论家们所颂扬的未开化者的世界，弗雷泽视之为我们的往昔。这样，作为这一往昔诸范畴之一的法术，则不容忽视。正如我们所述，他将法术视为谬误、虚妄的联想和观念之总和，视为愚昧的产物。这是从他所采纳的前提中归纳的结论；这一前提在于：法术对宗教（较之更高的形态）来说，乃是基原形态。弗雷泽似乎是转向信仰的启蒙思想家。然而，他对法术作出这样的估价，是否站在他拟指责的学者的立场上呢？

而实际上，如果说法术对我们来说也是谬误、迷信，那么，它对未开化者来说并非如此，而是思维的历史形态，观念、恐惧、惊骇、灾厄以及其他情感之交织。詹·乔·弗雷泽本人便将法术视为一种冀望，即：将自身的能量限度扩延，并有所作为或企求。然而，他如何将这一有意识和有理智的参与的活动同他对法术的指责以及将未开化者只是视为进行比拟之客体而存在这样一种思想相协调呢？

詹·乔·弗雷泽忠实于进化论原则，即一切素朴者为较早期者；他将人类思维之渊源的地位赋予法术。然而，谁又能够说：有关神的观念或者有关法术之力的观念，何者对原始人来说尤为素朴？如果说从法术到宗教的过渡（正是弗雷泽所设想的）决定于心理原因（有关发达的人的理智之佐证），那么，难道一切纯法术信仰（它们不仅见诸民间文化，而且见诸我们的整个生活）还存在于现今我们的社会？

问题在于：法术不可被视为历史发展的原初（随意确立）的成分或范畴，或者说不可被视为嗣后一切发展所不可或缺的（唯一不可或缺的)条件。尚可在较小程度上将法术视为不可或缺的次要阶段(后来,弗雷泽即因此遭到指责)。可以设想,法术同宗教截然不同。然而,两者都是,而且不能不是思维的两个阶段——而且属所谓历史思维;因此,试图在其中寻求智力的较低阶段(法术)或较高阶段(宗教)、精神的较高阶段或较低阶段,纯属无的放矢。在这种情况下,法术与宗教乃是所谓经验构成,乃是人之思维中表明既定的创世构想之意义大小的分类。在宗教中,为独立于人而存在的神之构想。在法术中,乃是从属于人的积极行为之力。无论是法术,还是宗教,其产生和发展均由于原始人的经验,即在一定的历史条件下、在两者之一居于统治地位的情况下呈现于法术或宗教中的精神状态所致。

真理也可产生于谬误;然而,只有将谬误视为逻辑行为,始有可能。毫无疑问,谬误也可成为历史的发轫;然而,只有在它是人类经验的结果的情况下,始有可能。显而易见,历史不可能被消极地创造。

7. "借助于他人,先行者"

然而,詹·乔·弗雷泽将法术视为谬误的总和,又试图从中不仅导出历史,而且导出历史的发轫。一个好的辩护者应当善于说明即使针对其委托人之论据,以期嗣后更利于进行辩护。弗雷泽便如此行之:他承认法术是谬误、虚妄的构想之总和、迷信的表现形态,又认定这一切将给人们带来极大的益处。

在《魔怪的辩护者》中,詹·乔·弗雷泽再度提出他曾在其他著作中坚持的论点。他断言:(1)在许多民族和种族中,迷信使对政府的尊崇增强,有助于社会秩序的建立;(2)在一些种族中以及一些时代,迷信巩固了对私有制的尊崇;(3)在一些种族中以及一些时代,迷信加强了对婚姻的尊重,有助于两性道德准则之最大限度的恪守;(4)在一些种族中以及一些时代,迷信巩固了对人类生活的尊重。

这些规制(政府、所有制、婚姻、对人类生活的尊重),詹·乔·弗雷泽补充说,构成人类社会生活的整个基础。倘若这些支柱倾斜,社会必然崩溃。此时此刻,人们不仅回忆起詹·维柯;众所周知,他在人们三种习俗的基础上创立了文明。然而,这些规制在维柯的著述中同历史过程相关联(在这些历史过程中,进步与倒退交替呈现);而在弗雷泽的著述中,这一过程则为有机进化理论的公设所取代,据这种公设,为了认识人,必须知道他的起源(似乎人的起源本身,与其规制的发展并无紧密关联)。维柯在其本性的深处寻求事实的起源,而其本性只能引导我们进行认识。维柯写道:"各民族的世界所达到的,并无任何价值,因为这是人们运用其智力所获。这并不能成为真实,因为他们的所作所为是有选择的;这并不是偶然的,因为他们这样做是经常的;这样,他们处置同一事物每况愈下。"

正因为如此,当了解事物的永恒本性时,便"愚钝地借助于他人,先行者"。

詹·乔·弗雷泽正是执着于这些前辈的拙劣的探寻,阐明孰先孰后,并以尚未区分的思维阐释一切(如果涉及原始世界);在弗雷泽的著述中,文明民族之平民的心灵则与这种思维相同化。他相信无休止的进步,同样相信仅仅基于人类思维之同一的比较方法。他对这些前提进行探考,一种豪迈的思想油然而生,即向人类的整个历史敞开门扉。他的全部活动,为这一意向所贯串;而这种活动则为历史哲学的谬说(进化理论)和社会学理论(奥·孔德便通过阿·巴斯蒂安与爱·伯·泰勒相关联)所损;最终,其有关无所不包的历史之构想,亦对其整个活动有所损(这一构想既包括历史哲学,又包括社会学)。

8. 弗雷泽著作的意义以及他的影响

然而,尽管詹·乔·弗雷泽的著作存在我们已指出以及在此并未指出的缺陷,仍然可用他本人有关法术的话加以说明:它们因其缺陷而有所助益。如果从他那所谓何者曾经存在,何者后来出现的理论和见解导出他所描绘的广阔图景,在其本身的自然环境中、其真正的历史本性中对他所展示的规制进行探考,如果对他在他所善于创造的引人入胜的气氛中所完成的巡礼进行认真的研究,则可对弗雷泽产生应有的认识:弗雷泽仍然是自然论者,他创造了具有巨大历史价值的篇章。甚至可以说,弗雷泽正是在他忘记要成为历史学家的时候,他才作为历史学家而呈现。

詹·乔·弗雷泽的著作中,不乏对种种人种学问题的成功的阐释、对种种相对应者的探考(诸如此类对应者,当它们被移于自然领域时,则显示其历史属性)。弗雷泽的著作,犹如爱·伯·泰勒和威·曼哈特的著作,当他将文明民族之平民的信仰同原始民族的信仰相提并论,则具有巨大的历史价值;在这样的情况下,人种学和民俗学则具有现代史的属性。所谓传统则复生,并成为这一活生生历史的成分。诚然,他持这样一种见解:人民的传统无法予以发展,因为其中所包含的观念十分原始。然而,他对它们的本性进行了何等缜密的研讨啊!弗雷泽将这些传统的种种变异置于其雷同和差异中加以探考。他之所以引起我们的关注,正是由于他那善于将这些材料纳入既定文化关联范畴的技巧,更是由于他那阐述诸如此类关联的诗人天才。在其论著中,弗雷泽不仅显示了他那较之前人更大的精确性,他有时似乎在炫耀其天才,以致学者成为诗人。

詹·乔·弗雷泽担负着人类历史学家的使命,却并不是始终如此胜任,而往往显示他那异乎寻常的、作为作家、艺术家、诗人的特质。他本人在晚年也认识到(他并因此受到尊敬):他并未创造人类历史,而无非是汇集了人类历史的诸般文献。"如果说我们没有错,我们所汇集的资料随着时光的推移将获得的意义和价值,任何时候不会为我们的理论所具有。据我们看来,如果说我们的论著将置于我们后代图书馆的书架上,这将是由于其中所描述的一切非同寻常的信仰和习俗,而不是由于我们为了对之进行阐释而创造的理论。"

而这样的论说,并非同詹·乔·弗雷泽的论著全然契合。他提出若干问题，以使人类警觉，同时有助于人类具有正确的认识，其原因在于：无论其内容如何，这些问题使人类具有目的性和责任感。他不仅给我们以启示，有助于我们对人种学以及民俗学进行研究，而且在其著作中将来自历史和精神领域诸范畴的文化史资料加以汇集。总的来说，弗雷泽对拉菲托、丰特奈尔、卢梭、赫尔德、格林兄弟和皮特雷有所增益。他的理论可以黯然失色和趋于湮灭，犹如其中某些以及他视之为基本者和主要者的理论之遭遇；然而，它们的作用并不会因此丧失殆尽；任何对其进行思考者，都会有所感受。正是由于这个缘故，这位辩护者稳操胜券。

第 24 章 我们中间的未开化者

1. 安·兰格与民俗学方法

　　《原始文化》和《金枝》,可视为英国人类学派的基石。这一学派极大地和果敢地扩展并加深为人种学和民俗学的建立所充实的文化概念,有着无可争议的功绩;同时,它对欧洲各国均有影响。必须补充说,威·曼哈特的著作,对它说来是一种新的推动。犹如弗雷泽曾运用泰勒的方法论(如果并非泰勒的问题综合法),并以曼哈特的新观念使之富有生气,三者则共同促进了热诚献身于这一学科的探考者们的事业;这一学科被他们称为"社会人类学",而实际上无非是种种历史探考的特殊范畴。

　　譬如,安德鲁·兰格便是如此。他的学术活动是在爱·伯·泰勒的影响下开始的,并与马·米勒针锋相对。兰格是一位精雕细镂的诗人,曾研究和翻译亚里士多德与荷马的著作,又是其故乡苏格兰的历史学家;他始而专注于神话研究。神话学及其所包容的范围,正是其学术论著借以繁生的"种子";通观其学术生涯,他将对古代古典文明的兴趣同对人种学和民俗学(民间创作)的兴趣结合起来。

　　安·兰格本人在其颇为引人注目的论著《民俗学方法》(收入《习俗与神话》,该书于1884年出版)中,对其要旨阐述如下:(1)对民俗(民间文化)进行探考,必须运用人类学方法;(2)民俗(民间文化)中,不仅包括信仰和习俗,而且包括传说和歌谣,因为无论是这些还是那些均可包括遗存;(3)民俗(民间文化)的研究,必须借助于人类学;(4)

同时,应运用人种学,对相类似者进行探考;(5)基于类比,可以判明:文明国家诸民族不仅同古代的古典文明或者印欧文明,而且同一切民族,因而同原始民族(即未开化者——人们有时如此相称)极为相似;(6)诸如此类相对应和相类似现象,并非务须以起源的共同性或交往来说明——信仰和习俗的相类似,乃是思维样态相类似所致。但是,这一状况并不能使民间文艺学家不再确信:这一或那一民族题材并非从外面纳入某一民族。

安·兰格主要关注神话,从而关注神幻故事(童话),并首先致力于对其人种学特质的阐释。他如同爱·伯·泰勒那样问道:是否存在这样一种思维?神话对它来说是真实的和自然的。他如同泰勒那样答道:是的,存在于未开化者那里。而他并不满足于此。在辑入《神话、仪典和宗教》(1887年版)的一篇论著中,兰格设定:现代的未开化者(我们已掌握有关的语文学资料和历史资料),根本不等同于原始人。况且,对他来说,人的原始状态究竟如何,完全无关紧要——就此而论,他颇似卢梭。他无非是致力于探考下列律则:现存种族的祖先,均肇始于同未开化者目前所处相类似的状态。他补充说,未开化者的现状,是任何社会所经历的阶段,或者是在一切社会均有所反映的社会状况。他进一步指出:显而易见,在未开化者那里可以寻得"钥匙",借以对神话加以阐释,并更加令人信服地驳斥马·米勒的神话理论。为了驳斥这一理论,他仰赖威·曼哈特;而为了建立其自身的理论,则仰赖泰勒,更确切地说,仰赖泰勒所修订的丰特奈尔之理论。实际上,对泰勒来说,神话和神幻故事(童话)无非是画框;对兰格说来,它们是画本身。兰格收集了种种线缕,使之富有生气,并用以织成密实的、同一的布帛。而如此编织的神话,不可自我阐释,更不是诉诸其根源,而是借助于对迄今犹存于未开化者那里的规制、法律、习俗的比较研究;凡此种种,其基础为既定的信仰。如今,对未开化者来说,神话无非是诸如此类信仰的投射。这便是为什么神话对他来说是一种可以设想的和理所当然的现象。因此,神话亦与确曾有之的社会事实相关联。

可以这样说,兰格在重复维柯的一句格言:产生于从无接触的民族中的同一观念,其基础为同一现实的成分。然而,这些同一的观念,对维柯来说,无非是我们精神那无所不包的意向——兰格代之以未开化者生活的同一性;维柯所谓的"原初理想境界",据兰格看来,无非是就时间顺序而言居于首位者,犹如奥·孔德、嗣后的爱·伯·泰勒和詹·乔·弗雷泽。

2. 故事、神话和习俗

安·兰格在总览全貌之后,便转入细节;对细节的探讨,亦不失为其对神话和神幻故事之研究的贡献。对他来说,爱·伯·泰勒堪称"起点";或者,更确切地说,泰勒的万物有灵论堪称"起点"。兰格接受所谓"精灵说",并仿效泰勒,而且借助于威·曼哈特,将此说扩及费厄(精灵)、女巫、能言的动物。兰格体会到童话世界的魅力。早自1888年以来,他开始发表圣诞节专集;每年以新的神幻故事和传说增补之。

众所周知,他是何等认真地翻译沙·佩罗和格林兄弟的童话。同时,这些童话中的主人公(在其辑入《习俗与神话》和《神话、仪典和宗教》的一些论文中,他曾将这些童话中人物纳入神幻生活),他使之在时间和空间上更为遥远,并取似在其萌生时即已具有的样态。

在这些"外科手术"中,他立足于原始人的世界,立足于他们的信仰、信念和期望。譬如,他曾对这样一种说法表示怀疑,即:普叙赫象征太阳升起便消逝的朝霞。这一主题以何等纷繁的形式呈现于不同地区,尽管其差异仅仅限于细节。这一题材在于:一位妻子,错在不该看到丈夫裸体;理应视之为众多原始民族(以及斯巴达人和古代马来人)一种"塔布"(禁忌)的反映,即严禁夫妻裸体相处。在神幻故事(童话)中,如同在神话中,通常不乏能言的物体。对我们来说,这是不可解释的,而且纯属幻想。具有万物有灵观念的未开化者,则笃信能言之物的存在。

在神幻故事（童话）中，人可变为动物，动物也可变为人。这同样纯属幻想。而对原始人来说，诸如此类变化则是图腾信仰之理所当然的结果。因此，理应得出这样的结论：神幻故事的基原（或者说，其共同之处），植根于古老的习俗和信仰；诸如此类习俗和信仰，对我们来说是不可思议的，而对原始人来说则是理所当然的。这就是说，对神幻故事进行研究，也必须考虑到所谓遗存之说。神幻故事，是一定的思维阶段所导致的结果，乃是其体现。然而，在游徙中，它失去使之具有灵性的意义。早在古希腊罗马文明时代，它就在很大程度上失去这种意义。在文明民族的平民中，它便完全失之。诚然（这一点尤为重要），未开化者的阿尔忒弥斯，在古希腊罗马时期仍然保留其属性。

当然，不可否认：在神幻故事中，如同在神话中，确实可以看到我们通过信仰的形式在未开化者那里寻得的题材和情节。诸如此类探寻，可因此而完全得到证实，但是，只有在这样的情况下，即：这种探寻是在一定的范围内进行，神幻故事的艺术范畴并未因此受损。而实际上，安·兰格在未开化者那里寻求神话、信仰等的起源时，便违反了其民俗学（民间文艺学）要义最重要的一点。在为乔·威·考克斯的《灰姑娘》所写的"前言"中，他断言：民间故事按其起源不同而分为：(1)起源于原始时期的神幻故事或神话；(2)现代文明民族的民间故事；(3)古希腊罗马文学中的英雄神话；(4)现代文学中来自某一古籍之说。由此可见，并非只有唯一渊源，而是诸渊源中居其一。兰格本人是文学家和诗人，绝不希图在任何程度上减少叙述神话的诗人和讲述神幻故事的故事家之个人贡献。他是初源的探考者，尽管同泰·本法伊、加·帕里斯和皮·莱纳稍有不同，他潜心于在信仰、神话或仪礼中探寻从野蛮人到文明人的演化。而他对神话和神幻故事的多源亦感兴趣，其探考的主要价值也在于此。他在民族志学领域所获得的结论，质言之，同约·贝迪耶在文学中所获得的结论毫无二致。贝迪耶预见到基于人类学理论对民间文学进行阐释的可能；这同样值得关注。

3. 原始信仰的探寻

　　这种可能性，无疑来自对释源事例的阐述。而安·兰格对这些事例的见解是否正确呢？

　　在其著作《神话、仪典和宗教》法文译本的"前言"中，著名的宗教史家莱·马里耶指出：这一论集"带有时间的印记，（即它撰写于何时），并带有兰格气质的印记。"他写道："作者编著此书，与其说是为了阐明仪典和神话在其起源和发展中所遵循的规律，毋宁说是为了证明他有充分依据认定纯属谬误的理论之站不住脚；他研究未开化者的信仰并非'自在'和'自为'，而是为了探考这一或那一传说与古代著名神话之间的相类似者。他对两系列的事例进行比较，与其说是为了使它们更加清晰易懂，毋宁说是为了否定不正确的阐释方法。"

　　这些见解中，确有部分无可争议的真理——尽管安·兰格正是致力于对神幻故事的起源以及演化进行阐释（虽然他的论证始终与激烈的、炽热的论战相浑融）。同时，还应揭示这样一种无可置疑的状况：未开化者的信仰，他均以其在旅行家的记述中或在人种学家思辨中的样态加以援用。

　　莱·马里耶的"前言"，写于1896年。未过多少年，安·兰格着手研究所谓"自在"和"自为"的未开化者的信仰。他的一些有关著作相继问世，诸如：《宗教的形成》、《法术与宗教》、《社会的起源》、《图腾的奥秘》。

　　在其早期著作中，安·兰格对关于世界和人之起源的雅利安神话进行了研究，力图揭示其渊源。种种神祇在其著作《神话、仪典和宗教》中占有大部分篇幅。提一下该书的一些章名，也就够了，诸如："关于世界和人之起源的希腊神话""希腊人的宇宙起源神话""关于未开化民族之神的神话""低级种族之神""关于美洲诸神的神话"，等等。而与此同时，他基于这样一种观念：宗教产生于万物有灵信仰。现在，特别是在《宗教的形成》一书中,他成为此说的激烈反对者。他曾公开反对马·米勒,间接反对泰·本法伊和埃·科斯坎;他的这一斗争的方式则大不相同。对他来说,爱·伯·泰勒仍是导师,《原始文化》依然是"福音书"。

然而,这部"福音书"中确有一些篇章,他断然予以毁弃。《原始文化》一书的灵魂,为万物有灵论。安·兰格清楚地了解这一理论的价值。但是,如何使民族志学家们越来越多的记述同这种理论相调和呢?据诸如此类记述,原始人亦有关于至高灵体的观念——泰勒则将这一观念视为传教士劝导的结果。

4. 神学范畴的人种学

正如安·兰格在其《宗教的形成》中所指出的,据万物有灵论,灵气的观念产生于诸如睡眠、梦境、死亡等现象。原始人将何者视为面临的至高灵体呢?是某种灵?抑或无非是某种存在?他发展了自己的思想,写道:

> 人只要有了这样的观念,即万物系某时为某人所造,便会想象:他没有创造和不能创造的一切,为他者所造。据他所想象,这一造物者为一伟大人物,然而纯属自然。嗣后,他的创造幻想并赋予有益之物的创造者以某些父辈所特有的道德属性——慈善、对子女们德行的关心……所有这一切,并无任何神秘主义的东西,也没有超越任何被称"人"的存在之思维能力的东西。

这样,据安·兰格看来,诸如此类观念中没有任何对神圣的体验(sensus numinis),没有任何神之启示。对此,拉·佩塔佐尼写道:"在那里,同神学之说的契合是毋庸置疑的,而且其程度正如所见到的那样。兰格新的论述之这一特点,首先为人们所关注;这同样影响他今后的境遇。应当指出:兰格本人极力对此加以强调和突出。他对自己的文学情致和浪漫主义品格有所让步,竟然将'福音书'的语言用于未开化者的信仰,援用圣保罗和教父,并将澳大利亚诸部落的戒律同'十诫'相比拟——据他们的信仰,这些戒律为至高灵体所颁布。"

诚然,安·兰格从未试图对宗教起源问题作出最后的回答。指出下列事实,也就够了(而且是在进化说居于主导地位之时),即:为了在原始人那里寻求宗教,没有必要创造新的宗教构想——犹如爱·伯·泰勒之所为。据他看来,这样一种论断也就足够了,即:在原始人中,对至高灵体的信仰,与万物有灵信仰同样古老。这样一来,法术先于宗教之说则遭到否定;而与此同时,他意欲在法术中发现一种力量,无论是泰勒,还是弗雷泽都不予承认——这正是超自然之力。

基于这些新的观点,他对自己原有的著作进行了大的修正。他赋予这些著作较为严整的形态,其论战部分有所缓和,并以较为翔实的人种学资料加以充实。1901年,他的《神话、仪典和宗教》一书再版;1904年,《仪礼与神话》一书再版。

然而,他对宗教的新态度,并未导致其一些原有观点的改变。譬如,他仍认为:神话故事和传说,产生于人类发展的既定阶段,流传于一切民族中,并主要保留于原始民族。在这一阶段,我们感到神奇的一切,作为真诚和深刻的信仰之结果而产生。

5. 哈特兰及其对故事性民间之作的研究

英国人类学派的另一代表人物埃·西·哈特兰,给予这一阶段以同样估价——他完全赞同安·兰格的观点。对他来说,民间文化的世界,同样是神话和童话(神幻故事)。犹如兰格,他同样认为:比较法是最有效的科学方法,其最重要的前提是对人种学以及与人种学相关的问题有详尽的了解。

诚然,埃·西·哈特兰早在1898年(尽管并无特别深入的研究)否弃了至高灵体的观念;1905～1908年,他承认:不可将万物有灵论视为无所不包之说,因为钦敬的情感在原始人中居于主导地位,法术和宗教是一事物的两个侧面。应当指出:他那部篇幅相当大的著作,并未纳入泰勒万物有灵论范畴,特别是弗雷泽所谓的法术说之范畴。

这些理论——万物有灵论和法术说,将埃·西·哈特兰导入神幻故事世界。《关于魔幻故事的学科》,为其1891年首次出版的一部著作的题名;在此书中,哈特兰力图为对民间故事的人种学态度奠定牢固的和特有的基础。在这部著作中,哈特兰不仅表现为卓越的语文学家,而且展示了他的广阔的视野(尽管一些论点尚有争议)。譬如,他断言:民间故事与传统紧密相关,而非与书面文学相关联。这成为他作出下列论断的契机(尽管这些论断并不完全正确),即:英国人类学派对文献进行研究时忽视移徙问题,亦未考虑幻想以及个体所带来的特点。然而,只是对英国人类学派的一个派别来说,此说是可取的,而并非对整个该学派。为了理解这一点,只须认真读一下哈特兰的著作。譬如,他完全承认阿加图查对西西里神幻故事的研究所作的贡献。他分析了各民族讲述故事的种种方式,并对与万物有灵信仰、法术和图腾崇拜的信仰相关联的题材和情节进行探考。据他看来,费厄成为主要人物形象。其著作的格调,颇似兰格和弗雷泽;在此书中,他既描述了馈赠礼物的费厄,也描述了窃走或偷换儿童的一些费厄。费厄有善恶之分。他们产生于万物有灵信仰,法术构成他们的生活。这反映了我们祖先最古老的习俗和信仰以及我们的世界——并非现实的,而是幻想的世界。

6. 民间故事的传统性

为了对民间文学的总览有所增益,埃·西·哈特兰又完成了两部著作:《佩尔修斯的传说》(共3卷,1894～1896年版)和《原始社会的父权制》(1909年版)——此书对"与家庭史相关联的异生神话"有所介绍。

在这些著作中,埃·西·哈特兰不仅显示了他在人种学和民俗学(民间文化学)领域的,而且显示了他在古典语文学领域的学识。他的对比,在此具有更大的说服力;他对其所探讨的材料极为审慎。在《佩尔修斯的传说》一书的"前言"中,他写道:

> 在这一著作中,我试图以学术观点对神话进行探讨(这就是说:基于人类学派的原则)。前三章的内容为:古希腊罗马的诗人和历史学家对神话如何阐释,神话在现代民间文化中的状貌如何。该书以下诸章则探讨异生的种种类似事例,以及它们如何反映于全世界的故事和习俗。继而,则是探讨与安德罗墨达的获救以及戈尔贡之头的寻求相关的情节。在剖析种种情节并尽一切可能阐明它们的基原、与未开化者的世界观相关联的信仰和习俗之后,我又转入整个神话的阐述,并将这种神话视为人为的产物,试图探考其原初形态、产生的地点和在东方传布的途径。

同样的方法(在《金枝》中亦然),埃·西·哈特兰在其著作的第2卷中同样予以坚持。他对种种理论的产生以及体现作了广泛的阐述。就此而论,他同样遵循詹·乔·弗雷泽的道路。后来,在《原始社会的父权制》一书中,他将其探考复杂化;他一方面对关于异生的传说,另一方面对与妊娠相关联的原始人法术仪礼进行探考。有关图景愈益广阔;家庭、父权制、后裔的问题,犹如在原始世界那样复杂地呈现在面前。他在两卷中对婚礼和种种婚约方式的详尽探考,引起特殊的关注。早在1891年,这一范畴便为爱·韦斯特玛克在其《人类婚姻史》中,继而,为艾·克劳利(诚然,为了其他目的)在其《神秘的玫瑰花》(Mystie Rose, 1902年版)中论及。其中之一为芬兰人,被视为英国人类学派的追随者,后将与上述社会体制相关联的一切道德构想均导致情感状态。他所著《道德概念之起源和发展》(1906～1908年版)的主要内容,便在于此。书中汇集了极为丰富的材料,经过缜密整理,因而极为有益;而且又为心理说所充溢,并超过英国人类学派所允许的限度。克劳利则不同;他曾表述这样一种见解:对原始民族来说,万物有灵信仰作为其观念,则过于繁复。

对原始民族婚姻仪式以及种种婚姻形态(与塔布相应)之探考,有助于阐明所谓民间法的一个极为典型的范畴;巴·博吉希奇,特别是西班牙人戈·科斯塔,对民间法有很好的研究。然而,对埃·西·哈特兰来说,婚姻仪式和婚姻习俗与众多种族题材相关联;诸如此类种族题材,则产生同样数目的文学题材。由此可见,神话和神幻故事将他及其先行者带入原始人的世界。看来,可以说,他承认讲述者的作用,最终却忘记神话或神幻故事的真正艺术性;须知,如果像对待文人之作那样,则势必将其创作者的精神视为其唯一源头。他的探索仅囿于题材,他将它们视为仪礼、习俗等的反映,则使兰格和弗雷泽的论据更加有说服力。

诚然,他有一定的教条习气。然而,民间文学形成的情景,他描绘得十分清晰鲜明。他的同事J.A.麦卡洛克在其光辉著作《虚构之幼年》(1905年版)中的观点,与他相近似;麦卡洛克将全部可与原始习俗和信仰相关联的故事分为15类(依据题材,诸如:离躯体之灵魂,以幼子献祭)。

7. 艾丽斯·戈姆与儿童游戏

英国人类学家们对童话,即成年人亦步入其中的儿童世界进行了研究,并得出结论:人主要是讲述他亲眼见到的。据他们看来,儿童游戏以及与这些游戏相伴的歌谣,亦然;在游戏中,讲述者同时又是其中的人物。在儿童游戏中,我们看到生活在曙光期之人。因此,似乎游戏将我们带至原始社会,而歌谣则将其信仰和观念传予我们。儿童游戏的种族性,爱·伯·泰勒在《原始文化》一书中予以关注;1879年,他在《双周评论》发表了一篇颇为充实的文章《游戏的历史沿革》,对游戏的本质作了尤为详尽的阐述。安·兰格和埃·西·哈特兰为其后继者。其后继者尚有人在。1869年,路易·贝克·德·福基埃尔在其《古代民族的游戏》中论证:迄今犹存于民俗中的许多儿童游戏(克劳狄乌斯、阿·特·阿尔维德松等曾予以描述),源于古典古代。数年后,即1889年,另一法国人爱德华·富尼埃完成了《玩具与儿童游戏的历史》,并确信:没有关于儿童游戏和玩具的一章,则无法完成文化通史。

艾丽斯·戈姆的功绩亦在于:她试图补足这样一章,而且犹如一位精明的语文学家,缜密搜集材料,并以英国人类学派的方法使之获得生机。她的《英国儿童的传统游戏》(1894～1897年版)一书,首先是材料的汇集。其特点在于:分类合理,叙述明晰,异说纷呈,儿童歌谣和儿歌之音乐伴奏改编得当。唯一可能指责作者的(犹如朱·皮特雷)是:她将注意力只是集中于不列颠诸岛。这有碍于她达到其预期的目的:揭示游戏之由来、亲缘、类比、内在意义。因此,正如皮特雷所指出的,她对这一或那一游戏、故事、谜语的见解,不能视为最终的,因为它是依据两三个民族的调查材料。然而,戈姆力图首先提供所谓"全景",各个景观则可赖以展示。然而,阐明游戏的人种学起源,则尤为重要。

正如我们所见,儿童游戏再现生活的戏剧,犹如它呈现于古希腊罗马古典文明民族,特别是原始民族。游戏亦产生于崇拜,并反映一定的习俗,使人们忆起婚姻、死亡等之奥秘。试看,一个天真的儿童在玩陀螺。莎士比亚评论家乔治·斯蒂文斯断言:"这种玩具的体积曾经相当大,乡下人天冷时往往转陀螺取暖;不仅如此,闲暇无事时则可以此为乐,免得酗酒。"这样一来,陀螺成为有益于社会之物。而对艾·戈姆说来,似乎出现一个问题:转陀螺是不是宗教的或法术的仪礼之再现?据她看来,"以手掌旋转的陀螺,乃是一切较为繁杂的陀螺之原型"。正因为如此,"一般的陀螺迄今用于赌博,如用作赌博之转盘;颇有可能,陀螺往昔曾用作占卜者和巫师之工具,犹如其他许多玩具"。实际上,一种假设并不能排除另一种。

我们再以农村儿童玩具"手磨"为例。所谓"手磨"游戏,即:参与者站一圈,点燃火柴,在大家手上传递,火柴在谁手中熄灭,谁就要出一"方特"(一种游戏,或游戏中应交出之物或应完成之事)。据爱·伯·泰勒看来,这种儿童游戏中反映了"摩尼教的野蛮习俗;据说,他们喜以传递儿童为乐,即:人们站一圈,以手传递儿童,直至幼小的生命在其中一异教徒的手上完全窒息"。戈姆并援引这样一种古老习俗,即:"将燃烧的十字架送往另一克兰,以示宣战;而且在传送中,任何人都极力使其不在自己村中或自己家中熄灭"。她又补充说,这一游戏以及其他游戏中的"方特",似乎"令人忆起一些古老的仪俗,任何违迕者均遭严惩"。

古老习俗与现代游戏之间的诸如此类对比,在其他国家的学者中同样引起浓厚的兴趣。例如,弗·马·伯默的《德国儿童歌谣和游戏》,于1897年问世;该书中论证了人类学派的观点,——尽管伯默在此书及其另一部著作《德国舞蹈史》中力图将一切导源于古日耳曼人。瑞典学者伊·希尔恩的著作,应视为更有说服力和更为充实之作。他在其优秀著作《儿童游戏》(出版于1916年,曾译为意大利文)中,对艾·戈姆所开始的探考有所补益,其若干章节论述歌谣、舞蹈和戏剧游戏。伊·希尔恩较艾·戈姆治学尤为严谨,而且更有学识;他的广征博引即可资佐证。至于一定的游戏来源于古老崇拜形态,希尔恩的论证则极为精到。然而,他只是在一定程度上追随英国人类学派;譬如,在述及游戏的教育作用时,即依据该学派之说。希尔恩并未贬抑孤儿院和幼儿园的教育性游戏之作用,却不无惋惜地指出:为了新的游戏,将旧有的遗忘。须知,这些游戏中,正如艾·戈姆所指出,呈现了人类本性中最素朴者。在这些古老的游戏中,儿童再现了留存于我们中间的一切原始者。为了予以证实,艾·戈姆于1894年出版了两部极有价值的集本《儿童的歌唱游戏》。数年后,伊·哈伍德从《传统游戏》一书中选编《英国古老的伴以歌唱之游戏》,以供对北方国家儿童进行培育。

8. 劳伦斯·戈姆——民俗学理论家

艾·戈姆的《英国儿童的传统游戏》,应成为拟议中的英国民俗词典的前两卷;她的丈夫劳伦斯·戈姆拟以这部词典作为他这位英国民俗研究的组织者之活动的终结。然而,应给以公正的评价:他不仅是一位组织者。作为英国人类学派的热诚拥护者,他从1878年起便是(可以说)"民俗协会"的灵魂;该协会以爱·伯·泰勒、詹·乔·弗雷泽、安·兰格、埃·西·哈特兰为首,团结了该时期在英国从事民俗研究的学者(其中一些学者,如爱·克洛德、艾·纳特、W. R. 罗尔斯顿,无非是普及者)。该协会的机关刊物,始而为《民俗丛刊》;始于1883年,为《民俗杂志》;始于1890年至今,为《民俗》。协会编有指南性读物,劳·戈姆于1887年予以出版,题名《民俗手册》;以此为基础,夏·伯恩数年后编成另一同名指南性读物。

总的说来,劳·戈姆和夏·伯恩乃是追随英国第一位民俗学理论家威廉·汤姆斯;1847年,他在格林兄弟《神话学》第2版的影响下首创"弗克洛尔"(folklore)这一术语,用以表示与传统相关联的欧洲农民的文化。然而,劳·戈姆和夏·伯恩(犹如《民俗》杂志的纲领),将这一文化同原始人的世界联系起来。劳·戈姆对此作了如下表述:"民俗学(弗克洛尔),是研究遗存、信仰以及迄今犹存的古老习俗之学科。"这一表述中,英国人类学派的局限性暴露无遗。据这一表述,形成于近代的信仰以及直接产生于现代农民精神的歌谣和故事,显然不能纳入其中。由此得出这样的结论:我们对这一或那一习俗进行探考,须判明它是不是遗存;如果确属遗存,则纳入民俗。否则,这种民间习俗则不属民俗之列?而劳·戈姆并未提出这样的问题,他所关注的只是现今中的往昔。他的这一方法,不仅运用于他那部文笔生动的巨著《民俗中的人种学》(1892年版),而且运用于尤为著名之作《作为历史科学的民俗学》(1908年版)。

在后一部著作(确属极为著名之作)中,劳·戈姆只给自己提出一个目标,即论证:民俗学是"历史科学的一个部门"。他断言:遵循从伏尔泰到皮特雷的众多学者的道路,"历史学有许多与民俗学相毗连之点"。诚然,劳·戈姆并没有从他的这一前提作出一切结论,他对待历史则持实证论的立场。然而,他的这一著作仍然不失为一种征兆,即民俗学是历史科学。当然,这并不意味着民俗学是历史学,而是说应以历史学方法从事民俗学研究。

第25章 民间文化永存

1. 英国及其来自古典语文学家的人种学家

为了介绍英国人类学派的全貌，必须提及在古希腊罗马这一特殊的领域从事研究的学者。他们的功绩在于运用人种学和民间文化学（民俗学）之成就；这些成就，与英国的泰勒、弗雷泽、兰格、哈特兰和戈姆、德国的曼哈特、罗德、乌森纳、迪特里希之名字相关联。

1903年，简·哈里森这位十分有为和出色的学者，在其《希腊宗教研究绪论》中指出：

> 希腊宗教，正如在教科书以及某些希图具有显著学术价值的论著中所表述的，主要与神话相关联；而神话又呈现为它在文学中的样态……
>
> 对希腊仪式的分析，没有进行任何认真的尝试。而这并没有什么困难；这些仪式很少变易，其意义也十分显著。人们在向其神祇吁求时所作的，一向留下一定的和明显的印记；循之而行，似为了解人们所思之最可靠的道路。对希腊宗教之科学认识的首要前提，应当是认真探考其仪礼。

在《绪论》以及其他著作《忒弥斯》（1912年版）和《古老的艺术和仪典》（1913年版）中，哈里森给自己提出这样的目标。刘·理·法内尔在其著作《希腊诸城邦的崇拜》（1896～1909年版）中，阿·伯·库克在其著作《宙斯》(1914～1919年版)中,均追求同样目的。两位学者对待希腊的崇拜和仪礼,犹如对待为一定的文明所制约的具体事实。两者矢志于借助比较方法对崇拜和仪礼进行阐释;这种方法,他们不仅用于人种学,而且用于民间文化学(民俗学)。

另一著作的状况,同样如此。这部著作篇幅虽小于前者,其价值却超越前者——这便是威·里奇韦的《悲剧之起源》(1910年版);数年后,该书长篇附录单独出版,题名《非欧洲种族的戏剧和戏剧舞蹈》。埃·罗德和阿·迪特里希,置亚里士多德的见解于不顾,提出希腊悲剧产生于神秘仪式的论点。威·里奇韦走得更远。他将悲剧的起源同纪念英雄人物(死后被神圣化的著名人士)之古希腊罗马戏剧性舞蹈联系起来。为了使其论点更加站得住脚,他一方面援引原始民族的此类舞蹈,另一方面又援用法国和帖萨利亚现今的狂欢节遗存。正是从对故去和神圣化的英雄人物的赞颂中,悲剧得以萌生;后来,悲剧又纳入狄奥尼索斯崇拜。里奇韦的理论,可在下列表述中被阐明,即:狄奥尼索斯崇拜是悲剧的渊源,但是并非唯一的渊源。毫无疑问,他的理论,正如另一著名之作《酒神颂、悲剧和喜剧》(1927年版)的作者阿·皮卡德－坎布里奇所承认的,成为古典语文学的里程碑;所谓古典语文学,不仅再度运用人种学的成就,而且运用民间文化学(特别是现代希腊的民间文化)之成就。

法国学者萨洛蒙·雷纳克,亦属这一派别。然而,当上述人种学家和语文学家非常成功和谨慎地运用有关图腾和塔布的假说之时,他仍然停留在比较方法的范畴内,在各个地区,甚至在并无图腾和塔布之处,探寻图腾和塔布。此外,还应加以补充:当人种学家和语文学家并非关注往昔本身,他们关注往昔主要是为了用于现今,萨·雷纳克将往昔再造为某种可怕的和停滞的阴影。

2. 萨·雷纳克与宗教

作为非常有作为的、活跃的著作家,萨·雷纳克从1903年起开始在《考古杂志》发表一系列论著,论证图腾崇拜、塔布和法术为一切宗教所固有的现象。他的这些论著,后来(1905~1920年)编为6卷陆续出版,题名《崇拜、神话与宗教》。安·兰格的《神话、仪典和宗教》及题为《奥尔甫斯》的补卷,亦以"崇拜、神话与宗教"为题名出版法译本。诸卷种种材料中,最卓越的篇章涉及伟大的民俗学家爱·伯·泰勒、威·曼哈特、詹·乔·弗雷泽、安·兰格。萨·雷纳克对他们十分敬佩,真诚地予以赞颂,并给他们的学术生涯以公正的评价。然而,他的目的与他所极力赞颂的先行者们相悖;这便是(用弗雷泽的话来说),嘲弄一切宗教,轻蔑一切崇拜和传统(而置它们在一定的历史时代所具有的意义于不顾——而这一点,他不得不仍然予以承认)。雷纳克确信:人类的全部历史,是人类逐渐从宗教思维中解脱的历史;他断言这一渐进的过程日近终结,从而宣告宗教为他所揭露之喜讯。他在《奥尔甫斯》中写道:"我第一次对被视为自然现象的宗教作总的阐述,深感自己所担负的责任。我之所以这样做,是因为确信:已是时过境迁,而且在这一领域,犹如在其他领域,世俗宗教应争得其权利。"

由此可见,萨·雷纳克意欲像历史学家那样对宗教进行探考。然而,历史学家是否能像对待自然现象那样对待宗教呢?另一方面,雷纳克将宗教表述为阻碍我们能力自由显示的一切疑惑之总和。对此,他补充道:

> 我试图论证:万物有灵信仰(一方面)以及塔布(另一方面),可视为宗教和神话的基原成分。它们是基原的,但并非绝无仅有的成分;另有其他成分,并非亘古有之,但同样有其作用。原始人的社会本能,犹如儿童的本能,并非处于其氏族的范围内,而是活动于同其相关联的整个有机界。万物有灵信仰的幻觉,将他导至这样一种境地:处处皆有与他本身相似之灵显现在他面前;他与诸灵有所联系,相互交好,并使他们成为自己的盟友。人类之灵的这一共同趋向,同样呈现于拜物教。至于拜物教,在沙·德·

布罗斯之后不可再视之为对物体的崇拜,而应视之为人与灵之友善关联——据他所述,这些灵栖身于物体之内。童年时期,我还没有关于拜物教的概念,我曾有一个浅灰色的贝壳,觉得它是真正的物神,其原因在于:据我的想象,贝壳中有保护精灵……原始人随意将其交往(真实的或设想的)范围几乎扩展至无限,理所当然,他将一些动物和一些植物也纳入这一范围……不久,便令人感到,同样的禁忌是人们和图腾摆脱偶然事件和强力之保障——这似乎亦证明两者有着共同的渊源。

这样,他力图使布罗斯与泰勒相调和,同时又使泰勒与弗雷泽相联结。然而,这种联结纯属有名无实;譬如,弗雷泽将法术与宗教严格区分,将塔布视为法术的一特殊范畴。而雷纳克则依然从下列前提出发,即:塔布是未论证的禁忌。然而,阿·卢瓦齐则持异议:难道塔布不是与法术相对立者吗?那么,有什么理由将法术视为亚于塔布的现象?

实际上,法术和塔布,犹如万物有灵信仰,不足以作为种种宗教之阐释;而种种宗教,则是雷纳克所致力探索的领域。这些现象,如果不视之为无所不包的,则不足以说明迷信——遗存的构想。诚然,在那部《奥尔甫斯》中,雷纳克断言:"虽然塔布和图腾的理论可说明宗教和神话(古代的以及现代的)中的众多现象,但是不可设想它们可以说明一切。"

倘若在此以后阅读《崇拜、神话与宗教》,则可看出:他认为图腾和塔布无所不在。在法国,英国人类学派的理论,广泛运用于亨·盖多兹和洛·贝朗热-费罗的著作。在其《迷信与遗存》(1895年出版于巴黎)第1卷中,他对遗存作了如下表述:"纳入人类知识圈的习惯、观念、程式,经历着不间断的、无休止的变易,而且不会完全消失。"

对与思维相关联者,雷纳克则持截然相反的立场。对所谓变易,他甚至予以关注。当然,在文明的怀抱中,亦有陈规陋俗,并随着其演化逐渐消失。然而,亦不乏种种习俗,它们是永恒的青春和无所不包的诗歌之源。这也令人赏心悦目。理性主义者对此同样予以承认;雷纳克通常与他们相接近——尽管他对此并未有所见,也没有给以应有的估价(他仍然力图成为伏尔泰,而他并没有任何根据)。雷纳克将他视为传统的一切混为一谈。为了人类,他将一切"牺牲",甚至将民间传统也"牺牲"——实际上,他将民间传统视为无用的废物。

正如约·贝迪耶摈弃了民间文学,并声称他对民间文学一无所知;萨·雷纳克也力图将民间传统一笔勾销,但他却声称他对民间传统有非常清楚的了解。而他是否超出了英国人类学派所提出的任务的范围呢?他给遗存以估价的尝试是否基于这一学派的原则呢?

3. 萨·雷纳克与英国人类学派

当然,萨·雷纳克无疑接受了爱·伯·泰勒所提出的遗存说,但有所保留:他实则对这位伟大的英国人类学家称之为"复兴"者并未给予任何注意。在神话学领域,他所追随的主要是詹·乔·弗雷泽、安·兰格及埃·西·哈特兰。然而,他与他们又有所不同,他不是争论,而是道出至理名言。譬如,在《奥尔甫斯》中,他斩钉截铁地说:

> 动物崇拜,犹如树木和植物的崇拜,以遗存形态见诸一切古老社会:它为所谓变形传说奠定了基础。当希腊人告诉我们:尤皮特-宙斯化为鹰或天鹅,这是反其道而行之的神话。当希腊人之神人格化后,鹰神和天鹅神让位于宙斯,而神圣动物则成为其表征或相伴者。神有时亦以动物为形;这种变化意味着复返原始状态。譬如,尤皮特(宙斯)化为天鹅向勒达求爱的神话说明:邈远的古代,某一希腊部落奉神圣的天鹅为神,并笃信该天鹅乃是自天界降凡。天鹅后来的地位为尤皮特(人形神)所据有;而传说并未被遗忘,逐渐演化:尤皮特(宙斯)化为天鹅,与勒达生海伦、

卡斯托尔和波卢克斯。

在辑入其《崇拜》一书的文章中,萨·雷纳克持什么立场呢?在此书中,他不仅在关于奥尔甫斯、阿克泰翁、希波吕托斯、玛尔叙阿斯、法埃同和阿多尼斯的传说中,而且,譬如说,在阿多尼斯崇拜中,揭示了图腾崇拜的残余。诚然,诸如此类相似者,亦可见于英国人类学派的著述。雷纳克的错误在于:他将遗存视为无变易可能者,从而认为遗存无任何生命力。从这一前提出发,他试图不仅探考了希腊人和罗马人,而且探考了闪米特人、希伯来人、克尔特人,最终还探考了基督教——据他看来,基督教产生于图腾崇拜和塔布的总和;凡此种种,他视之为基督教圣事和仪礼(诸如圣餐、洗礼、圣水式)之来源。

然而,历史学家是否应给自己提出这样的任务呢?须知,问题全然不在于:揭示所探考的宗教中是否保留有图腾崇拜的和法术的成分。更应致力于阐明图腾崇拜成分或法术成分与总的宇宙构想之间的关联。应当揭示:这些成分是否以宇宙说中的第二位职能(即非图腾崇拜的,亦非法术的)保存于具体的宗教中。雷纳克并未涉及这些问题,而这些问题在一定程度上曾使英国人类学家颇费神思。

至于民间传统的命运,也并不稍好;他将民间传统仅仅视为图腾崇拜、法术、塔布(就此而论,他与劳·戈姆相近似)。萨·雷纳克并未进行对比,亦未看到与这些现象相关联的问题,而且在极小的程度上探考它们得以长久留存之原因。因此,探索"与民间传统的恒久性相关联之因",并非无益。这种关联,即使它们只是表现于民族志学的对比,也引起英国人类学派的双重关注:对我们之中的原始者以及世界各地的人类。这种关注,在雷纳克那里则无迹可寻。他并不意欲了解:我们之中的原始者,为何依然是理想的质料,而且永远具有生命力。

可以看出,如果雷纳克所致力的犹如英国人类学派,即试图认识原始思维,其认识又同它在臻于真理(他所认识的真理)的坚持不渝的探索中所呈现给我们的样态相吻合,他便会在图腾崇拜和塔布中发现内在律则和深刻意义。然而,思辨的构想对雷纳克来说是格格不入的;而这种构想是认识原始民族的思维并将其与西方文明民族的思维相联系的唯一契机。他沉醉于事实的堆砌以及奇闻轶事之搜集。其著作所附的大量书目,颇具迷惑性。千真万确,英国人类学派不会有比他更差的学生。

4. 该学派最后一位经典著作家
　　——马雷特

英国人类学派最天才的代表之一罗·拉·马雷特,向我们证实了这一点;他一方面直言不讳地斥责萨·雷纳克的"空中楼阁",另一方面在逻辑上使这样一个派别得以形成——它摆脱了自然主义的羁绊,而力图臻于卓有成效的历史主义。

从他为纪念安德鲁·兰格而发表的文章那激动的字里行间可以看出:《仪礼与神话》一书使罗·拉·马雷特产生极大的兴趣。该书包括爱·伯·泰勒所创建的人类学派的纲领。泰勒也成为马雷特的精神指导者。兰格的论战精神,他的奔放的气势,他对人种学和民俗学的态度(视之为戏剧的诸幕,他自己亦参与之),他那似乎可成为古代风物之同时代者的本领——兰格的这一切,使马雷特为之倾慕。

他的这种最初的倾慕,使他走上人种学以及民俗学的道路。始而,他的兴趣主要是涉及人种学问题。他着手从事民俗研究之时,不成熟时期业已成为过去。对哲学家(古代的、近代的以及现代的)的研究,使他获益匪浅。通观他的论著,一个古典语文学者的信念、博学多识、追求真理的精神(用他的话来说,他将这种精神奉献给人文科学的研究),跃然纸上。

罗·拉·马雷特不同于其先行者,他没有什么鸿篇巨著。他只完成一部著作,即《人类学》。他的其他著作则是一些论文。通观其著述，他更接近于安·兰格；一般说来，与托马斯·布朗所从出的英国传统相关联。对人种学说来，1909年出版的一部著作颇有价值；马雷特下列三篇极为著名的论文亦收入该书，即：《前万物有灵信仰的宗教》，始而发表于1900年《民俗》杂志；《从咒语到祈祷》，始而发表于1904年《民俗》杂志；《可否将塔布视为否定的法术？》，曾发表于纪念爱·伯·泰勒诞生75周年论文集《人类学概论》。那部极有价值的论著《心理学与民俗学》中，辑入他写于1914年的一篇文章，即《遗存阐释》；该文赋予此书以特殊的价值。另有一些论文集，则既涉及民俗学，又涉及人种学。他的下列论文，同样如此，诸如：《原始宗教中的信仰、期望和仁爱》（1932年版）、《平民百姓的圣事》（1933年版）、《人类进化中的头脑、心脏和手臂》（1935年版）。

在这些论著中，罗·拉·马雷特并未坚持社会人类学（传统的）之说；据此说，人的全部历史为进化观念所充溢（显然，它的发展并非通过进化，而是犹如整个生活，每一时刻均有低落和飞跃）。他确信：人类学，"是这样一种学科，它颇似历史学，而不同于哲学，尽管亦不得不服从其要求"。这是向前迈进了一大步，其原因在于：黑格尔曾断言，历史与哲学是一个整体，而马雷特则处于其影响下，并未将哲学与人的进化发展混淆起来。马雷特同其先行者们的区别在于：对他来说，进化论无非是工作假设。同时，还应当补充：对他来说，历史是种种表述并陈的学科。他认为：宗教史、人种学和民俗学，只能追求一个目的，即探索真。最后，他宣称：人类学者应当是历史学者。然而，他所理解的"人类学者"一语可导入谬误。在对历史学与科学的相互关系进行探讨时，马雷特将一切问题混淆起来，"科学"一语的含糊不清，使他误入歧途。"是科学对历史学进行论证，抑或反其道而行之？"提出这样的问题时，人们却忘记：科学可成为历史学的基础，并因而可成为人种学的基础——只是在"科学"意指哲学的情况下。马雷特同样忘记这一点。只要他所钟爱的宗教史成为其探考的对象，这一点便昭然若揭。

5．前万物有灵论构想

罗·拉·马雷特的名字,与前万物有灵的理论是分不开的;据这一理论,原始思维具有这样一种状态,即:从心理上来说先于万物有灵信仰,呈现为"奥秘之力的感觉或观念,这种奥秘之力尚不是精灵,却颇似某种不确定的意志和个体,与氏族的名字等相关联"。这显然是爱·伯·泰勒、詹·乔·弗雷泽、安·兰格对原始思维的观点之再现。马雷特同样对此一现象先于彼一现象的问题给予关注。犹如泰勒(以及沙·德·布罗斯、奥·孔德、赫·斯宾塞),他试图对宗教作出最概括的定义。

因此,他在没有否认万物有灵论的生命力的情况下,将玛纳与塔布联系起来,而且并未以否定法术的机械之说对塔布作出阐释,而是从与玛纳的关联中导出塔布。这就是说,法术并不被视为某种虚幻的,并不被视为纯观念简单联想之结果,而被视为具有信仰和行为意志的精灵之创造。其矛头指向詹·乔·弗雷泽。而在这一论战中,罗·拉·马雷特并不是孤立的。埃·迪尔凯姆所创立的法国人类学派,站在他的一边;这一学派,一方面反对爱·伯·泰勒的万物有灵论,另一方面则反对詹·乔·弗雷泽的一种论点(弗雷泽在其论著中逐渐背离之),即似乎原始思维只是建立在虚幻的联想之上。

埃·迪尔凯姆在1892年出版了《社会学年鉴》;1912年出版了鸿篇巨著《宗教生活的基原形态》——在这一著作中,他以大量民族志资料表述了其宗教起源说。他认为,宗教在其形成中与图腾崇拜相融合。老实说,这一构想并非从未有之。图腾崇拜、宗教、法术之混合体,亦非从未有之;这一前万物有灵信仰,据罗·拉·马雷特之说,乃是宗教与法术之结合。而迪尔凯姆则借助于此说,对人类历史的始初阶段进行阐释。

无论是马雷特,还是迪尔凯姆,都毫不动摇地将法术与宗教置于同一精神范畴进行探考,而置往昔的和未来的状况于不顾,并得出这样的结论:任何人类规制,都不能建立在虚妄之上。这不是对弗雷泽的第二个打击吗?据弗雷泽看来,虚妄蕴涵着真之成分。

然而,在提出宗教起源的问题时,无论是马雷特,还是迪尔凯姆,都不得不着手对所谓先导地位的问题进行探考;而在对法术与宗教的关系或者宗教与法术的关系进行释析时,他们则将这一问题置诸脑后。正因为如此,他们的探考终结于抽象的分类,而非思辨的历史(如他们所期望的那样)。宗教的本质,为他们所忽略。黑格尔即已指出:谁在探索最普遍的真理时诉诸人类的往昔,则以脱离人类世界而告终。马雷特和迪尔凯姆有一个共同的缺点:他们在自己的心理学的(第一性的)和社会学的(第二性的)探考中,立足于历史的一定阶段。迪尔凯姆被他的社会学导入迷途;据其社会学、心理学可带来的任何贡献均遭否定。反之,马雷特则从心理学出发,倾向于将心理学与哲学相混淆。如果确实从心理学(而非哲学和历史学)出发,宗教的问题则呈现为他从反历史主义观点所提出的样态,那么,正是心理学,对他来说,成为有助于理解遗存说之因素。

6. 面临历史裁决的遗存

对英国人类学派来说,这是真正卓有成效的工作设想。然而,不应忘记:爱·伯·泰勒将他称为"复兴者"的与遗存相比拟,力图以此揭示民俗(民间文化)那永不湮灭的本质。然而,他以及他的追随者们时常忘记:何谓现代的遗存。他们自然并不否认民俗中存在众多遗存;所谓遗存,实际上是残余,或者,如果借助于语言学术语,是"detriti",即已消失的或者无论如何远离我们的世界之残余。然而,如果遗存是已消失的世界之遗物,难道它们不能同样留存于现今吗?这是不是意味着:现代人的幻想、宗教和道德,并非他们自己的,而是他们祖先的幻想、宗教、道德。

正是这一构想,罗·拉·马雷特同样试图予以维护。如果说他的声音并未宣示社会人类学中什么崭新的东西,那么,它无论如何也留下深刻印象。须知,英国人类学家曾从事已湮没之古物的发掘;而在其发掘过程中,则发现极有生命力的事物。对此,还应加以补充:早在1900年,法国社会学派的两位权威代表人物——亨·于贝尔和马·毛斯,在他们的《法术和宗教中时间意象总览》中提出这样的论点:民俗(民间文化)中既有注定湮没的传统,也有(借用他的表述)不断恢复青春者。这同样使民俗(民间文化)永生,犹如生活;而民俗(民间文化)则是生活之永恒的和共同的体现。

法国社会学家们,主要从事人种学的探考,无保留地认为:民俗学是民族志学的,或者更确切地说,是人种学之附属者。马雷特也首先反对这样的观点。在其著作《心理学与民俗学》中,他写道:

> 当我们在现代文献中发现古老的片断;据我们看来,它们异在于我们的文明世界,我们试图接近于其渊源;人们将较为遥远的往昔视为这种渊源。这种所谓往昔,我们通过与当代最落后民族的类比予以构拟;在这些民族中,诸如此类习俗和信仰,依然留存。然而,如果民俗(民间文化)囿于此,它便可被视为民族志学的附属者;而实际上,并非如此,因为民俗学有助于对民族志学的探考,犹如民族志学有助于民俗学的探考。

这一思想,曼哈特曾予以表述,弗雷泽并加以考虑。但是,这一思想并非应视为一种论据;据此,民俗学不可视为民族志学的附属者,或者更恰切地说,不可视为人种学的附属者。民俗学家选择具体的民俗事例作为其探考的对象,亦即接受其裁决。这便是他的出发点。换言之,这意味着:他从对现代的关注出发;这种关注又激励他将往昔的事例视为现今者进行探考。人种学的任务与之相等同,即使他从人种学事例出发(诸如此类事例嗣后则在意识中作为其组成部分而复生)。

在这种情况下,能不能将民俗学和人种学一并视为历史学的附属者呢?显然,不能;历史学可称为全部精神生活的镜子,它并无附属者,而它却是由活生生的部分组成;这些部分在其活动中前后交替、相互补充。民俗学只是研究这种生活的一部分。因此,民俗学者必须研究习俗、信仰和迷信,首先关注它们留存于其中的近代生活。

据马雷特看来,民俗学者的任务并不在于:只考察他的先行者们所致力的古老者(正如劳·戈姆和亨·伯恩所要求的),而在于将古老者与现今者结合起来。民俗学应给自己提出的任务并不在于:探考作为往昔的成分之遗存本身(因为往昔亦时刻呈现于现时中,今天在流逝,并成为昨天),而在于考察遗存留存于何处与何时。对此,还应当补充:历史的任一裁决,都不能建立在等同的原则上。其原因在于:领悟事例的意识,是在现代条件下感受所谓遗存,而现代条件则有助于任一遗存之复兴。诚然,任何事实的先例,可寻之于曾经历它的古人之意识。然而,为了继续留存,这一事实应适应新的现实,在使之复兴者的意识中获得新生。

同时,还应指出:在民俗(民间文化)中,一切消亡者以其他形态复生,以期嗣后完成其周期,产生新的形态。不仅如此,信仰(遗存)失去其原初的意义,并获得新的意义,——没有这种新的意义,它已无法留存。况且,不应沉湎于幻想,特别是就劳·戈姆而言;他认为:人根据习惯有一定的举措,这种习惯亦即图腾崇拜之遗存(未被意识的)。只有当人相信自己的举措,亦即笃信遗存所意味的一切,这始可成为遗存。正是这种笃信,应予以关注。

7. 人种学中个体的意义

从心理学出发,马雷特阐述了对民俗学的发展颇有影响的、最重要的原则之一;这些原则,民俗学者在研究和评价民俗现象时不可忽视。然而,马雷特对待民俗的历史主义并不限于此。法国社会学派进行不懈的努力,并将注意力集中于左右社会的集体力量。在德国,莫·拉扎鲁斯和海·施泰因塔尔斩钉截铁地宣称:(1)对个体之从属于群体,不可只字不提,如果该群体不为人们所知;(2)为了对该群体进行研究,应从人类活动的一切范畴收集资料;(3)应对艺术、文学、语言、宗教进行研究,并应视之为集体的现象。诸如此类的先决条件,后为冯特所用。一方面,冯特将《各民族的心理学》的任务囿于研究语言、神话和习俗;另一方面,将巴斯蒂安和韦茨同拉扎鲁斯和施泰因塔尔联系起来,以便建立旨在阐明一切历史的和社会的发展之"集体心理"。冯特摒弃了个体可成为社会发展的真正动因之可能性。迪尔凯姆走得更远:据他看来,为了对社会事实以及艺术和习俗及其一切特征加以阐释,心理学归纳是不够的。所谓社会事实,并不是个体意识纳入之总和的结果,而是其组成成分综合所致。对原始思维的研究,也正是在这一基础上进行(莱维-布吕尔);法国社会学家们诉诸于此,探考宗教和法术(于贝尔、毛斯、埃尔茨),探考法(达维、于韦兰),探考艺术(于约),如此等等。

同法国社会学家所得出的结论截然相反(他们从复兴的"各民族精神"出发,力图更新和拯救孔德哲学之遗迹),英国人类学派基本上是依据个体心理的图式而从事探考;他们将体现西方文明(基督教的和人文主义的)的个体精神之传统纳入其中。泰勒和弗雷泽从未否定作为社会成员的未开化者个人以其发现、其双手创造的一切、个人威望的作用对社会所作的贡献。弗雷泽警告说:绝不可毫无根据地轻视(譬如说)现代农民对某种仪式的说明,尽管这一向是反映他个人的看法。总的说来,他并不否认社会在人种学以及民俗学中的意义。然而,他断言:集体的意识和个人的意识,两者紧密相关,相互内在。这些思想,亦为马雷特所接受。在其所著《人类学》中,他写道:

> 有鲜明的个性、特殊的、天才的、有才赋的、有感知和有作为的人,历史不应加以蔑视。恰恰相反,这样的人在很大程度上创

造了历史;因此,历史学家应予以应有的尊重。历史的"骨骼",历史的基础,是不可动摇的,却只是表达常常浮现于历史表层的外在真理。因此,人类学不可鄙视可称之为历史叙述中最珍贵者。只知道题材,而不知道人物,则不可能了解人类生活的戏剧。

马雷特的遗存说,不摈弃社会,亦不摈弃个体。他的见解同语文学家的立场相类似;语文学家们维护个体在歌谣、童话、故事等的起源问题上的地位。对此,还应补充:据马雷特看来,个体对传统人种学的贡献,使该人种学具有长久的生命力。就此而论,欧洲的农民可与原始人相提并论。这似为马雷特对莱维-布吕尔的结论持否定态度的原因之一。莱维-布吕尔与英国人类学派和法国社会学派分道扬镳,对文明人和原始人两者之思维的逻辑形态的一致持怀疑态度。

8. 马雷特对雷纳克之异议

由此可见,马雷特展示了英国人类学派的积极方面,而雷纳克则展示了英国人类学派的消极方面。这说明,尽管前提相同,该学派的代表人物及其追随者们的种种理论,不可归纳为一类。

在其《人种学中的自然主义和历史主义》一书中,埃·德·马尔蒂诺指出:

> 旧人种学为卢克莱修的一名言"这便是凡人的宗教所导致的暴行"(Tantum religio potuit suadere malorum)所激励,以此掩饰针对谬误和迷信之较为明显的论争,力图使理智摆脱蒙蔽理智的一切,并燃起"科学"的灯火。实证论时期的新的启蒙思想家们,可与但丁式的航海者相比拟:他登上坚实的陆地,回顾险象环生的海洋;或者,无须上述比喻,将他们称为"理智"的崇拜者以及幻想和谬误及原始思维中怪诞之否定者。

正如我们所知,雷纳克的立场同样如此。另一些人类学者——泰勒、弗雷泽、兰格、戈姆夫妇、马雷特,从同样的前提出发,却获致截然相反的结果。其原因在于:他们尽管也将万物有灵信仰、法术、前万物有灵信仰等视为宗教的基原或者既定之力的显示,最终仍将民间传统视为道德、法、艺术之源。借助于维柯的表述,可以说,历史过程展现在我们面前;在这一过程中,波吕斐摩斯众子成为非洲的船长(巫师成为王者,法术成为科学,图腾崇拜成为艺术,如此等等)。

这样一来,人类学派为作为历史科学的民俗学准备了供一切航行之用的最安全的港口。如果在一定程度上同意下列见解:英国人类学者对民间文学的诗歌性估计不足,那么,同时应承认,他们对民俗学领域最复杂的问题的探讨颇为透彻和十分广泛。从学识来说,他们是人文主义者;据其观点来看,他们是启蒙思想家。可以说,无论其意愿如何,他们赋予原始民族、古希腊罗马古典文明以及具有发达文化的现代文明国家的平民百姓以浪漫主义属性。激奋之余,殖民帝国的这些公民竟希图不仅囊括欧洲,而且囊括全世界,不仅囊括雅利安民族,而且囊括原始民族(一切为了现代文明;对其未来,他们寄予一切期望),坚信有可能建立真正的国际共同体——一切民族,不分肤色,均应参与之。

第 六 编

近半个世纪以来的民俗学
（民间文化学）

第26章 历史学领域的争衡

1. 文化-历史学派

英国人类学派试图不仅将人种学,而且将民俗(民间文化)历史化。尽管其代表人物确有公式化(同他们的进化说相关联),上述努力有时亦如愿以偿。另一学派,即文化－历史学派,尤为执著地致力于此。

不久前,意大利民俗学家朱·维多西写道:

> 这一学派将弗·拉策尔、莱·弗罗贝尼乌斯、威·福伊和弗·格雷布纳视为其先行者和导师(格雷布纳所撰写的关于人种学的论著,曾博得高度评价);它基于这样一种学说,即:文化一次性产生于一中心,其成分后因文化交流而传布。文化－历史学派力图划定每一成分的地理区域,以期客观地确定它所属的层次,并力图确定其年代。多源及其不以文化交流为转移而产生的一些事例,被认为是可能的,有时则被认为是可以设想的。而总的来说,据他们所持之说,诸般现象多次产生之假说,可见于历史范畴,而与经验相悖;这种假说,无法加以证明,不可被视为方法论律则,未能使人们摆脱在相对立的范畴从事历史－地理探考必要性。对人种学有价值者,在民俗学(民间文化学)中具有尤为重大的意义;据我们的揣测,原始成分与文学起源之成分相交织,完全有必要进行缜密探考,以判明其究竟。

朱·维多西对威·福伊在其为弗·格雷布纳的《人种学方法》所撰写的"序言"中的观点作了表述;这一著作于1911年问世,被视为文化－历史学派的纲领。福伊宣称:文化－历史学派的律则,不仅对人种学家,而且对民俗学家来说,都是行之有效的。一年后,福伊在其对 E. 萨姆特所著《降生、婚姻与死亡》一书的评论中,重复了同样的观点。

威·福伊确信:文化史的任务(当时为众多学者所致力)在于:对各民族精神和社会生活的一切形态进行探考。福伊依然停留在一般历史理论的范畴,他实则为约·德罗伊岑的追随者;德罗伊岑的功绩在于:他提出这样一种说法,即历史学家在其准备工作中应对(往昔)留存至今者予以关注,其中包括风尚和习俗;而风尚和习俗正是历史的产物。他主张以人种学的方法对民俗(民间文化)进行探讨;据他看来,这就是运用于历史范畴的方法。于是,不禁要问:文化－历史学派对民俗学者(民间文化学者)有何助益,民俗学(民间文化学)又在何等程度上运用该学派所取得的成果?

2. 弗·拉策尔——这一学派的先驱

文化－历史学派基于两个主要假设:(1)历史为属空间者、属时间者互为因果的事实序列(图式)所取代(risoluzione);(2)完善探考方法的一切范畴,以克服旧有的进化说人种学。

对两个假设进行表述的第一步,为弗里德里希·拉策尔所完成;在其所著《人类地理学》中,他力图改变民族志学的方向,使其关注"人在地球上的迁移之考察"。他认为这样的事实具有异常重要的意义,即:环境对人的影响,并不排除人对环境的影响。

其最主要的著作之一《历史、民族志学与历史前景》的主旨,便在于此。弗·拉策尔得出这样的结论:(既然人与领土有着紧密关联)民族志学和民俗学(民间文化学)的探考中始终应遵循地理学,因而反对英国人类学派,并极力维护这样的观点,即:须在人种学中寻求种种文明的历史关联；这些文明之间的差异，只有在它们传布的情况下始可理解。只是在一个重要问题上，他同英国人类学派持一致见解，即：脱离历史来观察原始人，是荒唐的——而持这种态度者不仅有巴斯蒂安，而且有黑格尔。

既然坚持这样的原则，拉策尔势必将地理与历史联系起来，要求民族志学研究在这两个平行的轨道上进行。这种方法，语文学家和民俗学家（民间文化学家）威·施瓦茨及尤·克伦通过威·里尔亦获致。就人种学而论，威·曼哈特在其《田野崇拜和林木崇拜》中同样接近于这一方法。

在这一领域，弗·拉策尔的方法寻得其最热诚的维护者，即威廉·佩斯勒；1906年，佩斯勒发表其重要著作《古撒克逊农舍之传布的地理学》，介绍了日耳曼农村的建筑艺术。佩斯勒坚持并运用他在其他著作中所提出的方法，诸如：《下撒克逊比较民族志学概述》(1910年版)、《西北日耳曼下德意志诸语的语言图式》(1928年版)。他收到哪些成效呢？最有权威的德国民俗学家之一埃·勒尔写道："佩斯勒在有关《德国民族地理学》的文章中阐述了自己的观点；然而，他所关注的与其说是从所积累事实的地理图式中所得之效益，毋宁说是探考'生活'之所得；这种'生活'，如果可以这样说，乃是展现于所搜集的大量资料之图式中。不仅如此，只有了解这种'生活'，始可提出方法论先决条件，并为充分阐述人口学图式获得必不可少的保证。"

换言之，分布区域的图式以及探考之意义，不可加以否定。而历史学家不应在此停步不前。如果认为：所发现者无非是新的领域，而非新的研究方法，则忘记勒尔的精到之见：地理并不是历史，而且永远不会成为历史。

3. 弗·格雷布纳的方法

其实，弗·拉策尔为了将地理同历史联系起来，已先行构想阿·

巴斯蒂安的理论之要点；据巴斯蒂安之说，一切民族拥有其文化之同一的基本观念以及原始的心理基原。拉策尔提出这样一个问题，即：是否需要较高的发展阶段，以展示所谓差异和雷同。或者说，两者皆存在于原始人中；而所谓原始人，巴斯蒂安则排除于历史之外。诚然，原始人并无文字，却有着物质文化。对物质文化，亦应予以关注。在有关非洲之弓的考察中，拉策尔在1887年获致下列结论：在相距极为遥远的区域，却发现情状相似的物体，据此可断定这些区域存在所谓历史和起源之关联。

他所提出的属性准则，便来源于此；1898年，他的学生莱·弗罗贝尼乌斯又提出所谓形态准则，作为其补充。当时，弗罗贝尼乌斯已开始其对非洲文明起源的研究；非洲文明后来成为其探考的主要课题。拉策尔试图考察思维形态与共同渊源之关联方式。弗罗贝尼乌斯则主张：这种关联扩及一切文化现象；诸如此类的文化现象，见诸物质的、社会的、神话的以及其他成分。

这些探考，并成为格雷布纳研究工作的出发点。他作为一位有造诣的历史学家，将人种学视为人文科学，主张在人种学中必须给予个体以关注，并力图将历史资料与自然科学资料加以区分。对此，施米特写道：

> 既然人种学为人文科学，则应在这一领域运用人文科学的、而非自然科学的方法。人文科学应突出和重视个体、其自由意志，亦即似乎湮没在群众中的成分。在人文科学中，有才干者和天才起着积极的作用；而研究者们却采取形式主义的态度，只承认首领是这样的人物。依据这一方法，除集体外，亦应关注个别的、个体的，而不停留于典型者、折中者之上。这应当是一种表意的方法；这种方法，又是为了对个体进行了解和评价而相应地构想和形成。

这样一来,弗·格雷布纳完全推翻了法国社会学家对问题的探考方法;这种方法,与英国人类学派所持截然不同。据他看来,个体不仅创造社会,特别是原始社会,而且创造历史。这便是文化-历史学派的口号。应当补充说,这一学派与英国人类学派针锋相对,或者更确切地说,与其进化论的原则针锋相对。

据格雷布纳看来,这样一种论断是荒诞不经的,即:人类的发展始终是沿着上升的轨迹进行;对低级状态或高级状态之评价,因进行评价者思维之惰性而往往成为其价值的尺度。就此而论,术语将有可能混淆,而且无论如何,将历史视为唯一认识形态的历史学家则有可能持偏颇之见。

实际上,英国人类学派运用这样的图式,或者确切地说,运用这样的哲学前提,旨在确定发展过程:一神教产生于人文主义,法术先于宗教,等等。然而,将英国人类学派局限于这样的范畴内,是荒唐的;而据我们所知,这些范畴成为其卓有成效的活动之契机。

另一方面,应当说,尽管格雷布纳所加之于的种种弊病绝不可无保留地予以承认,英国人类学派确实将其图式建立在所谓尚未区分的原始思维这一概念之上。格雷布纳执拗地问道,哪里可以找到具有这种思维之人?我们时代的原始民族中,不是存在表明这些民族文化之不同层次(圈)的文明成分吗?

4. 人种学范畴的语文学

为了对上述一切进行探考,即解决拉策尔和弗罗贝尼乌斯所首先提出的文化圈问题,格雷布纳提出自己的方案,给人种学家提供从事工作的手段,更确切地说,即工作假设。借助于这种假设,他有可能深入原始人的世界,在那里探考种种文化圈、一定成分的诸发展阶段;而在文化圈内,探考最为古老的形态和诸说以及种种信仰之相互关系。

无论是就其表述,还是就其细节而言,这一"方案"均广泛而复杂。

首先,格雷布纳阐述了确定就时间和空间而言相并而存的文化区域的原则:

> 当遇到两个不同状况的文化区域,两者在毗邻区则此从属于彼;在这里,形成混合形态,或者它们无非是表面上相触连,其关联只不过是徒有其表……有时,个别文化成分在一定的区域形成有机的、完全同一的结合,与其他个别区域相类似之点则易于辨识。在另一些情况下,一些文化成分,表面上并无关联,在不同的区域却在一定程度上处于紧密的统一体中。这意味着:所涉及者为较古老的文化圈。

嗣后,弗·格雷布纳转而探考亦存在于空间的文化圈。他试图提出统一的和准确的语文学方法,借以对不存在历史性文献典籍之地区进行探考。正如埃·马尔蒂诺所正确地指出:

> 这正是文化-历史学派对人种学的巨大贡献,即探考之高度语文学精确性。尽管语文学精确性并不能取代历史事实,它却具有极大的价值,堪称反对想象之游戏和情感之随意的可靠保障。毫无疑问,人种学资料的精确性大为增长。确定文中增补字句的正读、判明该典籍所属地域及其来源、考察其历史沿革、区分其种种异说异文、按所属年代进行分类,简言之,对典籍进行最缜密的考察,势在必行。

5. 人种学的阐释

时至今日,语文学家和民俗学家,从格雷布纳那里已无可获取。而人种学范畴的语文学,却在种种范畴依然如故。其原因无疑在于:

不同于人种学家,民俗学家在一定的历史环境中从事工作,所运用的为全然不同的"劳动工具"。

判明文化圈及传布区域,有助于对民俗学已探查的事例加以确考;这一或那一习俗可在一文明中具有万物有灵信仰属性,在另一文明中具有图腾崇拜属性,在又一文明中具有法术属性,在又一文明中具有其他何种属性。格雷布纳强调指出,不可断言:"相当的现象必然具有相当的意义"。正因为如此,他斩钉截铁地宣称:历史学家的任务(并因此可提及威·福伊加以补充——不仅人种学家的任务,民俗学家的任务,亦然),在于:毫无偏见地对事实加以阐释。正如约·德罗伊岑所说,对其所探考者应当理解。他补充说:"进行阐释,应在很大程度上持批判态度,即持谨慎而敏锐的态度。首先,应对赖以进行阐释的依据持审慎态度。继而,经检验的事实,要同应阐释的事实进行形式的和本质的对比,以使谬误被杜绝或减至最低限度。一切对比之点,应十分明确指出……掌握资料越多,阐释的可靠性则越大;然而,只有当资料属一文化统一体(时间的和空间的),这才成为可能。"

就此而论,其矛头则是指向英国人类学派。然而,格雷布纳不加掩饰地承认:"弗雷泽的阐释有意识地涉及一定的文化联系时,其结果则具有或大或小的可信性"。而这难道(尽管在一定程度上)不适用于英国人类学派的一切代表人物吗?难道在一切情况下必须以相互影响来说明相类似现象,而否认它们有可能(譬如说)自然发生吗?

6. 神甫施米特——人种学家和民俗史家

弗·格雷布纳著有若干部颇有分量的、难度极大的论著;其理论为威·施米特所接受——尽管以较为审慎的态度。施米特后成为文化-历史学派最著名的代表。他是最知名的欧洲人种学家之一,尤为执着地坚持文化圈理论,并对文化圈之阐述和历史价值的正确性加以论证。而在其探考中,他并未忘记一个民俗学者对问题的态度。他所撰写的《论人种学中的文化－历史方法》(1911年发表于《人类》杂志)，即可资说明：该杂志对人种学以及民俗学的研究均有助益。他的另一著作《文化－历史人种学方法论指南》(发表于1937年)，具有更大的意义。他曾与威·科佩斯合著《民族与文化》一书，于1924年出版。

在这些论著中，施米特屡屡宣称：文化－历史学派是历史学的姊妹乃至女儿，其最终主旨在于获致历史可信性，其方法论与历史学方法论相契合。然而，尽管作了如此绝对的论断，施米特仍然对种种渊源加以区分；这些渊源，据他看来，按其由来说来是直接的和自发的，按认识论价值来说堪称"实在"，并只存在于口头传统中。尽管如此，他同样赋予人种学以特殊的属性："正如格雷布纳所指出，为数不多的学科如历史学一般拥有如此完善的方法。如今，这一方法无疑对人种学有所助益；人种学被视为整个历史学科的一个特殊领域，但并未失去其在方法论范畴应予以关注之特点。"

此外，威·施米特确信：哲学认识的方法并非与历史方法相契合。他基于下列论据：哲学以获自自然和历史的经验为基础，并认为遥远和概括之因优于具体和晚近之因。马·拉·马雷特比他走得更远。就此而言，英国人类学家似乎走得还要远(而且在他之前)；对他们说来，哲学基础是哲学史，而非进化。他们的哲学体系在于：任何理论之所以具有价值，无非是因为它可被理解，而思想不可能外在于哲学而存在。

在同英国学派的论战中，施米特实则并不比格雷布纳走得更远。后来，他又向曼哈特发难。

一位严肃的、颇有历史素养的奥地利学者阿·哈贝兰特，在其所著《民俗学与民族志学》中宣称：曼哈特先行构想了"格雷布纳的民俗学和比较人种学之方法论基础的，即其人种学方法的大部分"。施米特通常对与异己观点相关联的问题一丝不苟，激愤地反驳道："认为民俗学如此早地掌握文化－历史方法，是不可思议的。"继而，他援用阿·施帕默、康·毛雷尔和希尔的著作(辑入施帕默主编的《德国民族志学》),并补充说:"很好地运用地图之文化地理学部分,以其特殊形态为威·佩斯勒所建立。"诚然,佩斯勒的活动始于 1906 年,即格雷布纳所著《方法》一书问世之前。而拉策尔的《历史、民族学及历史前景》一文,早在 1893 年即已发表。佩斯勒所处地位,便为此所确定。

然而。威·施米特本人却认为:

历史探考很快达到高水平,因为有利条件起有促进作用。在芬兰学者关于其民族叙事诗《卡勒瓦拉》之起源的探考中,已是瓜熟蒂落。较早期的探考者们,诸如埃·兰罗特、尤·克伦等,从他们所承袭的进化论-自然主义方法的立场出发,从事这部典籍的研究。就尤·克伦而言,探考已开始有所改进;继而,特别是尤·克伦,从地理-地图绘制工作法开始转而采用纯历史方法。这样一来,他们得以论证:现代形态的《卡勒瓦拉》并非形成于史前的多神教时期,而是出现于从多神教向基督教过渡的时期。

令人奇怪的是:威·施米特对待尤利乌斯·克伦,并不像他对待曼哈特那样审慎。这是因为施米特忽略了一点:如果文化-历史学派的方法是历史方法,这一学派也就没有必要产生,以期历史成为对民俗(民间文化)进行阐释的尺度。须知,正是历史方法,同样赋予格林兄弟、皮特雷、曼哈特、迪特里希的著作以生命力和力量。

此外,施米特并确信:"民众中的低级阶层在很大程度上与原始民族相对应。"由此产生他的下一原则:既然人种学成为对民俗进行阐释的尺度,则必须将它提到历史思维的相应高度。简言之,如果说民俗的方法论是历史学,如果说人种学同样是历史学,那么,对文化-历史学派在人种学的特殊领域所取得的成果,可予以鄙视吗?

7. 对至高存在的信仰

任何人已无法否认:这一学派及其在人种学领域的成就,确实在我们面前展示了崭新的原始社会图景。威·施米特的鸿篇巨著《上帝观念之由来》，堪称原始民族的名副其实的《圣经》。其结论如何呢？他断言：时至今日，仍存在原始民族；它们的文化可资证明，远古时期地球上有人（即名副其实的原始人）存在。而这些原始民族中，又存在对至高存在的信仰。由此可见，这一信仰亘古有之。这便是人种学在施米特将人种学与历史结合以后所导致的结果。

由此可见，这里所涉及的是这样一种理论，它推翻关于宗教起源之尤为早期的假设，并与泰勒、弗雷泽和迪尔凯姆的有神论观点相合。其基础为对至高灵体的纯宗教信仰。然而，是否可以断言：始初确实存在对至高存在的信仰？而这一至高存在，正如施米特所设想的，的确是符合逻辑的因果思维之产物吗？

就此而论，施米特对兰格有所补益。实际上，兰格尚未将诸神称为至高存在。而施米特却为兰格之所未为；他指出：从人种学看来最为古老的民族之至高存在，便是无所不能、无所不见的创世者。不可忘记，无论是对施米特，还是对兰格来说，这一古老形态的宗教（即对至高存在的信仰），与神话有着根本的区别：它与理性活动范畴相关联，因为极度原始的人们之至高存在与理性的因果观念相应。施米特指出："对理性之因的需求，为对至高存在（宇宙和人的创造者）之信仰所满足。"

威·施米特对原始人中有所谓至高存在信仰的论证，亦不失为其无可置疑的功绩。其后继者同样取得卓越的成绩。须知，任何人都不能怀疑：在历史的任何时期，在地球的一切地区，宗教成分无不呈现于人的意识（尽管是在不同程度上）。而其情势如何，其形态如何，仍然是而且始终是假设。在信仰范畴是否不可或缺呢？不可能提出这样的历史论题，即：确定何者属历史年代的最早期，并随意将一定成分或历史发展范畴确定为其他一切之必需的条件（以及唯一必需的条件）。

探明一观念如何传布，此其一；至于证实与这一观念相关联的规制正是基于这一观念，则是完全另外一回事。

威·施米特以对至高存在的信仰替代拜物教、万物有灵信仰和前万物有灵信仰,从而处于他所反对的进化说图式的制约之下。然而,他的进化说却与之截然相反。为了使其论证具有权威性,他基于这样的前提,即:世界上存在属原始时期的文化。但是,在历史的探考中,我们确信:最低级的和初级发达的社会,只能被视为持续不断变异的结果。

实际上,文化-历史学派对既定的文化圈进行研究,犹如对埃及、犹太或穆斯林的文明。该学派的功绩亦在于此。但是该学派走得更远一些,执意论证这些文化圈属历史年代最早期。如果研究埃及、犹太或穆斯林的社会之历史学家主张:这些文明之一在世界上属最早期,同样是走得更远。须知,无法证实:就人种学范畴而言最为古老的文化,也是就历史年代而言最为古老者。

8. 英国人类学派与文化-历史学派

就此而论,他们的人种学同人类学家在其探考中所遵循的人种学如出一辙。而这一英国人种学的权威遭到贬抑,其原因在于:在其人种学中,他们执着于精确判定"孰先孰后",并执拗地坚持所谓无所不包的历史之说(并且这种理论转入心理学范畴)。实质上,文化圈学派的支持者们潜心于探考"孰先孰后",在大多情况下所获致的成果在于:他们从历史主义臻于明晰的、完备的自然主义。不可否认:他们拥有充分的论据,以对英国人类学派进行抨击。但是,他们不承认:这一学派的代表人物与他们截然相反——英国"人类学家们"从完备的"自然主义"出发,却臻于历史主义。他们因而重振其声誉,并居于学术界的前列。

英国人类学派,当他们摆脱其进化说图式,将原始社会看作为遗存所融合的现代历史之一页,当他们决意通过对原始状态的研究而对西方文明和现代意识诸范畴之一进行阐述,则臻于正确的历史主义。

文化-历史学派的支持者们则截然相反；他们缺乏这种动力，因而沉湎于原始人的社会。人类学派有时确实忽视：不仅要准确地判定时间，而且要准确地判定空间。就此而言，文化-历史学派无疑较为具体。而该学派的缺陷在于（正如埃·马尔蒂诺所正确地指出）：空间和时间并未被视为认识之具体领域，而被视为历史过程的范畴。在大多数情况下，他们寻求事实之因所运用的方法，与历史方法迥然不同。

然而，应当承认：为确定相类似传统之传布区域而制定精确的准则，是文化-历史学派的功绩；该学派还发展了对传统人种学进行研究的学者们的语文学鉴别力。如果说不能完全赞同神甫施米特的见解，即：伴随这一学派，民俗学研究中的崭新的历史得以肇始，那么，仍然应当承认：拉策尔、格雷布纳和施米特确有其功绩，即将历史学的方法论视为民俗学的方法论。

第27章 历史学与社会学之间

1. 范热内普的活动

当英国人类学派和文化-历史学派鼎盛之时，人们力图使民俗学方法论与历史学方法论相近；在法国，阿·范热内普始而对此持反对态度（至少是在理论上）；然而，当他致力于民间传统的探考之后，最终亦持同样的立场。

范热内普曾受教于英国人类学派。他将奔放的热情与细致的思考结合起来，其工作颇有成效，并因其贡献被称为"法国的皮特雷"。最初，他从事人种学性质的学术工作，刻苦认真，才思敏捷，极有天赋。他的著作有：《马达加斯加的塔布和图腾崇拜》(1904年版)、《澳大利亚的神话和传说》(1906年版)、《过渡礼仪》(1909年版)。其关于古典语文学的长篇学位论文《荷马问题》(1909年版)发表一年后，他那为人们所关注的著作《传说的形成》问世，显示了这位青年学者思维的明晰。1908年至1914年，《宗教、风习和传说》这部文集的五卷问世，其中辑入关于民族志学和民俗学的评述和论著。他所著《阿尔及利亚民族志学概要》(发表于1911～1914年)，则专门论述民族志学。两年后，即1916年，他的关于法国民俗的论著《在萨沃伊：从摇篮到坟墓》问世。从此，法国的民俗成为他所致力的课题。1932年至1936年，他的下列论著问世：《多芬的民俗》《勃艮第的民俗》《佛兰德和埃诺的民俗》《奥弗涅和沃莱的民俗》。

继而，另一部更有分量的著作《现代法国民俗研究指南》问世，并成为名副其实的"法国民间传统的百科全书"。

在这些著作中,他既表现为人种学家,而又主要表现为民俗学家。他所遵循的是英国人类学家的道路,对古典文化的兴趣使他与英国人类学家结下不解之缘。应当补充说,范热内普是从中世纪史的研究转而从事人种学的探考。这使他与格雷布纳相接近。然而,既不同于格雷布纳,又不同于英国人类学家,范热内普试图将民俗学纳入生物学范畴。他的关于民族志学历史沿革的论著(辑入《宗教、风习和传说》第2卷),堪称这一举措的出发点。

在此文中,他首先揭示了历史方法与比较方法的区别。据他看来,历史方法探考年代范畴的现象,并运用文字的和绘图的文献资料;而比较方法则从时间和地点的条件中进行抽象,同样并运用口头资料。他补充说:两种方法所研究的对象各不相同,证明两者各有其规律性。他强调指出:据他看来,民俗学家无疑应研究活的现象,而历史学家无疑应研究湮灭的现象。他把生物学视为这样一种学科:它应重振民俗领域的探考。

借助于生物学规律使史料研究成为精确的学科——这一想法属卡·兰普雷希特。范热内普则走得更远。他确信:大多数民俗学家不能成为很好的考察者,因为他们基于历史学的或心理学的方法;他并断言:民俗学需要新的方法,即直接观察的方法。

2. 民俗学与生物学

在《民俗》(1924年版)一书中,范热内普阐述了自己的思想。实际上,他仍持他在上文中的立场:

> 民俗学首先运用观察的方法,因为它所面对的是生动的和现代的事例。然而,现代的事例之前则是另一类,即只有诉诸历史方法始可以阐释的事例。此说已广为人们所知……但是,必须

第27章 历史学与社会学之间

着重指出:民俗(民间文化)不仅与历史相关联,亦不可视之为历史的一个部分。我们只不过是渐渐地摆脱19世纪的"病症";这种病症,可称之为"历史法术"。患此病症者之所以承认现实,无非是由于现实同往昔相关联,犹如在一部长篇小说中,活的只是同死的相关联而呈现。这一心理的和方法论的病症传布颇广,以致只有为数不多有文化素养的人士对事物、现象进行估价时的视野较广,而非只是从历史-考古角度。民俗(民间文化)的探考者应当忘记历史方法,而运用动物学家和植物学家的方法;他们研究动物和植物于其生存之时,即在活的环境中:历史方法应代之以生物学方法。

在《现代法国民俗研究指南》第1卷"绪论"中,范热内普将他的这一思想视为律则,并指出:每一个民俗学者在搜集资料时都应遵循这一律则:

> 既然民俗学(民间文化学)是生物学的学科,资料的搜集则应缜密地、有条不紊地进行,并运用自然科学所确立的观察方法。这一方法以及整个态度,在一定的情况下较广,而在另一种情况下又较狭。其广在于:没有一个问题是被孤立地探讨,因为它无非是整体的一部分,而这一整体又经历着变易。同时,学者应指出聚集于核心周围的诸事例;而每一成分又可在其他条件下成为核心。这些困难始而令新手们沮丧;他们通常承认:不知如何找出头绪,唯恐陷入事例之中。问题的症结在于:由较易至较难,由表面现象至信仰……在民俗学实践中,不应像在法庭上那样,向见证者进行一系列连续的询问,而须给他们以回忆和思索的可能,然后再作出答复。

范热内普在其著述中向民俗学者提出的种种建议,均极有助益。

然而,将其付诸实现是否要诉诸生物学呢?就所援引的"绪论"而言,范热内普仍坚持其对待历史的观点,而其在生物学问题上的立场则有所改变:

> 我对"生物学"一词的理解,并非就其变异或进化的意义而言,正如某些评述者所知,而是紧密联系生活。这并不是一种方式,以期将国家和社会描述为一活生生的机体;这一机体受制于自然规律,一切机体亦受其制约——这些所谓自然规律,即:生长的规律、成熟的规律、衰老与死亡的规律。我无非是认为(据我看来,这是如此无可争议和显而易见):自从有了人,即有生命的存在,尽管他们因种种原因拥有有限的、在地球上移动的自由,而现今拥有在天宇移动的自由,并在他们自身所确定的范围内受其情感和欲望的驱使,他们的关系应视为生命范畴的生物学关系,而不应视为无生命体或死者的关系。由此可见,所涉及的并非理论或体系,而是一种观点;运用这种观点可对民俗学和民族志学范畴的事实进行探考,其情状与以机械的或历史的观点迥然不同。这样一来,数以千计的外在的、形态范畴的事例,则有可能加以探考,并依据其社会职能视之为活的因素。

3. 没有历史的民俗学

范热内普的这些论点清楚地表明:他的历史说是完全错误的。"机械的"或"历史的"两术语相提并论之不当,便可资佐证。范热内普确信:历史学无非是学识,无非是某种外在的、类似一览表的图式,即事实年表。他对其见解深信不疑,并继续写道:

> 民俗学之令人满意的、较恰切的表述为(其中一切皆深思熟

虑）：有步骤的探考,因而为关于风尚和习俗的学科。加之以'民间的'则无意义,因为风尚和习俗为集体的、共同的现象,可寻之于整个种族,寻之于文明,寻之于社会阶级;在一些国家,还可寻之于职业种姓。所谓风尚,乃是无任何政治的和伦理的色彩之生活规范。所谓习俗,乃是依据成文和不成文之法而形成的生活准则;诸如此类法,系由低级阶层至高级阶层的一切人所认可,且为自生,无国家或政府的强制;而通常在特殊的时代和某些国家,习俗常常不是在最初而是在之后被一种或几种律则所证明,这些律则常常必然地后于习俗本身发展和衰落的进程。

范热内普那纯实证论的立场,在此已昭然若揭。

生物学的观点应有助于民俗学者形成统一的律则;这些律则又有助于对纷繁万千的种种细节进行探考。而他依据这些律则所建立的民俗学理论在于:民俗学无非是同既定律则相关的事例之有系统的编目。范热内普并未将歌谣、故事、传说、谚语等从"弗克洛尔"中排除。然而,据其表述看来,应将这些民间创作的成果从"弗克洛尔"中排除。有时,他甚至承认海洋、农村、工人等之"弗克洛尔"的存在。而在这样的情况下,如何确定这些或那些风尚和习俗是不是民众的呢?

必须补充说:对"弗克洛尔"加以表述并对其方法论加以推断,范热内普,正如以上所述,乃是从这样的前提出发,即:"弗克洛尔"不同于历史学,它探考的是现代的和活生生的事实,而历史则探考的是"死"的事实。然而,必须指出:现代的和活生生的事实亦纳入历史,而且不可将已不存在于现代的、邈远的风尚和习俗从民俗学中排除。难道对文艺复兴时期的民俗进行探考的学者无权被称为"民俗学家"吗?

历史学家评价事实并不以见诸文献典籍或在口头流传为转移,他所关注的是其中的内涵。历史学方法中虽然亦不乏某些"自然主义"手法,据范热内普看来,比较方法仍较其优越。所谓比较方法,可视为启发式方法;应赋之以崭新的、较完备的品格,使其臻于高度的历史学水平。

4. 范热内普理论中的个体和集体

范热内普对一般规律如此表述，并不有碍于他承认：在民间传统中，或者如他所说，在集体现象中，存在个体贡献。他在《指南》一书的"绪论"中写道："每一个体与种种社会关系相关联；而在传统所规定的限度内，个体始终对这些关系有所作用，诸如：选择妻子和限制子女数目，在战争中建功立业，选举，如此等等。换言之，为了理解世界社会生活的机制，必须从个体出发，而非从社会出发。所谓社会，无非是抽象，犹如远景的描绘或空中摄影。"

由此可见，范热内普与民俗学家（民间文化学家）持同样见解；民俗学家们（民间文化学家）将个体的贡献视为民间文化的渊源。同时，范热内普在这一点上赞同奥·威·施莱格尔和朱·皮特雷之说，显然与自身的理论相悖。他承认个体在民间文化（民俗）中的作用，有悖于他所赞同的一般规律。其实，据他的见解，可能有从属于一定集群的个体"A"和"B"，也可能有反对这一集群的个体"C"。正是这一个体在改变或创造一定的民俗（民间文化）事实。

5. 仪礼及其更迭

在此以前，范热内普便试图表述个体在人种学中的作用。在《澳大利亚的神话和传说》的"绪论"中，他述及澳大利亚诸部落中发生的变化："据确考，这些变化在一定情况下为某一人或寥寥数人所引起。迪尔凯姆所轻视的个体成分，在澳大利亚社会起着重要作用。有时，某一个别人物，其想象较他人尤为活跃，处于超自然体的庇护之下；这些超自然体向他晓谕：哪些变化不可或缺。"

这一论述成为其所著《传说的形成》一书之基础。在这一著作中，他遵循人类学派关于传说之起源的理论，而同时对故事家为每一故事所作的贡献亦非避而不谈。在《过渡礼仪》一书中,他却继尼·安·布朗热之后,对集体的图式、律则、价值异常关注,而将任何个体生活都归结于生物学范畴的过渡,即从此年龄期至彼年龄期、从此种劳作至他种劳作之过渡。并于这一问题,他写道:

> 个体状况的任何变化,导致世俗与宗教两者相互关系的变化;这些变化应予以揭示和表述,以期整个社会无所损或无所失。生活状态本身规定种种不同的、前后相继的过渡,即由一范畴、社会状况向另一范畴、社会状况的过渡,其原因在于:个体的生活形成于其目的和律则一致的诸阶段之前后相继更替。这便是:降生、社会成年、结婚、生儿育女、社会地位的提高、职业的选择、死亡,等等。其中每一阶段,均有一定的仪礼与之相关联;诸如此类仪式的主旨皆在于:以志个体由此一既定的状态过渡到另一同样既定的状态。既然其目的相同,则必须亦使达到这一目的之手段即使并非细节同一,至少相类似;其原因同样在于:个体在逐渐变易,经历既定的阶段并进入既定的境界。于是,与降生、幼年、臻于社会成熟、订婚、结婚、妊娠、生育、宗教神秘仪式、安葬相关的仪式,大体相同。此外,个体和社会与自然和宇宙相关联;而宇宙又从属于据说对人类生活有所作用的仪式。在宇宙的生活中,同样存在阶段和过渡性时刻、前进和相对停滞、停顿。同人生诸阶段的过渡性仪式相关的,有种种宇宙范畴的仪式。譬如,由此月至另一月——望;由此季节至另一季节——"二至点"、"二分点";由此年至另一年——"新年"等等。据我看来,将这些仪式按既定的图式加以区分因而是理所当然的;而对这种图式,目前尚无法进行详尽探考。

显然,这里所说的是机械的区分;范热内普对其局限性有所了解。同时,他也深知:不能将活生生的(亦即自然的)东西强行纳入僵化的

图式(据其表述)。正因为如此,在那部《同过渡时期相关联的仪礼》中,他对仪礼的更迭给予极大关注:

> 所谓仪礼的更迭,几乎从未引起人们的注意,而实际上,如对详加探考的一些现存仪式(属澳大利亚人、印第安人中的普埃布洛人)进行研究,则可发现:一般来说,特别是诸仪式更迭和实施的程序,堪称极为重要的法术性宗教事例。此书的主旨在于否定'民俗学'方法或人类学方法;依据这些方法,从按既定程序依次而至的一系列仪式中抽出一些仪式(肯定的或否定的),对之进行孤立探考;借助于诸如此类方法,并不能探考仪式的意义及其在总体中理所当然的地位。

这一要求,范热内普在其所著《指南》第 1 卷中提出并予以表述。他考察了种种与民俗相关的规制(他统称之为"从摇篮到坟墓"),他感到必须复返过渡性仪礼的现象。其实,在此卷及其他诸卷中,图式对他来说无非是一种工具,或者更确切地说,是对事实进行分类的最佳手段;对这些事实,他继而从历史角度进行考察。

6. 范热内普及其绘图学方法

在他的所有著作中,从最初关于法国民俗的论著到全面总结其学术生涯的《指南》一书,范热内普表现为无与伦比的搜集家。他为了搜集大量资料而访问的人,均为可信赖者。正是由于这些可信赖者,他得以避免种种朦胧和不明确,言之有据地证实:他所关注的习俗存在于或曾存在于何处。他一向认为:民俗学者从否定的答复中亦可汲取极有益的东西。范热内普对问题没有详尽的资料目录,则不着手资料的搜集。

他所著《指南》(第 3、4 卷)的大部分,涉及"有关法国民间传说的参考书目"。这一参考书目,应视为极有价值的资料,犹如意大利的皮特雷的参考书目。范热内普对他所搜集的资料加以分类并重新公之于世,时刻不离这一参考书目。

鉴于上述目的,范热内普认为制图学方法同样是有益的。在对《法国民俗》的长篇评论(撰写于1904年)中,范热内普写道:"塞比约为何不运用这些图,这些图标明那些尚未进行专门探考的地域之信仰或风习传布的区域。"

保·塞比约所未着手或部分完成者,成为范热内普的主要课题。在其纲领性之作《对民俗学方法论的贡献》(1934年亦发表于意大利的 Lares 杂志)中,范热内普回顾了从弗·拉策尔到威·佩斯勒之制图学方法的历史,他斩钉截铁地声称:这一方法与他承袭自生物学的律则相结合,较之对历史、语文、经济和政治的研究,有助于其探考更加翔实。

他补充说,绘图学方法之所以有益,其原因在于:借助于这一方法,决定所探考现象之存在或消失的一切因素可一览无余。而最后,他强调指出:他运用这一方法,绝不意欲重振迷信,而无非是试图最终构拟民族的地方公社之间的联系。制图学方法乃是所谓启发式研究法。这正是其所长;至于它不可能具有其他作用,范热内普的学术活动便予以证实。范热内普之所以能通观民俗学的所有成就,正是由于他善于对历史、语文、政治、经济等领域的现象进行探考。

倘若再度对其《指南》进行观察,则可发现:制图在其中成为所叙述材料之图示,而他所着意揭示的区域性和局部性的差异则使分类生动明晰、引人注目。搜集材料,对范热内普来说(不仅在《指南》中,在其他著作中亦然),绝不是目的本身。他搜集民俗事例,乃是为了对其加以阐释。就此而论,民俗学领域十分混乱的理论的创造者,成为法国民俗史学者;他只有一个目的,或者更确切地说,只有方法论:将民俗事例纳入既定的历史形态。范热内普指出:欲对法国民俗进行研究,则须了解作为民族基础的诸因素之复杂。对此尚可补充说,民俗学家的任务正是在于：具体分析始终与历史本身相伴随的民间传统。

7. 范热内普——法国民俗史家

正因为如此，范热内普不仅对民俗事例进行探考（正如他所说，对之进行理性考察），而且力图将事例、情节置于他所积累的种种见解中加以剖析。如此探考，可对事例有较明晰的了解，可对丰富和维系该事例之新的情节和意义加以区分。换言之，他在民俗学中的举措，已超越他的理论表述所提出的要求。其原因在于：他所针对的并非生物学事例，而是来自人类精神范畴的文献资料。为了对此确信不疑，只须了解一下他对洗礼和婚礼等仪式的探考，即了解：《从摇篮到坟墓》一书第2部分（对婚丧仪式有所描述）；该书第1卷；有关"一年四季的种种仪式"的诸章（诸如：狂欢节、斋期、逾越节、五月的节日、"洁净"之火、农事的和牧者的夏季节日）。就此而论，所谓理论家则退居次要地位。而居于首要地位的，则是法国民俗史家——专心致志，才思敏捷，充满自信。

试举一例。在第1卷第1部分，范热内普探考了遴选教父的习俗；在法国的许多地区，成为教父者为老者。有鉴于此，范热内普写道：

> 民俗和法的领域的这一事例，不可基于一般遗存说加以阐释，应视之为独立的现象；在逐渐根深蒂固之前，它已萌生于中世纪早期；或者更确切地说，萌生于并非为成年人，而是为儿童举行洗礼的时期，而且在整个欧洲也并非千篇一律。在传道士—主教的压力下，迨至墨洛温王朝时期，基督教始在法国全境站稳了脚跟。于是，也就有必要以另一些人取代教父；他们在宗教以及道义上负有更大的责任，而往昔教父的职责却极为有限。正是在这一时刻，开始越来越广泛地确立荣誉、褒奖以及血亲和邻里关系

所加之的职责。在这样的情况下,人们便构想了不可胜计的宗教-法术性质的信仰;其根本目的,一向是而且仍然是给予初生者这样弱小的生灵以道义的、社会的和经济的支持。

就此而论,这些亟待探讨的问题,在对往昔的、已湮灭的事例进行探考的基础上再度获得阐释。而实际上,它们不可能被视为已湮灭者;它们可发生变易,并适应于不同的情势。在这种考察中,生物学家成为历史学家。归根结底,范热内普不能满足于对民俗学的抽象表述,不能不对遗存提出自己独立的见解。

8. 范热内普理论体系的成就和缺陷

范热内普的活动旨在:对人种学家用以阐释民俗现象的一切理论,从根本上加以探讨。一定的信仰、习俗或仪礼,一向是其出发点;有关上述种种的资料,业已搜集并整理。于是,他始终对用以阐释这一事例的理论进行探讨。

当然,他同样不无偏颇之见,并因而陷入迷途。在《对民俗学方法论的贡献》一书中,他写道:"借助于遗存说这样的理论,我没有权利构拟往昔;所谓遗存说,乃是基于对称为原始者的探考。"同时,他忘记这样一点:问题并非在于构拟往昔,而是在于对现今进行阐释。不仅如此,他在《指南》中避而不谈他在青年时期如此关注的原始人;但是,毋庸置疑,他所提出的一切问题,无不与原始世界相关联。

譬如,他并不否认火的法术作用。然而,须知,没有对火的人种学阐释,任何关于将火用于法术目的之假说均无法构成。难道范热内普在阐述种种现象时不正是以弗雷泽所论证的法术为出发点吗?诚然,他有时也对《舞蹈与事实》(*Belle e fatte*)中的论点提出异议。然而,他曾断言:在法国的五月节仪典中应揭示树木崇拜或谷物崇拜之反映,难道他不是遵循英国人类学派的方法吗?

在他的异议中(实则甚至并不能称之为异议),亦不乏令人信服的见解。然而,他往往过分固执己见。保·托斯基对此不乏饶有意味之见:

> 范热内普所持异议是有益的,甚至是不可或缺的,然而,他往往似乎过甚其词。至于五月节期庆典,则难以将多神教庆典与中世纪的和现代的民俗恰如其分地联系起来,而且更难设定(至少是对意大利来说):鲜花和女神玛雅节与我们的五月节(肇始于中世纪)之间有明确的区别。习俗的自然发展、向另一宗教的过渡、野蛮的攻掠所引起的变异,已有迹可寻。但是,确实存在的脱节(特别是当述及'五月'奉献与玛利亚),则属较晚期。同伊万节相关联的仪式、北欧国家的一些信仰(挪威的巴尔德尔、拉脱维亚的利戈、俄罗斯的库帕拉等神幻人物,呈现于其中)以及与之相关联的习俗——特别是在波罗的海沿岸地区(基督教传入较晚,尚未产生深刻影响),使人们有可能推断:盛大的季节性前基督教庆典确曾有之。诸如此类习俗传布范围之广,亦应予以关注。总之,不可将文献典籍之匮缺与事例之匮缺混淆起来。

在上述种种情况下,范热内普作为民俗学者,以历史说为出发点;实际上,此说在理论范畴亦为他所发展。然而,任何成见、与其立场之偏离以及脱节,均不能使《指南》的价值有所减。并不可信的社会学方法,使此书的许多篇章黯然失色;而总的来说,它不失为以历史观点看待问题之范例——呈现于其中的,正是范热内普所力图回避的历史学家。范热内普的错误在于:据他看来,生物学方法,某些外在于思维和先于思维的考察方法,是可行的。因此,据他看来,资料的搜集应先于其探讨;而实际上,两过程可同时进行。范热内普的功绩在于论证:考察只不过是思维的动因之一。就此而论,他确实卓有成效;也正因为如此,范热内普堪称欧洲民俗学界最卓越的代表之一。

第28章 对民俗学的赞颂

1. 皮埃尔·圣伊夫:现代主义

另有一位学者,应与范热内普相提并论,他近50年来在法国民俗学领域居于主导地位——这便是皮埃尔·圣伊夫。从英国人类学派支持者的立场出发,他对民俗学中的人种学问题进行探考。他的关注始终直接或间接涉及法术和宗教性的传统。然而,他不仅是泰勒和弗雷泽、兰格和哈特兰的追随者,而且是称为"现代主义"的学术派别的支持者。19世纪末至20世纪初,现代主义的代表毅然决然和坚持不渝地运用历史学方法,对教会体制乃至教会基本传统之说进行探考。

英国现代主义者乔·提勒尔直言不讳地表示,运用这种方法是有害的。他写道:

> 我毫不迟疑地承认:对基督教的起源和宗教的发展进行认真的、历史的阐释,势必从根本上动摇我们有关既定教义和体制的根本准则。我并且承认:奇迹居于主导地位的范畴将日益缩小,其原因在于:以合乎情理及明白易懂的理由说明奇迹的可能愈益增多。据我所知,与此相关联的异议越来越引起人们的关注;然而,我同时感到:诸如此类异议会烟消云散,损失会得到补偿,如果郑重其事地声言诉诸基督教的**伦理范畴**(ethos)以及该伦理所培育的、无可比拟的**宗教精神**。而在教会劝导者、禁欲主义和道德的宣扬者所肯定的著述中,在牧师和教父的日常活动中,在尊

为圣者的记载中,颇多为我们道德的和宗教的情感所厌弃者;而它们又首先须诉诸这种情感。

他确定不移地断言:"天主教并不是神学,至少不是神学所规定的实际章则之系统的总录。天主教首先是生活,而教会是宗教的机制,我们便是其活生生的部分。"

这就是他的《信函》的含义所在;此信函(应予以关注)系寄给某一"人类学教授"。人类学,更确切地说,英国人类学派,是现代主义的,或者更准确地说,是一些现代主义者的促进因素。阿·卢瓦齐即属之;在其众多著作中,他不仅运用人种学资料,而且借助于(尽管是在较小程度上)民俗学资料。圣伊夫是卢瓦齐的追随者、友人和出版者。其原因在于:皮埃尔·圣伊夫如同埃米尔·努里,是所谓"考证文库"的所有者;该文库在巴黎成为现代主义最活跃的中心之一。

圣伊夫是这一思潮最热烈的支持者之一。他可以称之为民俗学领域的现代主义者。更确切地说,他可以称之为现代主义领域的民俗学者。作为民俗学者,他还运用人种学领域的现代主义成就;而他的宗旨始终在于:借助提勒尔和卢瓦齐所仰赖的思想,深入探考民间传统的奥秘。

1887年,当他17岁之时,他在自己的日记中写道:"我希望始终恪守下列准则:在精神范畴,始终倾听自己的心声,并以爱为圭臬;不断学习,以期有极大助益,写出有益于学科的著作。"这一学科便是民俗学;他遵循其少年时代的意愿、其心声及其爱,投入民俗学领域。

圣伊夫是一个有才能的著作家;他才思敏捷,勤奋好学;正因如此,异常纷繁的问题,他都给以生动明晰的阐释。他的著作一向饶有意味,即使书中所探讨的是极为复杂的问题。就此而言,他可称之为法国的弗雷泽。犹如弗雷泽,他同样是一位多产的著作家;而且,他的所有学术著作,都是基于他自己关于民俗特性的构想完成的。

2. 介于自然主义与历史主义之间的民俗学

圣伊夫确信:民俗学者亦应具有自然科学家的品格,却远未将民俗学视为生物学。其鸿篇巨著《民间占星术》,出版于1937年,系针对范热内普之作。在此书中,他写道:

> 述及应将"生物学方法"运用于民俗学,将所有的注意力转向现今生动的事例,似乎仅仅通过对一生动事例的分析便可追本溯源。首先要指出:民俗主要源于传统,这并不是生物学的,实则属心理学和社会学的范畴。这一令人遗憾的谬误,乃是误解所致。理智及其体现,酿成这些事例;不可将它们与属生物学范畴者相混淆,因为它们主要属共同的或集体的心理范畴。内省和质询,据我所知,并非属生物学范畴;而民俗学几乎完全基于考察,考察则是直接调查的结果……我们所探考的活生生的事例,与传统相关联,依托于数以百计的其他事例,与这些事例紧密相关;只有借助于历史学方法,始可对它们加以研究。这并不是说,民众生活中没有任何固有的东西。恰恰相反,这意味着:民众的理性生活在传统的范围内发展。民俗(传统)事例的本质意味着:它深深扎根于往昔。

这便是他在《民俗学指南》中所持的观点。该书第1卷于1933年问世;此卷可视为其正式遗嘱,特别是如果辅之以其第2卷的纲要(部分发表于《皮埃尔·圣伊夫札记》第1版)。其中指出:在他的这部著作中,很难看到人们在《指南》中读到的,即阐述清晰易懂的明确观念。《指南》(这一题名确实可以使人产生误解),是为一切致力于民俗学的人编写的。譬如说,他关于调查表的见解,便是为他们而发;范热内普基于不同的立场对此亦有论述。圣伊夫还撰文,从科学的,而非一般的角度阐述了他对民俗学诸问题的看法。

在其《指南》中,他所获致的一切以及他所凭依的准则,均有所反映。无论是在一切活动中,还是在他的这一著作中,圣伊夫从历史观点出发时,则不失为一个伟大的民俗学家。唯有他与范热内普毫无二致,有时过分社会学化。在《民俗学指南》以及他的一切著述中,肤浅的自然主义与切实的历史主义交替呈现。

3. 民俗学事例与比较法

从圣伊夫给民俗学所下的定义,可作出这样的结论:他同范热内普一样,坚持不渝地遵循历史中的因果说。这还促使他确立一系列律则;据他看来,基于这些律则,可以认识和说明民间传统。譬如,他设定:所谓传统,不仅是往昔,而且是现今,于是断言:无须有意识的举措,它便可世代相传。与此同时,他还强调指出:感染或提示在民间传统传布中具有一定的作用。承认这些规律,又使他将民俗学视为心理学范畴的学科,因而视为人的自然史。这样一来,他便将历史观点与社会学观点混淆起来。而实际上,心理学对他来说无非是认识事物的出发点之一,——犹如生物学之于范热内普。譬如说,他将民俗学归结于社会学,则是执著于将社会学归结于历史学所致。

另一方面,圣伊夫赋予历史学科以它并不具有的属性,断言:它们具有与自然学科所共同的比较方法。他强调指出:民俗学者的主要任务,为对民俗事例的本质加以阐释。有鉴于此,他在《指南》第 2 卷的纲要中指出:"通过比较,不仅应说明同,而且应说明异。不可忘记,所谓阐释的契机,可发现于任一细节中……比较只能在对系统整理的诸多事例进行探考之后,并对时间和地点的根本特点予以关注。这并不是说要编制大量卡片,以注明所有旧有的和新的来源;关键在于有计划地搜集资料,以期有助于真正科学的比较。"

如果吹毛求疵,这里同样可以发现术语的不尽确切;然而,一位历史学者认真的治学态度却清晰可见——他致力于民间传统的研究,据他看来,民间传统并不是生物学现象,而是人类精神因素(人类精神保存民间传统,并予以更新)。在另一纲要中,圣伊夫似乎对其表述作进一步阐释:"民俗学对传统进行研究,因而须搜集和整理有关事例,并对其特性和本质加以说明……所谓民间传统,不可与潜在的宝藏相提并论。这是种种财富的汇集,是成千上万的创造精粹之传承——而从事创造的才能,被赋予文明民族的民众。传统之金链不能徒然无益地躺在封闭的匣子里,而是像星体一样神奇,并永恒地运转。"

显而易见,所谓传统之特性,须借助于历史研究的方法加以探考。圣伊夫的功绩在于:在考察种族差异时,重新运用历史方法。而同时他又不无谬误,他认为:心理学的和社会学的方式,有助于历史学家认识精神的辩证法,事实上诸如此类方法只是对他的初步认识有所助益。

4. 多 神 教

圣伊夫的最初几部著作,没有超出这种初步认识的限度。然而,他的态度十分明确:首先应探考传统的形成,继而探究传统的传布,最后研究传统之消亡。但是,据他看来,三者似乎互不相干。范热内普将圣伊夫的著作称为材料的"汇集"。实际上,他的见解是正确的;但是圣伊夫的这些著作中总是有一个主旨,该主旨是一切材料的中枢。

在《圣者——诸神的后继者》(1907年版)中,圣伊夫力图论证:圣者崇拜是多神教对死者之崇拜的继续。这样一来,众多关于圣者的传说,则无非是对墓志铭和碑文的诠释。不仅如此,据他看来,教会日志不仅应视之为节期录,而且应视之为每一崇拜之据基本传说系列的仪典系统化。

就此而论,他对伊·德莱埃的思想有所增益。在其《圣徒传说》(在此三年前,即1904年出版)中,亦将对圣者的膜拜视为多神教遗存之反响(乌森纳、弗雷泽、迪特里希、兰格等,对此论述颇多),并从殉难者崇拜中导出圣者崇拜。然而,历史学家不能仅仅局限于探考这一或那一基督教圣者的崇拜中是否存在多神教崇拜之遗存。对这两种不可同日而语之崇拜的精神,应加以深入研究。而这种深入研究,尚未见诸圣伊夫——尽管他在其众多较晚期著作中对基督教圣者崇拜中的多神教遗存进行了深入探讨。他所著《圣克里斯托弗、阿努比斯、赫尔墨斯与赫拉克勒斯的继承者》(1935年载于《人类学》杂志——他的数篇极有价值的论文曾发表于此),便是一例。

在其《母神》(1909年版)一书中,圣伊夫扩大了探考范围;此书与埃·西·哈特兰的《关于佩尔修斯的传说》一书的补篇颇为相似。圣伊夫的这部著作,旨在论述对可繁衍之山石和水域的崇拜、水崇拜、植物图腾崇拜、对因植物和圣水之同时作用以及气象促使繁生和太阳神谱而出现的神异之生的崇拜。他所进行的比较是谨慎的和令人信服的。犹如英国人类学家,他将对原始世界的探考同对古典文明以及文明民族的民众之研究结合起来。下述情况同样值得注意,即:此书最后一章(旨在揭示关于基督之生的传说的意义和作用),开宗明义便援用阿·卢瓦齐的两段论述。

在他的其他著作中,圣伊夫同样与卢瓦齐不无关联,诸如:《奇迹之辨识》、《圣物与传说中的形象》、《奇迹之伪造》(1909~1912年问世)。在这些著作中,圣伊夫对圣者塑像、睁目和闭目圣像、基督遗体、护符和遗物、天界坠落之物、神医神药等问题进行了探讨,并试图考察诸如此类仪礼和崇拜与人类最古老的信仰之间的关联。应当指出:他运用了现代人种学以及《圣经》考证之成果。

5. 被视为法术的宗教

应当承认:在其早期的一些著作中,圣伊夫很少深入探考人种学事例;这些事例,他只是用以进行比较。然而,随着他的研究之深入,他开始感到有必要对其先行者们所探考的许多问题重新加以考虑。其下列著作,即属之,诸如:《赘疣之医治》、《法术之力》、《医术之起源》、《法术、民族志和民俗中的喷嚏和呵欠》(出版于1914~1915年)。

在这些著作中,圣伊夫首先力图揭示:原始民族的医疗法术在其发展中如何导致心理疗法,并试图论证:原始民族中形成的"玛纳"概念包蕴现代科学的内核。这样一来,圣伊夫将弗雷泽的观点视为臆想的科学而予以赞同,似乎名副其实的科学便产生于这种伪科学。然而,他发展了这种观点,并予以增益,将法术视为某种高于伪科学者。

圣伊夫不仅关注法术与科学的关联(其著作中,不乏颇为精辟的论述),而且关注宗教的法术性。就此而论,他又与卢瓦齐相接近。卢瓦齐在其《论宗教的历史沿革》中的下列论点,为人们所熟知。他写道:

> 我们可以推断:曾存在极不完善的社会制度;在这种社会制度下,法术与宗教融为一体,既不能称之为"法术",也不能称之为"宗教",却可替代前者和后者。宗教和法术同时产生,但并非一蹴而就,而是通过日益加剧的分化,即因最初的人类群体之社会的、智能的和伦理的发展而发生的、自原初共同体的分化……法术与宗教之区分、两者对相应仪式之选择以及愈益增大的冲突,均取决于这样的社会准则:宗教是正式的、公共的崇拜;法术是一种个体的仪典,通常令人疑惑,有时则遭取缔。

由此可见,卢瓦齐持这样的观点:法术之作用直遂而简捷,而宗教之道则曲折而诡谲。这一表述反映了前万物有灵论的观念,对卢瓦齐来说,无非是一种揣测、假说。圣伊夫步其后尘。他试图揭示法术世界,以期更好地认识宗教,在种种崇拜、传统仪式、民间民族志中发现法术与宗教之并存。他坚持不渝地试图探明法术和宗教诸问题;在其作为民俗学者的活动中,他始终致力于此。

6.《圣经》中的民间文化

在这一活动中,圣伊夫还运用另一手段:对《圣经》的科学考证。他深感诉诸《旧约全书》和《新约全书》已成为不时之需。在其所著《〈圣经〉中民间文化概述》(1922年版)中,尤甚;这一著作往往被视为弗雷泽所著《〈旧约全书〉中的民间文化》一书的补充。圣伊夫此书的若干部分之问世,始于1909年,即此著尚未结集成书之前;而弗雷泽的《〈旧约全书〉中的民间文化》出版于1918年。同时,应当指出:《概述》一书似为圣伊夫学术活动之总结。

圣伊夫在其早期著作中所关注的一切课题,在这一著作中都有所探讨,诸如:取自天界之火、常青之棒、水化为酒、些许面包可使众人果腹、行于水上。看来,诸如此类课题颇为重要。一方面,它们可见于《圣经》;另一方面,它们又与民间信仰和习俗相关联。在这一著作中,对圣伊夫来说,比较并不是目的本身(如同有时在他以往的著作中),比较应有助于阐明所探考的具体历史事例。《概述》一书的附题为:"《旧约全书》和《新约全书》中的法术、神话和奇迹"。在"前言"中,圣伊夫指出:

在对《新约全书》进行探讨之前,先对《旧约全书》中堪称其基础的一切认真加以研究。反之,在研究以色列圣史每一课题之时,我们则对它们如何再现和运用于《新约全书》予以关注。赖玛鲁斯就已揭示圣传的这种意义:将但以理之梦视为约瑟之梦的再现,将星相家之星视为摩西所提及的宛如烈火之柱。这样一来,由这一故事到另一故事的链条并未中断,而且不忆及横渡黑海,则不可能有耶稣行于水面上的叙述。两件事不仅因《新约全书》编著者,特别是保罗的见证而联系起来,而且显然无非是同一古希腊题材之变异。它们不仅可以奇迹形式见诸约书亚、以利亚、以利沙的生平,而且以叙事方式见诸先知的记述和圣诗。

至于其工作方法,他强调指出《圣经》中题材与神话之关联,并写道:

> 深入探考民间文学题材之起源,对揭示原初意义来说,无疑是至关重要的;这种原初意义,可称之为"法术的"。然而,如此犹嫌不足。倘如这一或那一题材用于宗教书籍,这就意味着:它之纳入,或多或少是有意识的,以期赋予宗教教义种种象征意义,使之强化。在加利利的迦拿的婚礼上将水变为酒,预示或象征圣餐;而叙述万有因亲近上帝而激动的诗歌,不仅颂扬上帝的威严,而且将上帝描述为造物主和宇宙精神。克罗伊策学派……因其**令人厌恶的夸张**,如今已声名狼藉。象征神话较之纯理性主义,更接近真;理性主义使宗教史的若干篇章枯燥而扭曲。法术和原始宗教为自然的象征主义所充溢。水变为酒的奇迹以及可保葡萄丰收的法术仪式,同样可用所谓类似律则加以说明;这一律则又是基于宗教的变异及其象征式诠释。
>
> 对原始人来说,精神的统摄与体魄的统摄是不可分的;可使葡萄藤变化之法术手段,亦可使人的情感发生变化。奉献者将成为宇宙生活的参与者;正是由于这种参与,其变化随之发生。原始人并未将法术作用与神圣作用加以区分,并诉诸前者和后者说明太阳对植物和宇宙精神对人之心灵的影响。显然,继之而来的则是这样一个时期,即:他们不再相信法术律则在物质领域的作用,却仍然承认它在精神领域的影响。

现代主义倾向,最终使圣伊夫将法术与宗教相混同;就此而论,他超越卢瓦齐所确定的界限。然而,圣伊夫尚有其他倾向;这些倾向同样为现代主义者所特有,促使他掌握历史方法,借以说明以萌芽状态蕴涵于《圣经》中的民间文化事例。对他的神话象征说,可持不同见解;此说失之于尚欠深刻。但是,不可否认,圣伊夫执着于对神话和仪礼赖以产生的情感之揭示,并将神话和仪礼联系起来;这样一来,神话和仪礼势必成为历史事例,有待历史学家加以阐释。

正因为如此,我们在圣伊夫的《概述》一书中所看到的,是一位娴于进行历史考察、力图揭示所探讨的传统之辩证关系的学者。这样的特质,同样可见诸他的一部最著名的和最有争议的著作——《佩罗的故事》。

7.《佩罗的故事》——圣伊夫最引人入胜之书

圣伊夫对佩罗的故事加以分析(圣伊夫在《佩罗的故事》一书中进行探索的出发点),对兰格、哈特兰和麦卡洛克在这一领域的探考有所补益。犹如在《概述》中,圣伊夫力图仍然囿于英国人类学派的观点,将象征说和欧赫美尔说相调和,并论证:民间故事通常是原始仪典之简约的叙述和阐释;诸如此类仪典之反映,可见于文明民族之民间的信仰和仪礼。

在其出版于 1919 年的《儿童圆舞》中,圣伊夫强调指出与儿童舞蹈相关联之古老民间仪式的意义。诸如此类仪式,大多与季节不无关联。

这些仪式亦成为佩罗下列故事之基础,即:《费厄》、《睡美人》、《灰姑娘》、《驴皮》、《小红帽》。

据他看来,第一则故事表达了这样一种信仰,即须向费厄献以饮食。第二则故事反映了这样一种观念,即严禁在除夕之夜纺织。下列三则故事,则与有关新年准备之习俗相关联:灰姑娘——是灰女王;驴皮——是狂欢节之王;小红帽——是小五月之女王。

据他看来,佩罗的其他故事——《小拇指》《蓝胡子》《带小凤头的里克》《穿靴子的公猫》,同成年仪式(加入仪式)相关联。诚然,正如他所指出,这些故事须加以尤为缜密和审慎的阐释。然而,可以断言:他在《小拇指》中揭示少年加入成年人神秘仪式之仪礼。而《蓝胡子》展示了女子涉足夫妻生活的仪式。《带小凤头的里克》中,反映了婚姻律则。《穿靴子的公猫》则导致道德教诲:在婚姻中,人始意识到自己是人。

最后,第三组故事(他称之为"故事诗"或"寓言故事"),反映宗教律则;据说,神圣仪式须加以实施。《格里瑟尔达》即属之。圣伊夫在其著作的前言中曾对这组故事的探讨有所概括;这些结论仍然具有其意义:"先于我们一切道德的和宗教的观念之神圣者的情感,势必成为故事和神幻故事之源泉;对此,我们在那些使《福音书》生动和清新的奇闻轶事中不乏极好的佐证。"

圣伊夫所著《佩罗的故事》一书,可视为其《概述》之继续。在这两部著作中,他作了结论性的概括。民族志学的类比,在他的著作中无疑十分缜密,而且饶有意味。他的许多设想过分大胆,而另一些设想则令人信服。俄国民间文艺学家弗·雅·普罗普,不久前对成年仪式在众多民间故事中的反响有所探讨;他在其著述中经常援用圣伊夫的《佩罗的故事》。比利时学者亨·让马里同样对加入仪式进行了探考,并将它们与古典古代时期的一些神话相联系。

8. 民间文化与友爱之教义

圣伊夫的种种活动无疑有其薄弱之处,因而受到猛烈的抨击,而其中许多又是正确的。并且其活动具有积极的特点,因而对民俗学领域的进一步探考有所助益。圣伊夫的著作之所以引起人们的关注,不仅因为其选题饶有意味,而且由于他取得一定的成就。

圣伊夫的著作有其成就和缺陷,展示了一位学者的鲜明个性:视野广阔、立意深刻、孜孜不倦。他有时似乎是让·巴·蒂耶尔和皮·勒布伦之再现,他们同样致力于多神教遗存之探求。然而,他们之间亦不无差异：如果说圣伊夫忠实于现代主义的律则，力图从圣者崇拜中清除民间沉积，那么，他这样做的目的，并不是为了让这些沉积遭到贬抑，而是为了加以认识和阐明。据正统的现代主义者看来，圣伊夫同样基于自然科学和科学进化的观点，使奇迹的历史基础为人们所怀疑。然而，这丝毫没有使奇迹在宗教－民族志范畴的意义有所减；诸如此类奇迹，反映了人民的期望和意愿。

同现代主义者们的作为毫无二致，圣伊夫力图使现有教义获得生机，使之有所发展，以适应现代思维的要求，他对友爱的教义确信不疑。他深信：民俗学——"研究爱之科学"，正是体现这一教义；据民俗学的观点，"没有人之亲缘，便不可能认识人"。

在题为《对民俗学的赞颂》的一文中，圣伊夫写道：民俗学的方法本身，要求民俗学者首先信奉关于友爱的教义。赫尔德同样基于民俗资料，对这一教义亦有所论述。据赫尔德看来，英国人类学派和现代主义，赋予这一教义更大的力量。在圣伊夫的一切著述中，它同样具有居于主导地位的、人道的和人文主义的格调。

第 29 章　诗学的危机

1. 贝内德托·克罗齐的初步尝试

当民俗学领域的人种学问题愈益彰明较著,美学和语文学领域一些新派别给予民间文化(特别是口头民间文化)以越来越大的影响。

美学和语文学,更确切地说,这两个运用尤为准确的术语的学科之联合体,再度确立在这一领域的主导地位。

就美学范畴而言,贝·克罗齐的活动具有巨大的作用。

作为维柯的未来研究者,其哲学和美学观点源于维柯;众所周知,他对那不勒斯人表现出积极和深刻的关注。他曾为一位不出名的那不勒斯民俗学者莫利纳罗·德尔·基雅罗所办的刊物撰稿,从而开始了其文化史家的生涯。基雅罗还出版了那不勒斯歌谣集。1883 年至 1895 年间,正是在这一称为《詹巴蒂斯塔·巴齐勒》的杂志上,时常见到克罗齐的姓名;克罗齐在这里发表了民间谚语和诗歌(来自古老手抄本)以及他所记录的、民间流传的歌谣和故事。他在沃梅罗搜集的民间歌谣编为一篇幅不大的集本,具有一定的价值。这些歌谣,据他看来,是"非常习见的歌谣,或是著名歌谣的变异和再现,但完全不应予以忽视"。其中一首歌谣,结尾两句为:

亲爱的库皮杜,给我这样的恩惠;
亲爱的库皮杜,助我如愿以偿。

对此,他作了下列诠释:"库皮杜现已成为民间的人物,倘若歌谣中提及他的名字,并非这些歌谣的文学起源之标志。为什么? 因为民众确信:库皮杜是卓越的歌谣编者。这首歌谣为我采录自一位农妇;她的一席话可资佐证:当她还是少女之时,有一次,她唱歌谣有误,母亲骂道:'库皮杜费尽心思编了这个歌谣,叫你给糟蹋了。'"

诚然,民间歌谣的生命力正是在于这种更新;情况并不像沃梅罗的那位农妇所说的那样,更新并不总是面目全非。然而,由此同样可以得出结论说,克罗齐力图揭示民间与文学界之间的关系。他喜爱农民的世界。他在《男食人者与女食人者》这篇故事的页边上写道:"采录自沃梅罗的一位农妇。"通过熟悉农民的生活,他深入了解所有那不勒斯人的生活以及那不勒斯的历史。正如他后来在《1799年的那不勒斯革命》的"前言"中所指出的,那不勒斯的历史不仅是奴役者的历史,而且是被奴役者的历史。(况且,在其专门的历史探考中,他主要关注奴役者的历史。)

从搜集探考所需的资料,克罗齐径直转向研究民族精神的种种表现。就此而论,他对《鱼人科拉的传说》进行了探讨;这是他深化其学术探索的首次尝试。阿·格拉夫曾指责他对有关传说的某些资料来源不够熟悉,他作出下列回答:"尽管格拉夫使我的论据有所减弱,他并未发现我在逻辑论断中的缺陷。我对逻辑的兴趣,大于对来自蒂尔布里的格尔瓦西之了解的兴趣。"而他的一些著作,不仅涉及民间文学,而且涉及民族精神的其他表现;在这些著作中,他显示了对逻辑以及用词准确之追求。在题为《对自我批判的贡献》一文中,克罗齐写道:"我现在记起一些积极的方面:其一,我在再创造往昔形象时的满足感,追求诗歌的梦想和文学创作之少年幻想的驰骋;其二,孜孜不倦地致力于繁重的探索、遵守有助于我培养刻苦治学精神的纪律。"

通观其全部活动,这些探考无非是静谧的绿洲、休憩。它们可称之为克罗齐的 *otium*(休闲)。人民、那不勒斯人连同其传说、衣衫褴褛者、面具、竞技、盗匪、习俗,成为其众多著作中的主要角色和对象,诸如:《那不勒斯的戏剧》、《那不勒斯的故事和传说》、《文艺复兴时期西班牙在意大利生活中的作用》、《文学生涯中的奇闻轶事》、《17世纪意大利文学概述》的若干章节、《古代意大利的人与事》的述评。

2. 作为民间文艺学家的克罗齐

此外,詹·巴西莱的《五日童话》一书之成功的翻译,应归功于克罗齐。该书的前两部分(日),他发表于1892年;全书的问世,则在1925年。两者均附有"前言";在这两篇"前言"中,他欣慰而又不无疑虑地再度转向民间故事研究中的问题。譬如,在1925年的"前言"(后收入《巴洛克时期的意大利史》)中,克罗齐提出这样的见解:"传统故事,犹如它们通常在人民中所讲述的那样,已失去其诗性(如果说它们一般皆具有之),已失去第一个构想和讲述故事者所注入其中的精神;时至今日,它们宛如枯燥无味的报道,叙述故事或长篇小说的'梗概'。正因为如此,民间文化工作者或人民心理学者以速记方法准确记录的故事,往往同样枯燥。他们所记录的为方言、习俗乃至神话,而很少记录诗歌。这样的集本,如不进行较为认真的文学加工或改制,则不能成为读物。"

克罗齐的这些话中,可以听到本法伊仿效者们的旧调(尽管是依稀可辨);他们断言:民间故事无非是被败坏的学术初源,失去艺术感染力。安·约勒斯在《素朴的形式》(1929年版)中维护这一论断;继而,韦谢尔斯基在《童话故事理论初探》(1932年版)中,亦然;有些学者对此亦持异议:民间艺术领域,同样有艺术家,他们参差不齐,有时也不乏佼佼者。克罗齐承认:故事起源的问题,应扩及故事的历史沿革。尽管如此,难道"诗歌的气息"在这样的情况下不会复返吗?——最先构拟故事者,便通常伴之以这种气息。

在《五日童话》一书全译本的"前言"中,克罗齐写道:

我不再对故事进行比较，不愿哪怕是对附于1892年版的"前两日"的比较表加以增补。诸如此类说明，会使注意力转向巴西莱此书的抽象范畴，会使将故事作为人民心理学的文献加以探讨，并使之失去文艺作品的特点。这会使，譬如说，我这一译本的读者认为：巴西莱的《米尔特》与皮特雷的西西里故事集中的《罗兹玛林》、托斯卡纳故事集中的《苹果》以及格林兄弟童话集中的《小钉子》相对应。这样一来，他不会有所获，而只会感到枯燥无味。

然而，问题不仅在于适应读者的需求。毫无疑问，《五日童话》是一部文艺作品。但是，它不同时又是（借用克罗齐的话来说）人民心理学的文献吗？克罗齐的功绩在于：以绝对恰切的语言，阐明文艺作品的外在起源同已形成的作品毫无共同之处，说明将来源的探考同美学评价混淆之荒诞不经。但是，转入另一领域，亦即转入文化史领域，克罗齐则认为：比较方法仍然有助于对这一或那一民族的叙事之作和神圣剧的探考。然而，为什么他在故事领域不同样有所建树呢？通观这一领域，将不断创作的新故事置之不顾，不仅可对其题材和情节的历史沿革，而且（用克罗齐的话来说）可对习俗乃至神话的历史沿革进行探考。

克罗齐在从事民间故事的研究时往往深感疑惑，但并未减弱对一切属民间者的关注。他在其所著《诗歌以及非诗歌》中述及费尔南·卡巴列罗的精彩段落之一，即可资佐证。克罗齐似乎在回答对往昔持鄙夷态度的革新者、自由主义者和自由思想者之挑战，写道：

你们，反对迷信的文明者，嘲笑民间仪礼、圣地圣物、有灵的神像、这些供奉者（ex-voto），等等，你们是否曾深入探考这些仪礼的精神，你们是否理解这是精神生活的象征——这些象征，有所抑制，有所震慑，有所慰藉，赋予崇高情感，并激励行善？你们讥讽那些奉有镀银和装饰低劣的圣者塑像之简陋的西班牙寺院；而须知，教堂并不是美术馆，而是神之寓所，供善男信女前往朝拜。

克罗齐与其说是代费·卡巴列罗，毋宁说是自己回答非难民俗者；他不仅始终异常关注一切属民间者，而且始终主要关注狭义地称之为民间诗歌者——"在民间诗歌中，环境和地貌赖以再创造、往昔赖以生动展现的质朴"，始终令他神往。关于《民间诗歌和文人诗歌》的一篇长文，便是这一炽爱之成果（成年后总是怀念少年时代所珍视者）；此文于1929年刊载于《评论》杂志，1933年以单行本出版。

3. 民间诗歌和文人诗歌

在此文中，克罗齐将民间诗歌的素朴和简约与文人诗歌对立起来，文人诗歌带有反省性，已无任何质朴可言。这一前提，使他与浪漫主义派相接近。克罗齐并未提及格林兄弟、阿尔尼姆和迪茨对此的论述，却援引黑格尔之说。从他的思想出发（加·帕里斯和朱·皮特雷亦赞同其思想），他得出结论：民间诗歌反映并非以深思熟虑为直接先导的心灵活动。

总之，对克罗齐来说，"民间诗歌并非以圆圈状和螺旋状运动，而是通过快捷之途臻于其目的。它所赖以体现的语言和韵律，与其情节相合；文人诗歌亦然，语言和韵律同样与情节相合——每一情节均有其语境，而这种语境则不见于民间诗歌"。

然而，民间诗歌具有其本身的技法、格调和特殊的表现手段，难道这证明它不是文人诗歌吗？克罗齐的功绩在于：阐明文人诗歌与民间诗歌之区别。就此而论，他的见解不同于浪漫主义派。浪漫主义派将民间诗歌与文人诗歌对立起来，只将民间诗歌视为诗歌。据克罗齐看来，两种诗歌的区别，并不是美学性质的，而属心理学范畴。

有关这一问题，他写道：

……民间诗歌如同文人诗歌,亦有优劣之分(劣者不能称之为诗歌),而且不能说:低俗、荒诞、乏味和平庸之见诸民间诗歌者,较之见诸文人诗歌者为少。在文人诗歌中,犹如在民间诗歌中,同样有迥然不同者——格言、教诲、趣事、幽默,这些不能视为名副其实的诗歌。然而,民间诗歌倘若呈现为纯真者,则确可称为诗歌;它无异于文人诗歌,同样令人倾倒,令人赏心悦目。两者的区分以及两者各自的定义,带有心理学性质……仅仅与两者居于主导地位的倾向,而非与两者的本质相关联;然而,对在这些范围内进行评述可能有所助益。

4. 再论民间的加工

克罗齐认定诗歌创作的这两种形态相等同,并指出:民间诗歌应把握其艺术性的实际尺度。就此而论,据他看来,应以"质朴诗歌的"这一术语取代"原始的"(通常以此表述民间诗歌)。

不仅如此,克罗齐认为:任一诗人皆可成为民间的;因此,民间诗歌之花可处处开放。"让民间诗歌之花像通常那样,开放于民间,但并不囿于此;让民间诗歌传遍一切有倾心于诗歌者之地,而不仅局限于民间、人民代表人物之中……为了领略民间诗歌,人们(即使他们是有文化素养者)须在生活中(尽管是偶尔)展示纯真和质朴。"

由此可见,克罗齐承认民间诗歌可能是文人之作,将其特点复归于民间诗歌。正如所述,他并不意欲揭示:民间诗歌如何创作或者可被创作,民间诗歌通过何种途径源出于个人创作的诗歌。其目的在于:深入探考民间诗歌的本质,从中导出民间诗歌所特有的格调——不管这种诗歌如何产生,其格调万变不离其宗。他的功绩便在于此;正是通过格调,诚然是在截然不同的基础上,如今对诗歌中的文人之作与民间之作两者的相互关系加以表述。

但是,我们在美学范畴对民间诗歌加以表述,不能忘记:由于人民对其不断加工,它势必成为民间的。克罗齐再次提出民间诗歌起源的问题,声称:

> 我并不否认:新的民间歌谣创作于意大利的平民百姓中;我并不否认:不乏通过其他途径形成的诗歌,其中包括产生于16世纪并纳入传统者;主要的是,我并不否认:许多歌谣不断变易,许多歌谣按其他歌谣的样式或者遵循古老的模式而形成(否认这一点,就是反对显而易见的事)。据我看来,理论更加适应现实,大量在19世纪采录的原有的"斯特拉姆博托"和八行诗,于14和15世纪产生于托斯卡纳,其中大部分从托斯卡纳传至西西里——新民间诗歌的摇篮。

就此而言,克罗齐无疑赞同丹孔纳的观点,尽管十分审慎。而在他阐述其论点的著作中,对加工在民间诗歌中的意义估计不足。

5. 民间文艺学家巴尔比

正如我们所知,恰恰是这一问题曾引起语文学家-民间文艺学家的关注。在意大利,康斯坦蒂诺·尼格拉对这一问题的解决做出了巨大贡献。对现代语文学最著名的代表之一米·巴尔比,尼格拉有极大的影响。巴尔比是丹孔纳的门生,少年时代曾处于克罗齐的观点得以形成的那种历史气候的影响下。

早在1895年,在其有关《皮斯托亚的民间诗歌》(载于皮特雷的《文献》)一文中,巴尔比对在这一地区搜集的民间文学资料进行了探考,并建议取代这些集本,……这些集本"十分不完善,须以新的资料替代之;诸如此类资料必须是更广泛、更耐心地搜集的,并附有种种异文,可赖以恢复原初面貌,探考这些歌谣的起源、内容和形式,并同意大利其他地区的歌谣(必要时,同邻国的歌谣)进行比较"。

1911年,在其纲领之作《对意大利民间诗歌史之辩护》(载于关于皮奥·莱纳之文集)中,米·巴尔比再度涉猎该问题,尤为坚定不移地声称:

> 民间诗歌总是充满活力:它接纳、改变、而彼则趋于湮灭;一些诗歌形态见诸这一时期,事过境迁则不复存在。一些存留于其地域内;另一些从这一地域流传至另一地域,并通常不得不适应种种习俗,经历重大变易。我们的探考之任务在于:从极度纷繁中寻求真正的形态,揭示其基本特点、关联、时间和空间的传布。然而,一切形态都同样是符合规律的。可以发现某一歌谣的原初形态,但不能发现民间诗歌之原初的、朴真的形态;总之,应视之为某种处于不断变易中者。

但是,据他看来:

> 民间诗歌的历史,不仅是抒情－叙事歌和农村"斯特拉姆博托"的历史;人民以其潜移默化和喜闻乐见的形式使之成为自己的一切,都是民间的。不乏或多或少属民间的形态;不乏长期保存于民间传统中的歌谣;不乏为时不久即消失于民间传统的歌谣,而其中每一形态、每一歌谣(无论其流传程度如何),皆可纳入民间诗歌的历史。

在其一则注释中,他补充道:

> 短八行诗、"斯托尔内洛"、抒情－叙事歌、绕口令、数来宝,首先与民间诗歌的称谓相吻合。
>
> 这是因为:它们几乎始终是口头相传而无文字记载,并且因

其语言精短、结构简约往往异说并存；歌谣因而经历缓缓而不断的加工。然而，每一歌谣本身及其最重要的异说，总是有其文人作者或农村民间诗人。任一成为民间之作的歌谣，同样异说并存；此歌谣传布越广，其异说则越为人们所关注。

米·巴尔比将在民间有一定传布者称为民间的，从而接受了奥·威·施莱格尔的观点。然而，巴尔比同样关心人民性。康·尼格拉，正如桑托利所正确地指出，"致力于认识那不勒斯歌谣基本形态之纷繁，并对其传布进行探考"；巴尔比"则对民间歌谣进行严格的语文学研究，力图参照大量异说恢复一些歌谣和传统的本来面目。"然而，巴尔比不仅对原初面貌进行探考，而且关注歌谣的人民性；据他看来，这种人民性为异说纷呈所证实。

由此理所当然得出结论：只有具备两种因素，该歌谣始可称为民间的，即克罗齐所说的格调和巴尔比所说的异说。然而，巴尔比本人同这样的结论却相距甚远。不仅如此，他在辑入其《意大利民间歌谣》（1939年版）的一篇文章中断言："应使关于民间诗歌的构想更加确切，并提出更加符合其真正的历史沿革的表述。这并不是说，要确定新的、更恰当的民间诗歌理论构想，贝内德托·克罗齐数年前曾致力于此；人们更倾向于保留现有的经验构想，而不愿彻底改变。"

通观巴尔比所述，其局限性暴露无遗。巴尔比忘记：经验构想不可能不是经验的，即虚妄的构想；至于"彻底改变"，科学的任务及科学的进步正在于此。

6. 没有美学的语文学

在其《新语文学以及从但丁到曼佐尼的著作家的著述》中，巴尔比指出："如今，谈论考证已颇为不少；但是，并非在语文学考证与美学考证之间，而是在空洞的考证与翔实的考证之间，在无知者的信口开河与深思熟虑的、富有创见的研讨之间加以辨别……关于上述两种考证,曼佐尼说得好:'为什么在它们中间加以选择?两者都好。'须知,这如同两只脚,用两只脚走路,总比用一只脚好。'"

米·巴尔比的文学考证活动,在一定程度上即可资佐证。同时,应当指出:据他在《意大利民间诗歌》的"前言"中所述,意大利民间歌谣,是"我们的艺术和我们的民族精神"的一部分。有鉴于此,他认真从事托斯卡纳(而且不限于托斯卡纳)之民间歌谣的搜集;这些民间歌谣迄今仍未考证出版。至于音乐对民间诗歌研究的意义,巴尔比亦有足够的认识:

> 离开曲调,民间诗歌的研究和评价将遭到极大损失。没有歌唱,便没有真正的民间诗歌;忽视其音乐范畴,诸如诗节结构这样的纯语文学问题,往往也无法解决。而在音乐研究中,又会遇到极大的困难。有两位学者近来曾从事音乐的研究;他们的境遇,令人失望地表明:我们研究工作的这一领域,情况十分不佳。这两位学者是:朱利奥·法拉和弗兰切斯科·巴利拉·普拉特拉。前者著有《意大利的音乐精神》,后者著有《意大利民族的哀哭、歌谣、合唱、舞蹈概述》。

米·巴尔比强调指出民间诗歌的民族志学意义:

> 我们在童年时都唱过:
>> 看啊,代理人来了……
>> 代理人,代理人,你们要什么?
>> 我们要姑娘……
>> 你们替她给什么?
>
> 然而,为数不多的人知道:这一游戏和儿歌反映一种选新娘的习俗;此习俗可见于法国一些地区(未必限于这些地区?)。乔

治·桑在《魔沿》中对此有详尽描述。除贝里外,这一歌谣传布于尼韦奈全境;蒂耶尔索援用了其音调。

巴尔比这一表述言简意赅,主要表明他对意大利民间诗歌的态度。只要对研究有益,他从不予以忽视。然而,不禁要问:巴尔比不执着于美学考证之见,并坚信民间诗歌之作可成为艺术,为何不从而获致任何结论。

至于巴尔比有所偏重,并承认对民间诗歌的语文学态度绝对优于美学态度,据我们看来,这主要是具有论战性质。他极力主张:从事民间诗歌的研究,结论产生于对歌谣之枯燥的、审慎的研究以后。他忘记:就此而言,语文学问题绝不摈除美学问题。美学问题不可能脱离歌谣传统。同时,歌谣的生命力,并不在于司空见惯的描述和程式、某种似乎呆板的东西,而是诗歌的生命力。

7. 梅嫩德斯·皮达尔

西班牙学者拉·梅嫩德斯·皮达尔,给自己提出一项课题;这一课题囊括克罗齐以及巴尔比所关注的范畴。同时,克罗齐和巴尔比实际上继续尼格拉、丹孔纳、孔帕雷蒂的传统,梅嫩德斯·皮达尔则以帕里斯、莱纳和贝迪耶的传统为出发点。

梅嫩德斯·皮达尔不仅在学术上极其准确地阐明民众与民间诗歌之共存,而且巧妙地和颇具灵感地对同诗歌有关的种种问题加以探讨,似乎从学者一变而为诗人。对他来说,一切之源泉和本原,是西班牙人民。正如,譬如说,费尔南·卡巴列罗所描述的那样:他们既是天主教徒,又是武士;既聪明,又实际。据梅嫩德斯·皮达尔看来(据费尔南·卡巴列罗看来,亦然),人民必须具有一定的、不同于其他民族的特质。

梅嫩德斯·皮达尔的一切活动,从《拉腊诸王的传说》(1896年版)

到《熙德时代的西班牙》(1929年版)，充满深刻的爱国主义。一方面，他力图证实：西班牙的叙事诗，是基本上反映历史真实的诗歌；另一方面，他将注意力集中于西班牙民族的特殊的历史条件。他并不否认阿拉伯人文化之承袭和遗留的存在，却认为：阿拉伯对西班牙叙事诗的影响仅限于习俗范畴；他贬低法国在叙事诗创作中的作用；他确信："诗歌的"这一概念，不同民族各有所异；他接受关于德国影响的论题极为审慎。

人们责备梅嫩德斯·皮达尔思路狭窄，仅囿于民族范畴；然而，须知，曾指责他的莱·施皮策，亦述及他的视野和构想广阔，颇似格林兄弟。就此而论，他又可与约·贝迪耶相比拟。《熙德时代的西班牙》犹如贝迪耶的《叙事传说》，体现了民族的整个历史。梅嫩德斯·皮达尔笔下的熙德，成为民族英雄。

梅嫩德斯·皮达尔将史事记述与抒情诗相比拟，视之为民族生活之活的文献。他认为：两者来自同一渊源。抒情诗并不是最古老的抒情－叙事歌，先于歌唱(cantares)，而是后者之果，伴随西班牙历史条件之变化而萌生；回溯其时，继响彻城堡之豪壮的骑士诗之后出现的，为较为精美的诗歌，它"在为数不多的诗歌中表达古老传说的内容"。梅嫩德斯·皮达尔并不否认：抒情诗为有文化素养的诗人所创作，却又断言：即使在这种情况下，颂诗人(recitadores)和农民曾用的程式和韵律亦袭用之。

有一种看法是正确的，即：很难找到更能理解并表达这种诗歌所特有之力者。他将古老的和口头流传的抒情诗辑入《古抒情诗新编荟萃》。其目的并不是为了将埃·维尔马克的风格移至西班牙，而是为了使自己成为本民族的颂诗人，成为"承袭、加工、再创造者"。在古老手抄本中搜集抒情诗并据以编辑考证版本——这一名副其实的语文学瑰宝，他在此之前已在民间听农民，听故事家讲述。对其他形态的民间抒情之作，他也采取同样态度。1937年，在关于《阿拉伯诗歌和欧洲诗歌》的一篇讲演中，他激动地说："现代安达卢西亚之在响板的击打下跳舞者(bailadoras)，将这样的曲调和节奏(诸如："塞维利雅纳"、"玛拉格尼亚"、"隆德尼亚"、"佩特内拉"，等等)传布各地；他们在种族－文化领域堪称加的斯那些加迪坦姑娘(puellae Gaditance)之后裔。据尤维纳利斯描述，她们手持铜制响板，跳令人心荡神怡之舞，远离故土，在提图斯和图拉真时期的罗马帝国，颂扬加迪坦的咏歌(Cantica Gaditana)；这些咏歌符合罗马青年的时尚。"

这一描绘，似乎有些像一幅彩色画，表现了梅嫩德斯·皮达尔对自己人民的爱；人民成为其全部创作活动中的动力。梅嫩德斯·皮达尔试图以有无加工为尺度，对"民间诗歌"这一概念进行阐释。从这个意义上说来，他将民间诗歌与传统诗歌区分开来。他将最博得人民赞赏的作品称为民间诗歌——诸如此类作品，人民辗转相传，但并未加之以任何变易；而传统诗歌流传至今，则是异说纷呈。换言之，他不同于鲁比耶里，将"传统的"这一术语用于民间诗歌。1919年，在《原初的西班牙抒情诗歌》一文中，他对杂技艺人的歌谣有所论述："毫无疑问，这些歌谣是民间的，而非传统的。其中大部分出于人们所熟知的、有文化素养的诗人之手——尽管它们极为质朴；这些歌谣不乏雕琢之痕，而名副其实的民间加工却无迹可寻。然而，其中有些以种种异说流传至今，表明经历了长期的加工；而加工则保证诗歌题材存活于传统中、民众口头上。"

8. 梅嫩德斯·皮达尔：民间诗歌与传统诗歌

梅嫩德斯·皮达尔大胆地运用历史－地理方法。借助于这一方法，不仅可在民间文学研究和传统民族志学方面，而且主要在语言学领域取得卓越成果。试以朱·日耶龙和E.埃德蒙的《法国语言分布图》(1902～1910年版)为例。关于这一问题，他著有《论民俗地理学》(1920年该文载于《西班牙语文学评论》，堪称名副其实的民间文化宝库)，副标题为："运用一方法之尝试"。

这一方法在于:探考民间歌谣以及属现代口头传统的歌谣之区域特点和格调特征,编制地理分布图(传统以异说留存,抑或逐渐湮没);确定传统之传布中心,阐明导致现今之划分的历史发展的条件。

显而易见,梅嫩德斯·皮达尔在阐明"民间的"这一术语时,置民间的作品问题——民众创作的问题于不顾,而将其理解为"民众加工的"。然而,须知,就此而言,"加工的"这一术语包含"创作的"这一概念的美学意义,或者更确切地说,包含"再创作的"这一概念的美学意义。梅嫩德斯·皮达尔认为:传统诗歌中亦不乏再创作的过程;然而,他补充道,这些改制之作多少次可成为个体诗人的真正的创作之举、幻想和感受的产物?在其《谣曲》(1927年版;收有其若干最重要的论著)中,梅嫩德斯·皮达尔明确指出:

> 如今有一种颇为习见之说,即:如编著者之名已佚,传统诗歌则成为匿名之作,对此应作如下表述:它之成为匿名,乃是作为众多个人作品相互综合、相互交融之结果。其作者不可能有一确定之名。其名不可胜计。而在这一集体的诗歌之作中,并无任何不寻常者、不可思议者和神秘莫测者。集体创作的神奇,在于承认:诸异说对艺术说来并非徒劳无益的偶然之举。它们同样是诗歌创作幻想之体现。尽善尽美、最高审美价值,不仅第一位歌手,歌谣的其他任一演唱者均可。

通观他的这些论述(就此而论,奥·瓦格纳、泰·本法伊和卡·克伦关于原初之说的理论相调和),梅嫩德斯·皮达尔堪称浪漫主义者(犹如其整个民族),与加·帕里斯相近;对叙事诗进行探考,正是诉诸民间之作。人们指责这位西班牙学者将改制之作视为机械过程。对他的一些论著来说,这一指责无疑是可取的。但是,当他无保留地断言:歌谣中的至美,不仅第一位歌手,最后一位演唱者亦可达到,显而易见,他是指诗歌创作范畴。正因为如此,诗歌起源的问题归于乌有;

而以其特殊的和不断更新的形态,它被赋予永恒的生命力。

梅嫩德斯·皮达尔(遵循贝·克罗齐的道路)致力于将原初主义的诗学(这种诗学在研究民间诗歌时带有一种富于审美的－情感的倾向)置于一种危机状态。但是,正是在那种危机中,我们发现了民间文学研究的复兴。

第 30 章　神话的诗学

1. 约·迈耶及其袭用说

当民间诗歌与文学的关联问题以及民间加工的基本特点的问题在整个欧洲再度为人们所关注,贝·克罗齐提出了他的民间诗歌理论。梅嫩德斯·皮达尔的活动,即可资说明。继他之后,不乏为数众多的学者;他们虽然基于不同的、甚至截然相反的立场,却均与克罗齐相近似,而且(可以说)对克罗齐的学说有所增益。

在这些学者中,约翰·迈耶居于首要地位;他是德国民间文学最认真的考察者之一,著有数部极有分量的著作,诸如:《德国的文人歌谣和民间歌谣》(1898年版)、《民间演唱的文人歌谣》(1906年版)。在这两部著作以及1928年以后发表在《民间歌谣研究年鉴》中,迈耶试图阐明民间诗歌的衰微过程,或者,更确切地说,阐明民间诗歌的所谓文学传统。在其极为审慎的、甚至过于细致的考察中(他对千余首歌谣进行了探考),迈耶表现出异乎寻常的博学。迈耶与浪漫主义者迥然不同,他运用泰·本法伊曾采用的追本溯源的方法,并借助于约·贝迪耶的成果使之更有活力。然而,与后者截然不同,迈耶并没有对民间诗歌估价不足之失;反之,据他看来,民间诗歌不仅在文化史上,而且在历史上都具有巨大作用。如果看到这些学者所赖以成长的环境之差异,这就完全可以理解。

在上述著作中,迈耶得出这样的结论:民间歌谣通常来自文人诗歌的典范,并保留其特有的题材。其理论的实质,便在于此;他的理论被称为"袭用说"(Rezeption theorie),而为人们所关注。基于此说,他更多地对题材(而非歌谣)进行对比,因而陷入谬误;诸如此类谬误,可见于本法伊,特别是本法伊的追随者们。本法伊及其追随者们承认民众力量(更确切地说,既定的个体)不仅具有袭用能力,而且具有创作能力,其谬误亦有所缓解。

在较晚期的著作中,特别是《德国民间歌谣》(1935~1936年版)中,迈耶试图阐明这些能力如何呈现于民众中。与此同时,他对文人诗歌与民间诗歌的关系已另持他见。他在此书中所作的结论,在他的另一长文《民间歌谣考察的体制、方法、目的和任务》(为 Lares 杂志1939年德国民间文化专号撰写)中有所概括和发展。他对德国种种民歌集之语文学和考证性的探讨进行考察,强调指出民间诗歌之作的个体性;犹如克罗齐,将民间歌谣归之于个体诗歌人物。据他看来,歌谣作者为个体人物,而非一集体——其见解颇似格林兄弟。对他来说,作者属哪一社会阶层,是民间的诗人和歌手或者有文化素养的诗人和音乐家,没有什么意义(就此而论,他与克罗齐相接近)。迈耶声称:

"关键在于:歌谣植根于民间,由个体的成为集体的,即(以德文术语表述)volkläufig;其标志为叙述和曲调中存在民间歌谣所特有的、来源于'口头风格'的一些格调特征。"

2. 民间诗歌的实质

就此而论,迈耶显然超越克罗齐。据他看来,歌谣如果被集体接受,便成为真正民间的。而他所说的"集体"意指什么呢?他又赋之以何属性呢?在《德国的文人歌谣和民间歌谣》一书中,迈耶再度提出民间歌谣与文人歌谣的关联这一问题。据他看来,如果农妇歌唱《在凉爽的田野》(In einem kühlen Grunde)时,意识到这是出于约·艾兴多尔夫,这首歌谣应视为文人之作;反之,应将其归之于民间诗歌。就此而论,他重复阿尔尼姆之所述;正如以上所述,阿尔尼姆对歌德的一首诗歌亦持同样态度。然而,歌德或艾兴多尔夫的诗歌在民间,在农民口头上的状况如何呢?原貌得以保留——如同在文学中,抑或有所更易,有所适应,或者,直截了当地讲,有所败坏?——而对民间诗歌说来,这已是司空见惯。克罗齐所提出的特殊格调,作为对民间诗歌与文人诗歌的区分之心理学方法的尺度,较之迈耶的论题更为实际。但是,对此应当指出:克罗齐诉诸民间格调的尺度,却忘记民间诗歌至关重要的标志,据迈耶所述,忘记在民间之传布。譬如,克罗齐将贝尔谢称为民间诗人。先不管他的这一说法是否正确,我们要问:贝尔谢的诗歌在民间的状况是否宛如真正的民间创作?抑或其诗歌只是在这样的意义上可称之为广为传布的诗歌,即:如同任何文人诗歌之作,为人们所喜闻乐见或以民间格调写成。

迈耶强调指出民间加工的意义(就此而论,他胜于克罗齐);据他看来,民间加工不可同一般的传承相混淆(不同于克罗齐之见)——一般的传承与"修改或改写"相差甚远,而这些在文学中则屡见不鲜。迈耶认为:所谓加工,由民众自己及其诗人进行。不仅如此,迈耶并声称:

> ……当我们发现歌谣之原本,我们则认为:并非发现"民间歌谣",而是发现"个人歌谣"(民间歌谣即来源于此)。15 和 16 世纪歌谣的结尾,通常注明其作者("年轻、勇敢的骑士,富有农民之子,年轻的矿工,两个威武的兵士,一个年轻人,另一老者"),通常为虚构人物。这些虚构的作者,几乎无一不是"对歌谣加以改制",并从而成为其作者。

这样一来,共同的、国际性的情节,逐渐形成于歌谣中。与此同时,无论这些情节的流传状况如何,民间歌谣由个体的创作成为集体的创作:

......歌谣每唱一次,势必有所变易,其原因在于:犹如词句在语言中,同一歌谣也不会千篇一律地重复,即使并不意欲有所变易,每次演唱的绝不会完全相同,影响歌谣、曲调、韵律、演唱之条件颇多,诸如:演唱时情绪如何——演唱者精神振奋还是疲惫,演唱者搭配如何(全部为男子,男女皆有,全部为妇女),演唱的场所如何(在家中还是在酒馆里)。

据迈耶看来,民间诗歌宛如蜘蛛网那纤细的丝缕,初秋时节在空中飞扬,落在四面八方,又被风吹起,落到他处,并重新编合,纷繁异常。迈耶将这种编合描述为一定的风格,即符合歌者的主旨,又宜于其演唱。然而,就此而论,问题只是在于外部形态吗?他声称:不乏这样的歌谣,它们"按其本质和存在方式来说是民间的"。在这里,所谓"本质",应以民间格调替代;所谓"存在方式",应以民间加工替代。于是,晚期的迈耶势将呈现于我们面前,犹如梅嫩德斯·皮达尔所重新认识的克罗齐。

3. 瑙曼与"遭贬抑的文化珍品"

迈耶的袭用说,另一德国学者——汉·瑙曼将其加以调整,并从歌谣移至整个民间创作。应提及的其最重要的著作有:《原始的公社文化》(1921年版)和《德国民间文学的基本特征》(1922年版)。瑙曼在阐述民间文学起源问题时,首先提出三阶段之说;据他看来,此三阶段为人类所经历:第一阶段,他称之为"始初阶段",人此时还是自然界无意识的"成分";第二阶段,为集体的阶段,人此时已参与社会生活;第三阶段,个体的阶段,人此时作为个人已获得自我。在这一社会学基础上,瑙曼设想了处于三个停滞阶段的人;此人同维柯所设想的人相距甚远。瑙曼对个体的和集体的两范畴之划分,颇多争议:个人总是反映集体,而集体又总是反映个人。瑙曼又表述了两项原则,并视之为民间文学的基本原则。其一,所谓原始文化之存在,这种文化为农业和农民公社所特有——在这种公社中尚无名副其实的分化,一切均为共有的财富,个体则对之有所贡献。其二,文化珍品之贬低;文化产品之衰颓;据瑙曼看来,民众是一种强大的承受之力,可将统治阶级创造的一切予以吞没。民间文艺学家(民俗学家)的任务在于:探考两个世界如何给予影响,继而在民间所固有者中鉴别那些自外界纳入的、承袭的成分。

瑙曼建立其体系,乃是基于瑞士民俗学者爱·霍夫曼-克赖耶的观点。霍夫曼-克赖耶是《瑞士民俗文库》的创办者,并出版《民俗学图书目录》;路·威·盖格继霍夫曼-克赖耶,主持上述两出版物。霍夫曼-克赖耶并筹备《德国信仰词典》的出版;该词典成为研究民族传统所不可或缺的参考书(汉·贝希托尔德-施托伊布利曾给以襄助)。始于1932年,霍夫曼-克赖耶猛烈抨击威·里尔所提出的人民精神观念。在《作为科学的民族志学》这一著作中,他提出并始终坚持这样的论点:民众机制的低层,较之高层则较少区分。其原因在于:来自民间的人物单一。瑙曼的出发点便在于此;他认为:在集体的(即真正的)民间文艺(民俗)中,我们在此所见者,亦可见于彼。实际上,这便是其他民俗学者称之为共同精神者;或者,更确切地说,是称之为传统资料中共同之处者。然而,难道全部传统仅仅在于这些共同之处吗?难道民间诗歌的种种过程仅仅取决于这些共同之处的存在吗?

4. "体系"的渊源

对这些在瑙曼的探考之后更加亟待解决的问题,爱·霍夫曼-克赖耶在其《民间生活中的个人动机》一文中给予回答;1930年,该文刊载于他所主持的《瑞士民间传统文库》杂志上,并附有关于民间文艺的有价值的资料。霍夫曼-克赖耶在其早期著作中表述了这样的思想:民众与其说是创造,毋宁说是再创造;他在此文中将其民间文学(民俗)构想予以扩展[这一构想始而仅囿于"人民中的群氓"(*Vulgus in populo*)范畴],并对民间的个体性概念本身进行广泛探讨。就对民间文学(民俗)的理解而言,他似乎更接近米·巴尔比,断言:(1)自觉地或不自觉地传布于民间者,应理解为"民间的";(2)关键在于:将民间文学(民俗)不仅视为它所纳入者,而且应视为它所运用者。据他看来,民间文学的重新恢复正是在于此;就对待个体动机和集体动机而言,在民间文学中很难将高级成分同低级成分区分开来——个体动机似乎表述高级成分,集体动机似乎表述低级成分。他在此表现出敏锐的美学历史感,声称:很难对下述论点表示异议——无论是在这一或那一领域,主要作者并不是整个人民,而是有天赋的个人。就此而言,朱·维多西将霍夫曼-克赖耶和克罗齐两者的立场加以比较,写道:

> 当克罗齐宣称:"任何诗歌产生伊始并不是集体的,却务须以诗歌个性见之于世;诗歌传布于,较为广泛地传布于它所赖以产生的社会",此时此刻,他正是强调传布;这一事实可能同美学观点相悖,如今却引起民间传统研究者的特殊关注,据霍夫曼-克赖耶看来,传布借助于同化;据他看来,同化是任何集群形成的主要调节者;居于这一同化核心的……一向是较强的个体,并左右弱者。

5. 谬误之匡正

爱·霍夫曼-克赖耶认为:被同化之资料从来不是原封不动,而是发生变易,并适应居于主导地位的情趣。如果说霍夫曼-克赖耶就对文人文学范畴和民间文学范畴的阐释而言,在对待问题的尺度的确立方面逊于克罗齐,那么,他因而掌握了众多其他学者在这一时期积累的经验;这些学者曾从事民间诗歌与文人诗歌相互关系问题的研究。

譬如，仅在民间诗歌一个领域便有众多学者，试图使迈耶的早期观点与瑙曼的理论相调和。其中应提及雷·德萨威尔和埃·丰克：前者写有极有价值的专著《流传失真》(*Das Zersingen*)，于1929年问世；后者于1931年发表论著《古德意志民间歌谣史上人为加工的作用》。这些著作中，探讨了有关一些德国民间歌谣分化的问题。毫无疑问，这些论著的作者已揭示：为数众多出自文人之手的歌谣如何退化而传布于民间。诸如此类探考完全理所当然。而我们是否应从个别的事例作出普遍的结论呢？

著名的法国民俗学家帕特里斯·库瓦罗，作出正确的结论。在《我国古老传统民间歌谣探考》(1927～1932年版)中，他力图论证：(1)将民间诗歌与传统诗歌的联系和相互关系问题归结于衰落和退化是荒唐的；(2)文化的两个阶段之间，无疑存在过渡阶段，而且发展的不间断性并未遭破坏；(3)民间创作始终与民间加工相关联。

此外，帕·库瓦罗并对民间诗歌以及书面诗歌的创作和加工过程进行分析，引起人们极大关注。对其结论的实质，保·托斯基作了精辟的说明：文人诗歌和民间诗歌两概念并非如此截然不同(正如克罗齐的美学中所表述)，其原因在于：在文人诗歌领域，创作从属于修辞传统；而民间诗歌，同样不能脱离其特殊的传统予以阐释。库瓦罗确信：民间诗歌的主要特征在于"表达其内容的手段之无与伦比的素朴"。然而，他将自己获得的而非与生俱来的(据他看来)特质视为缺乏个性的标志，显然是谬误之见。他在探讨民间诗歌与文人之作的关系时，将前者归之于这样一种形态，即："无与伦比的素朴"在其中意味着个体性之匮乏。托斯基指出，库瓦罗论证诗学为诗歌所不可或缺。库瓦罗的观点颇多与克罗齐之说相吻合；然而，他的民间加工说，为他对民间诗歌进行阐释提供了更广泛的可能。

在舞蹈领域，瑙曼的学生保·布洛赫试图在其《德国民间舞蹈》(1926年版)中论证：除来自古老崇拜者外，"不存在任何真正的民间舞蹈",只有"来自戏剧舞蹈和沙龙舞蹈的形态"。理·沃尔弗拉姆对此持不同见解;他在《德国民间舞蹈研究》(载于 Lares 杂志)中断言:"在我的《民间舞蹈——被贬低的文化珍品吗?》中,我批驳了诸如此类谬说……我试图借助于语言学方法,以我们的爱情舞蹈——伦德勒(Ländler)、斯泰里舍(Steirischer)和舒赫普拉特勒(Schuhplattler)这样典型的事例,说明这一问题;据保·布洛赫看来,这些舞蹈来自19世纪的露天舞台之舞蹈。在一百年前便离乡背井、与故国并无联系的人们中,我发现伦德勒舞;早在1730年前,他们便从故乡将这种舞蹈带出。我们的民间爱情舞蹈与中世纪的'萨尔塔特'(Saltate)和'加塔利阿尔达'(Gagliarda)相关联,其由来颇为古远。"

至于民间艺术,康拉德·哈姆在其巨著《德国民间艺术》(1932年版)中的探考,颇值得关注。(时至今日,民间文艺学对民间艺术的探考甚少;然而,欧洲各地的民族志学博物馆,可成为名副其实的科学研究单位。)康·哈姆在《德国民间艺术研究》(载于 Lares)中指出:"米·哈贝兰特、阿·哈贝兰特、奥·莱曼和阿·施帕默的著作和探考,对民间艺术的研究有着巨大的意义。在卡尔·施皮斯的著作《农民艺术、其意义和品格》中,不乏有价值的思想;这一著作,可视为这一领域的指南。"

这些作者均否弃瑙曼的论点,尽管一些学者(如施帕默)始而曾接受其说。其原因在于:民间艺术须具有质朴、简易的格调,其初源并不断变易,始可被视为真正民间的。换言之,民间诗歌的种种现象,亦为民间造型艺术所特有。

6. 马克西姆·高尔基的呼吁

尚有一位学者,对汉·瑙曼持反对态度——这就是尤里·索科洛夫;他后来成为新一代俄国民间文艺学家的名副其实的首领。他深受亚·尼·维谢洛夫斯基历史学派的精神之熏陶,犹如其导师,亦对欧洲出现的有关民俗学的方法论和命题之种种问题表现了积极、深刻的关注。

　　始而，他如同约·迈耶和早期著作中的爱·霍夫曼－克赖耶，接受关于民众自上获得其财富之论题。早在瑙曼之前，在俄国，这一论题在约·贝迪耶的影响下博得瓦·阿·克尔图雅拉和弗·费·米列尔的赞同。在其关于壮士歌的论文（1927年载于《苏联大百科全书》）中，索科洛夫坚持这一论点。然而，数年后，索科洛夫在故事领域提出迥然不同的理论，即文化成果衰颓说。在其关于民间文学的一论著中写道：通常称之为"魔幻故事"者，诸如：关于劫走少女之王的伊万王子的故事、关于火鸟的故事，等等，显然产生于封建社会时期，而且似乎并非产生于农民中，而是产生于贵族、王公或者商人中；迨至晚期，农民依据他们的情趣和阶级观念予以加工。

　　这样，历史学派的左翼（据叶·弗·吉皮乌斯和弗·伊·契切罗夫所赋予的正确称谓），便应运而生。这一派别猛烈抨击瑙曼、其先行者和追随者的理论。尤·索科洛夫是这一派别最卓越的代表；他的兄弟鲍里斯·索科洛夫是他的忠实助手。索科洛夫兄弟，可称之为俄国的格林兄弟。在很大程度上正是由于他们的功绩，以往关于个人在民间创作中的作用的问题的提法遭到猛烈抨击；这种抨击旨在：将不能称为艺术的民间文艺同可称为艺术的民间文艺区别开来。亚·尼·维谢洛夫斯基即已论证：民间文艺新的创作者，完全把握（吞没）初源。索科洛夫兄弟以实例对此加以说明。亚·费·吉利费尔丁格对民间文艺载体的创作个体性有所评价。索科洛夫兄弟为吉利费尔丁格的后继者，对其体系有所增益；他们于1915年出版一部篇幅很大的白海边区故事和歌谣集。

　　在这一基础上，俄国民间文艺学家在革命后加倍努力，继续从事他们的事业。这时，从民间文艺往昔所特有的匿名者领域，真正的诗歌界人物开始从民众中涌现；关于这些诗人的有分量的专著，陆续出版。

　　这些诗歌界人物的发现，主要仰赖于民间文艺领域的广泛考察；

革命以后，马·高尔基在尤里·索科洛夫的协助下，曾领导这些考察。高尔基熟知俄国民间文学，并用于其创作，主要用于自传作品。1934年，他在作家代表大会上指出：理性与直觉、思想与感情在民间文学中和谐地结合在一起：

> 我向高加索和中亚各民族的代表们提出友好的建议，这也可以看作请求。民间诗人苏赖曼·斯塔利斯基给我——我知道，不仅给我，留下极为深刻的印象。我亲眼看到，这位老人，并无文化，却十分聪明，坐在主席团的席位上，轻声念叨着，作他的诗；然后，他，这位20世纪的荷马，令人惊叹地朗诵。要爱护像苏赖曼这样创造诗歌瑰宝的人们！我再重复一遍：语言艺术的本原在民间文学中。搜集我们的民间文学，学习我们的民间文学，对它进行加工整理。它给你们和我们——苏联的作家们提供很多的材料。

根据高尔基的倡议，《苏联各民族的创作》开始筹备出版。索科洛夫兄弟也参与了这一工作；不仅农村，工厂也为人们所关注。结果，证实了劳动人民的民间文学的生命力，并证实了约·戈·赫尔德所提出并广为传布的一论点的虚妄性，即：民间文学在湮没中，因而必须刻不容缓地搜集和抢救。高尔基特别坚持这样的论点，即：民间文学并不是在湮没中，而是在不断发展。其实，普希金和杜勃罗留波夫早已表示同样见解。尤里·索科洛夫的功绩在于：他为这一论点奠定了科学基础，并对之作了清晰明确的表述。他指出：民间文学不仅是往昔的声音，而且是现今的强大声音。

这样一来，民间文艺则以现代意识加以阐释。俄国民间文艺学的崭新构想，正是在于对民间文艺的现代意义的这种理解（马·康·阿扎多夫斯基对此亦有精深的研究；他还钻研了吉利费尔丁格、普希金、杜勃罗留波夫的著作）；根据这一构想，主要的问题并不在于对传统体裁的起源之探考，而在于考察它们现今的状况，考察它们如何成为现代诗歌以及民众如何赋之以教育意义。实际上,这意味着复返浪漫主义;而这种新的浪漫主义所致力以求的,不仅是揭示民族瑰宝,而且是以社会内容加以充实。

7. 尤·索科洛夫构想中的诗歌体民间之作

新一代俄国学者论证了对民间文艺的探考的合理性,不仅致力于揭示民间文艺载体的社会职能,而主要并首先致力于揭示"创造个人"。就此而论,尤里·索科洛夫在其关于俄国口头创作的著作(出版于1938年)中所得出的结论,引起人们极大的关注。

索科洛夫认为:文人诗歌与民间诗歌的区分是机械的(或者,正如他所说的,两者分别是"自然的"和"人为的"),其原因在于:两者均为或者可能是文人文学之作。就此而言,索科洛夫与克罗齐完全一致;然而,索科洛夫并未援用克罗齐的论点,又似乎并不知其人。而与克罗齐截然不同(这是俄国学者对民间文艺探考的结果),索科洛夫对民众、工人异常关注。克罗齐写道:民间诗歌在很大程度上是有文化者或半有文化者之活动的成果,很少为没有文化的平民百姓(而对"没有文化",可另持他见)。而索科洛夫断言:劳动人民、普通人获得创作才能,是全面、深入了解本国诗歌的、叙事的和其他民间文学之结果。他们的文化,便在于此。

实际上,普通人、劳动者没有文化的概念,同我们的概念截然不同:我们习惯于在对一切加以探讨时,只依据我们的知识,而对我们认为不属于自己的、不属我们阶级的一切则采取鄙夷态度。

应当补充(索科洛夫最后说):诗人和故事家有自己的派别,并因其所演唱者和风格以及表演而各有所异——卡·威·西多以及(在较为局限的意义上)意大利学者贝·巴尔迪,已发表过这样的见解,他们分别得出同一结论。然而,事实终究是事实:优秀的民间创作中不乏真正的"艺术手法";诗歌的和叙事的民间创作中的创作过程,与文人文学中的创作过程相等同(就此而言,索科洛夫与克罗齐两人的观点相吻合)。

据索科洛夫看来,异文具有新作的意义(用他的话来说,每一异文均应被视为文艺现象);然而,他并不否认对集体创作有所作用的传统之力。他完全赞同帕·库瓦罗在这一问题上的观点,写道:

> 这里出现关于传统的问题;一些研究者亦将传统视为区分民间文学与文人文学的根本标志。然而,我们仍然坚持这样一种看法,即:就此而言,民间文学与文人文学之区分更多属数量范畴,而非质量范畴。须知,脱离诗歌传统,文人文学的发展也是不可思议的。在民间文艺领域,"传统的"这一范畴似乎较为强大;其原因在于:未在物质上被制约的口头创作,在千百年的实践中应培植传统的记忆方法;这种方法则在记忆中保留了非常复杂的题材。对民间诗歌的分析将证明:传统所培育的修辞手法和结构手法,一方面有助于所创作之作品的记忆,另一方面有利于其加工或即兴创作新的作品……
>
> 不可只归结于民间文化的传统,否则,势必承认民间文化中只存在守旧、停滞、保守之本原。

因此,不可否认传统的意义,因为正是传统意味着歌谣的人民性。然而,由于歌谣具有审美品格,将关于歌谣起源的问题加以突出,仅仅视之为艺术现象,不是更恰当吗?

8. 人民与有文化素养者

这样一来,美学赋予语文学越来越多的动机,语文学则重新确立其律则,诗歌与人民之共生共存在这些律则的基础上具有更大的说服力和明确性。人们曾认为:关于民间诗歌的神话已经湮灭。而实际上,它较之过去更加充满活力。

浪漫主义对民间诗歌与文人诗歌的关联进行了探考,其态度明确、彻底,而且论析果断。应当提及:浪漫主义如何将抒情题材、叙事情节、神话等归之于人民,后来,文人文学正是以上述种种为基础。伴随实证语文学所进行的考察和探索,似乎宛如活期存款,既有贷方(浪漫主义继续其美好的事业),又有借方。

借方栏内,不仅可记录格林兄弟,或者米勒,或者更确切地说,梅嫩德斯·皮达尔的作为,即所谓承袭说以及完全重新创作和再创作之说,而且可记录本法伊的论点——本法伊设定文人文学与民间文学之并存,并认为:后者通常无非是前者的低劣复制品。贝迪耶则走得更远;他将民众与有文化素养者对立起来,将民众变为较之"有文化素养者"这一用语同样不明确的抽象概念。然而,尽管本法伊坚持其论点,而且贝迪耶在此以前便已提出其见解,帕里斯仍然对民间文学和文人文学作了明确的区分。丹孔纳、孔帕雷蒂、皮特雷对这种区分持尤为坚决的态度;他们坚持不渝地确信:这两种创作形态与两种特殊的认识方法相适应。

问题正是在于:以最大的学术准确性揭示两种认识方法、其特征和本质。梅嫩德斯·皮达尔以"普遍的认识"替代浪漫主义派的"民族精神",并赋予民间诗歌,或者正如他所表述,赋予传统诗歌以千篇一律的认识。这显然与文人诗歌截然不同;文人诗歌则处于另一范畴。

约·贝迪耶以其"民众与有文化素养者之对立"回避了这一问题;浪漫主义派从民众中导出一切,他则将一切归之于有文化素养者。

问题依然尚未盖棺论定,而且有时似乎可转为真正的阶级斗争:与人民在一起,抑或反对人民。

似乎在回答这一问题,贝·克罗齐将民间创作与文人创作截然分开,而将民间创作之创作本性完全置诸脑后。然而,随着民间对诗歌材料进行加工这一问题的深入探讨,问题越来越显而易见:民间诗歌的格调始终见诸民众中和民间。甚至较通俗的、出自文人之手的诗歌,也颇为艰难地传至民间;须知,人民有他们自己的、学习的学校(正如索科洛夫所说)。文人之作若是传至民间,则有所变易。然而,索科洛夫补充说,对诗人、有天赋者、歌手和故事家的创作进行研究,不仅是为了对传统加以探讨,而且是为了论证传统之作不失为文艺创作现象。

另一方面,不应忘记(而且如果忘记,则是荒唐的):民间文学通常被视为文人文学的根基。反之亦然。约·迈耶著作的积极作用,正在于揭示这一事实。如果将民众视为与外界隔绝者,则是错误的。当文人文学成为民间文学,即当其一些情节为民间所用,诗歌作品之源泉(约·约·格勒斯最先对此有正确的理解)被遗忘,新的创作势必成为文学特殊领域的一部分,而这也赋予这些作品以特殊的职责。所谓文人诗歌,不可视之为崇高化的民间诗歌;而民间诗歌,亦不可视之为衰颓的文人诗歌;同样,民间诗歌如果成为文人的、宫廷的、反思的诗歌,也就不再是民间的。反之亦然。因此,两种形态均不可否定,而应赋予这种或那种形态以具体的存在。

民间诗歌和文人诗歌,或者更确切地说,反思的诗歌(此术语是相对的,因为民间诗歌亦为创作而成),可视之为两条平行之线——两者即使似乎相遇合,也仍然相区分。

约·贝迪耶拒不承认平凡的民间诗人具有创作才能……语文学和美学考证,将这种天赋复归于民间诗人。马克西姆·高尔基的呼吁似乎依然在回响:"搜集民间文学,向民间文学学习,并对民间文学进行加工整理。"民间文化确实是文明和文化的历史之不可分割的一部分,但是并非始终如此,即使现今仍被视为历史的一部分(尽管约·赫伊津哈和保·布洛赫亦持精到之见)。同时,应当承认:欧洲民俗学界同样忽视民俗学的历史,而无论如何应予以关注。然而,诸如此类争议(姑且如此表述),日益减少。而对这一知识领域的研究者们来说,它们应当,而且不能不被视为继续其先行者们的事业之动力。这些先行者的功绩在于:廓清了旧的道路并开拓了新的途径,将新的前景展示在我们面前。

附录一　有关学者的简要介绍[*]

A

阿恩特,恩斯特·莫里茨(Arndt, Ernst Moritz 1769～1860)　德国诗人,其诗歌富于反封建和爱国主义精神。在《时代精神》(1806～1818)中,阿恩特呼吁反对拿破仑占领军,抨击德国封建制度。他并提出"人民潜在精神"的论点。

阿尔内,安蒂·阿玛图斯(Aarne, Anti Amatus 1867～1925)　芬兰民间文艺学家,"芬兰学派"的主要代表。其主要著作《民间故事类型索引》(1910)、《民间故事比较研究原理》(1913),以地理-历史方法为基础。《索引》一书旨在依据作为情节的稳定组合之题材对不同民族的民间故事进行分类,有助于民间故事的系统整理和研究。

阿尔尼姆,路德维希·阿希姆·封(Arnim, Ludwig Achim von 1781～1831)　德国作家,与布伦坦诺同为海德堡浪漫主义派的主要代表。他们搜集、整理、出版的德国民歌集《男童的神奇号角》(1806～1808),不仅提高了德国人民的民族意识,而且丰富了德国诗歌宝库。他们并赞誉人民是"健康的和质朴的力量",以期"复返中世纪"。

阿尔诺,安托万(Arnauld, Antoine 1612～1694)　法国法学家和神学家,詹森派的追随者,曾积极参与同耶稣会士的争论,并因而避往荷兰。

阿尔恰蒂,安德雷亚(Alciati, Andrea 1492～1550)　意大利法学家、历史学家、诗人。

阿尔图齐奥,约翰(Altusio, Johann 1557～1638)　德国法学家,所谓自然法论的追随者。据他看来,至高权力的载体为人民;其代表推选君主(国家的最高治理者)。

阿尔维德松,阿道夫·特瓦尔(Arwidson, Adolf Tvar 1791～1858)　芬兰-

---

[*] 参照本书英译本、俄译本,并依据有关资料编写。——译者

瑞典学者、作家、历史学家，对儿童游戏有所记述。

阿法纳西耶夫，亚历山大·尼古拉耶夫（Афанасьев，Александр Николаевич 1826～1871） 俄国民间文艺学家、民族志学家；格林兄弟和马·米勒的追随者。他所搜集的实际材料具有极大价值。其主要著作有：《家神老人》(1850)、《巫师与巫婆》(1851)、《斯拉夫人叙事诗中的自然观》(1865～1869)、《俄罗斯民间故事》(1855)、《俄罗斯民间传说》(1859)等。

阿弗塞利乌斯，阿尔维德-奥古斯特（Afzelius，Arvid-August 1785～1871） 瑞典诗人、民间文艺学家、历史学家。

阿里奥斯托，洛多维柯（Ariosto，Lodoviko 1474～1533） 意大利诗人，属文艺复兴时期晚期。其代表作《疯狂的罗兰》，开端承接意大利诗人博亚尔多长诗《热恋的罗兰》之结尾，以骑士罗兰对安杰丽嘉的爱情为主要情节，具有独特的艺术性，堪称意大利文艺复兴时期社会生活的画卷。

阿里斯托芬（Aristophanes 约公元前446～前385） 古希腊喜剧作家。

阿那克里翁（Anacreon 约公元前570～前480） 古希腊著名抒情诗人。其作品有琴歌和哀歌等；文艺复兴和启蒙运动时期，曾流行模仿他的"阿那克里翁诗体"。

阿扎多夫斯基，马尔克·康斯坦丁诺维奇（Азадовский，Марк Константинович 1888～1954） 苏联民间文艺学家、文学史家和民族志学家。曾在西伯利亚、俄罗斯北方和苏联其他地区进行学术考察，并从事民间文学资料的搜集；其主要著作有：《俄罗斯民间文艺学史》(1958)、《文学和民间文学论集》(1960)。

阿扎尔，保尔（Hazard，Paul 1878～1944） 法国学者，法兰西学院教授，法国科学院院士(1940)。阿扎尔熟知意大利文学，其活动有助于意大利文学在法国的传布。他所著《欧洲信仰的危机》(1946)，囊括1680年至1744年这一时期。

埃贝洛，巴泰勒米（Herbelot，Barthélemy 1625～1695） 法国东方学家，曾编著《东方文库》，包括有关近东和中东的种种资料。

埃德蒙（Edmont，E.） 法国语言学家，与朱·日耶龙合著《法国语言分布图》(1902～1910)。

埃尔茨（Hertz） 法国社会学家。

埃尔韦，乔治（Hervé，Georges） 法国社会学家，曾从事民族志资料的研究。

埃克尔曼,约翰·彼得(Eckermann, Johann Peter 1792~1854)　德国学者,德国诗人歌德的秘书(1823~1832),著有回忆录《歌德晚年时期与歌德谈话录》(据每日与诗人谈话记录编写)。

埃拉斯穆斯,德西德里乌斯(Erasmus, Desiderius 1466~1536)　荷兰文学家、语言学家。埃拉斯穆斯(又译"爱拉斯谟")为著名人文主义者,曾在荷兰、德国、英国居留,与学者、作家、君主、神甫有通信联系;反对教会黑暗、经院哲学、偏见等。其主要著作有《愚人颂》(1511)等。埃拉斯穆斯以犀利的笔锋抨击僧侣和神学家们的"疯狂和愚蠢、伪善以及放荡淫逸",并认为各种宗教礼仪均为愚行。

埃利亚德,米尔恰(Eliade, Mircea 1907~1986)　罗马尼亚宗教学家、哲学家,从事宗教、神话和民间创作的比较研究。

埃斯库罗斯(Aischulos 公元前525~前456)　古希腊三大悲剧作家之一。

艾迪生,约瑟夫(Addison, Joseph 1672~1719)　英国作家、政治活动家,英国早期启蒙运动的代表,英国期刊文学的创始人之一;曾与友人理查德·斯梯尔合编《闲谈者》;后又主编《旁观者》日刊(1711~1712;1714),并担任主要撰稿人。两刊性质大体相似,主要刊载小品、特写、评论、报道。

艾兴多尔夫,约瑟夫·封(Eichendorff, Joseph von 1788~1857)　德国浪漫主义派诗人。他的诗歌富有民歌色彩,形式质朴、语言明快。他向往昔日美好的生活,渴望返归自然。他的诗作脍炙人口,对后世一些诗人影响极大。他与阿尔尼姆、布伦坦诺、格勒斯等浪漫主义派代表人物交往。

爱德华兹,威廉·弗雷德里克(Edwards, William Frédéric 1777~1842)　法国语文学家。

爱尔维修,克洛德·阿德里安(Helvétius, Claude Adrien 1715~1771)　法国启蒙思想家、哲学家。爱尔维修是法国唯物主义学者,法国启蒙思想家伏尔泰是他的挚友和导师。其主要著作有:《论精神》《论人的理智能力和教育》以及早期的《关于爱知识的书简》《关于快乐的书简》《关于理智的傲慢和懒惰的书简》《关于手工业的书简》,表达其哲学思想的长诗《幸福》等。

安德烈,理查德(Andree, Richard 1835~1912)　德国民族志学家,主要从事斯拉夫民族(捷克人、塞尔维亚人)民族志的比较研究。

安德列耶夫,尼古拉·彼得罗维奇(Андреев, Николай Петрович 1893~1942)　苏联民族志学家、民间文艺学家;在其早期著作中,追随"芬兰学派",后脱离该学派,并对其方法论进行抨击;致力于俄罗斯和乌克兰民间文艺以及文学与民间文学的相互关系的研究;曾出版阿尔内的《索引》,并以俄罗斯民间故事的内容加以增补(《阿尔内体系故事题材索引》,列宁格勒1928年版)。

安德松,瓦尔特(Anderson, Walter 1885~1962) 德国民间文艺学家。

安东尼,卡尔洛(Antoni, Carlo 1896~1959) 意大利哲学家。

安徒生,汉斯·克里斯蒂安(Andersen, Hans Christian 1805~1875) 丹麦作家。其童话故事颇为著名,为读者所喜爱。

昂佩尔,让·雅克(Ampère, Jean Jacques 1800~1864) 法国文学史家和语言学家,法兰西科学院院士;著有:《古代斯堪的纳维亚文学》(1832)、《盖尔人民间歌手以及其他克尔特民族的民间歌手》。

奥比尼亚克,弗朗索瓦·埃德兰(Aubignac, François Hédelin 1604~1676) 神甫,法国作家和批评家,古典主义的追随者。

奥多亚克(Odoacer,卒于493年)在西罗马帝国服役的一日耳曼兵团的首领;476年,推翻西罗马帝国末代皇帝罗慕洛·奥古斯图卢斯。

奥尔里克,阿克塞尔(Olrik, Axel 1864~1917) 丹麦民间文艺学家,致力于北方神话和英雄史诗的研究,曾出版多种著作。

奥努瓦,玛丽·卡特琳(Aulnoy, Marie Catherine 1651~1705) 法国女作家,写有童话和宫廷小说。

奥古斯丁,奥勒利乌斯(Augustinus, Aurelius 354~430) 基督教神学家和唯心主义哲学家。奥古斯丁的主要著作《论上帝之城》,基于基督教观点,试图对整个历史过程进行思考,并将其置于上帝的意旨和预定下。奥古斯丁力主所谓强制信仰,其教说成为异端裁判的论据。

奥维德(普布利乌斯·奥维德·纳佐)(Publius Ovidius Naso 公元前43~约公元17) 古罗马诗人。奥维德的《岁时记》,原拟写12卷,按时间顺序叙述古罗马宗教节日以及有关传说、历史事件和仪式、民间习俗等;作者只完成前6卷,因流放而搁笔。该书对研究古罗马的宗教和仪礼有着极大价值。

奥扎南,安托万·弗雷德里克(Ozanam, Antoine Frédéric 1818~1853) 法国历史学家,又译"奥扎纳姆",天主教味增爵会创始人;著有关于法律、文学和社会学的论文。

B

巴尔比,米凯莱(Barbi, Michele 1867~1941) 意大利语文学家,致力于但丁诗歌的研究;著有:《崇高的学科与民间歌谣的搜集》(1929)、《意大利民间诗歌:研究与论断》(1939)。

巴尔迪,贝尔纳迪诺(Baldi, Bernardino 1553~1617) 意大利学者、作家。

巴尔图斯,让·弗朗索瓦(Baltus, Jean François 1667~1743) 耶稣会士、学者。

巴尔托利,达尼耶洛(Bartoli, Daniello 1608~1685) 耶稣会士,罗马耶稣会团主持人,曾撰写《耶稣会史》(1655~1663),并著有关于语文学等的著作。

巴霍芬,约翰·雅科布(Bachofen, Johann Jakob 1815~1887) 瑞士历史学家、法学家。正如恩格斯所指出,他最先奠定了家庭史研究的基础,并提出关于古代民族曾经历乱婚阶段的见解;他还断言:乱婚阶段之后,为母权制时期,——而母权制又是他的主要研究课题。著有《母权制》(1861)。

巴肯(Buchan) 英国学者,从事手抄本的搜集。

巴尼耶,安托万(Banier, Antoine 1673~1741) 神甫,法国作家,对神话有所研究,著有《传说释析》(1711)。

巴斯蒂安,阿道夫(Bastian, Adolf 1826~1905) 德国民族志学家、旅行家,柏林民俗博物馆创始人;足迹遍及世界各地,搜集大量资料。他是所谓"基原思想"说的创始者;据他看来,这种思想导致人类心理同一说:不同民族的在同一条件下,产生同一的技术的、社会的和精神的机制和成果;只有地理因素造成各民族的文化之特殊性。卡尔·马克思在 1860 年 12 月 19 日写给弗·恩格斯的信中指出:阿·巴斯蒂安试图对心理进行"自然科学"的阐释,并对历史进行心理学的阐释,势必导致谬误、混乱和模糊不清。

巴西莱,詹巴蒂斯塔(Basile, Giambattista 1575~1632) 意大利诗人和小说家,民间歌谣搜集者。他以那不勒斯方言编写了 50 则故事,题名《最好的故事》(1634),为欧洲此类故事集中最早者。

拜伦,乔治·戈登(Byron, George Gordon 1788~1824) 英国诗人,著有一系列长篇叙事诗《异教徒》《海盗》《莱拉》》和《恰尔德·哈罗尔德游记》;后因受英国上层人士攻击,愤然移居意大利。

鲍林,约翰(Bowring, John 1792~1872) 英国政治活动家、作家、旅行家,曾搜集俄罗斯、塞尔维亚、波兰民间诗歌,并翻译出版。

鲍萨尼亚斯(Pausanias 约公元 2 世纪) 古希腊著作家,著有《希腊道里志》,包容关于古希腊艺术和建筑术的丰富资料、关于神话、地方习俗、仪礼、信仰。该书对研究古希腊的习俗和宗教、神话颇有价值。

保罗·狄阿科努斯(Paulus Diaconus 约 720～约 797) 历史学家;其著作《伦巴第人史》,是伦巴第人历史和社会生活的重要文献。

贝迪耶,约瑟夫(Bédier, Joseph 1864～1937) 法国学者,文学史家。其主要著作多涉及中世纪罗曼语文学,诸如《特里斯丹传奇》《叙事传奇》《韵文故事》《十字军歌谣》等;并著有《克尔特论集》,阐述了其方法论观点。贝迪耶否弃了承袭说,以及韵文故事源于印度之说;据他看来,应在每一作品中探寻与民族诗歌相关联者。他不同意这样一种见解,即:中世纪传说与其所涉及的事件同时产生。他认为:僧侣对这些传说的创作有着极大的作用。

贝尔尼,弗兰切斯科(Berni, Francesco 1497/1498～1535) 意大利诗人、翻译家。曾将《热恋的罗兰》译为托斯卡纳文。

贝尔谢,乔万尼(Berchet, Giovanni 1783～1851) 意大利诗人,浪漫主义学派"青年意大利"的创建者之一;其创作充满对外国奴役者的仇视。

贝卡里亚,切扎雷(Beccaria, Cesare 1738～1794) 意大利法学家和评论家、启蒙运动者。贝卡里亚在其论著《论罪与罚》(1764)中,维护人身自由,对种种封建桎梏表示抗议,要求减轻惩罚,要求废止死刑,反对逼供。其著作在欧洲遐迩闻名。

贝克·德·富基埃尔,路易(Becq de Fouquières, Louis 1831～1887) 法国学者,著有《古代民族的游戏》(1869)。

贝克,菲利普·奥古斯特(Becker, Philipp August 1862～1947) 德国学者,浪漫主义派,对中世纪和文艺复兴时期的法国文学有所研究。

贝克,巴尔塔扎尔(Bekker, Balthasar 1634～1698) 荷兰哲学家。贝克同迷信进行了坚决的斗争,猛烈抨击种种巫术活动,呼吁取缔"老婆婆们讲述的魔怪及其伎俩的故事"。在其所著《魔鬼化世界》一书中,贝克列举了 8 岁儿童和年迈老人因被指控行巫而被焚死的众多事例;他们被天主教会的异端裁判所以及新教的宗教法庭判处死。

贝朗热-费罗,洛朗(Bérenger-Féraud, Laurent 1832～1900) 法国民俗学

者,著有《迷信与遗存》(1895)。

贝勒,皮埃尔(Bayle, Pierre 1647～1706) 法国进步思想家,18世纪启蒙运动者的前驱。贝勒不仅是宗教信仰宽容的拥护者,而且是无神论的捍卫者;他对宗教和迷信进行猛烈的抨击。他搜集了大量民族志和民俗资料,却视之为"一堆谎言和谬误"。这种片面的态度,亦为18世纪的启蒙运动者所持有;他们在民间创作中只看到迷信和谬误。贝勒的主要著作为《历史与批判词典》(1694年版)。贝勒相信由无神论者组成的社会之存在;伏尔泰与贝勒进行了论战,断言:没有神,甚至无法管理农村。伏尔泰是官方教会的最强有力和最激烈的抨击者;他说:"如果没有神,那就应想出一个神。"卡尔·马克思指出:贝勒"不仅用怀疑论摧毁了形而上学,从而为在法国掌握唯物主义和健全理智的哲学打下了基础"。

贝利尼,温琴佐(Bellini, Vincenzo 1801～1835) 意大利作曲家。他的音乐表达了意大利人民的情感,即处于内忧外患下的人民的情感。

贝纳丹·德·圣皮埃尔(Bernardin de Saint-Pierre 1737～1814) 法国作家,卢梭的追随者。他极力推崇卢梭的崇尚原始和崇拜自然。他的长篇小说《保尔与维尔吉尼亚》,描述两个少年在原始自然状态中度过的生活;而一旦触及现代文明,主人公则必然死亡。

贝尼耶,弗朗索瓦(Bernier, François 1625～1688) 法国旅行家,曾居留于莫卧儿帝国京城德里;1670年出版旅行札记。马克思和恩格斯高度评价其观察力。

贝日耶,尼古拉(Bergier, Nicolas 1718～1790) 法国神学家,反对18世纪的启蒙思想家,特别是伏尔泰、霍尔巴赫。

贝希托尔德－施托伊布利,汉斯(Bechtold-Stäubli, Hans 1886～1941) 瑞士民俗学者。

贝恩,阿芙拉(Behn, Aphra 1640～1689) 英国女作家。她少年时代曾居于西印度群岛,在那里他了解到殖民奴役的种种骇人听闻的行径。她的小说《奥鲁诺科》,使读者对奴隶们的痛苦生活给予关注。犹如她的同时代人,阿弗拉·本将原始人理想化。人们往往将她的小说同比彻·斯托的《汤姆叔叔的小屋》相比拟。

本法伊,泰奥多尔(Benfey, Theodor 1809～1881) 德国语文学家,从事比较语言学和印度语文学的研究,著有众多有关比较语言学和印度神话的论著。他曾创立所谓"借用说"("游徙说""游动题材说"等)。本法伊继神话学派之后,承认民间创作典籍的神话基原,却仅以文化影响和文学影响说明其嗣后的诸发展阶段。本法伊无视民族的和历史的因素。据他看来,印度文学是所谓"游动题材"的主要始源。他翻译出版《苏摩提婆颂歌》和《五卷书》,并附以详尽注释。

彼特拉克(Petrarch 1304~1374) 意大利诗人、佛罗伦萨学者、人文主义者;其思想和著作体现了新时代的艺术观点和道德观点;被视为欧洲人文主义运动的创始人和伟大代表。他的诗歌继承普罗旺斯和意大利"温柔新体"诗派爱情诗的传统,又接近生活。《歌集》为其最优秀之作。他并著有《名人传》(1338~1374)、《备忘录》(1343~1345)。叙事诗《阿非利加》(1338~1342),使他获得桂冠诗人的荣誉。

比纳(Biener) 德国民俗学者。

比尼,沃尔特(Binni, Walter 1913~1997) 学者,曾从事裴相的研究。

毕达哥拉斯(Pythagoras 约公元前 571~前 497) 古希腊哲学家。

毕尔格,戈特弗里德·奥古斯特(Bürger, Gotfried August 1747~1794) 德国诗人,德国诗歌中民歌体裁的倡始者,具有狂飙突进的精神。他的叙事谣曲大多具有反封建的人民性。他重视民歌,尤为喜爱英国民间歌谣,并模仿其样式创作了《莱诺勒》(1773),描述一个少女控诉"七年战争"夺去他的未婚夫,是德国文学中著名的叙事谣曲之一。他所写的重要叙事谣曲尚有:《野蛮的猎人》(1773~1778)、《强盗伯爵》(1773)、《正直人之歌》《陶本海因的一位牧师的女儿》(1773~1781)等。他认为:诗歌不仅应为高雅贵族,而且应为人民大众服务。

别斯图热夫－马尔林斯基,亚历山大·亚历山大罗维奇(Бестужев-Марлинский Александр Александрович 1797~1837) 俄国作家和文艺评论家(笔名:马尔林斯基),曾参加 1825 年 12 月 14 日起义;犹如许多十二月革命党人,别斯图热夫同样十分关心民间文学。

波波夫,米哈伊尔·伊万诺维奇(Попов, Михаил Иванович 1742~约 1790) 俄国作家、翻译家、作曲家。俄国第一部民间题材的戏剧(《阿纽塔》)之作者;编有《斯拉夫的古籍,即斯拉夫大公奇遇记》(1770~1771)、《古代斯拉夫寓言记述》(1768)、《俄罗斯的埃拉塔,即近代优秀俄罗斯歌谣选》(1792)。

波尔坦,亨里克,加布里埃尔(Porthan Henrik Gabriel 1739~1804) 芬兰民间文艺学家。

波利比奥斯(Polybios 约公元前 201~前 120) 古希腊历史学家,著有

《通史》。

波利夫卡,伊日(Polivka, Jiři 1858~1933) 捷克语文学家,从事斯拉夫语言、历史、文学和民间文学的研究;追随承袭说,对斯拉夫民间故事十分熟悉,并出版捷克和俄罗斯民间故事。他与博尔特所编《格林兄弟童话索引》,并收入其他民族的相应题材。

波利齐亚诺,安杰洛(Poliziano, Angelo 1454~1494) 意大利诗人、人文主义者。他在民间诗歌的影响下写了一些爱情诗和舞歌,描述美和青春易逝。《比武篇》、《奥尔甫斯》为其主要诗作。

波利耶,安托万(Polier, Antoine 1741~1795) 法国东方学家,曾在印度居留30余年,携回大量手抄本,其中包括《吠陀》全文。

波罗,马可(Polo, Marco 1254~1323) 意大利旅行家,曾游历小亚细亚、伊朗、阿富汗、帕米尔、新疆等地,在中国居留17年,著有《游记》。

波斯特,阿尔贝特·赫尔曼(Post, Albert Hermann 1839~1895) 德国法学家,所谓法学人种学的代表。据他看来,不同民族法之差异,为人之属性和种族的特征所决定。

勃拉姆斯,约翰内斯(Brahms, Johannes 1833~1897) 德国作曲家。他的作品富有浪漫主义精神。

伯恩,夏洛特(Burne, Charlotte 1850~1923) 英国民俗学者。

伯恩,亨利(Burne, Henry) 英国民俗学者,著有《民间古风物或平民古风物》(1725)。

伯克,埃德蒙(Burke, Edmund 1729~1797) 英国政治活动家、作家。1757年,他发表美学论文《我们关于崇高和美的观念之由来的哲学探讨》,受到狄德罗、康德、莱辛等的关注。他在《关于目前不满情绪的根源》(1770)中指出:必须相信群众本身和群众所信赖的代表。他并发表多篇论述其见解的演说。

伯默,弗兰斯·马格努斯(Böhme, Franz Magnus 1827~1898) 德国学者、音乐学家;曾出版《德国古老歌谣书》(1877)、《德国儿童歌和游戏》(1897)。

伯默,雅科布(Böhme, Jakob 1575~1624) 德国哲学家、神秘主义者。他的哲学包含下列揣测:所谓"发展",为矛盾冲突和对立之斗争的结果。他所指的,乃是善与恶、光明与黑暗之矛盾。据他看来,上帝不仅是善的本原,而且是恶的本原。

柏拉图(Plato 约公元前 427～前 347) 古希腊哲学家。他在《国家篇》中描绘了理想农奴制社会的情景。

博丹,让(Bodin, Jean 1530～1596) 法国法学家、政治活动家。为了维护国家的统一,他主张制止宗教迫害,宣传宗教信仰自由。他的主要著作《共和六书》,对英国哲学家霍布斯有所影响。他并主张:民主的君主政体拥有以神圣的权力为基础、只受自然法制约的绝对立法权力。他曾对宗教进行比较研究,断言:宗教对人类行为来说,是一种伦理准则。他相信巫术,却主张取缔巫者。

博德默,雅科布(Bodmer, Jakob 1698～1783) 德国诗人、文艺评论家。他反对古典主义和崇拜法国专制制度的文化,并致力于德国民族文学的创立;据博德默看来,不仅古希腊罗马作家的作品,中世纪德国和英国诗人的作品,也应加以模仿。

博尔特,约翰内斯(Bolte, Johannes 1858～1937) 德国民族志学家、日耳曼学家,曾搜集和出版 16 世纪的民间歌谣和故事。

博纳尔,路易·加布里埃尔(Bonald, Louis Gabriel de 1753～1840) 法国作家、政治活动家;在复辟时期,为极端保皇党人的首领。

博普,弗兰茨(Bopp, Franz 1791～1867) 德国学者,比较语言学和梵语学的奠基人。他揭示了梵语在印欧语诸语比较研究中之重要性。其主要精力集中于《梵语、曾德语、亚美尼亚语、希腊语、拉丁语、立陶宛语、古斯拉夫语、哥特语和德语比较语法》的编纂。

博叙埃,雅克·贝尼涅(Bossuet, Jacques Bénigne 1627～1704) 法国神甫、作家,著有《新教教会改易史》(1688);属天主教正统派,坚决反对新教;对批判《圣经》和教会教义的反教权主义文学持不调和态度。

薄伽丘,乔万尼(Boccaccio, Giovanni 1313～1375) 意大利作家、人文主义者。他的作品有传奇、史诗、叙事诗、十四行诗、短篇故事集。其最出色的作品为故事集《十日谈》。

布丰,乔治－路易(Buffon, Georges-Louis 1707～1788) 法国博物学家,以自然史著作闻名。

布格,埃尔斯库斯·索福斯(Bugge, Elscus Sophus 1833～1907) 挪威语文学家,又译"巴格",曾出版古老叙事诗《埃达》,并收集大量挪威古代铭文;他的《古老挪威民歌》,于 1858 年出版。

布莱尔,休奇(Blair, Huge 1718~1800)　苏格兰作家;1863 年,发表《论莪相诗歌》(博士论文),断言《莪相作品集》中诗歌真实可信。

布莱克韦尔,托马斯(Blakwell, Thomas 1701~1757)　苏格兰学者,致力于古希腊罗马文化的研究;著有《荷马生平和作品探考》(1735)、《关于神话的信札》(1748)。

布赖廷格,约翰·雅科布(Breitinger, Johann Jakob 1701~1776)　瑞士作家和文艺批评家,与德国诗人雅·博德默过从甚密。

布兰德,约翰(Brand, John)　英国民俗学者。

布朗,托马斯(Browne, Thomas 1605~1682)　英国医生、作家,致力于古文化的研究和古风物的探考,并从事反对迷信的斗争,著有《医生的宗教》、《普遍的迷误》等。

布朗热,尼古拉·安托万(Boulanger, Nicolas Antoine 1722~1759)　文艺复兴时期的作家和哲学家,从事东方语言和宗教史的研究,并为《百科全书》撰稿。

布雷亚尔,米歇尔(Bréal, Michel 1832~1916)　法国语言学家,致力于古意大利语言的研究,并从事印欧语诸民族神话的研究。

布里奥(Briot)　法国学者,曾将《奥斯曼帝国现状记》出版。

布吕歇尔,格布哈德·莱贝雷希特·封(Blücher, Gebhard Leberecht von 1742~1819)　普鲁士将军、元帅;在滑铁卢战役中指挥德军战胜拿破仑。

布伦坦诺,克莱门斯(Brentano, Clemens 1778~1842)　德国作家、民间文艺学家。

布罗尼岑(Броницын, Б.)　俄国学者。

布罗斯,沙尔·德(Brosses Charles de 1709~1777)　法国历史学家、启蒙运动时期著作家;著有《航海探寻新大陆史》(1756)。他所著《论物神崇拜》(1760),为对未开化者的信仰之科学研究奠定了始基。布罗斯并认为:拜物教是最古老的宗教形态,产生于恐惧的情感;一切民族均经历这一形态。

布洛赫,保罗(Bloch, Paul J.)　德国学者,著有《德国民间舞蹈》(1926)。

布洛赫,马克(Bloch, Marc 1886~1944)　法国历史学家。

布龙齐诺,阿格诺洛(Bronzino, Agnolo 1503~1572)　意大利佛罗伦萨画派画家、诗人,其寓意性作品是风格主义的代表作;后期受米开朗琪罗和拉斐尔晚期作品的影响。所作宗教画和寓意画(《奢侈的寓言》《维纳斯、丘比特、罪恶与时间》),颇为著名。

布斯拉耶夫,费多尔·伊万诺维奇(Буслаев, Федор Иванович 1818～1897) 俄国语言学家,神话学派在俄国的代表。其主要著作涉及民间文学和语言学,具有极大价值,被称为"格林兄弟的忠实学生"。

布特韦克,弗里德里希(Bouterweck, Friedrich 1766～1828) 德国哲学家、美学家。他认为:诗歌是一切艺术的理论基础。其主要著作有:《现代诗歌与修辞学史》《宗教与理性》等。

布瓦洛,尼古拉(Boileau, Nicolas 1636～1711) 法国诗人、古典主义理论家。《诗艺》为布瓦洛的代表作,被视为古典主义文学理论的经典,对17世纪以及后来的法国文学影响极大。他的主要论点见诸《诗艺》;在《诗艺》中,他提出种种体裁的规律以及一般艺术规律和原则。

C

蔡尔德,弗朗西斯·詹姆斯(Child, Francis James 1825～1896) 美国学者和教育家,曾搜集大量民间文学资料,并出版《英格兰与苏格兰民间歌谣集》(8卷,1857～1858)、《英格兰与苏格兰民间歌谣集》(4卷,1882～1898)。他十分重视手抄原稿本的作用。

查理大帝(Charles) 法兰克王(768～814年在位)。

茨温利,胡尔德赖希(Zwingli, Huldreich 1484～1531) 瑞士宗教改革运动领袖,著有《论洗礼》。

D

达尔林普尔,戴维(Dalrymple, David 1726～1792) 苏格兰法学家和历史学家。其主要著作为《苏格兰编年史(1057～1304年)》。

达尔曼,弗里德里希·克里斯托弗(Dahlmann, Friedrich Christoph 1785～1860) 德国历史学家和政治活动家,曾任格廷根大学教授;曾参与旨在反对汉诺威政府极端反动政策的抗议书;参与此举者为格廷根七君子。1848年革命期间,达尔曼为法兰克福议会议员,主张普鲁士居主导地位的德国统一。

达莱,安东尼乌斯·范(Dale, Antonius van 1638～1708) 德国哲学家,致力于古风物的探考,著有《关于民间预言者两议》。

达里,弗拉基米尔·伊万诺维奇(Даль, Владимир Иванович 1801~1872)
俄国学者和作家;编成《俄罗斯民间谚语》,于 1862 年,即尼古拉一世亡故(1855
年)后出版。

达尼洛夫·基尔沙(Данилов Кирша) 似为第一部壮士歌、民间歌谣的编
者;后付诸出版。基尔沙·达尼洛夫其人迄今尚不详。只知,其名见诸一手稿首
页(此页后佚)。这些歌谣于 18 世纪 60 至 80 年代,受一富有工厂主和达官贵人
普罗科费·德米洛夫之托,在外乌拉尔地区居民中搜集记录,并长期保存于德米
洛夫手中。1804 年,《古俄罗斯诗集》出版,辑入其歌谣的一部分(26 至 70 篇)。
1818 年,鲁缅采夫获得该手稿,并全文出版,题名《古代俄罗斯诗歌集》。1988 年,
该诗歌集再版,并注明由基尔沙·达尼洛夫整理。

达维(Davy, G.) 法国社会学家,曾从事法的研究。

丹孔纳,亚历山德罗(D'Ancona, Alessandro 1835~1914) 意大利语文学家、
文学史家,曾参加民族解放运动;从事民间创作的探考。

但丁·阿利吉耶里(Dante Alighieri 1265~1321) 意大利诗人。

道布,卡尔(Daub, Karl 1765~1836) 德国神学家。

道森,查尔斯(Dawson, Charles 1864~1916) 英国古生物学家。

德尔图良(昆图斯·塞普提米乌斯·弗洛伦斯·德尔图良)(Quintus Septimi-
us Florens Tertullians 约 160~220 后) 基督教神学家,所谓教父之一。德尔图
良为基督教著作家,致力于维护和宣扬基督教。他猛烈抨击古希腊罗马的思想家
和学者,断言:"基督之后,无须任何求知;'福音书'之后无须任何探考。"

德莱埃,伊波利特(Delehaye, Hippolyte 1859~1941) 比利时天主教圣徒生
平研究家,主张借助于考古资料和校勘方法编写教会名人传记。

德罗伊岑,约翰(Droysen, Johann 1808~1884) 德国历史学家。

德梅尼耶,让·尼古拉(Demeunier, Jean Nicolas 1751~1814) 法国作家、政
治活动家。

德默尼埃,让·尼古拉(Demeunier, Jean Nicolas 1741~1814) 法国作家、政
治活动家。

德萨威尔,雷纳塔(Dessauer, Renata) 德国学者,著有《流传失真》(1929)。

狄奥多罗斯(西西里的)(Diodorus Siculus 公元前 1 世纪) 古希腊历史学家;
历时 30 年编成《历史文库》,记述当时的历史事件和社会体制、风俗习惯,并涉及

文学艺术。

狄德罗,德尼(Diderot, Denis 1713~1784) 法国哲学家、美学家、百科全书派的主要代表、无神论者;深受英国唯物主义者培根、霍布斯、洛克的影响;除主编《百科全书》外,并撰写大量著作。

迪茨,弗里德里希(Diez, Friedrich 1794~1876) 德国语文学家、罗曼诸语比较研究的创始人。

迪尔凯姆,埃米尔(Durkheim, Émile 1858~1917)一译"涂尔干",法国社会学家。迪尔凯姆将社会视为心理的统一,将社会意识视为集体的。他断言:图腾崇拜是宗教最古老的形态。他断然摈弃个人心理规律适用于解释宗教信仰之说,并对自然论和万物有灵论有关宗教起源之说进行了令人信服的抨击。据他看来,宗教信仰只能产生于社会,产生于"集体概念"。社会形态不同,历史发展阶段不同,其宗教形态亦各有所异。其主要著作有:《宗教生活的基本形式》(1912)。迪尔凯姆的命题及其有关神话思维特征的某些论述,引起民俗学界的关注,开吕·莱维－布吕尔和克·莱维－施特劳斯的理论之先河。其著作尚有:《社会分工论》(1893)、《自杀论》(1897)、《社会学方法的准则》(1895)等。

迪弗雷尼,夏尔·里维埃(Dufresny, Charles Rivière 1648~1724) 法国诗人、小说家、语法学家和作曲家,曾在路易十四宫廷供职。

迪勒尔,阿尔布雷希特(Dürer, Albrecht 1471~1528) 德国民俗学家。

迪洛尔,雅克·安托万(Dulaure, Jacques Antoine 1755~1835) 法国政治活动家和历史学家,克尔特学院的创始人之一。

迪梅尔桑(Dumersan 1780~1849) 法国学者,《法国民间歌谣集》(1858~1859出版)编者之一。

迪梅齐尔,乔治(Dumézil, Georges 1898~1986) 法国语言学家、宗教学家,曾对印欧语诸民族的神话和宗教进行广泛的比较研究。迪梅齐尔属神话学派,是印欧语诸民族神话"三功能结构"论的倡始者,开克·莱维－施特劳斯结构主义理论之先河。其主要著作有:《印欧人的三功能观念》(1958)、《神话与叙事诗》(1968~1972)等。

迪特里希,阿尔布雷希特(Dieterich, Albrecht 1866~1908) 德国宗教学家,著有《神话与仪礼》(1903)、《地母》(1905)等。

笛福,丹尼尔(Defoe, Daniel 约1660~1731) 英国作家。他所著《鲁滨逊漂流记》反映了启蒙思想、自由的个性在自然条件下的发展。他的小说具有西班牙流浪汉小说的特点。其笔下的主人公聪明机智,充满活力,不信天命,勇于克服困难。其主要著作尚有:《辛格尔顿船长》(1720)、《摩尔·弗兰德斯》(1722)、《杰克上校》(1722)、《罗克萨娜》等。

笛卡尔(Descartes, Rene 1596～1650) 法国哲学家。

蒂博,安东·弗里德里希(Thibaut Anton Friedrich 1772～1840) 德国法学家,以温和的理性主义精神坚持自然法传统的哲理学派的代表,著有《罗马法的逻辑解释的理论》(1799)、《罗马法制度》(1803)。

蒂克,路德维希(Tieck, Ludwig 1773～1853) 德国诗人,曾接受启蒙运动的影响,后转向浪漫主义。他的《弗兰茨·斯坦恩巴尔德的漫游》(1798),为一部浪漫主义小说;书中所描述的梦幻之国,已有美化中世纪牧歌生活的倾向。蒂克的许多作品成为德国浪漫主义派的代表作。蒂克试图将中世纪理想化,把骑士描写为有教养者和多情者。然而,中世纪的骑士通常是愚昧无知、鲁莽成性。对妇女"顶礼膜拜",却又十分粗暴。在骑士家庭中,妇女处于无权的地位。

蒂莱,瓦斯拉夫(Tille, Václav 1867～1937) 捷克文学史家、童话研究家。

蒂索·德·帕托(Tyssot de Patot 1655～1738) 法国学者。

蒂耶尔,让·巴蒂斯特(Thiers, Jean Baptiste 1636～1703) 法国神学家,著有《迷信论》《佩洛泽人史》。

蒂耶尔索(Tiersot, J. B. 1857～1936) 法国学者,著有《法国民间歌谣史》。

东锡耶(Doncieux, G. 1856～1903) 法国民俗学者。

杜毕伊,夏尔·弗朗索瓦(Dupuy, Charles François 1742～1809) 法国哲学家、无神论者。他试图将神话和宗教的意象解释为天文界的表征,著有《一切崇拜的起源》(1794～1795)。

杜勃罗留波夫,尼古拉耶夫·亚历山大罗维奇(Добролюбов, Николай Александрович 1836～1861) 俄国文学评论家;早年便对民间创作感兴趣,着手搜集谚语谜语以至民间歌谣、传说、仪俗。他并将这些资料用于关于民间文艺学的论著,诸如《布斯拉耶夫省俄罗斯谚语集评注》。他断言:民间文学更好和更确切地表达民众对生活的观点。他并提出搜集和出版民间文学资料的科学原则。

杜兰,阿古斯丁(Duran, Agustin 1789～1862) 西班牙诗人和文艺评论家,曾两度出版《谣曲总集》(1828～1832年,1849～1854年),并附学术性注释。

多布罗夫斯基,约瑟夫(Dobrovsky, Josef 1753～1829) 斯拉夫学家,捷克民族运动的领导人之一,反对奥匈帝国旨在使斯拉夫人德意志化的政策,并致力于发展捷克文学语言。

多克松,吉罗(D'Auxonne, K. Girault 1764～1823) 法国历史学家,致力于文物古迹的探考。

E

莪相(Ossian) 古代歌手;似于公元3世纪生活于爱尔兰南部,人们将其与古希腊传说中的荷马相提并论。

F

法尔曼(Fahlmann) 民俗学者。

法拉,朱利奥(Fara, Giulio) 意大利学者,著有《意大利的音乐精神》。

法内尔,刘易斯·理查德(Farnell, Lewis Richard) 英国学者,著有《希腊诸城邦的崇拜》(1896～1909)。

范热内普,阿诺尔德(Van Gennep, Arnold 1873～1957) 法国民族志学家、民间文艺学家;始于1904年,发表多篇论著,论述民俗学、民族志学和原始史等领域的问题以及法国的勃艮第、萨瓦等的民俗。范热内普关于过渡性仪礼的研究,具有异常重要的意义。据他看来,所谓"过渡性仪礼",行之于人生的转换时刻(降生、成熟、婚配、死亡等)以及自然界交替时节。其主要著作有:《澳大利亚的神话和传说》(1906)、《过渡礼仪》(1909)、《宗教、风习和传说》(1914)、《现代法国民俗研究指南》(1937～1958)等。

菲尔多西(Abolghasem Ferdousi 940～1020?) 波斯诗人,熟悉民间故事,并对波斯古籍有深入研究。其《王书》不仅简要介绍了波斯历史上50个帝王公侯的生平事迹,并收集了众多神话、故事和传说。《王书》家喻户晓,影响极大。

菲斯特尔·德·库朗热,尼玛·德尼(Fustel de Coulanges, Numa Denis 1830～1889) 法国历史学家,初期致力于古代史的研究;著有《古代城邦》,力图论证:古希腊城邦乃是基于祖先崇拜的公社,一切社会变革均与宗教相关联。继而,他又从事中世纪早期的研究。

腓特烈二世(Friedrich Ⅱ 1740～1786) 德意志国王。

费内蒂(Finetti, G. F.)　意大利学者。

费讷隆,弗朗索瓦·德(Fénelon, François de Salignac de la Mothe 1651~1715)　法国作家、教育家、启蒙运动的先驱之一。作者借用古希腊神话题材,抨击路易十四世的专制制度,并阐述其改革方案,寄希望于未来的"开明专制制度"。其主要著作有:《忒勒玛科斯历险记》(1699)、《论子女教育》(1687)、《死者对话录》(1700~1718)。

费奇诺,马尔西利奥(Ficino, Marsilio 1433~1499)　意大利哲学家,试图将柏拉图的学说与基督教结合起来,曾主持科齐莫·梅迪奇所建立的佛罗伦萨学院。

费希特,约翰·戈特利布(Fichte, Johann Gottlieb 1762~1814)　德国哲学家。费希特在1807~1814年德国民族高涨时期起有显著作用。在拿破仑军队占领的柏林,他发表《寄语德国人民》,呼吁争取解放。

丰克,埃玛(Funk, Emma)　德国学者,著有《古德意志民间歌谣史上人为加工的作用》(1931)。

丰特奈尔,贝尔纳·德(Fontenelle, Bernard de 1657~1757)　法国思想家、启蒙运动的先驱。丰特奈尔是笛卡尔的追随者,但更接近于唯物主义。在《关于婆罗洲的报道》中,他对加尔文宗与天主教徒的斗争进行了嘲讽。在《预言者轶事》中,他以批判多神教仪礼为名,实则对基督教进行抨击;他是科学的热烈追随者,并致力于宣扬其成就。

冯特,威廉(Wundt Wilhelm 1870~1958)　德国心理学家、哲学家。他将语言学和民俗学的研究与心理学探考相关联。据他看来,语言和民俗均归结于心理学现象,乃至生理学现象,与具体的社会条件和历史条件并无关联。他十分重视梦境,视之为题材的渊源。

福蒂耶,罗贝尔(Fawtier, Robert)　法国学者,对武功歌有所研究。

福里埃尔,克洛德·夏尔(Fauriel, Claude Charles 1772~1844)　法国历史学家、语文学家,致力于法国及意大利文学史、民间文化史的研究。其主要著作有:《普罗旺斯诗歌史》(1846)、《但丁与意大利诗歌的产生》(1854)等。他并对近代希腊诗歌有着极大兴趣。

福斯科洛-贝内德托,路易吉(Foscolo-Benedetto, Luigi)　意大利学者,对叙事诗有所研究。

福斯勒,卡尔(Vossler, Karl 1872~1919) 德国学者、语文学家,致力于罗曼语国家文学的研究;在民间文学和语言学问题上,支持所谓天才说;著有《语法与语言史》等。

福伊,威利(Foy, Willy) 德国学者,曾为《人种学方法》(1911)撰写"序言"。

弗兰齐亚,莱特里奥·迪(Francia, Letterio di) 意大利学者。

弗雷泽,詹姆斯·乔治(Frazer, James George 1854~1941) 英国宗教学家、人类学家。据他看来,宗教的起源和发展同人们的个人心理状况相关联。为了证实他关于宗教起源的理论,弗雷泽搜集了大量有关法术的资料。弗雷泽在《金枝》中阐述了种种崇拜和法术,其主旨在于揭示人类智力发展诸阶段的更迭。他认为人类的智力普遍经历三个阶段,即:法术阶段、宗教阶段、科学阶段。其主要著作有:《金枝》(12卷)、《〈旧约全书〉中的民间文化》。

弗罗贝尼乌斯,莱奥(Frobenius, Leo 1873~1938) 德国民族志学家、文化史家;曾12次游历非洲,收集丰富资料。他是文化圈理论的创始者之一。据他看来,文化是一个独立的机体,按其规律(生物类型)发展;人民只不过是独立发展的载体。

伏尔泰(Voltaire 1694~1778) 法国哲学家、史学家、文学家。伏尔泰所编《哲学书简》,又名《英国书简》。伏尔泰于1726年至1729年避居英国期间,潜心考察英国的政治制度、哲学和文艺,回国后发表《哲学书简》。他在《书简》中宣扬英国资产阶级革命后的成就,抨击法国的专制政体。《书简》出版后即遭查禁。

富埃特,爱德华(Fueter, Eduard 1876~1928) 瑞士历史学家。

富比尼,马里奥(Fubini, Mario 1900~1977) 意大利文艺批评家,著有《詹巴蒂斯塔·维柯的风格和人文主义》(1946)。

富尼埃,爱德华(Fournier, Édouard 1819~1880) 法国学者,著有《玩具与儿童游戏的历史》(1889)。

G

盖多兹,亨利(Gaidoz, Henri) 法国学者,人类学派的追随者。

盖格,路德维希·威廉(Geiger, Ludwig Wilhelm 1856~1943) 德国东方学家,致力于印度和伊朗的语言的研究。其语言研究,与对文化的探考紧密结合。

盖兰,莫里斯·德(Guérin, Maurice de 1810~1839) 法国作家。

高尔基,马克西姆(Горький, Максим 1868~1936) 苏联作家。高尔基一向重视民间创作,曾运用民间歌谣、故事、谚语从事创作。他指出:民间文艺为劳动群众在其劳动和阶级斗争中所创作;民间文学的基本特征,是创作的口头性和集体性;民间创作产生于原始社会,续存于近代。

高乃依,皮埃尔(Corneille, Pierre 1606~1684) 法国古典主义戏剧大师。《熙德》一剧为其传世之作,与《贺拉斯》(1640)、《西拿》(1641)、《波黑耶克特》(1643),被视为他的"古典主义四部曲"。

歌德,约翰·沃尔弗冈·封(Goethe, Johann Wolfgang von 1749~1832) 德国诗人,曾采集民歌,对荷马、莪相等的诗歌十分关注,并完成大量代表狂飙突进运动的作品(《少年维特之烦恼》《浮士德》等)。

戈比诺,约瑟夫·阿尔蒂尔(Gobineau, Joseph Arthur 1816~1882) 法国外交家、作家和社会学家,曾译"戈宾诺",种族理论的创始者之一。他将世界史描述为"低等"种族与"高等"种族的斗争;这似为历史发展的动力。据他看来,劳动群众似乎接近于"低等"种族,种族的纯净化有助于专制制度的保持。他认为:"白色种族最高贵的后裔为日耳曼人,应统治世界。"他的理论是多年来历史学、人类学和人种学研究中的产物,是生物决定论和社会决定论的一部分。

戈蒂埃,莱昂(Gautier, Leon 1832~1897) 法国语文学家,从事中世纪的研究;著有:《法国叙事诗》(1865~1868)和《罗兰之歌》(1872)。

戈尔德曼,埃米尔(Goldmann, Emil) 德国学者,从事宗教研究,著有 Cartam levare。

戈盖,安托万(Goguet, Antoine 1716~1758) 法国学者、法学家。

戈玛拉,弗兰西斯科·洛佩斯·德(Gómara, Francisco López de 1511~1566) 亦即"洛佩斯·德·戈玛拉,弗朗西斯科"。西班牙历史学家。

戈姆,乔治·劳伦斯(Gomme, George Laurens 1853~1916) 英国民俗学家、民族志学家和历史学家,致力于民俗的研究;曾创立民俗协会,并担任第一任主席;曾《考古学杂志》《古风物》《民俗》。

戈姆,艾丽斯(Gomme, Alice B.) 英国民俗学者,致力于儿童游戏的研究,乔·劳·戈姆的妻子。

戈纳尔德(Gonnard, I. K.) 从事神话研究的学者。

戈齐,卡尔洛(Gozzi, Carlo 1720~1806) 意大利剧作家、诗人;1761 年至

1765 年,创作 10 部童话剧,以帝王、公主、巫师为主人公,从《一千零一夜》和意大利传奇文学中汲取素材,将离奇的情节同异国情调结合起来。其神话剧在欧洲风靡一时;歌德、席勒、莱辛及施莱格尔兄弟对之极为推崇。

戈斯,埃德蒙·威廉(Gosse, Edmund William 1849~1928) 英国诗人和文学史家,著有《17 世纪研究:英格兰诗歌史》(1883)、《18 世纪文学史》(1889)等。

戈特舍德,约翰·克里斯托弗(Gottsched, Johann Christoph 1700~1766) 德国作家和评论家,德国古典主义理论家,曾将法国古典主义戏剧的创作和理论介绍到德国,并奉之为唯一典范。他的《为德国人写的诗学试论》,依据贺拉斯、布瓦洛、奥皮茨的观点以及所谓亚里士多德学说,全面阐述了他的文学观点。据他看来,艺术的本质和任务在于对人进行理性和道德教育,艺术创作的出发点在于对人有教益的道德准则。

格德韦尔,皮埃尔·尼古拉(Gueudeville, Pierre Nicolas 1650~1720) 法国作家,著有《对忒勒玛科斯的评述》(1700~1701)、《托马斯·莫尔的乌托邦》(1715)、《男爵拉翁唐与一个美洲未开化者的对话》(1704)及其附录《拉翁唐纪行》(1706)。

格哈德,爱德华(Gerhard, Eduard 1795~1867) 德国考古学家和神话研究家。

葛兰西,安东尼奥(Gramsci, Antonio 1891~1937) 意大利共产党的创始人和领袖,意大利马克思主义理论家,对马克思主义的哲学、历史、文艺理论都做出了宝贵贡献。他在狱中写了大量札记、书信,后来分别编为:《狱中书简》和《狱中札记》(《狱中札记》又分别编为《历史唯物主义与克罗齐哲学》、《民族复兴运动》、《文学与民族生活》等)。其文艺理论,见诸《狱中书简》、《文学与民族生活》等。

格拉夫,阿尔图罗(Graf, Arturo 1848~1913) 意大利诗人、文艺评论家、民族志学家、民间文艺学家;著有《中世纪神话、传说和信仰》(1892~1893)。

格拉维纳,温琴佐(Gravina, Vincenzo 1664~1718) 意大利历史学家、法学家、诗人和评论家。

格莱姆,约翰·威廉·路德维希(Gleim, Johann Wilhelm Ludwig 1719~1803) 德国诗人,致力于模仿希腊抒情诗人阿那克里翁,有"德国的阿那克里翁"之称。

格莱斯顿,威廉·尤尔特(Gladstone, William Ewart 1809~1898) 英国政治

活动家,数度出任首相。

格勒斯,约翰·约瑟夫·封(Görres, Johann Joseph von 1776～1848) 德国学者,民间文艺学家,海德堡浪漫主义派成员,曾整理出版《德国民间故事书》。

格勒兹,让·巴蒂斯特(Greuze, Jean Baptiste 1725～1805) 法国艺术家,以画多愁善感的妇女肖像而著称。

格雷,托马斯(Gray, Thomas 1716～1771) 英国诗人,曾研读冰岛及威尔士古代诗歌。他最著名的诗为《墓园挽歌》。诗中对暮色中大自然的描写、对下层民众的同情以及伤感的情调,使其成为浪漫主义诗歌的先声。格雷还以古希腊诗人品达罗斯的颂歌体写了《诗歌的进程》和《歌手》,并翻译了一些北欧诗歌《命运女神姐妹》、《奥丁的降世》。在《歌手》中,格雷描写古代威尔士最后一个歌手对因吞并威尔士而战死的英王爱德华一世之诅咒。

格雷布纳,弗里茨(Graebner, Fritz 1877～1934) 德国民族志学家,民族学中文化－历史学派的首领;所谓"文化圈"理论的创始者。其追随者有威·施米特等。

格雷戈里(Gregory de Tours 538/539～594/595) 历史学家,中世纪前期基督教主教,出身于高卢－罗马元老院贵族;著有《法兰克人史》(共10卷,后7卷记述亲历的社会活动),并著有圣徒传记(有关宗教和社会生活的珍贵资料)。

格林,威廉(Grimm, Wilhelm 1786～1859) 德国语文学家。

格林,雅科布(Grimm, Jacob 1785～1863) 德国语文学家。

格林兄弟 即雅科布·格林与威廉·格林。格林兄弟是所谓神话学派的奠基人;据该学派看来,民间文化的产生同古代的宗教观念相关联。神话学派的追随者们运用比较方法,试图揭示"印欧原初宗教"这一共用的内核。除格林兄弟等外,属神话学派者尚有:阿·库恩、威·施瓦茨、威·曼哈特、马·米勒,以及亚·尼·阿法纳西耶夫、费·伊·布斯拉耶夫、奥·弗·米列尔、亚·阿·波捷布尼亚。他们在语言学和民间文学方面有卓越的建树。雅科布·格林的重要著作有:《德语语法》(1819～1851)、《德国语言史》(1848)、《德国法古风物》(1812～1814)、《论德国传说》(1811)、《德国神话》(1835)等。威廉·格林的著作有:《日耳曼英雄故事》(1829)、《弗赖丹克的教诲》(1834)等。两人共同编著的著作有:《儿童与家庭童话集》(1812～1814)、《德国传说》(1816～1818)。

格林卡(Глинка, Михаил Иванович 1804～1857) 俄国作曲家。

格伦德维,斯温(Grundtvig, Svend 1824～1883) 丹麦语文学家和民间文艺学家,致力于斯堪的纳维亚语文的研究,著有《Danmarks gamle Folkeviser》(5卷,1855～1890)。

格罗秀斯,希霍(Grotius Hugo 1583～1645) 荷兰法学家和历史学家,所谓自然法理论的奠基人之一;著有《论战争与和平法》(1625)、《哥特人、汪达尔人和伦巴第人的历史》。

格斯纳,萨洛蒙(Gessner, Salomon 1730～1788) 瑞士作家、画家、田园诗人;其作品以田园生活为题材,在欧洲颇负盛名,最著者有:《田园牧歌》(1756～1772)、《阿贝尔之死》(1758)。

贡戈拉·伊·阿尔戈特,路易斯·德(Góngora y Argote, Luis de 1561～1627) 西班牙诗人,著名文学流派"贡戈拉主义"的创始者。他的谣曲获得很高声誉。1627年出版诗作《西班牙荷马的诗作》。贡戈拉的诗歌,主要为短诗和长诗。其长诗主要是叙事诗和寓言诗。贡戈拉的夸饰主义,主要体现于这部分作品中,用词怪僻,晦涩难懂。《孤独》完成于1612年至1613年,为贡戈拉的代表作,主要采用"西尔瓦"体。

古贝尔纳蒂斯,安杰洛·德(Gubernatis, Angelo de 1840～1913) 意大利学者、文艺史家、民俗学家和民族志学家、民间文艺学家;致力于神话,特别是神话领域欧洲与东方之关联的研究。他赞同阿·库恩和马·米勒的观点,并将神幻故事题材的气象说导至极端。在《动物神话》(1872)中,他援用了来自印度、意大利、斯拉夫诸国(特别是俄国)的大量资料;并著有《意大利的降生、婚姻、丧葬仪式与其他印欧语民族的仪式之比较研究》、《比较神话学》(1880)。

果戈理,尼古拉·瓦西里耶维奇(Гоголь, Николай Васильевич 1809～1852) 俄国作家。其《狄康卡近乡夜话》,将乌克兰的民间故事、童话中的情节与对乌克兰现实生活的描述交织在一起,富于浪漫主义色彩。

H

哈贝兰特,米凯尔(Haberlandt, Michael 1860～1940) 奥地利印度学家、民族志学家、民间文艺学家,阿尔图尔·哈贝兰特之父。

哈贝兰特,阿尔图尔(Haberlandt, Arthur 1889～1964) 奥地利民俗学家和民族志学家;维也纳民俗博物馆馆长;其著作大多涉及巴尔干一些民族。

哈代,托马斯(Hardy, Thomas 1840～1928) 英国诗人、小说家。

哈格多恩,弗里德里希(Hagedorn, Friedrich 1708～1754) 德国诗人。其诗作中袭用阿那克里翁情节,多讴歌醇酒和爱情。

哈克卢特,理查德(Hakluyt, Richard 约 1553～1616) 英国地理学家和外交家,著有《同美洲的发现有关的一些旅行》(1582)、《英国人所完成的最重要的航海、旅行、通商和发现》(1589)、《关于西方的发现的特别报道》(1877)。

哈勒,阿尔布雷希特·封(Haller, Albrecht von 1708～1777) 瑞士博物学家和诗人,多年侨居德国,曾在哥廷根大学任教;其诗作中提出一些哲学问题。在《阿尔卑斯山》(1729)中,哈勒讴歌瑞士的自然景色以及农夫的生活。他对 18 世纪的启蒙思想家持反对态度。

哈里森,简(Harrison, Jane 1850～1928) 英国历史学家、文化史家,致力于希腊艺术和宗教的研究;著有《希腊宗教探考绪论》(1903)、《忒弥斯》(1912)、《古代艺术与仪典》(1913)。

哈曼,约翰·格奥尔格(Hamann, Johann Georg 1730～1788) 德国哲学家和作家。"狂飙突进"运动著名活动家。哈曼又是信仰主义者。他指出:真理必然是理性、信仰和经验的统一;如要解决哲学上的难题,只有靠对上帝的虔信。

哈姆,康拉德(Hahm, Konrad) 德国学者,著有《德国民间艺术》(1932)。

哈特兰,埃德温·西德尼(Hartland, Edwin Sidney 1848～1927) 英国人类学家。

哈伍德,伊迪丝(Harwood, Edith) 英国学者,著有《传统游戏》。

海涅,克里斯蒂安·戈特洛布(Heyne, Christian Gottlob 1729～1812) 德国语文学家、考古学家,曾在哥廷根大学任教。

海涅,亨利希(Heine, Heinrich 1797～1856) 德国诗人,被视为歌德以后德国最重要的诗人,其诗歌和散文产生过积极的影响。1833 年至 1834 年撰写《德国近代文学史略》(1836 年扩充为《论浪漫主义派》和《论德国宗教和哲学的历史》。据海涅自称,《德国,一个冬天的童话》,"是一部诗体旅行记,将显示出一种比那些最著名的政治鼓动诗更为高级的政治"。

赫伯特,爱德华(Herbert, Edward 约 1582～1648) 英国哲学家、历史学家、诗人和外交家,英国自然神论的创始人,又称"瑟堡的赫伯特",著有《论真理》《论谬误的原因》《论俗人的宗教》等。据他看来,有五种宗教思想为上帝所赐予,即人们头脑中自生的。

赫德,戴维(Herd, David 1732~1810) 苏格兰学者。在其《关于骑士诗及中世纪抒情诗的信札》(1762)中,论证中世纪诗歌优于古希腊诗歌,并反对沉醉于法国的古典主义。

赫尔德,约翰·戈特弗里德·封(Herder, Johann Gottfried von 1744~1803) 德国思想家和作家。赫尔德是"狂飙突进"运动的精神领袖。他为德国哲学的发展作出贡献,并把德国文学引上新的发展阶段。他继承了莱辛的思想;现代德国学者保尔·雷曼称他为"仅次于莱辛的、争取德国文学觉醒的伟大战士"。赫尔德对民众怀有深刻的同情。赫尔德反对古典主义,否认所谓"古典民族"的存在。据说,这些民族的生活和文化应成为其他民族的楷模。他认为:对诗歌和艺术来说,并不存在所有时代统一的模式。每一民族,甚至未开化者,都可以创造美好的东西。每一民族的民众都创造了文化宝藏,而这些宝藏又属于民众。他写了《诗歌中各族人民的声音》,意欲证明:一切民族均有诗歌天赋。并且赫尔德认为:像自然界一样,人类历史的发展也遵循一定的规律,人类社会的各种现象都是历史的产物,有其产生和发展的过程。赫尔德的思想不乏唯物主义倾向和辩证法因素。但是,他从未否认过上帝的存在,认为到处皆有神,自然和社会的一切无不受"神性"支配,因而具有其规律性。他反对"语言起源于神"的观点,同时又极力维护宗教,视之为人文主义教育的工具、"宝贵的传统"。赫尔德一生担任神职,但他的宗教观已全然脱离正统宗教的教条。

赫哈德(Hehard) 似为爱德华,德国学者,致力于古希腊罗马古风物和神话的研究。

赫鲁特森,贝恩哈德(Groethuysen, Bernhard 1880~1946) 德国哲学家。

赫伊津哈,约翰(Huizinga, Johan 1872~1945) 荷兰文化史家。

荷马(Homerus) 古希腊传说中的诗人;相传,《伊利亚特》、《奥德赛》便为他所作。

黑贝尔,约翰·彼得(Hebbel, Johann Peter 1760~1826) 德国诗人、教育家、牧师;所谓民众文学的倡始者之一;与亨利希·封·克莱斯特同为德语文学中轶事体裁的奠基人。黑贝尔的故事取材于16世纪的笑话集和民间故事,大多反映农村生活,洋溢着劳动人民的智慧和乐观精神,并带有启蒙思想。

黑格尔,乔治·威廉·弗里德里希(Hegel, Georg Wilhelm Friedrich 1770~

1831) 德国哲学家。

亨利七世(Henry Ⅶ) 英格兰国王(1485～1509年在位)。

胡姆博尔特,卡尔·威廉(Humboldt, Karl Wilhelm 1767～1835) 德国语言学家、哲学家、政治活动家,又译"洪堡"。1828年,他发表《论双数》一书;学者们誉之为语言的玄学。他平生致力于爪哇岛古加维语的研究,未竟而亡。《遗篇》于1836年出版,其"序言"论及语言差异及其对人类发展的影响;学者们奉之为语言哲学的"教科书"。

华兹华斯,威廉(Wordsworth, William 1770～1850) 英国诗人,曾与塞·柯尔律治发表诗集《抒情歌谣集》,成为浪漫主义的宣言书,在英国文学史上开创了一个新的时代,即浪漫主义时代。华兹华斯在诗集"序言"中指出,诗集的主要特点在于:采用农村下层人民的生活题材,借助于诗人的想象,用日常语言加以描绘。他并强调指出:应从人民生活中寻找题材,从人民语言中学习语言。《抒情歌谣集》再版"序言",堪称英国文学批评史上的经典之作。华兹华斯被誉为颂扬大自然的新型诗歌的开创者和领袖,对雪莱、拜伦和济慈都有一定影响。华兹华斯被任命为"桂冠诗人"。他有波澜壮阔的心灵史诗(《序曲》),有以大自然和接近自然的人为题材的抒情诗,有清新而典雅的诗(《丁登寺》《不朽的征兆》)。

霍夫曼·封·法勒斯莱本,奥古斯特·海因里希(Hoffmann von Fallersleben, August Heinrich 1798～1874) 德国诗人;他的儿童诗,受人喜爱;曾编纂《德国古代政治诗歌集》、《16、17世纪德国社会诗歌》,并从事民间歌谣的收集。

霍夫曼－克赖耶,爱德华(Hoffmann-Krayer, Eduard 1864～1936) 瑞士日耳曼学家、民俗学家。

J

基歇尔,阿塔纳修斯(Kircher, Athanasius 约1602～1680) 德国博物学家、数学家、语言学家、神学家、耶稣会士,被称为"最后一个文艺复兴人物"。基歇尔写有多种论著;其著作中,除准确可信的资料外,不加任何分析地纳入臆想和杜撰。

基列耶夫斯基,伊万·瓦西里耶维奇(Киреевский, Иван Васильевич 1806～1856) 俄国哲学家和评论家。

基列耶夫斯基,彼得·瓦西里耶维奇(Киреевский, Петр Васильевич 1808～

1856) 俄国哲学家和评论家。

基列耶夫斯基兄弟 即伊万·瓦西里耶维奇和彼得·瓦西里耶维奇,均为俄国哲学家、评论家和斯拉夫主义的思想领袖。他们并被视为德国哲学家谢林的追随者。彼得·基列耶夫斯基曾从事民间歌谣的搜集,并于1848年出版《俄罗斯民间歌谣集》。他不赞成对民间歌谣任意改动。据他看来,一切新的增益均属"损坏";他力图依据种种异说寻求原初之说,并以较为古老的表述和语言取代较新者。这样一来,作品的艺术完整性则丧失殆尽。

基内,埃德加(Quinet, Edgar 1803~1875) 法国政治活动家、哲学家、诗人、文学史家和宗教史家;曾是德国学者赫尔德和共和派的追随者。1833年,他发表散文诗《亚哈随鲁》,而声名大振。在《宗教的天才》(1842)中,他对所有宗教表示同情。晚年,科学的进步使他重振对人类进步的信心(《创造》《新精神》)。

基雅布雷拉,加布里耶洛(Chiabrera, Gabriello 1552~1638) 意大利抒情诗人,潜心于模仿荷马和维吉尔的诗歌。他赋予抒情小诗(由普罗旺斯演化的抒情诗)以新的风格。其最优秀的作品为优美的短歌。

基雅罗,莫利纳罗·德尔(Chiaro, Molinaro del) 那不勒斯民间文艺学家。

基佐,弗朗索瓦(Guizot, François 1787~1874) 法国历史学家,著有《欧洲文明史》(1828)、《法国文明史》(1829~1832)、《法国史》(1872~1876)。

吉本,爱德华(Gibbon, Edward 1737~1794) 英国历史学家,著有《罗马帝国衰亡史》(6卷,1776~1788)。

吉利费尔丁格,亚历山大·费多罗维奇(Гильфердинг, Александр Федорович 1831~1872) 俄国历史学家和民俗民间文艺学家、斯拉夫学家。1871年,曾在奥洛涅茨边疆区进行考察,精心准确地搜集318首壮士歌,并按作者(歌手)进行分类和研究。在其《奥洛涅茨省及其民间歌手》一文中,他揭示了诗歌创作与俄国北方的自然条件以及奥洛涅茨农民所处社会条件之关联。

吉罗,克劳德·格扎维埃(Girault, Claude Xavier 1764~1823) 法国历史学家、古典语文学家。

吉皮乌斯,叶甫根尼·弗拉基米洛维奇(Гиппиус, Евгений Владимирович 1903~1985) 苏联音乐研究家、民俗学家。

加富尔,卡米洛·本索(Cavour, Camillo Benso 1810~1861) 意大利政治活动家。主张自上而下统一意大利;曾任意大利王国第一任首相。

伽利略,伽利莱奥(Galilei, Galileo 1564～1642)　意大利物理学家和天文学家。曾提出"日心说",因而遭到教会迫害。

加博托,费尔迪南多(Gabotto, Ferdinando 1866～1918)　意大利学者。对叙事诗有所研究。

加布里耶利,弗兰切斯科(Gabrieli, Francesco 1904～1996)　意大利阿拉伯学家。

加尔文,让(Galvin, Jean 1509～1564)　宗教改革家、加尔文宗创始人。著有《基督教原理》。

加尔西拉索·德拉·维加(Garcilaso de la Vega 1539～1616)　秘鲁文学家、历史学家。

加拉泰奥(Galateo 1444～1517)　修士。俗名安东尼奥·德·费拉里斯。意大利人文主义者、医生和哲学家,著有关于医学、历史、地理、神学等的著作。

加朗,安托万(Galland, Antoine 1646～1715)　法国东方学家。曾游历东方诸国,并将《一千零一夜》《古兰经》译为法文;并编写《金玉良言》《东方人的佳句和格言》《比德拜和洛克曼的印度故事和寓言》。

加利亚尼,费尔迪南多(Galiani, Ferdinando 1728～1787)　意大利经济学家、隐修院院长。曾居留巴黎,与百科全书派相接近,其主要著作多完成于巴黎。他的书信对了解18世纪欧洲的社会生活极有价值。

加尼埃,朱利安(Garnier, Julien 1642～1730)　传教士。长期从事北美印第安人习俗的考察。

杰尔比,安东内洛(Gerbi, Antonello)　意大利学者。

金,约翰(King, John A.)　英国学者。著有《超自然者,其起源、特性和演化》。

金蒂利,阿尔贝里科(Gentili, Alberico 1552～1608)　意大利法学家,后移居英国。金蒂利为第一批国际法理论家之一;其著作为罗马教皇列入《教廷禁书目录》。其主要著作有:《论战争法》(1589)、《论使馆》(1585)、《西班牙监禁》(1613)等。

居约(Guyau)　法国社会学家,曾从事艺术的研究。

K

卡巴列罗,费尔南(Caballero, Fernan 1796～1877)　西班牙女作家阿隆·贝尔·德·法贝尔之笔名。她以民间女歌手的生活为题材创作的《海鸥》(1849)，是西班牙一部现实主义小说。她在作品中广泛运用民间传说，以充分反映生活和习俗。

卡尔杜齐，乔苏埃(Carducci, Giosue 1835～1907)　意大利诗人、文艺评论家；早期诗歌抒发诗人渴望民族独立、自由和平等的强烈感情；著名长诗《撒旦颂》则歌颂叛逆精神、抨击教会。后期的诗歌中，革命激情逐渐淡薄，重在描写自然风光、爱情等。他并著有《早期意大利文学研究。行吟诗人和骑士诗歌》、《意大利民族文学的发展》等论著。

卡尔梅利，安杰洛(Carmeli, M. Angelo 1706～1766)　意大利语文学家、东方学家。

卡拉季奇，乌克·斯特凡诺维奇(Karadžic, Vuk Stefanovic 1787～1864)　塞尔维亚诗人和民间文艺学家，致力于民间文学、语言学和民俗学的研究。他搜集整理了大量民间创作，相继编辑出版《斯拉夫－塞尔维亚民间歌谣选》(2卷，1814～1815)、《塞尔维亚民间歌谣选》(4卷，1823～1833)、《塞尔维亚民间谚语》(1836)、《塞尔维亚民间故事》(1853)。

卡拉姆津，尼古拉·米哈伊洛维奇(Карамзин, Николай Михайлович 1766～1826)　俄国作家、社会活动家和历史学家。卡拉姆津力图使俄罗斯语言摆脱了繁重的拉丁语结构和僵化的古斯拉夫语表达方式，并引入新的语言。他使文学语言与口语相接近；但是，这种口语，并非人民的语言，而是贵族阶层所使用的语言，并掺杂了外来语。别林斯基指出："卡拉姆津并未倾听平民百姓的语言，也来探考自己的渊源。"

卡莱皮诺，安布罗吉奥(Calepino, Ambrogio 约1440～1510)　意大利人文主义者、奥古斯丁主义者，曾编写以多种文字解释的拉丁文词典。

卡雷(Carré, J. R.)　法国学者。

卡斯蒂略，埃尔南多(Castillo, Hernando 1529～1595)　西班牙历史学家。卡斯蒂略和埃斯特班·德·纳赫拉，均致力于歌谣的编辑出版。

卡塔内奥，卡尔洛(Cattaneo, Carlo 1801～1869)　意大利民族解放运动著名活动家、革命者、学者。其著作涉及哲学、经济、政治、历史、文学、语言等众多领域。主要著作有：《1848年米兰暴动》(1848)、《论米兰暴动及其后的战争》(1849)。

卡西尔,恩斯特(Cassirer, Ernst 1874~1945)　德国哲学家、语文学家、哲学家,新康德主义者;致力于神话的研究。他将文化诸范畴(语言、神话、宗教、艺术等)称为"象征形态",并认为它们各自独立、互不相属,因而使对神话思维的理性主义理解变本加厉;著有《神话思维》以及《诸象征形态的哲学》(1923~1929)、《人之试析》(1944)、《语言与神话》(1925)、《物质与功能》(1910)、《启蒙哲学》(1932)等。

开普勒,约翰内斯(Kepler, Johannes 1571~1630)　文艺复兴时期德国天文学家、行星运动三大定律的发现者。

恺撒(Caius Julius Caesar 约公元前100~前44)　罗马统帅,《高卢战记》一书作者。

康帕内拉,托马索(Campanella, Tommaso 1568~1639)　意大利学者、哲学家(属柏拉图派),试图调和文艺复兴的人文主义和天主教神学;著有《太阳城》(1602)、《神学》(1613~1614)。

康德,伊曼努埃尔(Kant, Immanuel 1724~1804)　德国哲学家,启蒙运动思想家。

康纳,约翰·阿诺尔德(Kanne, Johann Arnold 1773~1824)　德国文学家。

考德韦尔,克里斯托弗(Caudwell, Christopher 1907~1937)　英国马克思主义文艺评论家。他所著《幻觉与现实:诗的源泉研究》,是英国第一部运用历史唯物主义研究文学的重要著作,对诗的产生和发展、主要诗人的作品等作了系统的分析和研究。1937年,考德威尔在西班牙内战中牺牲。

考克斯,乔治·威廉(Cox, George William 1827~1902)　英国历史学家和文学家。著有《雅利安诸民族神话》(1870)、《比较神话学和民俗学绪论》(1881)。

柯尔律治,塞缪尔·泰勒(Coleridge, Samuel Taylor 1772~1834)　英国诗人、评论家。其诗歌(如《古舟子咏》等),堪称英国诗歌中的瑰宝。

柯林斯,塞缪尔(Collins, Samuel 1619~1670)　俄皇阿列克塞·米哈伊洛维奇的私人医生。1659~1666年,居留于俄国。他曾记录了一些俄罗斯童话。

科尔贝格,奥斯卡(Kolberg, Oscar 1814~1890)　波兰民俗学家、民族志学家和作曲家。他搜集了大量民族志和民间文艺资料。其主要著作有:《人民。其习俗、生活方式、语言、传说、谚语、仪礼、咒语、竞技、歌谣、音乐和舞蹈》(28卷,1865~1890)、《波兰民间歌谣》(1842,1857)、《民间歌谣》(1860)。

科拉尔,扬(Kollar, Jan 1793～1852) 捷克诗人。其诗作主要描述斯拉夫人的联合以及摆脱民族压迫的斗争;著有关于斯拉夫文学、历史和神话的著作;1823年,与沙法里克共同编辑出版斯洛伐克歌谣集,著有抒情史诗《斯拉瓦的女儿》。

科莱,路易丝(Colet, Luise 1810～1876) 法国女作家,《法国民间歌谣集》(1858～1859)编者之一。

科佩斯,威廉(Koppers, Wilhelm 1886～1961) 奥地利民族志学家,民族志学领域"维也纳学派"的主要代表。

科皮塔尔,巴托洛莫伊斯(Kopitar, Bartholomäus 1780～1844) 斯拉夫文学家,属克罗地亚族;忠于天主教和君主国,将南支斯拉夫人和西支斯拉夫人的命运与之相关联。

科斯金(Cosquin, Em.) 法国印度学家。

科斯塔·戈麦斯,弗朗西斯科(Costa Gomes, Francisco 1914～2001) 即"戈麦斯,弗兰西斯科·达·科斯塔"。葡萄牙军人和政治家。

克巴克(Kerbaker, M.) 德国学者。

克尔,威廉·佩顿(Ker, William Paton 1855～1923) 英国中世纪文学史家。著有《叙事诗和抒情诗》(1897)、《民谣史(1100～1500年)》(1904～1910)。

克尔图雅拉,瓦西里·阿法纳西耶维奇(Келтуяла, Василий Афанасьевич) 中世纪俄国文学史家和民间文艺学家,致力于古罗斯文学和民间文学的研究。他的《俄罗斯文学简史》,具有一定的学术价值;曾出版《伊戈尔远征记》(1928)、《壮士歌》(1928)。

克拉韦里,雷蒙多(Craveri, Raimondo) 意大利学者。

克劳利,艾尔弗雷德(Crawley, Alfred) 英国学者,著有《神秘的玫瑰花》(1902)。

克勒,赖因霍尔德(Köhler, Reinhold 1830～1892) 德国文学史家、民间文艺学家,从事叙事之作情节的比较研究。出版数部故事集,并附以注释。

克勒(Keller, O.) 德国学者。

克雷洛夫,伊万·安德烈耶维奇(Крылов, Иван Андреевич 1768～1844) 俄国寓言作家。著有诗体寓言200余篇,讽刺统治者的淫威、贪婪和残忍,语言简洁自然、平易近人。

克里斯坦森(Christiansen, R. Th.) 民俗学者。

克伦,尤利乌斯(Krohn, Julius 1835～1888) 芬兰作家和语文学家,致力于民间文学的研究。其著作多论述《卡勒瓦拉》古歌之由来。他的研究为所谓"历史－地理方法"奠定了始基。

克伦,艾诺(Krohn, Aino) 芬兰民间文艺学家,尤·克伦之女。

克伦,伊尔玛里(Krohn, Ilmari 1867～1960) 芬兰作曲家和民间文艺学家,尤·克伦之子,致力于民间歌谣的研究。

克伦,卡尔莱(Krohn, Kaarle 1863～1933) 芬兰学者,从事民间文学和比较民间文艺学的研究,"芬兰学派"的创始人。该学派致力于探考故事情节的传布(即所谓"历史－地理方法")。他所著《Die folkloristische Arbeitsmethode》(1926),对"历史－地理方法"有所阐述。1911年,他曾参与创建民俗学者联合会(FF-Folklore Fellow)。

克罗尼亚,阿尔图罗(Cronia, Arturo) 民俗学者。

克罗伊策,弗里德里希(Creuzer, Friedrich 1771～1858) 德国语文学家。著有《古老民族的,特别是希腊人的象征手法和神话》(4卷,1810～1812),系以海德堡派浪漫主义者的精神写成。

克罗伊茨瓦尔德,弗里德里希·赖因霍尔德(Kreutzwald, Friedrich Reinhold 1803～1882) 爱沙尼亚作家和民间文艺学家,又译"克列茨瓦尔德"。其友人法尔曼逝世(1850年)后,继续从事法尔曼所开始的搜集爱沙尼亚民间创作的工作。他根据法尔曼的思想并仿照《卡勒瓦拉》,完成叙事诗《卡勒维波埃格》,共19000行。诗中描述古代爱沙尼亚英雄卡勒维波埃格的英勇斗争。该叙事诗奠定了爱沙尼亚民族文学的基础。因遭禁,克罗伊茨瓦尔德于1861年出版学术版本;1862年,在芬兰再版。

克罗齐,贝内德托(Croce, Benedetto 1866～1952) 意大利政治活动家、历史学家和文艺评论家。其文艺评论主要涉及近代意大利文学史以及但丁、莎士比亚、阿里奥斯托、歌德等。他的4部著作:《美学》《逻辑学》《实践活动的哲学》《历史学的理论与实践》,反映了他的哲学体系;他统称之为"精神哲学"。其中以《美学》影响最大。他继承了维柯、黑格尔等的观点,并将艺术活动视为人人皆有的一种最基本的、最普通的活动。他关于民间诗歌和文人诗歌的论述,见诸其所著《民众诗歌与文人诗歌》。他并著有《作为自由的故事的历史》(1938)、《哲学、诗、历史》(1951)。

克洛卜施托克,弗里德里希·戈特利布(Klopstock, Friedrich Gottlieb 1724～1803) 德国诗人和作家,德国启蒙运动的重要代表之一。他的创作突破早期启蒙主义文学的约制,成为狂飙突进运动的先声。

克洛德,爱德华(Clodd, Edward 1840～1930) 英国民俗学者。

克洛茨,阿纳卡西斯(Cloots, Anacharsis 1755～1794) 启蒙思想家、评论家,18世纪末期法国资产阶级革命时期的政治活动家。曾支持多神教和强行非基督教化,后被处死。

孔德,奥古斯特(Comte, August 1798～1857) 德国哲学家。孔德从不可知论和现象论出发建立其实证哲学体系。他将其知识发展三阶段说视为实证哲学的基本主张。所谓"知识发展三阶段",即:(1)神学阶段,人类知识以虚构为基本特征,信仰超自然之力;(2)形而上学阶段,为前一阶段的变异;(3)实证阶段,以科学为基本特征,依靠观察和理性的力量,主要探索现象之间的关系。据他看来,人类发展同样经历与之相应的三阶段;实证阶段则是人类发展的最高阶段。孔德关于思想发展三阶段的理论,通常被视为对科学本质和科学史的肤浅的猜测。其主要著作有:《实证哲学教程》(6卷,1830～1842)、《实证政治体系》(4卷,1851～1854)、《实证逻辑体系》(1856)等。

孔帕雷蒂,多梅尼科(Comparetti, Domenico 1835～1927) 意大利作家和语文学家,并从事民间文学和方法的研究。主要著作有:《奥狄浦斯与比较神话学》(1867)、《意大利民间故事》(1875)、《〈卡勒瓦拉〉与芬兰人的民间诗歌》(1891)。

孔斯坦,邦雅曼(Constant, Benjamin 1767～1830) 法国政治活动家、政论家、作家。他的《阿道夫》(1816)开心理小说之先河;著有《论宗教的起源、形式及发展》(5卷,1823～1831)。

库奥科,温琴佐(Cuoco Vincenzo 1770～1823) 意大利历史学家和政治活动家。著有《那不勒斯革命历史概述》。

库恩,弗兰茨·阿达尔贝特(Kuhn, Franz Adalbert 1812～1881) 德国语言学家、民族志学家、东方学家,古语言学的奠基人之一。其力图借助于对印欧诸语的比较研究,探考原始民族文化之原貌。他并致力于神话的研究,试图将神话视为自然之力的神化。

库尔·德·热贝兰,安托万(Court de Gebelin, Antoine 1725～1784) 法国学

者。在《原始世界,与现今世界之比较探考》(1773～1782)中,他提出建立语言组群的比较语法;有鉴于此,叶卡捷琳娜二世命 П. С. 帕拉斯编写《语言和方言比较词典》(1787～1789)。

库克,阿瑟·伯纳德(Cook, Athur Bernard 1868～1952)　英国文化史家。

库瓦罗,帕特里斯(Coirault, Patrice 1875～1959)　法国学者,著有《我国古老传统民间歌谣探考》(1927～1932)。

L

拉贝克,克努特(Rahbek, Knud 1760～1830)　丹麦诗人和评论家。

拉伯雷,弗朗索瓦(Rabelais, François 1493 或 1494～1553)　法国小说家。他在民间故事的启发下,完成其名著《巨人传》。

拉布吕耶尔,让·德(La Bruyère, Jean de 1645～1696)　法国作家,十分熟悉宫廷生活,并对之有辛辣的讽刺;其著作《品格》(即《当今世纪的品格和风尚》),出版于 1688 年。

拉策尔,弗里德里希(Ratzel, Friedrich 1844～1904)　德国地理学家和民族志学家,所谓人类地理学(即人类地理学派)的创始人之一。据这一学派看来,地理范畴是社会发展的决定性因素。拉策尔将生物学规律移至社会关系,以种族的固有属性解释一切现象。他甚至将国家视为生物机体。不同民族文化现象之类似,则以所谓承袭释之。拉策尔的观点,对民族志学领域文化历史学派有一定影响。拉策尔曾在南欧、美国、墨西哥、古巴收集了丰富的资料,迄今仍有极大学术价值。民族志学领域的文化-历史学派的出发点,为拉策尔的人类地理学。据其学说,所谓"文化圈"是文化史上的基本范畴;据说,种种偶发的现象便由此类"文化圈"扩延而成。实际上,人类社会发展的整个过程,便归结于自同一(或类似)文化现象之一中心的转移。此类文化圈并无具体的历史关联,计有 7 个,后又说有 7 个,乃至 4～5 个。较之英国人类学派,这一学派倒退了一步。

拉德洛夫,瓦西里·瓦西里耶维奇(Радлов, Василий Васильевич 1837～1918)　俄国艺术和音乐评论家、考古学家、民族志学家和民间文艺学家。致力于突厥语言和文学的研究,并著有《突厥部落民间文学精粹》(圣彼得堡 1860～1907)。

拉菲托,约瑟夫·弗朗索瓦(Lafitau, Joseph François 1670～1740)　法国传教士,曾对北美一些印第安人部落的生活和习俗进行考察。他最先记述了易洛魁人和怀恩多特人(休伦人)的原始制度,并同其他部落进行了比较,认为这种制度亦为一切其他民族所有。由此可见,拉菲托将比较法广泛运用于民族志学,接近对社会发展规律的认识;著有《美洲未开化者的风习与原始时期风习之比较》,堪称进化论的历史比较人种学之初探。

拉封丹,让·德(La Fontaine, Jean de 1621~1695) 法国诗人和寓言作家。拉封丹在其寓言中既援用古希腊罗马的范例(古希腊寓言作家伊索、古罗马寓言作家费德鲁斯),又从民间传统中汲取营养,对专制制度和资产阶级的种种弊端加以抨击。

拉赫曼,卡尔(Lachmann, Karl 1793~1851) 德国语文学家,古代典籍考证体系的创始者,沃尔夫的追随者;从事古典语文学以及古日耳曼语文学的研究。对《尼贝龙根之歌》等有所研究,有多种论著问世。

拉克雷基尼耶尔(La Créquinière) 传教士。著有《印第安人的习俗与犹太人及其他古代民族之亲缘》。

拉勒芒,夏尔(Lallemand, Charles 1587~1674) 天主教传教士,曾在加拿大居留。

拉姆齐,阿伦(Ramsay, Allan 约1686~1758) 苏格兰诗人。曾从事民间歌谣的搜集,坚持以苏格兰语写诗,著名诗人彭斯视之为在当代诗歌中使用苏格兰语的先驱;致力于收集、整理古老歌谣、诗歌、谚语,大部收入《茶桌谈数》(3卷,1724~1737)。

拉穆齐奥,乔万尼·巴蒂斯塔(Ramusio, Giovanni Battista 1485~1557) 意大利学者、地理学家;又译"赖麦锡"。曾编纂出版游记集《航海旅行》,收有著名旅行家的记述,具有重大影响。

拉斯·卡萨斯,巴托洛梅·德(Las Casas, Bartolomé de 1474~1566) 西班牙神学家、多明我会修士。1502年赴美洲,多年居留该地。曾充任所谓"印第安人保护者"。其主要著作有:五卷本《印第安人通史》、《印第安人之衰落概述》。

拉翁唐男爵,路易·阿尔芒·德(La Hontan, Louis Armand de 1666~1715) 法国旅行家。拉翁唐于1683年作为一名士兵到加拿大(新法兰西)探险。他曾两次深入西部腹地。1703年,其旅行记正式发表。

拉辛,让(Racine, Jean 1639~1699) 法国悲剧诗人。其代表作有《安德罗玛克》《菲德拉》《爱丝苔儿》等。拉辛多取材于古希腊神话从事创作。

拉辛,斯捷潘·季莫费耶维奇(Разин, Степан Тимофеевич 1630～1671) 农民起义领袖(1670～1671)。

拉扎鲁斯,莫里茨(Lazarus, Moritz 1824～1903) 法国哲学家和心理学家,曾译"拉撒路"。据他看来,心理学家必须以历史的和比较的观点研究人类,分析社会结构的要素以及社会的风俗习惯和社会进化的主流。

莱奥帕尔迪,贾科莫(Leopardi, Giacomo 1798～1837) 意大利诗人、浪漫主义作家。写有多首爱国诗歌和田园诗;对语文学和民族志学有极大兴趣;1815 年始,陆续写出关于古代和中世纪著作家的论著。在抒情诗《金雀花》(1836)中,他明确指出"自然是人类的生母"。《一个亚洲游牧人的夜歌》(1830),以传神之笔描绘自然景色,抒写思想感情,文笔凝练朴素,是他最有代表性的作品。

莱布尼茨,戈特弗里德·威廉(Leibniz, Gottfried Wilhelm 1646～1716)德国哲学家、唯理论者、数学家,数理逻辑的创始人。他的广博才识对逻辑学、数学、法学、历史学、神学等众多领域有所影响。他在其《神正论》(1710)中,宣扬信仰与理性的和谐一致,探讨恶之起源。科基雅拉在本书第 4 章第 4 节中所提及的"奇迹"(即"理性的奇迹"),可见于其所著《自然与神恩的原则》(1714)。

莱喀古士(Lykurgos 约公元前 390～约前 324) 雅典政治家和演说家,又译"利库尔戈斯"。

莱里,让·德(Léry, Jean de 1534～1601) 基督教新教传教士,生于法国。曾在巴西印第安人中传教;1556 年,赴巴西,在殖民者和印第安人中传教;自南美洲归来后,完成《巴西旅行记》(1578)。

莱蒙托夫,米哈伊尔·尤里耶维奇(Пермонтов, Михаил Юрьевич 1814～1841) 俄国诗人。其主要著作《当代英雄》《童僧》《恶魔》等带有浪漫主义色彩。《波罗金诺》则充满爱国主义和对人民的热爱。

莱纳,皮奥(Rajna, Pio 1847～1930) 意大利学者、拉丁语文学史家,从事罗曼语文学史的研究。其著作主要论述中世纪法国和意大利叙事诗以及文艺复兴时期的骑士文学;著有《〈疯狂的罗兰〉之渊源》(1976)、《法国叙事诗的起源》(1884)。

莱纳尔托维奇,亚历山大·特奥费尔(Lenartowicz, Aleksander Teofil 1822～1893) 波兰诗人和雕塑家。

莱斯卡博,马克(Lescarbot, Marc 约 1580～约 1630) 法国作家和旅行家;

1604年曾参加新法兰西(加拿大)考察；回国后，完成《新法兰西史》(1609)一书。

莱维-布吕尔，吕西安(Lévy-Bruhl, Lucien 1857～1939)　法国哲学家、社会学家，从事原始思维的研究。他在《初级社会的思维功能》和较晚期的著作中指出：原始人和现代未开化民族存在"前逻辑思维"。据他看来，原始思维并不从属于逻辑的规律，而从属于所谓参与律；根据所谓参与律，原始思维须顾及的并非事物的实际属性，而是未开化者的意识所赋予的一切。他是法国社会学派的主要代表，对原始思维不乏深邃之见。其著作尚有：《原始思维中的超自然与自然》(1931)、《原始思维》(1935)等。

莱乌，赫拉杜斯·范·德尔(Leeuw, Gerardus van der 1890～1950)　荷兰宗教学家、埃及研究家。

莱辛，戈特霍尔德·埃弗拉伊姆(Lessing, Gotthold Ephraim 1729～1781)　德国作家和评论家。写有寓言、箴言诗和抒情诗以及剧作。他的创作和理论，对后世影响极大。莱辛是德国启蒙运动的著名代表，致力于反对德国专制制度、教会势力、封建思想。他捍卫民族和民主传统，并反对克洛卜施托克的宗教诗歌。莱辛的斗争对德国文学艺术的进一步发展具有极大作用。《爱米丽雅·伽洛蒂》是莱辛最成功的悲剧，歌德称之为"激起对暴虐的专制统治之道德反抗的决定性的一步"，对德国狂飙突进派作家影响极大。

赖玛鲁斯(Reimarus)　德国学者。

赖特迈(Reitemeir)　德国民俗学者。

兰道，马尔库斯(Landau, Marcus 1837～1918)　奥地利语文学家。主要致力于文艺复兴时期意大利文学的研究。

兰格，安德鲁(Lang, Andrew 1844～1912)　英国历史学家和语文学家。著有多种有关宗教和神话的历史沿革的著作。他赞同英国人类学派的观点。他认为神话是史前时期风习之遗存的反映，并试图揭示神话赖以产生的共同心理条件。其主要著作有：《神话学》(收入《不列颠百科全书》)、《习俗与神话》(1884)、《神话、仪典和宗教》(1887)、《宗教的起源》(1898)。他对未开化民族的天神形象进行了探考，并断言此类天神形象同万物有灵信仰并非息息相关。

兰罗特，埃利亚斯(Lönnrot, Elias 1802～1884)　芬兰民间文艺学家和语言学家。1833年以后，他将民间流传的歌谣编辑、加工，完成一部芬兰民族的英雄史诗，即《卡勒瓦拉》。兰罗特因而被誉为"芬兰的荷马"。其主要著作尚有：《坎泰莱演奏者》(1840)、《芬兰民间谚语集》(1842)、《芬兰民间谜语集》(1844)、《咒语集》(1880)。他被视为现代芬兰文学语言的奠基人。

兰普雷希特,卡尔(Lamprecht,Karl 1859~1915) 德国历史学家。

劳森,约翰(Lawson,John C.) 英国民俗学者,从事现代希腊民俗的研究。

勒布伦,皮埃尔(Le Brun,Pierre 1661~1729) 法国神学家。著有《迷信批判史》(1701~1702)。

勒尔,埃里希(Röhr,Erich 1905~1943) 德国日耳曼学家、民俗学家。

勒·福尔斯(Le Force) 法国学者。

勒南,欧内斯特·约瑟夫(Renan,Ernest Joseph 1823~1892) 法国宗教史家和哲学家。主要从事基督教史的研究,著有《科学的未来》(1891)、《宗教历史研究》(1857)、《道德和批判短论》(1859)、《耶稣的一生》(1863)。他在宗教问题上倾向于怀疑论。

勒热纳,保罗(Le Jeune,Paul 1592~1664) 耶稣会士,居留北美洲17年,第一批在加拿大传教者之一。他所著《新法兰西旅行札记》(1632)和《新法兰西记实》(1640),包容关于印第安人风土人情的有价值的材料。

勒韦克,欧仁(Lévèque,Eugène) 法国学者。著有《印度和波斯的神话与传说》(1880)。

雷纳克,萨洛蒙(Reinach,Salomon 1858~1932) 法国艺术和宗教史家、考古学家。致力于艺术史和宗教史的研究。曾参加考古发掘和考察,曾对文化古籍进行系统整理。其著作大多涉及历史、考古学、文学史和宗教史;著有《崇拜、神话和宗教》(5卷,1905~1923),与伊·伊·托尔斯泰等合著《南俄罗斯古风物》(1891~1892)。

李维(Livy 公元前64/前59~公元17) 古罗马历史学家,著有《罗马史》(142卷)。

里贝佐,弗朗切斯科(Ribezzo,Francesco) 意大利学者。

里尔,威廉(Riehl,Wilhelm 1823~1897) 德国作家、评论家;写有一系列关于社会学问题的论著,辑入《作为德国社会政治的基础之各族人民的自然史》(4卷,1855~1892)。

里科,保罗(Rycaut,Paul 1628~1700) 17世纪60年代曾任英国驻君士坦丁堡大使馆秘书。著有《奥斯曼帝国现状记》《17世纪土耳其人史》。

里奇韦，威廉(Ridgeway, William 1858~1926) 英国学者,著有《悲剧的起源》(1910)。

里特森，约瑟夫(Ritson, Joseph 1752~1803) 英国评论家和民间文艺学家。著有多种关于民间诗歌的著作,诸如:《关于罗宾汉的业绩的民间歌谣集》(1795)、《英格兰歌谣选,以及对民间歌谣的起源和发展之历史探考》(1783)。

利布雷希特,费利克斯(Liebrecht, Felix 1812~1890) 德国文学史家、民间文艺学家和民族志学家。

利玛窦(Ricci, Matteo 1552~1610) 意大利传教士、耶稣会士。里奇曾居留于印度(果阿),后到中国(澳门、香港),曾任葡萄牙驻华大使,卒于北京。

利平斯基,卡罗尔(Lipinski, Karol 1790~1861) 波兰作曲家和提琴演奏家。1833年,他所编的《加利西亚民间的波兰和俄罗斯歌谣》问世。

利沃夫,尼古拉·亚历山大罗维奇(Львов, Николай Александрович 1751~1803) 俄国地质学家、建筑学家、诗人、艺术家。他从事民间音乐的研究,于1790年出版《俄罗斯民间歌谣及其曲调集》(编者为 И. 普拉特契,利沃夫为之撰写前言)。一些作家在利沃夫的影响下,亦关心民间创作。

卢克莱修(提图斯·卢克莱修·卡鲁斯)(Titus Lucretius Carus 约公元前99~约前55) 古罗马诗人、哲学家、思想家。长诗《物性论》是其唯一著作,共6卷,主要阐述伊壁鸠鲁的原子论。他强烈批判宗教偏见,认为它是人类罪恶的根源。

卢伯克,约翰(Lubbock, John 1834~1913) 英国政治活动家和博物学家。其著作主要涉及对动物、禽鸟和昆虫的观察。主要著作有:《史前时期》(1865)、《文明起源与人的原始状态》《论动物的意识、本能和智能》(1888)等。

卢梭,让-雅克(Rousseau, Jean-Jacques 1712~1778) 法国哲学家。他的著作对浪漫主义一代产生了一定的影响。在《论人类不平等的起源和基础》(1755)中,他指出:尽管自然造成了不平等,人类曾度过神话所描绘的"黄金时期"。他在1761年发表小说《新爱洛漪丝》,在1762年写成《爱弥儿》。在《社会契约论》(1762)中,他得出这样的结论:为全体人民所自由接受的契约使人既受社会约束,又保留其自由意志;"世俗宗教"是政治上的需要。卢梭关于不平等之起因的论点,较之维柯倒退了一步。如果说维柯承认历史规律性,那么,卢梭实则认定一切从属于偶然性。

卢瓦济莱-德隆尚,奥古斯特(Loiseleur-Deslongchamps, Auguste 1774~

1849) 法国生物学家。

卢瓦齐,阿尔弗雷德(Loisy, Alfred 1857~1940) 法国宗教哲学家、圣经学者、语言学家;他被视为现代主义神学的创始人。他主张较为灵活地解释《圣经》,以发展教义;1902年,完成《福音与教会》,奠定了现代主义神学的基础。

鲁比耶里,埃尔莫拉奥(Rubieri, Ermolao 1818~1879) 意大利学者,著有《意大利民间诗歌史》(1877)。

鲁索,路易吉(Russo, Luigi 1892~1961) 意大利历史学家、文艺理论家。

鲁特鲁,让(Rotrou, Jean 1609~1650) 法国学者,著有《姊妹们》(1645)。

路德,马丁(Luther, Martin 1483~1546) 基督教新教改革家。马丁·路德、让·加尔文和乌·茨温利,为著名的宗教改革家。路德宗与加尔文宗之间的差异,同下列事实不无关联,即:路德作为其思想家的德国资产阶级尚十分软弱,受制于诸侯,需要其支持;加尔文宗产生于瑞士,传布于荷兰、英国及其他国家,这些国家的资产阶级要强大得多,对君主专制制度持更为坚决的态度。至于加尔文宗对异信仰所持态度,其对"异端者"的迫害并不亚于天主教会。西班牙哲学家塞尔韦特,即因反对上帝三位一体说被加尔文下令焚死。至于民众之所以同情宗教改革运动,不仅是因为:它意味着一种旨在反对神职人员和罗马权威的起义。农民和城市贫民将其看作为反对封建压迫而斗争的呼吁。这同样使温和的市民路德感到惊恐;在农民战争期间,他呼吁无情地镇压起义者,"打击、绞死和杀死(秘密地或公开地);要记住,没有比暴乱者更恶毒、更有害、更邪恶的了。应当杀死他,像杀死疯狗一样"(路德:《反对抢掠成性的农民匪帮》)。

路易十四世(Louis XIV) 法兰西国王(1643~1715年在位)。

吕策尔,弗朗索瓦·玛丽(Luzel, François Marie) 法国学者。

伦格曼,瓦尔德玛(Lungmann, Waldemar) 德国民俗学者。

罗伯逊,威廉(Robertson, William 1721~1793) 英国历史学家,休谟和吉本之友,牧师,著有《玛丽女王和詹姆斯六世时期苏格兰史》(1759)、《查理五世时期史》(1769)。

罗德,埃尔温(Rohde, Erwin 1855~1898) 德国语文学家,致力于古典和现代文学的研究。

罗尔斯顿(Ralston, W. R. S. 1828~1889) 英国民俗学者。

罗杰斯,伍兹(Rogers, Woodes 约1679~1732) 英国航海家。1709年,在一

个太平洋岛屿上搭救了苏格兰水手亚历山大·塞尔扣克;他的奇遇为笛福的小说《鲁滨逊漂流记》提供了素材。

罗克斯伯格(Roxburghe) 英国学者。

罗兰(Rolland) 法国学者。

洛·加托,埃托雷(Lo Gatto, Ettore 1890~1983) 意大利文艺理论家。

洛克,约翰(Locke, John 1632~1704) 英国哲学家,所谓感觉认识论的奠基人,而且是"自然法"论的追随者。约在1687年,他完成其主要哲学著作《人类理解论》。正如马克思和恩格斯所说,这部著作像一位久盼的客人,受到热烈欢迎。洛克提出:要把对人类理智本身性质和能力的考察作为哲学研究的第一步,"探讨人类知识的起源、确定性和范围,以及信仰、意见和同意的各种根据和程度"。

洛克哈特,约翰·吉布森(Lockhart, John Gibson 1794~1854) 英国评论家、小说家、传说作家。他所著《司各特传》(1837~1838)是英国最著名的传记作品之一。他并称赞华兹华斯、柯尔律治、拜伦。

洛利斯,切扎雷·德(Lollis, Cesare de 1863~1928) 意大利语文学家和评论家。曾在日内瓦大学和罗马大学讲授罗曼语语文学。

洛斯,罗伯特(Lowth, Robert 1710~1787) 英国主教,曾在牛津大学讲授诗歌。

洛特,费迪南(Lot, F.) 法国学者,对叙事诗有所研究。

M

马尔滕斯,弗里德里希·弗罗姆霍尔德(Martens, Friedrich Frommhold 1845~1909) 德国学者,从事民俗的研究。

马尔蒂雷,彼得罗(Martire, Pietro 1459~1526) 历史学家、地理学家,生于意大利。1520年,他受命编纂《新大陆史》;他所著《新大陆的时日》,讲述美洲发现的历史。

马尔蒂诺,埃内斯托(Martino, Ernesto de 1908~1965) 意大利民俗学者,著有《人种学中的自然主义和历史主义》。

马基雅韦利,尼科洛(Machiavelli, Niccolo 1469~1527) 意大利思想家、作家、历史学家。其主要著作有:自传体隐喻诗《金驴记》、喜剧《曼陀罗花》、喜剧《克丽齐娅》。他继承古罗马喜剧传统,展示当代意大利社会生活画卷。

马可·波罗(Marco Polo 1254～1323)　意大利旅行家,曾游历小亚细亚、伊朗、阿富汗、帕米尔、新疆以及南亚、东南亚等地,在中国居留17年之久,著有《马可·波罗游记》,记述在中国的见闻以及中国和日本的风土人情。

马克思,卡尔(Marx, Karl 1818—1883)　德国思想家。

马拉纳,乔万尼·保罗(Marana, Giovanni Paolo 1642～1693)　意大利历史学家和作家。马拉纳所著《大王的奸细》,成为孟德斯鸠的《波斯人信札》的范例。

马莱,保尔·亨利(Mallet, Paul Henri 1730～1807)　瑞士历史学家,其足迹遍及欧洲许多国家。他的著作,大多关于丹麦、德国、克尔特人的历史、民族志、民俗等。

马雷特,罗伯特·拉努尔夫(Marett, Robert Ranulph 1866～1943)　英国宗教史家,曾提出前万物有灵论。据他看来,宗教的基原,并不是思想、信仰、神话、崇拜、仪礼。原始人的行为,不是受制于某种理智观念,而是为通常的无意识情感所左右。作为源出于诸如此类情感之举,种种仪礼和舞仪相继而生。他又指出:蒙昧时期的宗教,与其说是生于思,毋宁说是生于舞。马雷特在《前万物有灵宗教》(1899)中最先运用"前万物有灵"这一术语。他并著有《在宗教的门槛》(1909)。

马里耶,莱昂(Marillier, Léon 1842～1901)　法国学者、哲学家和宗教史家。

马齐尼,朱塞佩(Mazzini, Giuseppe 1805～1872)　意大利政治思想家,曾译"马志尼",争取意大利统一和独立的战士。

马瑟韦尔(Motherwell)　英国学者,从事手抄本的搜集。

马伊,谢瓦利埃·德(Mailly, Chevalier de 1657～1724)　法国学者。

马伊奥内,伊塔洛(Maione, Italo)　德国学者。

迈肯森,卢茨(Mackensen, Lutz 1901～1992)　德国民俗学家、语言学家。

迈内克,弗里德里希(Meinecke, Friedrich 1862～1954)　德国历史学家,其主要著作为:《德国高涨时期(1795～1815年)》(1906)、《世界主义与民族国家》(1908)、《德国的灾祸》(1946)等。

迈斯特尔,约瑟夫·德(Maistre, Joseph de 1753～1821)　法国作家、德育家、外交家、哲学家。他坚持基督教的优先地位,坚持君主和教皇的主导地位,反对培根、伏尔泰、卢梭、洛克等学者的进步观点;其主要著作有:《政治组织和人类其他制度的基本原则论》(1814)、《圣彼得堡之夜》(1821)。

迈耶，约翰(Meier, John 1864～1953)　德国民俗学家、民族志学家、民间文艺学家；1914 年，在弗赖堡建立德国民间歌谣档案馆；1911 年至 1949 年间，曾主持德国民俗学者联合会的工作。

麦卡洛克(Macculloch, J. A.)　英国学者。

麦克菲森，詹姆斯(Macpherson, James 1736～1796)　英国诗人。麦克菲森曾假托莪相之名，出版《莪相作品集》(1765)，自称为从盖尔语译为英语；实际上，是将《古诗片断，搜集于苏格兰高地，译自盖尔语或埃尔斯语》(1760)和《芬歌儿，六卷古史诗》合集出版，即将盖尔英雄莪相的传说综合整理，以无韵体诗加以复述。《莪相作品集》影响极大。麦克菲森始终声言：他所出版的诗歌为民间之作。

麦克伦南，约翰·弗格森(McLennan, John Ferguson 1827～1881)　苏格兰学者，从事婚姻、家庭以及宗教的历史研究。外婚制的发现，应归之于麦克伦南；但是，他却将外婚制加之于部落，而外婚制为氏族所特有。在未受约·雅·巴霍芬的影响的情况下，他独自发现母权制的存在。麦克伦南并从事图腾崇拜的探考。

曼，托马斯(Mann, Thomas 1875～1955)　德国作家，曾借助于神话从事创作，著有《魔山》《约瑟及其弟兄们》。

曼古里，米歇尔·昂热·贝尔纳·德(Mangourit, Michel Ange Bernard de 1752～1829)　法国外交家和学者，克尔特学院的创始人之一。

曼哈特，威廉(Mannhardt, Wilhelm 1831～1880)　德国民俗学家、民间文艺学家，始而追随神话学派。在其著作中，威·曼哈特主要关注纯民间迷信(即所谓低级神话)。后来，他承认承袭说的拥护者们是正确的，并在其所著《田野崇拜和林木崇拜》(1876～1877)中对神话学派进行了批判，因而在很大程度上同人类学派的原则相接近。此外，他还著有《日耳曼神话》(1858)、《神话探寻》(1884)。

曼佐尼，亚历山德罗(Manzoni, Alessandro 1785～1873)　意大利诗人和作家，其创作表现了意大利浪漫主义的特征；写有许多爱国主义的作品。他对文艺理论、语言、历史亦有深入研究；著有《论浪漫主义》《论意大利语言》《论统一的语言及其传布的手段》等。

毛雷尔，康拉德·封(Maurer, Konrad von 1823～1902)　德国法律史学家。

毛斯，马塞尔(Mauss, Marcel 1872～1950)　法国社会学家、民族志学家、宗教研究家。

梅迪奇,洛伦佐·德(Medici, Lorenzo de 1449～1492) 意大利诗人。其诗作具有粗犷的写实特色:《巴尔贝里诺的南恰》,描写农民瓦雷拉对牧女南恰的赞颂,近似乡村情歌;《(酒神)巴克科斯和(仙女)阿里阿德涅的胜利》,为狂欢节写的乐歌;《鹰猎》,生动描绘出猎的情景。

梅格隆,路易(Maigron, Louis) 法国学者。

梅里美,普罗斯佩(Mérimée, Prosper 1803～1870) 法国作家。1827年,他匿名发表诗歌集《居士拉》,形式模仿南斯拉夫民间歌谣;第一版收民间歌谣30篇,第二版收民间歌谣34篇,似从老歌手伊奥金弗·马格拉诺维奇那里采集,显然是作家对斯拉夫民间诗歌、民间歌谣深入探考的结果。普希金、米茨凯维奇、歌德等,曾翻译并援用其中歌谣。

梅利,乔万尼(Meli, Giovanni 1740～1815) 意大利诗人,曾以西西里方言从事写作,著有抒情诗和讽刺诗。

梅嫩德斯·皮达尔,拉蒙(Menéndez Pidal, Ramon 1869～1968) 西班牙作家、历史学家、拉丁语系语言学家。因研究《熙德之歌》成绩卓著,于1893年荣获西班牙皇家学院奖;所著《拉腊诸王的传说》,于1899年获西班牙皇家历史学院奖。其主要成就在于对西班牙古典文学语言的研究,并著有《熙德之歌,正文、文法及词汇》(1908～1912)、《关于熙德之歌》(1963)、《西班牙史诗遗产》(1952)等。

梅西埃,路易·塞巴斯蒂安(Mercier, Louis Sébastien 1740～1814) 法国作家,著有哲理小说以及关于巴黎生活习俗的记述;曾接受启蒙思想家卢梭的影响;著有《法国文学史》。

梅耶,保尔(Meyer, Paul 1840～1917) 法国语文学家、罗曼语研究家。除学术论著外,还出版多部古法兰西和普罗旺斯歌谣和文献典籍专集。

蒙博杜,詹姆斯(Monboddo, James 1714～1799) 英国人类学家。著有《语言的起源和发展》(1773～1792);书中提供大量有关原始民族风俗习惯的资料,提及人类与猩猩的关系,并把人类的发展与社会状况联系起来。

蒙塔尔巴诺,里纳尔多(Montalbano, Rinaldo di) 意大利学者。

蒙田,米歇尔·德(Montaigne, Michel de 1533～1592) 法国思想家、散文家,法国文艺复兴时期的卓越代表。其主要著作《随笔集》影响深远。蒙田对神学和经院哲学持反对态度,否定灵魂不死之说,抨击异端裁判所的暴行,并对宗教教义和封建传统进行揭露。蒙田的享乐主义思想在于:安享自然赋予之精神的和身体的快慰。其对所谓"自然人"和原始人的关注,便来源于此。蒙田对17至18世纪许多法国思想家观点的形成颇有影响。

孟德斯鸠,沙尔·德·塞孔德(Montesquieu, Charles de Secondat 1689~1755) 法国思想家,法国启蒙运动的先驱。孟德斯鸠后半生致力于研究政治革新。他游历欧洲各地,考察风土人情和政治法律,历时20年,完成《论法的精神》(1748)。在这部著作中,孟德斯鸠认为:英国式的君主立宪制是较好的政治制度,三权分立可以保证政治清明。孟德斯鸠的《波斯人信札》通过文学形象,揭露和批判法国封建王朝和社会生活的种种弊端。作者假托两个波斯贵族到法国游历,用波斯人口吻冷嘲热讽。这部借助于文学形象的政论之作,具有进步意义;其清新明快的散文风格,对法国文学亦有深远影响。孟德斯鸠借他笔下的波斯人之口,嘲讽基督教的教义和礼制。"三无非是一",似针对三位一体的教义;"人们所吃的面包,并不是面包",似针对"圣餐"。

弥尔顿,约翰(Milton, John 1608~1674) 英国诗人和评论家,17世纪英国资产阶级革命的参加者,并参与宗教论战,站在革命的清教徒一边。弥尔顿在政府指示下,写《偶像破坏者》(1649),以反驳当时在英国广为流传的、颂扬查理一世的《国王书》。其主要著作有《失乐园》(1667)、《复乐园》(1671)、《力士参孙》(1671)等。

米拉,马西莫(Mila, Massimo) 意大利学者。

米拉(Murat, M. de) 法国学者。

米拉·伊·丰塔纳尔斯,曼努埃尔(Mila y Fontanals, Manuel 1818~1884) 西班牙文学史家、民间文艺学家,著有《卡塔洛尼亚的民歌》。其著作大多涉及加泰洛尼亚的民间文学;曾编辑出版《加泰洛尼亚民间歌谣集》。

米勒,约翰内斯·封(Müller, Johannes von 1752~1809) 瑞士历史学家,曾在奥地利和普鲁士政府任职;著有《瑞士邦联史》(5卷,1786~1808),席勒的名作《威廉·退尔》就是根据他的著作写成。他还著有《世界通史》24卷。

米勒,马克斯(Müller, Max 1823~1900) 英国语文学家、印度学家,原籍德国,曾译"缪勒"。在对古印度文献典籍进行探考的过程中,米勒对印度人和其他民族的神话和宗教产生了极大兴趣。米勒亦属神话学派;但不同于格林兄弟,他主要致力于对神话起源的探考,并提出神话起源之语言"弊病"说。米勒奠定了比较神话学的始基,并倡始所谓太阳说;据此说,关于太阳及其运行于天宇的观念,成为大多数神话的基础。这些观点对后世学者有一定影响。米勒的语言学理论的要点在于：他从纯生物学观点对待语言，将语言学视为自然科学。其主要著作有：《比较神话学试论》(1856)、《宗教的起源和演化》(1878)、《神话学论集》(1879)。

米勒，卡尔·奥特弗里德(Müller, Karl Otfried 1797~1840) 德国学者，致力于历史、艺术、神话、古希腊罗马物质文化的研究；著有《神话学绪论》(1825)；在此书中，试图论证希腊神话的起源同希腊一些地区相关联。

米列尔，奥列斯特·费多罗维奇(Миллер, Орест Федорович 1833~1889) 俄国文艺史家和民间文艺学家，神话学派的追随者，著有《伊里亚·穆罗梅茨与基辅勇士气概》(1870)。

米列尔，弗谢沃洛德·费多罗维奇(Миллер, Всеволод Федорович 1848~1913) 俄国民间文艺学家、民族志学家、语言学家，承袭说的追随者。1877年，在其《论〈伊戈尔远征记〉》中，他否认了这一古罗斯文学典籍的自生性。而后来，弗·费·米列尔感到泰·本法伊的方法论之不足和局限性，否弃所谓承袭说，并倡始所谓"历史学派"。自1890年起，这一学派在俄国学术界居于主导地位达20余年。历史学派力图将民间诗歌与俄罗斯历史联系起来，探考与重大事件的具体关联以及创作方法等。然而，弗·费·米列尔的"历史说"具有狭义性，对作品的分析往往代之以对"原始型"的探寻。此外，他还力主口头创作的贵族起源说，实则表明他不相信农民的创作能力。他对奥塞梯叙事诗亦有所研究。著有《俄罗斯民间文学概论》(1897~1924，共3卷)、《奥塞梯研究》(1881~1887)。

米伦霍夫，卡尔(Müllenhoff, Karl 1818~1884) 德国语文学家、民族志学家、日耳曼学家。其主要著作为《日耳曼古风物》；曾参与中世纪德国民间文化专集的出版。其主要著作为《德国古风物》(5卷，1890~1920)。

米什莱，朱尔(Michelet, Jules 1798~1874) 法国历史学家和评论家，以反耶稣会著称。他接受维柯的学说，强调人本身在历史形成中的作用，著有《法国史》(1855~1867)、《法国革命史》，并写有一系列自然科学著作。

米歇尔，弗朗西斯克·格扎维埃(Michel, Francisque Xavier 1809~1887) 法国文学史家，致力于中世纪法国文学的研究。

摩尔根，刘易斯·亨利(Morgan, Lewis Henry 1818~1881) 美国民族志学家、历史学家。他长期居留于易洛魁人中，致力于原始社会中亲缘关系的研究。

摩尔根揭示了原始社会的一般发展规律;著有《古代社会》《美洲土著居民的家庭和家庭生活》。

莫尔,托马斯(More,Thomas 1478~1535)　英国政治家、作家,著有《乌托邦》(1516),是第一部宣扬空想社会主义的名著,表达了作者对社会改革的理想。

莫纳齐,埃内斯托(Monaci,Ernesto 1844~1918)　意大利语文学家和评论家。

莫南(Monin)　法国语文学家、浪漫主义者。

默泽,尤斯图斯(Möser,Justus 1720~1794)　德国评论家、诗人和历史学家。反对启蒙思想,将农奴制度理想化,赞成德国当时的地方割据,对往昔的种种习俗亦十分关注。他的《奥斯纳布吕克史》(2卷,1768)颇为著名,揭示民间传统对一个区镇的风俗和政府的影响。

默里克,爱德华·弗里德里希(Mörike, Eduard Friedrich 1804~1875)　德国诗人和作家。他的诗歌从民间歌谣中汲取营养,形成独特的风格,音韵优美,朴素自然。其诗作大多赞颂大自然,有些是民歌格调的抒情诗和叙事谣曲,有些是田园诗、牧歌和咏物诗。

穆拉尔特,约翰内斯·封(Muralt, Johannes von 1645~1733)　瑞士医生和作家,著有多种医学和其他作品。

穆拉尔特,比特·路易·德(Muralt, Béat Louis de 1665~1749)　瑞士伦理学家和旅行家,其足迹几遍于欧洲各主要国家。他的《谈英、法人书简》和《旅游书简》,均出版于1725年;前者向伏尔泰和卢梭介绍了英国的思想和体制。

穆拉托里,路多维柯·安东尼奥(Muratori, Lodovico Antonio 1672~1750)　意大利历史学家,意大利中世纪文献搜集家和出版家。其出版物有:《中世纪意大利古风物》(6卷,1738~1742)、《意大利编年史》(12卷,1744~1749),包容政治性和历史性文献资料(1~18世纪)。

穆索尔格斯基,莫德斯特·彼得罗维奇(Мусоргский, Модест Петрович 1839~1881)　俄国作曲家;力图表现民众及其在历史上的作用,在创作中并广泛运用民间音乐。穆索尔格斯基于1873年6月13日致画家列宾的信中写道:"真想为人民做些什么;梦里看到他们,吃饭的时候想着他们,喝水的时候他们显现在面前;他们最完美、最伟大、无雕饰、无伪装。"

穆兹巴赫(Muzzbach)　波兰学者。

N

拿破仑(Napoleon 1769~1821) 法国将军、皇帝。拿破仑确因其法典而颇为自豪。他在圣赫勒拿岛上写道:"我的真正荣耀并不在于我在四十场战役中取得的胜利,滑铁卢一战使这些胜利的记忆不复存在。而什么将不会被遗忘,什么将永存于世,——这便是我的民法法典。"

纳赫拉,埃斯特万(Nájera, Estéban) 西班牙学者。

纳特,艾尔弗雷德(Nutt, Alfred) 英国民俗学者。

奈瓦尔·热拉尔·德(Nerval Gérard de 1808~1858) 法国诗人,青年时期曾接近进步的浪漫主义者。他所生长的故乡,富于民间传说和秀丽景色,给他的影响极深。散文《西尔葳》(1854)、《奥蕾丽亚》(1855)等,写故乡风物与童年回忆,呈现一片梦幻气氛,成为后来象征派诗歌和超现实主义文学之渊源。

瑙曼,汉斯(Naumann, Hans 1886~1951) 日耳曼学家,民间文学贵族起源说的倡始者之一。

内里,费迪南多(Neri, Ferdinando 1880~1954) 意大利文艺评论家。

尼布尔,巴托尔德·格奥尔格(Niebuhr Barthold Georg 1776~1831) 德国历史学家,致力于古代史的研究,著有《罗马史》(1810),将罗马人的生活视为人民才智的成果。他并著有《信仰与历史》(1948)。

尼采,弗里德里希(Nietzsche, Friedrich 1844~1900) 德国哲学家。《悲剧的诞生》为其第一部重要著作;该书论及希腊的艺术起源于两种精神,即酒神狄奥尼索斯精神和太阳神阿波罗精神(前者体现为音乐,后者体现为雕塑、叙事诗等),述及悲剧如何从音乐中产生等,并预言古希腊艺术的精神将在瓦格纳的歌剧中获得新生。

尼尔松,马丁(Nilsson, Martin Persson 1874~1967) 瑞典历史学家、古典语文学家、宗教史家。

尼格拉,康斯坦蒂诺(Nigra, Konstantino 1828~1907) 意大利政治活动家和外交家,曾从事意大利方言和民歌的研究。其著作有:《皮埃蒙特民间歌谣》(1888)、《克尔特古风物》(1872)等。

尼古拉,弗里德里希(Nicolai, Friedrich 1733~1811) 德国学者、作家、德国启蒙运动的领袖,对歌德、席勒和康德等新运动作家持批评态度。他并编辑"大众哲学家"喉舌《德意志万有文库》(1765~1792),反对宗教权威。其《德国和瑞士游记》(12卷,1788～1796),包容尼古拉关于人、科学、宗教和道德等的观点。

尼科利尼,福斯托(Nicolini, Fausto 1879～1965) 意大利学者、历史学家和语文学家;著有《G.维柯与F.加利亚尼》(1918)、《G.维柯的哲学》(1935)、《G.维柯的宗教感情》(1949)。

尼罗普,拉斯穆斯(Nyerop, Rasmus 1759～1829) 丹麦历史学家和语文学家。

聂姆策维奇,尤里安·尤尔辛(Niemcewicz, Julian Ursyn 1757～1814) 波兰诗人、作家、评论家和政治活动家。早期创作以戏剧为主,代表作《议员返乡》,歌颂波兰爱国志士为捍卫祖国独立而斗争的精神。1816年出版的诗集《历史之歌》,歌颂波兰历史上的光辉业绩和英雄人物。

牛顿,伊萨克(Newton, Isaac 1642～1727) 英国物理学家和数学家,提出力学三大定律和万有引力定律。

诺比利,罗贝托·德(Nobili, Roberto de 1577～1656) 传教士,通晓梵文及印度的多种语文和方言,曾在印度斯坦西海岸一带活动。

诺迪埃,夏尔(Nodier, Charles 1780～1844) 法国作家,对浪漫主义运动有较大影响,并鼓励法国浪漫主义作家向国外寻求灵感。

诺瓦蒂,弗兰切斯科(Novati, Francesco 1859～1915) 意大利语文学家、民族志学家、中世纪研究家。

诺瓦利斯(Novalis 1772～1801) 德国诗人,与早期浪漫主义派作家弗·施莱格尔等有交往。在《基督教或欧罗巴》(1826)中,他希望出现一个理想化的中世纪社会,并要求在一个新的持久的教会的领导下建立一个欧洲国家联盟。有人认为,诺瓦利斯的世界观是消极的;有人则认为,他的消极之中包含着反抗。对他在艺术上的创新和成就,均持肯定态度。《亨利希·封·奥弗特丁根》是诺瓦利斯一部未完成的长篇小说。小说主人公毕生致力于探寻"蓝花"。小说力图探讨以神秘的"蓝花"为象征的浪漫主义派诗歌的本质和价值。诺瓦利斯试图以此书与歌德的《威廉·迈斯特》相抗衡。

诺伊斯(Neus) 德国民俗学者。

O

欧赫梅尔(Euhemeros 约公元前4～前3世纪初) 古希腊哲学家。在其所著

《神圣的历史》(仅余残篇传世)中,他否定神之存在,认为被崇拜之神无非是往昔那些希冀博得人们尊崇的统治者们罢了。

P

帕拉茨基,弗兰蒂舍克(Palacky, František 1798～1876) 捷克历史学家和政治活动家,捷克史学奠基人;曾积极参加捷克资产阶级反对德国在捷克的扩张政策的斗争。其主要著作为《捷克人民的斗争》(1836),有助于捷克民族自觉的增强。

帕里斯,保兰(Paris, Paulin 1800～1881) 法国学者,加·帕里斯之父,曾出版若干英雄叙事诗集。

帕里斯,加斯东(Paris, Gaston 1839～1903) 法国语文学家,历史比较学派的支持者;他的《查理大帝的叙事诗传说》,是对法国民间叙事诗的科学研究的首次尝试。据他看来,《罗兰之歌》起源于叙事短歌。他还致力于种种典籍的研究。其主要著作尚有:《中世纪的法国文学》(1888)。

帕齐格(Patzig) 德国学者。

帕斯卡尔,布莱斯(Pascal, Blaise 1623～1662) 法国学者、物理学家和数学家,曾对耶稣会士进行猛烈抨击。帕斯卡尔曾发表《致外乡人信函》,对耶稣会士的诡辩和伪善进行猛烈抨击。《信函》对法国文学和戏剧的发展起了巨大的作用。

帕斯克瓦利,乔治(Pasquali, Giorgio) 意大利学者,著有《中世纪的维吉尔》(1872)。

培根,弗兰西斯(Bacone, Francis 1561～1626) 英国哲学家、作家。他所著《新大西岛》(1610)为一部乌托邦小说,描述一个理想国,培根的哲学原则在此间得以实现。

佩罗,沙尔(Perrault, Charles 1628～1703) 法国作家和文艺理论家;其童话集《鹅妈妈的故事或寓有道德教训的往日的故事》,收入《灰姑娘》《小红帽》《小拇指》《蓝胡子》等8篇童话和3篇童话诗,歌颂了善良和光明,鞭挞了邪恶和黑暗。佩罗是17世纪法国文坛革新派的领袖。他在《路易大帝的世纪》(1687)中指出:人类文化是不断发展的,今人不必盲目崇拜古人,而应超越古人。这成为著名的"古今之争"的始因。

佩平,亚历山大·尼古拉耶维奇(Пыпин, Александр Никопаевич 1833～

1904) 俄国语文学家,文化历史学派的代表,致力于俄罗斯语言、文学和民间文学以及外国文学的研究;在俄罗斯文学研究中,佩平堪称文化－历史学派的代表。

佩斯勒,威廉(Pessler,William) 德国学者,著有《下萨克森比较民族志学概论》(1910)、《西北德意志下德意志诸语的语言分布》(1928)等。

佩斯特尔,保尔·伊万诺维奇(Пестель,Павел Иванович 1793～1826) 俄国 12 月革命党人,曾担任军事领导人,并参加 1812 年卫国战争。

佩塔佐尼,拉斐莱(Pettazzoni,Raffaele 1883～1959) 意大利宗教研究家。曾任国际宗教史协会主席(1950～1959)。其主要著作为《上帝,兼论宗教史中一神论之形成及演变》(1922)。他在著作中运用一种独特的比较方法。

彭斯,罗伯特(Burns,Robert 1759～1796) 苏格兰诗人。1786 年,出版了《主要用苏格兰方言写的诗集》。彭斯以民歌为本,写了大量情诗;其诗作活泼、酣畅,充分体现了苏格兰民间文学的格调。

皮加费塔,安东尼奥(Pigafetta,Antonio 约 1491～1534) 意大利旅行家,曾随麦哲伦游历,著有《麦哲伦旅行记》。

皮卡德－坎布里奇,阿瑟(Pickard-Cambridge,Arthur) 英国学者,著有《酒神赞歌、悲剧、喜剧》(1927)。

皮克特,阿道夫(Pictet,Adolphe 1799～1875) 瑞士学者,"古代语言学"的创始人。在其《印欧人(即始初雅利安人)之由来》(1859～1863)中,试图依据语言学资料探考原初印欧人的文化和习俗。其学术探考收效甚微。

皮克托里乌斯(Pictorius) 人文主义者。

皮纳尔·德拉·布耶,亨利(Pinard de la Boullaye,Henry) 法国学者。

皮特雷,朱泽佩(Pitrè,Giuseppe 1843～1916) 意大利民间文艺学家、民族志学家、考古学家。他赞成所谓"承袭说",颇受亚·尼·维谢洛夫斯基的影响;曾对民间文学资料进行分类;与 S. 马里亚诺创办《民间创作研究文库》(1882)。其主要著作为《西西里民间创作丛书》(25 卷,1871～1913)、《意大利民间创作目录》(1894)。

毗陀婆提(Bidhapati) 印度古代寓言和故事之传说中的作者。这些古老故事(形成于 1500～2000 年前)译为阿拉伯文及其他东方语文;约 13 世纪,传入欧洲。在相传出于毗陀婆提的寓言和故事中,所谓教诲加之于动物之口。

珀舍,泰奥多尔(Poesche,Theodor) 德国学者。

珀西，托马斯(Percy，Thomas 1729～1811) 英国诗人。他所编纂《英诗辑古》(1765)，收英格兰和苏格兰民间歌谣176首，其中有十四行诗、政治抒情诗、传奇诗等。《英雄辑古》的出版，使人们对中世纪文学和早期文学形式产生极大兴趣，对德国和英国的浪漫主义诗歌也有一定影响。他还将冰岛的民间歌谣译成英文。

蒲柏，亚历山大(Pope，Alexander 1688～1744) 英国诗人，古典主义者。蒲柏崇尚新古典主义；曾翻译古希腊荷马史诗《伊利亚特》和《奥德赛》，并编辑出版《莎士比亚全集》。

浦尔契，路易吉(Pulci，Luigi 1432～1484) 意大利文艺复兴时期诗人。其主要作品《摩尔干提》，前23章以一无名诗人的《奥尔兰多》为蓝本，后5章直接或间接取材于韵文故事《西班牙征战记》；他将骑士文学题材写成喜剧气氛的作品，人物形象鲜明生动。

普芬多尔夫，萨穆埃尔(Pufendorf Samuel 1632～1694) 德国法学家，自然法理论的拥护者。他赞同自然法理论，却对封建农奴制度和专制制度加以论证。其重要著作尚有：《法学基础总论》(1660)、《论据自然法人和公民应尽之义务》(1673)。

普赫塔，格奥尔格·弗里德里希(Puchta，Georg Friedrich 1798～1846) 德国法学家。

普加乔夫，叶梅利扬·伊万诺维奇(Пугачев，Емельян Иванович 1742～1775) 俄国1773～1775年农民战争领袖。

普拉库奇，米凯莱(Placucci，Michele) 意大利学者，著有《罗曼尼农民的风俗习惯》。

普拉特拉，弗兰切斯科·巴利拉(Pratella，Francesco Ballila 1880～1955) 意大利作曲家。

普林尼(盖尤斯·普林尼·塞孔德)(Gaius Plinius Secundus 约23～79)古罗马学者、博物学家，即老普林尼。老普林尼试图将宇宙起源论、矿物学、生物学、动物学、医学、演说术、语文学等知识加以融合。为完成其《博物志》，他利用了2000余稿卷。许多世纪以来，这一著作被视为主要的自然科学典籍。

普鲁塔克(Plutarchos 约46～120或127) 希腊传记作家、柏拉图派哲学家。普鲁塔克的著作中，对古代一些民族的宗教有所记述，涉及伦理、美学、文艺、历史诸多问题,并包容珍贵史料以及神话、传说等。他所著《论迷信》,反映他对宗教迷信的观点。《希腊罗马名人传》是普鲁塔克的成名之作。

普罗普,弗拉基米尔·雅科夫列维奇(Пропп, Владимир, Яковлевич 1895～1970) 俄罗斯语言学家、民间文艺学家。

普希金,亚历山大·谢尔盖耶维奇(Пушкин, Александр Сергеевич 1799～1837) 俄国诗人,著有《诗歌与童话》(1935)。

Q

契切罗夫,弗拉基米尔·伊万诺维奇(Чичеров, Владимир Иванович 1907～1957) 苏联民间文艺学家。

恰达耶夫,彼得·雅科甫列维奇(Чаадаев, Петр Яковлевич 1794～1856) 俄国思想家、学者,十二月党人秘密会社成员;1829～1830 年,曾写 8 封"哲学书简",最后一封在杂志上发表。用赫尔岑的话来说,此书简震撼了俄国:"……它是暗夜响起的第一枪。"恰达耶夫的"书简",充满对农奴制和专制制度的仇视。十二月党人的失败和反动势力的统治,使恰达耶夫陷入悲观和绝望之中。他沉湎于神秘主义,并主张:接受天主教,作为各族人民统一和俄国复兴的基础。后来,恰达耶夫放弃了他的一些悲观主义观点。

乔贝尔蒂,温琴佐(Gioberti, Vincenzo 1801～1852) 意大利政治活动家、哲学家。他用康德著作中的形而上学成分取代笛卡尔的唯科学主义,其理论通常称为"本体主义"。他反对用暴力统一意大利,提倡君主立宪制,著有《论意大利民族在道德和文明方面的优越》(1843),主张创立以教皇为首的意大利联邦。

乔纳斯,威廉(Jones, William 1746～1794) 英国学者,致力于古印度语言、文学和文化的研究,最先揭示印欧语系诸语的亲缘。

乔叟,杰弗里(Chaucer, Geoffrey 约 1343～1400) 英国诗人。在意大利文学的影响下,他进一步发展了法国文学骑士爱情诗歌的传统,把现实主义因素渐纳入诗歌传统。《特罗伊拉斯和克莱西德》为其早期的杰作。

乔万尼,加埃塔诺(Giovanni, Gaetano di) 西西里民间文艺学家。

乔治·桑(George Sand 1804～1876) 法国女小说家,即"桑,乔治"。她颇受圣西门追随者们思想的影响,特别喜爱卢梭的作品。在她的作品中,对资本主义的抨击与乌托邦式的幻想交织在一起。车尔尼雪夫斯基称之为现实之"畸形的"

理想化。其主要著作有:《安蒂亚娜》(1832)、《瓦伦蒂娜》(1832)、《莱利亚》(1833)、《安吉堡的磨工》(1845)、《魔沼》(1846)、《弃儿弗朗索瓦》(1848)、《小法岱特》(1849)等。乔治·桑的田园小说,着力描绘大自然的绮丽风光,充满柔情画意,具有浓厚的浪漫主义色彩。

切拉科夫斯基,弗兰蒂舍克·拉迪斯拉夫(Čelakovsky Františec Ladislav 1799～1852) 捷克诗人、语文学家、民间文艺学家、民俗学家。他主张建立斯拉夫各族的共同体。其主要著作有:《斯拉夫民间歌谣》(1822～1827)、《谚语中斯拉夫人民的智慧》(1852)。

切萨雷奥,乔万尼(Cesareo, Giovanni) 意大利学者,著有《意大利抒情诗的起源》(1894)。

切萨罗蒂,梅尔基奥雷(Cesarotti, Melchiorre 1730～1808) 意大利学者和诗人;曾教授希腊语和希伯来语;他所译《莪相》,给古典主义尚居于主导地位的意大利文学注入一股清流。据切萨罗蒂看来,没有必要对古典主义的范例进行模仿,而应充分自由地表述思想。

切什科夫斯基,奥古斯特(Cieszkowski, August 1814～1894) 波兰哲学家、黑格尔派。

丘尔科夫,米哈伊尔·德米特里耶维奇(Чулков, Михаил Дмитриевич 约 1743～1792) 俄国作家、民族志学家、民间文艺学家。他对民间创作有着浓厚的兴趣,试图在其中寻求与贵族诗歌相对立的新文学之源泉。他在俄罗斯民间文学的发展中起了显著的作用。其主要著作有:《歌谣总汇》(4卷,1870～1874)、《简明神话词典》(1767)、《俄罗斯童话故事(包容关于光荣的勇士的古老传说)》(1780～1783)、《俄罗斯信仰词典》(1786)。

R

让鲁瓦,阿尔弗雷德(Jeanroy, Alfred) 法国学者,著有《中世纪法国抒情诗的起源》(1889)。

让马里,亨利(Jeanmaire, Henri) 比利时学者。

日耶龙,朱尔(Gilliéron, Jules 1854～1926) 瑞士语言学家,致力于罗曼语的研究。

茹弗内尔,贝特朗·德(Jouvenel, Bertrand de) 法国学者。

茹科夫斯基,瓦西里·安德列耶维奇(Жуковский, Василий Андреевич 1783～1852) 俄国诗人,被视为俄国浪漫主义诗歌的奠基人。他的诗着重描写内心生活、梦幻世界,常取材于民间故事。他曾将荷马的《奥德赛》、东方史诗《鲁斯特姆和佐拉布》以及拜伦、席勒的诗作译为俄文,临终前尚在翻译《伊利亚特》。

若阿诺,埃卢瓦(Johanneau, Éloi 1770～1851) 法国语文学家、民俗学家和文艺理论家,克尔特学院的创始人之一。

S

萨尔迪(Sardi) 意大利人文主义者。

萨尔皮,保罗(Sarpi, Paolo 1552～1623) 意大利学者、国家活动家。因反对耶稣会士和神甫的世俗政权,遭异端裁判所迫害。其主要著作《特兰托会议史》,被列入《教廷禁书目录》。

萨尔托里,保罗(Sartori, Paolo) 意大利民俗学者。

萨尔韦米尼,加埃塔诺(Salvemini, Gaetano 1873～1957) 意大利历史学家。

萨哈罗夫,伊万·彼得罗维奇(Сахаров, Иван Петрович 1807～1863) 俄国民间文艺学家。他是人民性理论的追随者,并力图以其在民间文学、民族志学、古文字学等领域的著作予以论证。除民间文学材料外,他并搜集物质文化资料。其主要著作有:《俄罗斯民族关于其祖先家庭生活的传说》(1836～1837)、《俄罗斯民间歌谣》(1838～1839)、《俄罗斯民间故事》(1841)。

萨克斯,汉斯(Sachs, Hans 1494～1576) 德国诗人。他的寓言诗《维滕贝格的夜莺》(1523),颇为有名,促进了纽伦堡的宗教改革。

萨卢斯提乌斯(盖尤斯·萨卢斯提乌斯·克里斯普斯)(Gaius Sallustius Crispus 约公元前84～前34) 罗马历史学家和政治活动家。其《尤古尔塔的战争》(公元前39～前36),将罗马同努弥底王尤古尔塔战争中的失利归咎于贵族的贪婪和受贿。他善于刻画人物,语言简明生动。

萨洛蒙内－马里诺,萨尔瓦托雷(Salomone-Marino, Salvatore) 意大利学者。

萨默斯(Summers, D.) 英国勋爵。

萨姆特(Samter, E.) 德国学者,著有《降生、婚姻与死亡》。

萨维尼,弗里德里希·卡尔(Savigny, Friedrich Karl 1779～1861) 德国法律

学家,历史法学派的创始人之一。他反对民法的编纂,实则支持国家的分裂;他并反对通过新的立法进行改革,亦即反对改革。卡尔·马克思指出:"18 世纪仅仅产生了一种东西,它的主要特征是轻佻,而这种唯一的轻佻的东西就是历史学派。"(《马克思恩格斯全集》,1956 年中文版第 1 卷第 97 页)。弗·恩格斯将弗·卡·萨维尼称为"非历史的",将其观点称为"历史学范畴的胡言乱语"。萨维尼全然不将法的产生与阶级和国家的形成相关联,而是从人民的习俗和法意识中导出法,即将前者视为法之渊源。于是,萨维尼便进而在人民中寻求法之源;对民间的习俗和风尚亦给予极大关注。正因为如此,他也就引起民俗学界的兴趣和关注。

萨西,安托万·伊萨克,西尔韦斯特男爵(Sacy, Antoine Isaac, Baron Silvestre de 1758~1838) 法国东方学家,致力于近东和中东诸国的研究。

塞比约,保尔(Sébillot, Paul 1846~1918) 法国艺术家、作家、民间文艺学家,曾搜集布列塔尼的民间歌谣。其主要出版物有:《布列塔尼的民间文学创作》(1899)、《布列塔尼的民间传说》(1881)、《布列塔尼的传说和迷信》(1882)、《布列塔尼的魔法》(1899)、《渔民的习俗》(1901)、《法国民间创作》(4 卷,1904~1907)、《克尔特诸族的异教》(1908)、《民俗、民间文学创作》(1913)等。

塞尔登,约翰(Selden, John 1584~1654) 英国政治活动家、东方学家。他的《辛达格尔马塔海湾散记》(1617),主要探讨近东的多神教。

塞尔扣克,亚历山大(Selkirk Alexander 1676~1721) 苏格兰水手,曾在一无人居住的海岛逗留数年;后成为《鲁滨逊漂流记》主人公的原型。

塞普尔韦达,洛伦索(Sepulveda, Lorenzo 16 世纪) 西班牙诗人,曾创作众多谣曲,后编为专集出题,书名《西班牙历史歌谣集》,后纳入《谣曲总集》。其歌谣题材,大多取自古代史籍。

塞万提斯·萨维德拉,米格尔·德(Cervantes Saavedra, Miguel de 1547~1616) 西班牙作家、诗人,著名小说《堂吉诃德》的作者。恩格斯赞扬塞万提斯是一位"具有强烈倾向的诗人"。马克思认为,"塞万提斯和巴尔扎克高于其他一切小说家"。

桑克蒂斯,弗兰切斯科·德(Sanctis, Francesco de 1818~1883) 意大利批评家、哲学家。曾参加 1848 年的革命和民族解放运动。他的民主观点,反映于民众性的提法、对人民群众在解放运动的作用的估价。

桑托利(Santoli, V.) 意大利学者。

瑟南古,艾蒂安·皮韦尔·德(Sénancour, Étienne Pivert de 1770～1844)
法国作家。他的小说《奥贝曼》(1804),反映了卢梭的影响(卢梭认为:人类的本性,由于文明的进步而变恶)。他的《伦理与宗教传统简史》(1825),被视为亵渎神灵之作。

莎士比亚,威廉(Shakespeare, William 1564～1616) 英国诗人、剧作家。

沙夫茨伯里,安东尼(Shaftesbury, Anthony 1671～1713) 英国哲学家,英国主要自然神论者之一,著有《人的特征、风习、见解和时代》(1711)。

舍勒,威廉(Scherer, Wilhelm 1841～1886) 德国语文学家、文学史家,著有《德国文学史》。

圣埃弗雷芒,夏尔(Saint-Évremond, Charles 1613～1703) 法国作家和批评家,自由思想者。圣埃弗雷芒是伊壁鸠鲁主义的宣传者,将其文学评论视为精致的消遣;对专制制度和天主教会进行了猛烈的抨击。他对迷信持谴责态度,并将民间创作同迷信等量齐观。

圣皮埃尔,雅克·亨利·贝纳丹·德(Saint-Pierre, Jacques Henri Bernardin de 1737～1814) 法国作家,对卢梭的崇尚素朴和自然有所夸张。在其著名小说《保罗在弗吉尼亚》(1788)中,荒野的自然成为他们相爱的背景;他们的死则是同现代文明接触的结果。

圣特雷萨(Teresa, Saint 1515～1582) 天主教神学家、著名女信徒,倡导加尔默罗会改革(该会内最重要、规模最大的一次改革)。

圣保罗,樊尚·德(Saint‐Pau, Vincentde 1581～1660) 1625 年,创办遣使会,培养传教士;1633 年,与罗意斯共同创办仁爱会,培养修女。

圣西门,亨利·德(Saint-Simon, Henri de 1760～1825) 法国思想家、空想社会主义者,著有《一个日内瓦居民给当代人的信》(1803)、《人类科学概论》等。他渴望建立一个平等、幸福的新社会,并构拟了种种改革社会的方案。恩格斯指出:"这在 1802 年是极为天才的发现。"

圣伊夫,保尔(Saintyves, Paul 1870～1935) 法国学者、文化史家。圣伊夫继法国学者卢瓦齐之后,对法术和宗教诸问题有所阐述。据卢瓦齐看来,法术之力较为直遂、简捷;而宗教之作用于人,则较为曲折、诡谲。此说无疑反映了前万物有灵观念。然而,对卢瓦齐来说,这无非是一种构想。圣伊夫则进而揭示所谓法术世界,以期对认识宗教有所助益。

施莱尔马赫,弗里德里希(Schleiermacher, Friedrich 1768~1834) 德国哲学家、神学家,与弗·施莱格尔交往甚密。其哲学思想,在当时的德国条件下起了一定的进步作用,表现了对生活现象的辩证态度。其哲学尽管为宗教精神所充溢,在当时条件下仍起了一定的进步作用。他对《圣经》进行了考证和剖析,却并未摆脱对上帝的信仰,将基督教视为最完善的宗教。

施莱格尔,奥古斯特·威廉·封(Schlegel, August Wilhelm von 1767~1845) 德国文学史家、评论家、语言学家、翻译家,与其弟弗·施莱格尔同为浪漫主义派主要理论家。他在《关于文学和艺术的讲稿》和《论戏剧艺术与文学》中,系统阐述了早期浪漫主义的世界观和美学观。这两部著作,对欧洲 19 世纪前半期的文学发展有极大影响。他对梵文和东方语言的研究,对当代和后世都有很大影响。

施莱格尔,弗里德里希·封(Schlegel, Friedrich von 1772~1829) 德国语文学家、作家、评论家,是早期浪漫主义派的重要理论家;在语言学和文学史方面曾作出重大贡献。他的《论现代史》(1811)和《古代与现代文学史》(1815),内容多涉及历史、哲学和文艺学。据他看来,历史是一个民族对自己的过去的自我意识,而文学则是一个民族精神生活的体现。

施莱格尔兄弟 即奥·威·施莱格尔和弗·施莱格尔。

施米特,威廉(Schmidt, Wilhelm 1868~1954) 奥地利民族志学家和语言学家,文化-历史学派的奠基人,原始一神说的倡始者。他力图借助于民族志学资料论证:一神教因神启而产生于远古(即所谓原始一神教)。在其倡议下,曾数度赴俾格米人、火地人、巴西印第安人中进行考察,以证实原始一神教之说。其主要著作为《一神观念之起源》(1626~1635)。他的语言学著作具有极大的学术价值。

施帕默,阿道夫(Spamer, Adolf 1883~1953) 德国学者、日耳曼学家、民俗学家和民族志学家。其著颇多,诸如:《德国民俗》(1934~1935)、《德国狂欢仪式》(1936)、《古代与近代之降生》(1937)、《黑森的民间艺术》(1939)、《德国民间艺术。萨克森》(1943)。

施佩,弗里德里希(Spee, Friedrich 1591~1635) 德国诗人、耶稣会士、宗教歌曲的作者。施佩反对审讯"巫婆",匿名发表其著作《杜绝犯罪》(1631)。

施皮策,莱奥(Spitzer, Leo 1887~1960) 奥地利语文学家。

施皮斯,卡尔(Spiess, Karl) 德国学者,著有《农民的艺术,其意义和性质》。

施普伦格,雅科布(Sprenger, Jakob 卒于 1494 年) 德国神学家、多明我会士、异端裁判者,《降巫铁锤》作者之一。施普伦格和因斯蒂托里斯为德国神学家、多明我会士、异端裁判所成员,合著《降巫铁锤》。该书说明了魔鬼的种种情状,并辑入一系列咒语。

施泰因,沙洛塔(Stein, Sharlotte 1742~1827) 歌德之女友。歌德写给她的信函,于1848~1851年编为专集出版。

施泰因,亨利希·弗里德里希·卡尔(Stein, Heinrich Friedrich Karl 1757~1831) 普鲁士政治活动家,曾任普鲁士政府首脑(1807~1808年),曾推行一些进步的改革,诸如:废除农民的个人依附、对城市管理和军队进行改革等;后在拿破仑和贵族的压力下,被解职。

施泰因塔尔,海曼(Steinthal, Heymann 1823~1899) 德国语言学家,语言学领域所谓心理学派的创始人之一。

施特劳斯(Strauss 1899~1973) 德国学者。

施瓦茨,威廉(Schwartz, Wilhelm 1821~1899) 德国民族志学家和民俗学家,对德国的习俗和信仰有所研究。他曾对勃兰登堡和德国北部的故事、习俗和信仰进行考察。据施瓦茨看来,神是气象(雷雨)的化身;著有《神话的起源》等。

施温德,莫里茨(Schwind, Moritz von 1804~1871) 奥地利画家,早期浪漫主义派的重要人物;其绘画多以骑士、城堡和乡间风光为题材。

史密斯,约翰(Smith, John 1580~1631) 英国船长、弗吉尼亚第一个英国殖民地的建立者之一(1607年)、新英格兰海岸的考察者。"美好的印第安女人"帕卡霍安托斯(玻卡琼塔斯),属波乌伽塔部落(分布于弗吉尼亚)。其主要著作为《新英格兰记》(1625)。

史密斯,威廉·罗伯逊(Smith, William Robertson 1846~1894) 英国东方学家、闪米特学家、比较宗教学家,致力于阿拉伯人和犹太人的历史、语言和民族志的研究。他有关《旧约全书》的学术批判论著,引起教会攻击。

舒伯特,弗兰茨(Schubert, Franz 1797~1828) 奥地利作曲家,以旋律优美著称。

舒曼,罗伯特(Schumann, Robert 1810~1856) 德国作曲家。

司各特,沃尔特(Scott, Walter 1771~1832) 英国诗人、小说家;曾在苏格兰偏僻地区搜集历史传说和民间歌谣,并出版《苏格兰边区歌谣集》《最末一个行吟诗人之歌》。他的多部长篇叙事诗和历史小说,宛如巨幅历史画卷,展示了不同时代的社会风貌和习俗,对后世欧洲文学有一定影响。

斯宾诺莎,巴鲁赫(Spinoza, Baruch 1632～1677) 荷兰哲学家、无神论者。据他看来,实体即是神;神既不是超越的,也不具有类人的属性。他所说的神,不是宗教所信奉的神。他将神与自然相提并论。他把自然分为"被自然产生的自然"和"产生自然的自然";他只把后者称为"神"。其主要著作为《神学政治论》(1670)。

斯宾塞,赫伯特(Spencer, Herbert 1820～1903) 英国哲学家、心理学家和社会学家。在哲学领域,他是实证论者和不可知论者;在社会学领域,则将社会现象和历史发展规律生物学化。据他看来,人对人的剥削是生物学规律的自然表现。其主要著作有:《第一原理》(1862)、《生物学原理》(1864～1867)、《心理学原理》(1855)、《伦理学原理》(1892～1893)、《社会学原理》(1876～1896)等。

斯宾塞,约翰(Spencer, John 1630～1693) 英国神学家。

斯蒂文斯,乔治(Steevens, George 1736～1800) 英国学者。

斯涅吉列夫,伊万·米哈伊洛维奇(Снегирев, Иван Михайлович 1793～1868) 俄国民俗学家和民间文艺学家,曾编辑出版俄罗斯谚语、习俗、仪礼、建筑古迹集本,并附有详细注释。其世界观接近于斯拉夫主义者;其关于习惯法和国家法以及人民的法意识反映于谚语和仪礼之观点,具有科学价值。

斯普拉特,托马斯(Sprat, Thomas 1635～1713) 英国作家和神学家。斯普拉特青年时代推崇勋爵克伦威尔,后转向斯图尔特,曾任罗彻斯特主教威斯敏斯特教长。其主要著作有:《雅典人之死》(1659)、《王国社会的历史》(1667)等。

斯塔尔夫人(Madame de Staël 1766～1817) 法国女作家和社会活动家。主要著作有:《论文学与社会建制的关系》(1800)、《论德国》(1810)、《黛尔菲娜》(1802)、《高丽娜》(1807)。在《论文学》中,作者论述了从古希腊到18世纪的西欧文学以及北方和南方的文学,表露了对浪漫主义的倾慕。在《论德国》中,作者论述德国的文学艺术以及德国人的品格。这部作品对19世纪初期法国浪漫主义文学的发展起了促进作用。

斯塔利斯基·苏赖曼(Стальский, Сулейман 1869～1937) 达格斯坦民间诗人,列兹金人的民间歌手。他1900年开始创作诗歌;十月革命后,其创作臻于繁盛。他不识字,口头创作,终生记忆不忘。

斯塔索夫,弗拉基米尔·瓦西里耶维奇(Стасов, Владимир Васильевич 1824～

1906) 俄国艺术和文艺评论家、考古学家、民族志学家、民间文艺学家。其观点颇受革命民主党人的影响;著有《俄罗斯壮士歌的起源》(1868)。作为民族志学家和民间文艺学家,斯塔索夫持承袭说的观点,并认为:俄罗斯壮士歌起源于东方(突厥和蒙古)。

斯特拉博(Strabo 约公元前 63~约公元 24) 希腊地理学家、历史学家。斯特拉博的《舆地志》(17 卷)不仅包容地理的,而且包容民族志和历史的资料。

斯特拉帕罗拉,弗兰切斯科(Straparola, Francesco 15 世纪末~1557 年后) 意大利作家。斯特拉帕罗拉的《愉快的夜晚》,是欧洲第一部故事、笑话、谜语和东方故事集;欧洲的作家和故事家从其中汲取题材。

斯威夫特,乔纳森(Swift, Jonathan 1667~1745) 英国作家。他的一系列讽刺之作,抨击学术和宗教领域的腐败和愚顽。

苏摩提婆(Somadeva,创作时期为 1070 年前后) 克什米尔婆罗门和梵文作家,又名"月天"。其《故事海》,颇似欧洲中世纪的神话故事。

苏韦斯特尔,埃米尔(Souvestre, Émile 1806~1854) 法国作家。

索菲娅-夏洛特(Sophie-Charlotte 1668~1705) 普鲁士王后,弗里德里希一世的妻子。索菲娅对哲学颇感兴趣,曾邀请莱布尼茨、托兰德等哲学家到柏林讲学。

索福克勒斯(Sophocles 约公元前 496~前 406) 古希腊三大悲剧作家之一。

索科洛夫兄弟 即尤里·马特维耶维奇·索科洛夫(Соколов, Юрий Матвеевич 1889~1941)和鲍里斯·马特维耶维奇·索科洛夫(Соколов, Борис Матвеевич 1889~1930) 两者为孪生兄弟,同为苏联民间文艺学家。作为奥·费·米列尔的学生,索科洛夫兄弟持历史学派的观点。始而,他们亦持壮士歌、魔幻故事等贵族起源说;后来,他们放弃了一些不可信的论点。鲍·索科洛夫曾任苏联各民族博物馆馆长,并从事教学工作。尤·索科洛夫曾发表多篇关于苏联各民族民间文学的论著,并著有《俄罗斯民间文艺学》(1938)。据他看来,"民间文学是往昔的反响,同时又是现今的强大声音。"

索雷尔,阿尔贝(Sorel, Albert 1842~1906) 法国历史学家,从事 18 世纪末法国革命时期历史的研究。其主要著作有:《历史概论与批判》(1883)、《孟德斯鸠》(1887)、《文学与历史研究》(1901)等。

索洛摩斯,狄奥尼西奥斯(Solomos, Dionysios 1798~1857) 近代希腊诗人,

借助民间语言从事创作,其许多诗作成为民间歌谣。

T

塔努齐,贝纳尔多(Tanucci, Bernardo 1698～1783) 那不勒斯王国首相,主张所谓"开明专制"。

塔索尼,亚历山德罗(Tassoni, Alessandro 1565～1635) 意大利诗人和评论家。其主要著作有:《论彼特拉克的诗》(1609)、《塔索尼思想十卷集》(1620)、《吊桶的被劫》(1622)。

塔韦尼耶,让·巴蒂斯特(Tavernier, Jean Baptiste 1605～1689) 法国商人,曾到东方旅行,游历奥斯曼帝国、伊朗、印度、印度尼西亚等地区,著有《让·巴·塔韦尼耶旅行记》(1681～1682)。

塔西佗(普布利乌斯·科尔涅利乌斯·塔西佗)(Pubius Cornelius Tacitus 约55～约120) 古罗马历史学家。其主要著作有:《日耳曼尼亚志》《阿格里科格传》《历史》《编年史》。

泰勒,爱德华·伯纳特(Tylor, Edward Burnett 1832～1917) 英国民族志学家,文化史和民族志学进化论学派的奠基人。泰勒致力于原始文化和宗教的研究,坚持民族志学和文化史中的进化说,被视为人类学派的创始人。泰勒将进化成分导入民族志学,否弃所谓落后民族退化说。他对宗教史的研究亦有一定贡献。泰勒否定了这样一种论断,即:落后民族是人类退化的部分。据他看来,所谓落后民族,是人类社会发展的一个阶段;原始思维与文明人思想之间并没有不可逾越的界限。泰勒最先将"遗存"(英语 Survivals)用于学术领域。所谓"遗存"不仅见之于平民。泰勒最先将民族志学资料引进宗教史。他的万物有灵论,较之神话学派前进了一大步,其原因在于:它否弃了神启,并将宗教的产生视为历史过程。然而,泰勒有关万物有灵的学说并不确切,因为他将宗教视为心理学现象,而置其社会—经济根源及认识根源于不顾。此外,万物有灵信仰并不是宗教的最早期形态。泰勒的学生,特别是罗·拉·马雷特,对此已有所认识。

泰纳,伊波利特(Taine, Hippolyte 1828～1893) 法国文化研究家、历史学家。他力求以科学方法研究文学艺术、心理学、文化史等。其主要著作有:《19 世纪法国哲学史》(1857)、《批判与历史文集》(1858)、《艺术哲学》(1865)等。

汤姆斯,威廉(Thoms, William 1803～1885) 英国民俗学家和古玩家,最先将"弗克洛尔"一语运用于学术领域。

汤姆逊,詹姆斯(Thomson,James 1700～1748) 英国诗人和剧作家。曾出版《冬》《夏》《春》《秋》各诗,并于 1730 年合编为《四季》,描写四季自然景色、山林河海、平原峡谷、花草禽兽,并穿插古典文学中的爱情故事;诗中又描写了劳动的欢乐和农民的饥寒等。大自然的淳朴既与贵族的奢华、怠惰相对照,又被视为造物主的化身。《四季》被誉为划时代之作。他的短诗以《阿尔弗雷德》中的《统治吧,英国》最为著名。

坦普尔,威廉(Temple,William 1628～1699) 英格兰政治家、作家。著有《联省共和国见闻》。其思想和文风对 18 世纪许多作家影响极大。

特拉齐尼,本韦努托(Terracini,Benvenuto 1886～1968) 意大利语言学家。

特赖奇克,亨利希·封(Treitschke,Heinrich von 1834～1896) 德国历史学家和评论家,强权政治的鼓吹者;著有《19 世纪德意志史》(1879～1894)。

特里维廉,乔治·麦考利(Trevelyan George Macaulay 1876～1962) 英国自由派历史学家,将英国往昔及其议会体制理想化。特里维廉将英国的往昔和议会机构理想化;著有《英国史》(1926)、《女王安娜时代的英国》(1930)等。

特列先科,亚历山大·瓦西里耶维奇(Терещенко,Александр Васильевич 1806～1865) 俄国民族志学家。曾发表古俄罗斯文化以及现代人民生活和文化的大量材料。其著作《俄罗斯人民的生活》(1848),以材料丰富著称。

特鲁布莱(Trublet) 教士。

特罗亚,卡尔洛(Troya,Carlo 1784～1858) 意大利历史学家和文献出版家。他依据大量文献资料,著《中世纪意大利史》。他对天主教和教廷持赞颂态度。

梯叶里,奥古斯坦(Thierry,Augustin 1795～1856) 法国历史学家,早年热衷于圣西门的空想社会主义;著有关于诺曼人征服英格兰以及关于中世纪村社的著作。

提勒尔,乔治(Tyrrell,George 1861～1909) 爱尔兰籍天主教耶稣会士、哲学家,现代神学派主要成员。他相信天主教神学可包容科学新发现,以历史的和批判的方法研究神学。其主要著作有:《人生因素——宗教》(1902)、《教会与未来》(1903)。

提图斯(Titus 39～81) 罗马皇帝,79～81 年在位。

屠格涅夫,伊万·谢尔盖耶维奇(Тургенев, Иван Сергеевич 1818～1883) 俄国作家。

图尔内芒,勒内·约瑟夫(Tournemine, René Joseph 1661～1739) 法国作家,耶稣会士。

图拉真(Trajan 53～117) 罗马皇帝,98～117年在位。

托尔斯泰,列甫·尼古拉耶维奇(Толстой, Лев Николаевич 1828～1910) 俄国作家。

托兰德,约翰(Toland, John 1670～1722) 英国哲学家。据托兰德看来,一切信仰,都必须以知识和理解为前提;启示和权威都只是求得真理认识的法。托兰德在其第一部著作中猛烈抨击神职人员。他所著《基督教并不神秘》一书,激怒众教父,爱尔兰国会宣布予以焚毁。1704年,他的《致尊贵者信函》问世。马克思将托兰德以及与之相近似的哲学家们视为唯物主义者。

托马齐乌斯,克里斯蒂安(Thomasius, Christian 1655～1728) 德国法学家和哲学家、启蒙思想家。托马齐乌斯为自然法理论的拥护者。他摒弃神学家们关于国家和法来自上帝的论断,为争取将科学从经院哲学和神学的桎梏下解放出来而斗争;他最先将道德同国家强制措施所保证的法律准则区分开来。他并致力于反对迷信和巫术活动。

托马斯·阿奎那(Thomas Aquinas 约1225～1274) 中世纪基督教神学家、经院哲学家。其主要著作有:《神学大全》《反异教大全》。

托马泽奥,尼科洛(Tommaseo, Niccolo 1802～1874) 意大利作家、语文学家和政治活动家。他的《歌谣集》中既有爱国诗和宗教诗,又有抒情诗,具有浪漫主义诗歌的特色;他还搜集托斯卡纳、希腊、科西嘉岛的民间歌谣,并编辑出版(1841)。他并编写《意大利语同义词词典》(1830)和《意大利语词典》(1859～1879),具有很高的价值。

托内拉,欧内斯特(Tonnelat, Ernest 1887～1948) 法国学者。

托佩利乌斯(Topelius) 芬兰学者。

托斯基,保罗(Toschi, Paolo 1788～1854) 意大利学者。

陀思妥耶夫斯基,费多尔·米哈伊洛维奇(Достоевский, Федор Михайлович 1821～1881) 俄国作家。

W

瓦尔策尔,奥斯卡(Walzel, Oskar 1864～1944) 德国文艺理论家。

瓦格纳,奥古斯特(Wagener, Auguste 1829～1896) 法国学者。著有《印度寓言与希腊寓言之关联概论》(1852)。

瓦格纳,理查德(Wagner, Richard 1813～1883) 德国作曲家、作家。在其创作中,他广泛运用民间故事和传说的题材,在音乐上也往往借鉴民歌。其歌剧《仙女们》具有卡·马·韦伯的浪漫主义风格。他的歌剧表现出德意志民族意识、民族自尊感。民族自尊感有时则转变为民族优越感。他的歌剧大多带有对资本主义社会的批判,同时又有浓重的悲观主义色彩。《汤豪泽》等涉及资本主义社会中艺术家与社会的关系,描述艺术家在社会上得不到理解。

瓦肯罗德,威廉·亨利希(Wackenroder, Wilhelm Heinrich 1773～1798) 德国作家、小说家。浪漫主义者;著有《德国浪漫主义的文学理论》。

瓦拉,洛伦佐(Valla, Lorenzo 1407～1457) 意大利文艺复兴时期人文主义者。1440年,他完成其最重要著作《论君士坦丁赠礼》,论断:因其拉丁文粗俗,它不可能产生于君士坦丁时代。

瓦莱,彼得罗·德拉(Valle, Pietro della 1586～1652) 意大利旅行家和东方学家。瓦莱于1614～1626年游历近东和中东诸国,携回东方铭文的手迹和复制本;在《五十四封信函中的旅行记》中,对东方民间习俗有所记述。他的书信分为3卷出版(《土耳其》《波斯》《印度》)。

瓦雷斯·达莱(Vairasse d'Alais) 法国学者。

瓦罗(Varro, Marcus Terentius 公元前116～前27) 古罗马学者和讽刺家。其著约74部(600多卷),涉及天文、地理、文学、诗歌、教育、法学等。

威尔地,朱泽佩(Verdi, Giuseppe 1813～1901) 意大利作曲家。其作品中反映了意大利人民在君主和外国侵略者重压下的压抑情绪,反映了意大利争取民族解放和统一的如火如荼的时代。他在创作中借助于民间音乐。

韦伯,卡尔·马里亚(Weber, Karl Maria 1786～1826) 德国作曲家、音乐评论家和导演,浪漫主义民主派的代表。韦伯曾领导反对音乐中外来影响和建立德国民族歌剧的斗争。在创作中,他曾借助于民间音乐、叙事诗、传说和童话故事。

韦伯,阿尔布雷希特·弗里德里希(Weber, Albrecht Friedrich 1825～1901) 德国东方学家、梵文研究家;曾出版杂志《印度研究》(1849～1864)。

韦茨，泰奥多尔（Waitz，Theodor 1821～1864） 德国人类学家、哲学家、教育家。他所著《自然民族的人类学》，堪称众多民族志资料的系统化。据他看来，人的发展受四种因素的制约，即：种族的体魄结构、每一民族的精神生活特征、自然环境、社会关系和关联的总和。

韦德尔，安德斯（Vedel，Anders 1542～1616） 丹麦学者。曾出版第一部丹麦民间歌谣集，并将萨克索·格拉玛蒂库斯的编年史译为丹麦文。

韦恩霍尔德（Weinhold，F. A.） 德国学者，曾担任《民族学杂志》主编。

韦里，亚历山德罗（Verri，Alessandro 1741～1816） 意大利诗人和作家，与法国的百科全书派相接近。

韦内齐亚诺，安东尼奥（Veneziano，Antonio） 意大利学者。

韦斯特玛克，爱德华（Westermarck，Edvard 1862～1939） 芬兰社会学家、哲学家和民族志学家。《人类婚姻史》（1891）为其主要著作。置摩尔根和麦克伦南的发现于不顾，他断言：一夫一妻制家庭亘古有之；其他婚姻方式无非是地方条件所引起的变易。他并试图将达尔文的进化论规律扩及家庭史，以纯生物学原因解释种种婚姻现象。其著作尚有《道德观念的起源和发展》（1906～1908）、《摩洛哥的宗教仪式与信仰》（1926）等。

韦谢尔斯基，阿尔伯特（Wesselski，Albert 1871～1939） 德国学者，著有《童话故事理论初探》（1931）。

维多西，朱泽佩（Vidossi，Giuseppe 1878～1969） 意大利语言学家、民俗学家。

维尔加，乔万尼（Verga，Giovanni 1840～1922） 意大利作家、戏剧家。其作品汲取了西西里民间语言，淳朴、自然、生动，人物性格鲜明，具有浓厚的生活气息和地方色彩，并反映了19世纪末意大利社会的真实状貌。所谓真实主义（来自意大利文 Vero，意为"真实的"），19世纪末意大利的文学流派，其代表人物为小说家乔万尼·维尔加和文艺理论家路易吉·卡普安纳。真实主义的特征在于：真实地描写和严肃地批判社会的黑暗面，以下层人民为作品的主人公；它因而成为当时意大利社会最需要的文学倾向。维尔加的小说，是真实主义的代表作。

维尔马克，埃尔萨尔（Villemarqué，Hersart de la） 法国学者。

维吉尔（普布利乌斯·维吉尔·马罗）（Publius Virgilius Maro 公元前70～前19） 古罗马诗人，著有史诗《埃涅阿斯纪》和《农事诗》。

维柯,詹巴蒂斯塔(Vico, Giambattista 1668～1744)　意大利历史学家、社会学家。其主要著作为《新科学》(1725),全称《关于各民族的共同性的新科学的一些原则》,旨在对人类如何从野蛮的动物状态逐渐演化为文明人进行探考。维柯的基本出发点是所谓共同人性论。他认为:各民族的起源和境遇虽各不相同,其社会发展都具有某些一致性和规律。不同于同时期的其他历史学家和哲学家,维柯认为:人民群众在历史过程中有着重要的作用。维柯承认历史过程的客观规律性,创立了所谓循环说,即:各个民族都必须经历三个发展阶段——神祇时期(人类的童年,野蛮状态)、英雄时期(人类的少年,贵族政体国家)和凡人时期(人类的成年,民主共和国或君主立宪制,即资产阶级社会)。第三阶段以后,衰颓将来临,人类复返原始阶段。他一方面承认神是宇宙的创造者,另一方面(这正是他的重大功绩)又先于黑格尔揭示了人类社会发展的客观规律。维柯既否定了历史过程中神的恣意妄为,又否定了历史过程中的偶然性。尽管其世界观不无矛盾性,他在许多问题上仍站得较18世纪的启蒙运动者要高。马克思指出:在维柯那里,"以萌芽状态包含着沃尔夫(《荷马》)、尼布尔(《罗马帝王史》)、比较语言学基础(虽然是幻想的),以及还有不少天才的闪光。"

维拉莫维茨-默伦多夫,乌尔里希·封(Wilamowitz-Moellendorff, Ulrich von 1748～1831)　德国语文学家,致力于希腊文学和古风物的探考;著有《希腊人的宗教信仰》(1931～1932)。

维莱加格农,尼古拉·迪朗·德(Villegagnon, Nicolas Durand de 1510～1571)　法国海军上将。1555年在瓜纳巴拉湾建立殖民区,即现今里约热内卢所在地。

维兰德,克里斯托夫·马丁(Wieland, Christoph Martin 1733～1813)　德国启蒙运动时期作家和重要代表。其文学活动的主要时期已是"狂飙突进运动"席卷德国文坛的时期。在小说创作方面,他是启蒙运动时期成就最高的作家,对后世的文学发展有一定影响。维兰德与歌德和赫尔德相近。

维塞尔,马里努斯·德(Visser, Marinus de)　神话研究者。

维斯孔蒂(Visconti, P.E.)　意大利民间文艺学家,著有《马里蒂马和坎帕尼亚两省民间歌谣概览》。

维谢洛夫斯基,亚历山大·尼古拉耶维奇(Веселовский, Александр Николаевич 1838～1906)　俄国学者、民间文艺学家、文艺理论家,主要从事中世纪和文艺复兴时期的文学以及民间文学的研究。始而,他持承袭说;但不同于本法伊,他不承认东方单向的影响。他并异常关注拜占庭和斯拉夫人在东、西方联系中的作用。人类学派的著作,使维谢洛夫斯基对民间文学起源的观点有所改变。他试图将两个学派的观点结合起来。据他所述,故事的情节起源于专制制度,而包容一系列情节的题材则来自承袭。他并提出文学对口头创作的影响问题。

温克尔曼,约翰·约阿希姆(Winckelmann, Johann Joachim 1717～1768) 德国古希腊艺术史家和语文学家。他将古希腊罗马艺术视为人类的最高成就,著有《古代艺术史》。

温琴蒂,莱奥内洛(Vincenti, Leonello) 意大利学者。

温图里,弗兰科(Venturi, Franco) 意大利历史学家。

沃顿,托马斯(Worton, Thomas 1728～1790) 英国诗人和文学史家,先于英国浪漫主义者,将中世纪成分纳入英国文学。他对往昔的关注,见诸其所著《英国诗歌史》。

沃尔夫(Wolf, I.W.) 德国学者。

沃尔夫,弗里德里希·奥古斯特 (Wolf, Friedrich August 1759～1824) 德国古典语文学家。在其《荷马绪论》中,他试图论证:荷马的史诗是短小民间歌谣之汇集。

沃尔弗拉姆,理查德(Wolfram, Richard) 德国学者。

沃斯勒,卡尔(Vossler, Karl 1872～1949) 德国语文学家,从事罗曼语诸民族文学的研究。

沃伊雅尔,埃利兹(Voiart, Elise 1786～1866) 法国女作家,即塔尔维。

乌兰德,路德维希(Uhland, Ludwig 1787～1862) 德国诗人和民间文艺学家,"施瓦本浪漫主义派"的首领;他的诗歌创作以叙事谣曲和浪漫曲见长,音韵优美,语言质朴。

乌森纳,赫尔曼(Usener, Hermann 1834～1905) 德国语文学家,从事古典语文、古希腊罗马哲学和宗教史的研究;著有《降生》(1889)、《神名考》(1896)、《洪水灭世的故事》(1899)等。乌森纳对神的概念的起源进行了探考,并提出一种可与人类学派所持之说相比拟的理论。他所提出的术语——"瞬间神"和"特别神"已广为采用。

伍德(Wood, R.) 英国学者。

X

希尔(Schier) 德国民俗学者。

希尔恩,伊尔约(Hirn, Yrjö 1870~1921) 芬兰学者、民间文艺学家。

希弗涅尔,安东·安东诺维奇(Щифнер, Антон Антонович 1817~1879) 俄国语文学家,对芬兰、土耳其、高加索、西藏的语言和文学有所研究,并发表了一些关于西藏和西藏文学典籍的论著。

希罗多德(Herodotos 约公元前484~前425) 古希腊历史学家,足迹及于小亚细亚、地中海东岸、美索不达米亚、阿拉伯北部、埃及、黑海北部沿岸地区、科尔基斯、意大利南部和巴尔干半岛。希罗多德的著作虽为资料的汇集,但不仅对历史,而且对民族学和民俗学说来均不失为巨大贡献。

西多,卡尔·威廉·封(Sydow, Carl Wilhelm von 1878~1952) 瑞士语文学家,对芬兰学派的方法有所批评。1932年8月,西多在第8届北方语文学家会议上宣称:"鉴于安蒂·阿尔内关于故事的专论以及其他国家'芬兰学派'的追随者所写的此类论著之结果,应当承认:故事研究陷入绝境,不能再循此途径走下去。'芬兰学派'所缜密制定的方法有些公式化,部分建立在不正确的、有时乃至显然谬误的前提之上。"(转引自《俄国民间文艺学》,1938年版)。

席勒,约翰·克里斯托夫·弗里德里希(Schiller, Johann Christoph Friedrich 1759~1805) 德国诗人、剧作家。

夏多布里昂,弗朗索瓦·勒内(Chateaubriand, François René 1768~1848) 法国作家、复辟时期政治活动家。著有《论古今革命》、《美洲游记》(1827)、《纳切兹人》(1826)、《阿达拉》(1801)、《勒内》(1802)。《阿达拉》是《基督教真谛》中的一章。女主人公阿达拉是北美森林一未开化民族酋长的女儿,爱上了另一未开化民族青年夏克达,作为基督教徒的阿达拉不能与非教徒夏克达结合,阿达拉暗中服毒自尽。这部小说成为法国第一部浪漫主义小说。《勒内》亦为《基督教真谛》的一章。主人公勒内出生时母亲去世,与胞姐亚美丽相依为命。胞姐在出家时吐露了对勒内的爱情。勒内孑然一身,最后遁迹蛮荒绝域。《纳切兹人》是一部散文史诗,为《阿达拉》和《勒内》的续编。在《纳切兹人》中,夏克达已成为双目失明的老人,对勒内叙说他的遭遇;在作者的笔下,文明世界的思想家、名人学士,只能算作智慧上的侏儒。他是描写景物的巨匠,也是法国文学史上优秀散文家之一。

夏尔丹,让(Chardin, Jean 1643~1713) 法国旅行家,多年居留于伊朗,曾游历克里米亚、外高加索、印度。其多卷集"旅行记",为对前亚诸国及其各民族习俗和文化进行探考的宝贵资料。

夏隆,皮埃尔(Charron, Pierre 1541~1603) 法国学者,蒙田的追随者和友人。夏隆对蒙田的思想有系统阐述,但磨灭了其清新和锋利。他所著《论智慧》,使他享有自由思想者的声誉。据他看来,人从自然只是获得道德观念,而宗教信仰则是培育的结果。

肖邦,弗雷德里克(Chopin, Frédéric 1810~1849) 波兰作曲家。他的音乐灵感源于自身和波兰的悲剧性经历,旋律独具个性。他的作品有一些在强烈民族感情激发下而作的马祖卡舞曲和波格涅兹舞曲。

谢林,弗里德里希(Schelling, Friedrich 1775~1854) 德国哲学家;在《艺术的哲学》中对神话和艺术的规律有所阐述。

休谟,戴维(Hume, David 1711~1776) 英国哲学家、历史学家,不可知论者。休谟继承并贯彻约·洛克和乔·巴克莱的经验论观点,对人的认识能力"理智"和认识的构成要素"知觉"进行剖析,提出了怀疑论的认识论学说。休谟探讨了从多神教到一神教的发展过程。他指出:由于原始人对自然现象的无知,把它们看作希望和恐惧的对象;人们的想象又把它们拟人化,对之祈祷和供奉。这便是偶像崇拜和多神教的来源。其主要著作有:《人性论》(1734~1737)、《人类理智研究》(1748)、《道德原理研究》(1751)、《英国史》(1754~1762)。

叙夫,佩德尔·彼德森(Syv, Peder Pedersen 1631~1702) 丹麦语文学家和诗人。

雪莱,珀西·比希(Shelley, Percy Bysshe 1792~1822) 英国诗人。其诗作和散文,大多与自然景物相关联,优美明快,富于诗歌之美。

Y

亚里士多德(Aristoteles 公元前384~前322) 古希腊哲学家。

亚历山德里,瓦西莱(Alecsandri Vasile 1821~1890) 罗马尼亚诗人、小说家和民间文艺学家,罗马尼亚民间文艺学的奠基人。1840年至1843年,他在摩尔多瓦地区搜集民间歌谣,整理出版了《罗马尼亚歌谣集》(1852)、《罗马尼亚民间诗歌》(1853)、《歌谣与眼泪》(1852)。他促进了本民族诗歌语言的发展,被称为"诗王"。

扬,爱德华(Young, Edward 1683～1765) 英国诗人、乡村牧师;1725 年发表讽刺诗集《普遍的激情》,赢得了声誉。长诗《哀怨,或关于生命、死亡和永生的夜思》,曾轰动欧洲。此诗中描写丧妻失女之痛,有浓厚的伤感情绪;作者沉溺于宇宙幻灭的痛苦之中,并以灵魂不死之说作为唯一的安慰。他还反对盲目崇拜和模仿古人。

扬,弗里德里希·路德维希(Jahn, Friedrich Ludwig 1778～1852) 德国解放运动中人物,爱国者。他将培育勇敢的青年视为民族解放的条件。1811 年,他在柏林建立第一个运动场。弗·扬所建立的体育组织实际上具有政治性。他曾积极参加 1813 年的解放斗争,并要求武装民众。

耶林(Jhering, R. 1818～1892) 德国法学家。

耶耶尔,埃里克·古斯塔夫(Geijer, Erik Gustav 1783～1847) 瑞典历史学家、诗人、作曲家和政治活动家,曾出版《瑞典民间歌谣》。

伊丽莎白一世(Elizabeth) 英格兰女王(1558～1603 年在位)。

伊姆布里亚尼,维多里奥(Imbriani, Vittorio 1840～1886) 意大利作家、诗人和文学史家。搜集并出版《南方诸省民间歌谣集》(1871～1872)、《托斯卡纳故事集》(1876)等。

伊索(Aesop) 相传为一部古希腊寓言集《伊索寓言》的作者;据说,生活于公元前 6 世纪。

因斯蒂托里斯,亨利库斯(Institoris, Heinricus 约 1430～1500) 德国神学家,与施普伦格同为多明我会士,合著《降巫铁锤》。

尤维纳利斯(德西穆斯·尤尼乌斯·尤维纳利斯)(Decimus Junius Juvenalis 约 60～约 140) 古罗马讽刺诗人,又译"玉外纳"。传世讽刺诗 5 卷 16 首。诗集前 3 卷,揭露尖锐,讽刺辛辣。诗集后 2 卷,主要为较抽象的道德说教,谈幸福之含义,提倡中庸之道、宁静自恃,强调忍耐、顺从。

雨果,维克托(Hugo, Victor 1802～1885) 法国作家;曾发表《悲惨世界》《街头与林际之歌》《海上劳工》《笑面人》《九三年》等作品。1827 年,维·雨果发表韵文剧本《克伦威尔》及其"序言"。该"序言"成为当时浪漫主义运动的重要宣言,雨果亦因而被视为浪漫主义的领袖。"序言"猛烈抨击古典主义的清规戒律,强调自然中的一切都可成为艺术题材。

于埃,皮埃尔·达尼埃尔(Huet, Pierre Daniel 1630～1721) 法国哲学家和神学家。他的论战性著作是《笛卡儿哲学批判》(1689)和《为历史服务的新回忆录》(1692)。他认为:只有通过信仰而不是通过理性,才能认识真理。这便是所谓信仰主义哲学。

于贝尔,亨利(Hubert, Henri) 法国社会学家,从事宗教的研究。

于韦兰(Huvelin, P.) 法国学者。从事法的研究。

于约(Huyau) 法国学者,从事艺术的研究。

约勒斯,安德烈(Jolles, André 1874～1946) 荷兰语言学家、文艺学家。

云格曼,约瑟夫(Jungmann, Josef 1773～1847) 捷克民族运动领袖之一、语文学家。其主要著作有:《捷德词典》《捷克文学史》等。他并主张斯拉夫各部族在文化上相接近。

Z

詹姆斯,理查德(James, Richard 约 1592～1638) 英国神职人员,曾在驻莫斯科大使馆任职。1845 年,他发现一记录本,其中有 6 篇历史的和抒情－叙事的歌谣。

詹姆斯一世(James Ⅰ) 苏格兰国王(始于 1567 年)、英王(1603～1625 年在位)。

詹诺内,皮耶特罗(Giannone, Pietro 1676～1748) 意大利历史学家、法学家,著有《那不勒斯王国史》等;因反对教廷,遭到迫害,后死于狱中。

詹森,科尔内利乌斯·奥托(Jansen, Cornelius Otto 1585～1638) 荷兰天主教反正统派神学家、詹森派的创始者。詹森派为天主教内一反对派别,产生于 17 世纪前半期,旨在反对耶稣会上层人士的奢侈无度及其非耶稣会士维护者,就其社会性质和伦理准则而言,詹森派接近于英国的清洁派。詹森主义的中心为波尔－罗雅尔修道院。追随科·奥·詹森的学说之教派,维护奥古斯丁的恩宠论,崇尚虔诚和恪守教会法规,反对耶稣会的或然论。其学说的追随者,在荷兰、法国等地甚众。

左拉,埃米尔(Zola, Émile 1840～1902) 法国小说家。在一些作家和奥·孔德的实证主义哲学的影响下,他提出自然主义文学理论。他主张:以实验的方法认识情感和精神生活;小说家应充当事实的收集者和根据事实进行实验的实验者,从而成为人和人的情感之审问官;搜集资料,做一个科学家,而不对所写事物进行政治的、道德的和美学的评价;人的生物本能支配其社会行为。

佐贝尔蒂,温琴佐(Zoberti, Vincenzo) 意大利哲学家、政治活动家;1843年,著书立说,维护在罗马教皇的主持下"自上"统一意大利的思想。他主张在梵蒂冈的左右下统一所有国家,并保持意大利作为"人类中心"的地位。

附录二 神话传说人物、名词术语的简要介绍

阿多尼斯（Adonis） 古希腊神话中一美少年，原为腓尼基－叙利亚的自然之神，被视为草木（植物）枯荣的象征。

阿尔基诺奥斯（Alcinous） 古希腊神话传说中费阿基亚人之王，曾盛情款待奥德修斯。

阿尔忒弥斯（Artemis） 古希腊神话中的狩猎女神、月神，又被视为野兽的保护神；曾被奉为植物的保护神，后演变为丰产女神和生育的庇护者。

阿芙罗狄忒（Aphrodite） 古希腊神话中的爱与美之女神。相传，天神乌兰诺斯为其子克罗诺斯阉割，其血流入大海，泛起泡沫，阿芙罗狄忒便生于其中。

阿克戎（Acheren） 古希腊神话传说中冥府5条河流之一（悲戚之河），卡戎以渡船将死者送过此河，抵达冥府。

阿克泰翁（Actaeon） 古希腊神话传说中一猎手，因亵渎狩猎女神阿尔忒弥斯，被变为鹿。

阿提斯（Attis） 古希腊神话中人物，为女神基伯勒所钟爱；相传，基伯勒曾使他死而复生。

埃奥洛斯（Aeolus） 古希腊神话中的风神。

"埃德"（Edde） 古希腊歌手，叙事歌的创作者。

埃费玻斯（希腊文 Ephebos） 古希腊受军训并在哲学等学校学习的18～20岁的青年人。

安德罗墨达（Andromeda） 古希腊神话中埃塞俄比亚王克甫斯与卡西奥佩娅之女；其母夸耀安德罗墨达容貌胜过任一海洋女神。众海洋女神闻之十分恼怒。她们请海神波塞冬兴波作浪，将埃塞俄比亚全境淹没，食人海怪屡屡骚扰，声称只有把安德罗墨达献给海怪，才能免除灾难。克甫斯只好将安德罗墨达缚于海滨岩石上。恰在此时，英雄佩尔修斯杀死戈尔贡（魔怪），携墨杜萨（戈尔贡）之首，

附录二 神话传说人物、名词术语的简要介绍

足穿飞鞋,凌空而过。见此情景,佩尔修斯顿生怜爱之心,于是对克甫斯说:他要降除海怪,娶安德罗墨达为妻。克甫斯欣然允诺。不久,海怪从海中出现。佩尔修斯向其出示墨杜萨之首,众海怪即刻化为岩石。

《奥德赛》(Odyssey) 古希腊著名荷马史诗,分为24卷,共有12,110行;集中叙述了奥德修斯在海上漂泊10年后终于回到故乡的故事。其原始材料,为许多世纪搜集的神话传说和英雄故事,反映了古代文化状况和社会生活风貌。

奥狄浦斯(Oedipus) 古希腊神话传说中忒拜王拉伊奥斯与约卡斯塔之独子;曾猜破魔怪斯芬克斯的谜语。

奥尔甫斯(Orpheus) 古希腊神话传说中的著名歌手;据说,可使猛兽俯首、顽石点头;死后,其竖琴化为星座。

奥利弗(Oliver) 叙事诗《罗兰之歌》中人物,他的谨慎与罗兰的蛮勇形成鲜明的个性冲突。罗兰拒绝奥利弗吹号向查理大帝求援的劝告,一场孤立无援的鏖战最终遭到惨败。

奥林波斯山(Olympus) 古希腊神话中以宙斯为首的众神所居之神域。

奥西里斯(Osiris) 古埃及神话中的死而复生之神、冥世主宰,伊西丝为奥西里斯的妻子。

巴尔德尔(Baldr) 斯堪的纳维亚神话中的光明之神,主神奥丁之子。

巴克卡纳利亚(Bacchanalia) 古希腊祭奉酒神狄奥尼索斯的仪式。

巴拉达(来自普罗旺斯语 balada) 原为一些诗歌和歌曲体裁的统称,后成为法国和意大利一些抒情诗歌的称谓。在中世纪的英国,成为民间歌谣(谣曲)的称谓。

保罗(Paul) 《圣经》传说中的使徒。

波卢克斯(Pollux) 古罗马神话中对宙斯与勒达之子波吕杜克斯之称谓。

波吕斐摩斯(Polyphemus) 古希腊神话中的独目巨灵,海神波塞冬与海洋女神托奥萨之子,十分凶残,以人为食;后为奥德修斯以机智战胜。

布林希尔德(Brynhild) 斯堪的纳维亚神话中一女神;因错判胜者,被至高神奥丁施以法术,昏睡于一山崖的洞穴中。英雄西古尔德冲过该洞穴四周之火,将布林希尔德唤醒;两者遂结为夫妻。

《查维狩猎》(Chevy Chase) 英国最有名的古老民谣,颇似史诗。其故事不乏历史依据,描述了:波西侵入苏格兰境内狩猎,道格拉斯不愿让无辜的战士们牺

性，要求同波西单独交锋；波西杀死道格拉斯，却又向其遗体默哀致敬。《查维狩猎》读来真切感人。18世纪英国散文作家艾迪生称赞该民谣具有荷马史诗的雄浑风格。

但以理(Daniel)　基督教传说中的先知；相传，曾为迦勒底王详解"泥足巨人"之梦。

德律阿得斯(Dryades)　古希腊神话中的林木女神；据说，与树木同生死。

狄奥尼索斯(Dionysus)　古希腊神话传说中的酒神、酿酒和葡萄种植业的保护者，又称"巴克科斯"。所谓"巴克卡纳利亚"，为古希腊祭奉酒神狄奥尼索斯(巴克科斯)的仪式；公元前3世纪，传入罗马等地。

"方特"(Fante)　一种游戏，即：每人分别寻觅或猜度某种事物，如未成功，则应交出一物，并由一蒙双目者为其出题，让他说笑话或唱歌等。"方特"，又指该游戏中所应交出的东西，并指应完成的难题。

法埃同(Phaethon)　古希腊神话中太阳神赫利奥斯之子。被宙斯化为御夫星座。

"法布利奥"(法文 Fableau，Fabliau)　中世纪法国的一种韵文故事，即"故事诗"，12至14世纪流传于法国城市。

费厄(Feen)　西欧诸民族神话中的超自然灵体，相传栖身于森林和泉源等处，常化身为妇女，有时生有飞翼，善于变化。

戈尔贡(Gorgons)　古希腊神话中的三魔怪的统称，地神盖娅之孙女，即：欧律埃、墨杜萨、斯忒诺。

格尼乌斯(Genius)　古罗马神话中的生殖神，后演化为男性的保护神。

古德伦(Gudrun)　斯堪的纳维亚神话传说中一公主，曾嫁给英雄西古尔德；后因向布林希尔德道出真情，致使西古尔德被杀。

"古歌"(Bliny)　俄罗斯壮士歌民间称谓，主要流传于俄罗斯北部地区。

海伦(Helen)　古希腊神话传说中的美女，主神宙斯与勒达之女。

赫尔库勒斯(Hercules)　古罗马神话中的胜利之神和著名英雄，与古希腊神话中的赫拉克勒斯相混同。

灰姑娘(Cinderella)　西欧民间故事中女主人公。其基本情节为：一幼女备受继母和父亲的虐待，蒙神灵救助；后来，一个王子爱上她，并同她结婚；她的命运终于发生根本变化。

附录二 神话传说人物、名词术语的简要介绍 531

基克洛普斯(Cyclops) 古希腊神话中的独目巨灵（即三兄弟，天神乌兰诺斯与地神盖娅所生：阿格斯——光亮，布戎忒斯——雷霆，斯忒罗佩斯——闪电）。克罗诺斯慑于基克洛普斯三兄弟之威力，将他们囚禁于冥世之下的塔塔罗斯。

基墨里(Cimmerians) 古希腊神话中的精灵，栖身于通往哈得斯入口处的洞穴，与预言者西彼尔为亡灵传达神谕。

基托夫拉斯(Китоврас) 古罗斯典籍传说中的半人半马，又意指"魔怪"或"次经"故事中魔王。据《塔木德》传说，魔王亚司马提为所罗门所擒，服苦役建造耶路撒冷圣殿。在斯拉夫传说中，基托夫拉斯亦即亚司马提。

迦拿(Cana) 《圣经》传说中加利利地区一村庄；耶稣及其门徒应邀赴该地娶亲宴席。席间，酒喝尽了，耶稣命将门外六口大缸装满水，以充佳酿。

《卡勒瓦拉》(Kalevala) 芬兰民族史诗，又译"英雄国"；19世纪芬兰诗人兰罗特依据民间流传的神话传说整理、加工而成；1835年初版，共35篇长诗，共12,000余行；1849年再版，篇幅几乎增加一倍，共50篇长诗，23,000余行。《卡勒瓦拉》是神话和传说的汇集，被视为芬兰文学宝库中的璀璨明珠。

卡吕普索(Calypso) 古希腊神话中提坦神阿特拉斯之女，居于奥吉吉亚岛，景色优美；卡吕普索身着银装，在葡萄藤掩映的洞穴织作。阿尔基诺奥斯为费阿基亚人之王，拥有美妙的园林和富丽堂皇的宫殿，曾款待海上漂泊的奥德修斯。

卡普秦修会(Capuchins Friars Minor) 又译"嘉布遣小兄弟会"，天主教方济各会的一支。该会持守严格的生活方式，简朴、清贫，并遵循方济各的精神。

肯陶罗伊(Kentauroi) 古希腊神话中人首马躯魔怪，栖身于佩利翁山中，暴戾恣睢，贪恋女色，以肉为食。

"康蒂莱纳"(Cantilène) 中世纪一种抒情叙事歌谣。

库帕拉(Купала) 东支斯拉夫人神话中的夏至神。夏至那天，人们将其木制偶像沉入水中，岸上燃起篝火，人们在火边尽情欢跳。据说，这种仪式象征丰产。

库皮杜(Cupidu) 意大利传说中歌谣作者。

莱穆尔(Lemures) 古罗马神话传说中的幽灵，相传为未获安葬者之灵。所谓"莱穆里亚"仪式，同此类亡灵相关联，行之于罗马。据奥维德在《岁时记》中的记述，每年五月，均举行此种仪式，以从宅中驱除此类精灵。因此，五月被视为不吉之月份。据信，生于五月或在五月结婚，则注定终生劳苦。

勒达(Leda) 古希腊神话传说中埃托利亚王之女，与宙斯生海伦、卡斯托尔和波吕杜克斯。

利戈(Ligo)　拉脱维亚神话传说中人物；与利戈相关的仪式，同所谓伊万节相关联。

卢佩尔库斯(Lupercus)　古罗马神话中的畜牧神，与古希腊神话中的潘相混同。祀奉该神的节日为"卢佩尔卡利亚节"。

"伦德勒"(Ländler)　德国南部和奥地利的民间舞蹈(即农村华尔兹舞)。

罗宾汉(Robin Hood)　据英国民间歌谣，罗宾汉为一仗义疏财劫富济贫的英雄，深受人民爱戴。据《罗宾汉与三名随从》所述，罗宾汉化装为一行脚僧，劫法场，救出他的三名随从，并将地方官处死。

《罗兰之歌》(Chanson de Roland, la)　法国中世纪英雄史诗"武功歌"的代表作，牛津大学收藏的抄本最为完善，全诗共 4002 行，分 291 节；描述罗兰忠君爱国，为保卫疆土而英勇战斗，直到流尽最后一滴血。

"玛德里伽尔"(来自普罗旺斯语 Madre，意为"牧者")　抒情体牧歌，14 世纪产生于意大利。

玛尔叙阿斯(Marsyas)　古希腊神话中的森林之神，因与阿波罗比赛演奏长笛技艺被其剥皮而亡。其笛后被牧羊人献与阿波罗。

玛纳(Mana)　美拉尼西亚原居民所笃信的一种无人格的超自然神秘之力，可附着于人或为人所有。

麦基洗德(Melchizedek)　《圣经》传说中人物，撒冷王和至高上帝的祭司。参阅《圣经·创世记》第 14 章。

曼科·圭那·卡帕克(Manco Guina Capac)　古印加人神话传说中太阳之子、印加人的创世者，将文明传给人类。

"民间演员"(意大利文 Mimo)　系指古希腊和罗马民间戏剧的表演者(此类民间戏剧，亦称 Mimo)；不同于正式戏剧表演者，他们不戴面具；其中不乏妇女和奴隶。他们演出的节目中，往往有讽刺场面，统治阶级的代表人物被描绘得淋漓尽致。

缪斯女神(Muses)　古希腊神话中司掌艺术、音乐、文学、和学术之众女神的统称，主神宙斯之女。

摩西(Moses)　《圣经》传说中犹太人古代的领袖，曾向犹太民族传授上帝律法。

附录二　神话传说人物、名词术语的简要介绍

南特敕会（Edict of Nantes）　1598年4月13日法国亨利四世在南特颁布的法令，允诺给予信奉基督教新教者（胡格诺派）以广泛的宗教自由。

《尼贝龙根之歌》（Nibelungenlied）　德国13世纪以中古高地德语写成的英雄史诗，约产生于1198年至1204年之间；全诗共39歌，2379节，9516行。现在通行的版本，多以霍恩内姆斯发现的抄本为依据；1757年，瑞士作家博德默予以出版。

宁芙女神（Nimph）　古希腊神话中作为种种自然物化身之女神，诸如河溪、泉源女神。

帕尔纳索斯（Parnassus）　古希腊神话传说中的圣山，为阿波罗及众缪斯女神所居。

帕尔齐法尔（Parsifal）　12～16世纪叙事诗中的英雄人物；流传至今的关于帕尔齐法尔的传说，为法国、德国、英国诗人的改制之作。沃尔夫拉姆·封·埃申巴赫和克雷蒂安·德·特罗亚等著有《帕尔齐法尔》《伯斯华，或圣杯的故事》等。

佩尔修斯（Perseus）　古希腊神话传说中的著名英雄，曾在雅典娜等神帮助下杀死魔怪墨杜萨。

普罗塞尔平娜（Proserpina）　古希腊神话中农事神得墨忒尔之女佩尔塞福涅的罗马称谓。塞丽斯，为古希腊神话中农事神得墨忒尔的罗马称谓。相传，得墨忒尔之女佩尔塞福涅遭冥王哈得斯劫持；得墨忒尔因失爱女，悲愤已极，遂将干旱与歉收降至人间，大地一片荒芜。后来，宙斯作出裁决：一年之中，三分之一的时日，佩尔塞福涅在冥府度过，三分之二的时日与其母相处。此后，每逢春季到来，佩尔塞福涅便回归阳世，大地万物繁生，一派欣欣向荣的景象。

普叙赫（Psyche）　古希腊神话传说中一国王的第三个女儿；十分秀美，小爱神埃罗斯曾与之相爱，并告诫她：不得问丈夫是谁，也不能看丈夫的容貌；否则，她的儿子将不能进入神界。后来，普叙赫误中其姊的奸计，无意中看到小爱神埃罗斯的容貌，埃罗斯不得不离去。经历种种磨难，埃罗斯与普叙赫终于在奥林波斯山结为伴侣。

齐格弗里德（Siegfried）　斯堪的纳维亚神话传说中人物，通常称为"西古尔德"，德国传说中称为"齐格弗里德"。

"萨尔塔特"（Saltate）　一种舞蹈；与Gagliarda（"加格利阿尔达"）均为文艺复兴时期流行于法国和意大利北部的舞蹈。

534　附录二　神话传说人物、名词术语的简要介绍

萨提尔(Satyr)　古希腊神话中的丰饶精魔,为酒神狄奥尼索斯之侍从,生有长毛、长发、长须,并生有羊蹄和马尾,头生羊角或马耳,但身躯和头部似人。

萨图尔努斯(Saturnus)　古罗马神话中的农神;相传,被其子尤皮特取代后,居于拉丁乌姆,教人们耕作、葡萄栽种以及种种娱乐活动,民众安居乐业,遂出现所谓"黄金时代"。关于"黄金时代"的神话产生于古代,可见于赫西奥德及其他古希腊学者的著述(其中包括柏拉图)。它产生于人们对往昔无阶级、无剥削之社会的怀念,又使人们沉浸于对"黄金时期"的憧憬中。

塞丽斯(Ceres)　古罗马神话中谷物女神,与古希腊神话中的农事神得墨忒尔相等同。

"舒赫普拉特勒"(Schuhplattler)　德国民间舞蹈。

"斯特拉姆博托"(意大利文 Strambotto)　意大利的短八行诗,产生于西西里地区,多为爱情诗和抒情诗。

"斯泰里舍"(Steirischer)　德国民间舞蹈。

斯提克斯(Styx)　古希腊神话传说中的冥河。

"斯托尔内洛"(意大利文 Stornello)　意大利中部的民间歌谣。

所罗门(Solomon)　以色列王,大卫之子和继承人。相传,所罗门曾降除魔王亚司马提。

索邦(Sorbonne)　即索邦神学院(巴黎大学前身),又意指"巴黎大学"。

"特鲁巴杜尔"(Troubadour)　法国南部普罗旺斯抒情诗人,11至13世纪骑士诗歌的代表。题材多为对妇女的爱恋和对领主的忠诚。其创作基于民间诗歌,又形成其传统和特点;对西欧许多国家的文学和音乐的发展影响极大。

提婆(Deva)　古印度神话中群神的统称。

图罗尔德(Turoldus)　法国叙事诗中的英雄。

瓦尔贝尔(Walber)　欧洲神话传说中的农作物收获保护精灵。

"维拉内勒"(Villanelle)　起源于意大利的农村歌谣;在法国,系指16世纪晚期诗人们所喜爱的通俗短诗以及流传于民间的歌谣。加斯科涅地区(法国西南部),保留有此种歌谣。

维纳斯(Venus)　古罗马神话中的爱与美之女神,与古希腊神话中的阿芙罗狄忒相混同。

《五卷书》(Pancatantra)　印度民间故事、寓言、格言汇集,属公元最初若干世

纪(一说,最早似产生于公元前1世纪)。全书共分5部分:"朋友的决裂"、"朋友的获得"、"乌鸦和猫头鹰从事和平与战争等等"、"已经得到的东西之丧失"、"不思而行";系由一有关印度仙人毗湿奴娑哩曼的故事相连接。《五卷书》似出自这一仙人之手,意在对王子们进行教诲。《五卷书》产生于城市居民(商人、手工艺者等)中;其中许多故事含有对统治阶级的讽刺。其总的意向是宣扬:团结互助,弱者团结起来可战胜强者,施展种种手段和计谋,以取得物质利益。《五卷书》每卷各有一基干故事,首尾相应。故事中穿插许多寓言、童话和故事。

武功歌(法文 geste,来自拉丁文 gesta,意为"业绩") 法国中世纪关于历史题材的叙事歌。

熙德(Side) 西班牙最古老的英雄史诗《熙德之歌》中的主人公。西班牙从8世纪初被摩尔人占领,人民长期进行反抗外族压迫的斗争,11、12世纪达到如火如荼的地步。熙德便是这一斗争中产生的英雄人物,体现了西班牙人民的气质和精神。

希波克瑞涅(Hipocrene) 古希腊神话中的缪斯女神之圣泉女神,相传其泉水可激发诗人的灵感。

希波吕托斯(Hippolytus) 古希腊神话传说中人物;相传,他崇敬永葆童贞的阿尔忒弥斯,对爱与美之女神阿芙罗狄忒则不然,因而坠车而亡;死后成为御夫星座。

夏娃(Hawwah) 《圣经》传说中上帝所造第一个女人、亚当的妻子。

雅各(Jacob) 《圣经》传说中以撒和利百加的次子,后成为12部族的祖先。

雅努斯(Janus) 古罗马神话传说中最古老之王,后成为仅次于主神尤皮特之神。

亚伯拉罕(Abraham) 《圣经》传说中犹太人的始祖,挪亚长子闪的后代。

亚当(Adam) 《圣经》传说中人类的始祖,为上帝以泥土所造。

谣曲(Romanceros) 音译"罗曼采罗",西班牙文学中具有鲜明民族特色的民谣,通常为8或16音节诗句。每一节诗行数不等,多为4行。形式活泼,可用乐器伴奏演唱;情节生动,语言朴素、优美,富有浓厚的生活气息,在民间流传极广。1600年至1614年出版的《谣曲总集》,收谣曲2000余首。谣曲一般分为两大类:古谣曲(历史谣曲——以历史英雄人物熙德、拉腊诸王子为题材;骑士谣曲;边境谣曲;知识谣曲)、艺术谣曲(18世纪后由作家仿作的谣曲。)

叶鲁斯兰·拉扎列维奇（Еруслан Лазаревич） 古罗斯典籍传说中的英雄；其名以及许多故事情节同伊朗关于鲁斯塔姆的叙事之作不无关联。

伊甸园（Eden） 《圣经》传说中上帝为亚当和夏娃所安排的居所，果木繁茂、景色优美；相传，亚当和夏娃因违上帝之命误食禁果被逐离此园。

《伊戈尔远征记》(Слово о Полку Игореве) 俄罗斯古代英雄史诗，成书于1185年至1187年间，系以1185年罗斯王公伊戈尔一次失败的远征为依据。在作者的笔下，伊戈尔虽则贪图个人荣誉和十分轻率，却有着抗御敌人的英雄气概。其中许多形象显然来自民间歌谣；许多技法亦源于民间创作。《伊戈尔远征记》的艺术成就，使人们可以推断：12世纪以前，罗斯不仅有口头创作，而且存在书面文学。

伊万节（Иван день） 古斯拉夫人称施洗约翰为"伊万·库帕拉"。所谓"伊万节"定于旧历六月23～24日。

以利沙（Elisha） 《圣经》传说中沙法之子，被伊利亚选为门徒；他效法伊利亚，以引导世人崇拜上帝为己任。

以利亚（Elijah） 《圣经》传说中人物；相传，曾奉上帝之命斥责亚哈崇奉异教，后选以利沙为门徒。

伊凡雷帝（Иван Грозный） 俄罗斯大公，俄国第一个沙皇，号称"雷帝"，后成为俄罗斯民间故事中人物。

伊里亚·穆罗梅茨（Илья Муромец） 俄罗斯壮士歌中的主要英雄人物，完成众多英雄业绩。

以撒（Isaac） 《圣经》传说中以色列人的第二代祖先，亚伯拉罕之子。

尤格尔（Jugerum） 古罗马土地面积计量单位，相当于1/4公顷。

尤皮特（Jupiter） 古罗马神话中的主神，与宙斯相混同。

约瑟（Joseph） 《圣经》传说中的雅各所生12子之一，居第十一；因得父特宠，遭兄长忌妒；后因为埃及法老详梦，得其宠幸。

约书亚（Joshua） 古犹太人传说中的首领摩西所指定的继承人；相传，曾领导以色列人攻占迦南。

镇尼（阿拉伯文 Jinn） 古阿拉伯人原始信仰中神灵以外的有生命体。伊斯兰教承认其存在。据《古兰经》载，镇尼为安拉以无烟之火造成，有善恶之分，偶尔现为人形。

宙斯（Zeus） 古希腊神话中的主神，与尤皮特相混同。

附录三　朱泽佩·科基雅拉和他的《欧洲民俗学史》

意大利学者朱泽佩·科基雅拉(1904~1965)，毕生致力于民族和民间习俗、文学创作的研究。其主要著作有：《民间诗歌诸问题》(1939)、《传说的起源》(1940)、《意大利民间传统研究的历史》(1947)、《关于有道德的未开化者的神话》(1948)、《皮特雷，西西里及其民俗》(1951)、《意大利人民与文学》(1959)、《原始之永恒》(1961)、《民间诗歌的起源》(1966)。《欧洲民俗学史》(Storia del folklore in Europa)，是他一部集大成之作，填补了世界民俗学领域一个很大的空白。

《欧洲民俗学史》意大利文版于1952年在意大利都灵首次出版，出版者为保罗·博林吉耶里(Paolo Boringhieri)，收入"文化学术著作丛书"。1971年，该书第2版问世。朱·科基雅拉已于1965年去世，其友人朱泽佩·博诺莫(Giuseppe Bonomo)为此版撰写"前言"。

《欧洲民俗学史》已有：俄译本 История Фолькристики в Европе，译者为 A. 别内季克托夫、M. 基里洛娃，(莫斯科，Изд. Иностранной Литературы，1960年版)；匈牙利译本 Az európai folklór története，译者为亚诺什·博拉日、拉斯洛·隆托伊(布达佩斯，"Gondolat"，1962年版)；波兰译本 Dzieje folklorystyki w Europie，译者为沃伊切赫·耶凯尔(华沙，Panstwowy Instytut Wydawniczy，1971年版)；英译本 The History of Folklore in Europe，译者为约翰·N. 麦克丹尼尔(费城，A Publication of the Institute for the Study of Human Issues，1980年版)。

附录三　朱泽佩·科基雅拉和他的《欧洲民俗学史》

《欧洲民俗学史》阐述了民俗学作为一个学科的确立以及其在欧洲诸国(英国、德国、斯堪的纳维亚国家、芬兰、法国、意大利、西班牙、俄国和苏联、捷克斯洛伐克、南斯拉夫、瑞士)之形成和发展,并扼要论述了诸多派别和学者的主要观点。

本书分为6编,每编又分为5章,共30章。

前三编,即"新人文主义的渊源:对一些民族的探考"、"'渊源'的探求。启蒙运动与前浪漫主义之间"、"浪漫主义时期的民间文化——维护民族尊严的政治工具和手段",涉及民俗学(民间文化学)史前时期。

朱·科基维拉从传统文化角度,对17~19世纪在欧洲各地先后兴起的两大思潮(启蒙运动和浪漫主义)作了阐述,着重介绍了意大利学者詹·维柯以及与之同时的约·弗·拉菲托和贝·德·丰特奈尔的学术成果。

约·弗·拉菲托曾在加拿大印第安人生活多年;他将印第安人的文化与古希腊文化加以对比。拉菲托和启蒙运动追随者丰特奈尔的方法论准则,开19世纪人种学的先河。

意大利学者詹·维柯,破天荒第一次创立了名副其实的神话哲学。一般来说,维柯的历史哲学,先于约·戈·封·赫尔德的许多观点以及黑格尔历史哲学的某些原理,对后世许多学者的观点(浪漫主义派的理论、英国人类学派的"遗传说"、历史学派的理论、迪尔凯姆的"集体概念"、莱维-布吕尔的前逻辑理论等),都有相当大的影响。

所谓"启蒙运动",旨在反对宗教蒙昧主义和封建专制制度。本书用极大篇幅介绍和剖析法国启蒙思想家伏尔泰、孟德斯鸠、卢梭的有关论述,对英国和德国的启蒙思想家培根、霍布斯、洛克、莱布尼茨、沃尔夫、莱辛、赫尔德的理论和作用,亦有相应的释析。

这一时期席卷欧洲大陆的浪漫主义运动,在启蒙运动的土壤上兴起。弗·恩格斯指出:"和启蒙学者的华美约言比起来,由'理性的胜利'建立起来的社会制度和政治制度竟是一幅令人极度失望的讽刺画。"而浪漫主义运动,正是对启蒙思想家们所提出的"理性王国"深感失望的反映。朱·科基雅拉对英国浪漫主义作家华兹华斯、柯尔律治、拜伦、雪莱、司各特等,法国浪漫主义作家夏多布里昂、斯塔尔夫人、雨果、左拉等,意大利作家莱奥帕尔迪、曼佐尼等,俄罗斯作家普希金、果戈理、莱蒙托夫、屠格涅夫等的有关作品和成果以及德国浪漫主义派和狂飙突进运动的学者和作家,作了介绍和剖析。

后三编,即"实证论时期的民间文化学。介于语文学与历史学之间"、"英国人类学派及其在民间传统之研究中的影响"、"近半个世纪以来的民俗学",在很大程度上旨在对民俗学本身的理论和学派以及一些毗邻学科的思潮进行探讨,并着重阐述了"神话学派"及其"星辰说"(马克斯·米勒)、承袭说代表人物的种种理论、英国人类学派及其后继者的理论(爱·泰勒的万物有灵论、乔·弗雷泽的法术说、安·兰格的学说、罗·马雷特的前万物有灵论等)、法国叙事诗研究者诸说,并叙述了意大利语文学者和民俗学者(埃·鲁比耶里、亚·丹孔纳、朱·皮特雷)的学术活动,介绍了"文化-历史学派"以及梅嫩德斯·皮达尔等学者的著作。

朱·科基雅拉对俄国和苏联学者,亦给予关注,扼要介绍他们的学术活动和观点。

所谓"弗克洛尔"(英语 Folklore),有时重在指"民间习俗",有时重在指"民间文学艺术",有时则统指"民间文化"。在西方,民间信仰和仪俗、古老的生活方式遗迹,直接纳入所谓"弗克洛尔"研究范畴;而这通常导致"弗克洛尔"(民俗、民间文化)与民族志之浑然难分。

朱·科基雅拉遵循这一传统,对原始文化及其遗存的研究之沿革,特别是对宗教意识的产生及其方式的研究,给予极大关注。

本书不仅对一些民族志学家(爱·泰勒、安·兰格、范热内普等)的学术活动,而且对一些宗教学家(乔·弗雷泽、埃·迪尔凯姆、弗·格雷布纳、威·施米特、罗·马雷特、索·雷纳克等)的学术活动进行了探讨。这样一来,科基雅拉在探考民俗学(民间文化学)历史的同时,对原始精神文化之民族志学研究的历史势必亦有所阐述。朱·科基雅拉对这一学科历史中的众多现象有所论述,并汇集极为重要的历史资料和文献资料。

所谓民俗学(民间文化学)的历史,在本书中呈现为引人入胜的人类思想史,科基雅拉对民俗学一般理论范畴的问题之形成极为关注,诸如:"弗克洛尔"中的原始性、人民性、集体的与个人的相互关系、民间诗歌与文学的相互关系等。

朱·科基雅拉基于进步的立场,对民间文艺作品的纯真的、深刻的人民性确信不疑,并极力主张将历史主义原则视为其方法论的至关重要的基石。据他看来,民俗学(民间文化学)不仅是较为年轻的人文学科之一,而且是"人文主义"的形态之一。

文艺复兴时期学术范畴的人文主义,对古希腊罗马风物探考予以关注。据朱·科基雅拉看来,人文主义思想后为新的资料——美洲部落和东方民族的民间文化及欧洲文明民族广大民众的活生生创作宝藏——所丰富。这些新的资料,不仅产生了一个新的学科,而且成为人文主义思想发展的肥土沃壤。

朱·科基雅拉赞同马·高尔基的观点。他将民间文学视为永存的民间瑰宝以及作家文学之源。他并支持苏联学者尤·马·索科洛夫这样一种观点,即将民间文化不仅视为往昔的余响,而且视为"现今之轰鸣"。

朱·科基雅拉将人民性视为"弗克洛尔"异常重要的特征及"弗克洛尔"研究之核心概念,并将人民视为最伟大的精神瑰宝之创造者。

"弗克洛尔"(Folklore)这一术语,最先为英国学者威·汤姆斯引入学术领域。所谓 Folklore,意指"人们头脑(智慧)所产生者"。

现代国际学术界对这一术语的理解,不尽相同。最为习见的是这样一种广义之说,即:它等同于民间传统、习俗、仪礼、观念、信仰、民间文学艺术等的总和。

据我国学者看来,"弗克洛尔"既包括种种民间习俗和观念,又包

附录三 朱泽佩·科基雅拉和他的《欧洲民俗学史》

括民间文学艺术(诸如神话传说、民间故事、民间艺术、民间歌谣、民间戏曲、民间谚语等),统称之为"民间文化"。它又指对上述种种进行研究的学科,习惯地称之为"民俗学""民间文艺学"或"民间文化学"。民间文学堪称文人文学的源泉;而文学又给民间文学以影响。这样一来,民间文学与文人文学之间没有不可逾越的界限。民间文学中的个人本原和集体本原亘古有之,而且相互丰富。

在法国和英国,"弗克洛尔"(民俗学)是在两国已形成为统一的独立国家时发展起来的。而其时,德国尚处于割据状态。在德国,民族统一成为其生活中最重要的问题。当然,并非民间文化唤起民族勃兴,而是民族勃兴唤起对民间创作的关注。

在对民族进行表述时,科基雅拉赋予"弗克洛尔"(民间文化)异常重要的地位。科基雅拉经常使用意大利文 Tragition,以表示"民间传统"、"民间流传之作"等。

在德国学术界,Volkskunde 这一术语,多指民间之作和民族志;Völkskunde 这一术语,则指一般民族志,特别是非洲、亚洲、美洲、大洋洲所谓落后民族的民族志。至于所谓"民间之作",又与"民族之作""人民之作"相混同;既包括民间千古流传的歌谣、传说、故事,又包括表现民族精神以及民间创作格调之作。显然,19世纪初期德国浪漫主义者和哲学家们著作中的所谓德国的"民族精神",带有彰明较著的民族主义性质。

朱·科基雅拉对现代民俗学(民间文化学)和民族志学的一些派别作了详尽的探讨,对一些派别的论述甚少(如法国社会学派),对另一些派别则全未涉及。他的这部著作中未述及功能学派(布·马利诺夫斯基等),未述及心理分析派别之种种形态(齐·弗洛伊德、卡·古·荣格、奥·兰克、F.里克林、沙·博杜安等),未述及20世纪的"历史学派"和"神话学派"的追随者以及20世纪的新神话主义(诸如乔·迪梅齐尔、Ch.奥特朗、埃·米罗、扬·德·弗里斯、F.R.S.拉格伦、G.R.莱维等的理论)。叶·莫·梅列金斯基的《神话的诗学》(汉译本,商务印书馆1990年版),在一定程度上可视为《欧洲民俗学史》的延续和补充。总的来说,朱·科基雅拉的《欧洲民俗学史》,联系人文文化的发展,对民俗学之形成和发展的途程作了基本上正确的阐述,对许多重要思想派别和学者的积极范畴和消极范畴作了恰切的剖析,并提供了丰富的实际资料。

作者对民间文化、宗教、人类文明史上的许多重大问题(社会发展、启蒙运动、浪漫主义等)以及"文明""自然""进步"等作了有益的阐释。时至今日,读来亦不无启迪。

引人入胜的课题和精辟的论述,纷至沓来,使人们犹如步入异彩纷呈的人类思想"博物馆"。

朱·科基雅拉的《欧洲民俗学史》问世至今,已有50余年。随着时光的流逝,它所涉及的欧洲思想发展史上那个群星争辉的时代,距离我们已十分遥远。抚今追昔,不禁对前辈思想家和学者的业绩赞叹不已!

朱·科基雅拉在本书"绪论"的最后不无感慨地写道:"出于对现今代表民俗学的人们那种锲而不舍的工作之尊重,我看本书以不写最后一章为宜。"如此广博浩繁的民俗学和民间文化,有待众多有志者为之倾注心血!

魏庆征

图书在版编目(CIP)数据

欧洲民俗学史/(意)朱泽佩·科基雅拉著；魏庆征译.
—北京：商务印书馆，2021
ISBN 978-7-100-19509-6

Ⅰ.①欧… Ⅱ.①朱… ②魏… Ⅲ.①民俗学—历史—研究—欧洲 Ⅳ.①K891

中国版本图书馆 CIP 数据核字(2021)第 032393 号

权利保留，侵权必究。

欧 洲 民 俗 学 史
〔意〕朱泽佩·科基雅拉 著
魏庆征 译

商 务 印 书 馆 出 版
(北京王府井大街 36 号 邮政编码 100710)
商 务 印 书 馆 发 行
北京市十月印刷有限公司印刷
ISBN 978-7-100-19509-6

2021 年 5 月第 1 版　　开本 710×1000　1/16
2021 年 5 月北京第 1 次印刷　印张 34¾
定价：158.00 元